Gallé · Geheimnisvolles Rheinland-Pfalz

Volker Gallé

# Geheimnisvolles Rheinland-Pfalz

HITZEROTH

Die Deutsche Bibliothek – CIP-Einheitsaufnahme

Gallé, Volker:
Geheimnisvolles Rheinland-Pfalz / Volker Gallé.
- Marburg : Hitzeroth 1996
ISBN 3-89616-177-6
NE: HST


Umschlaggestaltung: Helmut Reich
Herstellung: Hitzeroth Buchverlag
Druck: Völker & Ritter, Marburg
ISBN 3-89616-177-6

# Inhalt

# Vorwort

Beim Schreiben dieses Buches ist mir deutlich geworden, daß ich ein vor allem in metaphysischer Hinsicht vorsichtiger Mensch bin. Das hängt mit meiner Skepsis gegenüber dem selbstsicheren Fortschrittsbegriff der Neuzeit zusammen, der historisch parallel läuft zur Suche nach einer erzeugenden Ur-Sache, eben dem traditionellen Geschäft der Metaphysik. Ob nun Gott, die Materie oder die Libido als archimedischer Punkt der Erkenntnis bezeichnet werden, ob die apollinische Welt des Geistigen (männlich-solar) oder die dionysische Welt des Seelisch-Natürlichen (weiblich-lunar), ich enthalte mich da eines abschließenden Urteils. Ich betrachte lieber die Bewegungen, Veränderungen und Entwicklungen der wahrnehmbaren Gestaltkräfte im Bewußtsein, in der Seele und im Körper (Mensch und Natur) und suche nach den Beziehungen zwischen den Bildern und Denkfiguren, den Körperhaltungen, den physischen Prozessen und den sozialen Definitionen durch Arbeit und gesellschaftliche Rollen. Mich interessieren also weniger Fragen des Erbes und der Vererbung und damit Fragen des Über-Ich und des Es, mich interessiert in erster Linie die gegenwärtige Zwischenwelt des Ich und ihre Wachstumsprozesse. Da kommen Bewegung (Zeit) und Ruhe (Raum) immer neu in eins, lösen sich wieder und ergeben neue Bilder, und das Betrachten ist nur im Wechsel mit dem eigenen Handeln möglich. In der Ethnologie heißt dieser Vorgang zwischen Eigenem und Fremdem teilnehmende Beobachtung, und er hebt die Spaltung ins Entweder-Oder immer wieder auf, unter persönlicher Anstrengung wohlgemerkt. Dadurch wird die Welt wieder als lebendig sichtbar. Die »magia naturalis« hatte so etwas im Auge, immer an der Grenze der Macht und keineswegs unfehlbar, aber stets mit dem Blick auf das immer neu zu benennende Wesentliche.

Ich bedanke mich bei meiner Frau und meinen Kindern, daß sie mein Forschen und Schreiben ertragen haben. Das war nicht selbstverständlich, sondern ein Geschenk.

*Volker Gallé*

# Mit Begriffen zaubern

»Wenn nicht mehr Zahlen und Figuren
sind Schlüssel aller Kreaturen,
wenn die, so singen oder küssen,
mehr als die Tiefgelehrten wissen,
...und man in Märchen und Gedichten
erkennt die ew'gen Weltgeschichten,
dann fliegt vor einem geheimen Wort
das ganze verkehrte Wesen fort.«

So dichtete der Romantiker Friedrich von Hardenberg (1772–1801), der sich als Dichter nach einem alten Geschlechternamen seiner Familie Novalis nannte, um 1800. Die romantische Rebellion des Geheimen gegen das Gelehrte, insbesondere gegen die von der Aufklärung begründete naturwissenschaftliche Methode der Neuzeit, hat in den 60er Jahren unseres Jahrhunderts großen Widerhall in der Hippie-Bewegung gefunden, die Pate gestanden hat für so heterogene soziale Bewegungen wie die musikalischen Jugendkulturen von Rock und Pop, die New-Age- oder die Ökologiebewegung.

Und seit der französischen Revolution lösen sich in den von europäischer Politik und Kultur bestimmten Gesellschaften denn auch ständig Jugend-Bewegungen in immer schnellerem Tempo nacheinander ab, sie stellen dabei stets Aufklärung gegen Romantik, Kalt gegen Heiß, Verstand gegen Seele, Erkenntnis gegen Geheimnis. Nur wenige Denker haben wie Ernst Bloch versucht, diese unseren Alltag prägenden Ströme gegensätzlicher Mentalität wertend zusammen zu sehen.

Bloch beschreibt in »Prinzip Hoffnung« (S. 235 ff.) den Kälte- und Wärmestrom des Marxismus, eine Metapher, die auch für Nicht-Marxisten allgemein zur Beschreibung gesellschaftlicher Strömungen dienen kann. Den Kältestrom nennt er dabei untrügbar, eine kühle Analyse von Bedingungen und Grenzen, der »die Nebel der Schwärmerei« vermeidet, dabei aber Gefahr läuft, in den »Sumpf des Philistertums« und »des Verrats« zu geraten. Der kühle Kopf des Denkens, ein Kind der Aufklärung, wird also ebenso doppelt gedeutet wie der Wärmestrom. Dieser ist für Bloch unenttäuschbar und begründet sowohl jenen schwärmerischen Nebel der Lüge und Illusion als auch das Prinzip Hoffnung: Hoffnung auf eine Heimat, »die allen in der Kindheit scheint und worin noch niemand war«.

*Des Knaben Wunderhorn, Liedersammlung von Arnim und Brentano, Titelbild der Ausgabe von 1808, erschienen in Heidelberg*

Und in der Tat: Der immer noch aktuelle Streit um Aufklärung oder Romantik vergeudet stets menschliche Energien, die für die Fortentwicklung der Menschlichkeit nutzbar wären ohne die gegenseitige Blockade, welche durch die Kritik des Gegenüber meist nur die eigenen Schattenseiten zum Leben erweckt und dominant macht.

Ursprünglich gingen Naturwissenschaft und auratische Kultur, wie die Tradition des Geheimwissens genannt werden kann, Hand in Hand. Der technische Fortschritt im Bergbau als eine der ersten ingenieurwissenschaftlichen Leistungen der Neuzeit ging einher mit der Suche nach dem Stein der Weisen und dem alchemistischen Gold, der Schatzgräberei und den Sagen von Berggeistern und Zwergen. So ist es sicher kein Zufall, daß Novalis, der im »Heinrich von Ofterdingen« die Bergmanns-Bildlichkeit nach außen ins Bergwerk und nach innen »in der Seele Schacht« thematisiert, 1797 an der Bergakademie Weißenfels studiert hat. Naturwissenschaft und auratisches Denken liegen in seiner Biografie also näher beisammen als man gemeinhin glaubt.

Andrerseits hat die Aufklärung nicht nur das befreiende Lachen über den Aberglauben gefördert und damit gleichzeitig den auratischen Bereich tabuisiert und ins Beliebige und Subjektive gestoßen, sondern dadurch auch die Gefahr geschaffen, daß dieser Wahrnehmungskanal des Menschen in all seiner Unbewußtheit genutzt wird, um Dämonen zu schaffen, d. h. Menschen aus Machtgier zu manipulieren. Die Menschen von heute haben sich durch die starke Hinwendung an die sichtbare Umwelt von den geistigen Zwängen der Vergangenheit im Innern befreien können. Jetzt müssen sie diese Innenwelt ganz individuell und ohne Führer und anleitende Gesetze aus sich selbst heraus verstehen und verantworten. Da hierzu aber kein Zwang besteht, läßt es mancher einfach bleiben und wird so zum lebenslangen Seelensäugling, der sich von faszinierenden Seelenvätern und -müttern, die zufällig seinen Weg kreuzen, oft und weit verführen läßt.

All das führt zu negativen und zerstörerischen Unfaßbarkeiten wie dem Nationalsozialismus mit seinem Führerkult und seiner an symbolischen und mythischen Formen orientierten Propaganda oder dem düsteren Okkultismus mit seiner Scharlatanerie und seinen letztlich hilflosen Machtphantasien.

Möglich wurde insbesondere Letzteres natürlich erst, nachdem die gesellschaftliche und wissenschaftliche Bedeutung der »magia naturalis« (weiße Magie) im 18. Jahrhundert durch die Aufklärung beendet worden war. Fast wie im frühen Mittelalter betrachtete man magische Erlebnisse und Geschichten wieder als Einbildungen der Phantasie und machte sich über sie lustig. Damit nahm man auch der »magia daemonica« (schwarze Magie) ihre imaginierte Gefährlichkeit, welche die Grundlage für die Hexenverfolgung der frühen Neuzeit gebildet hatte. Das wiederum machte es erstmals möglich, magisches Wissen beider Traditionen zu publizieren und zu verbreiten, ohne Angst vor Verfolgung haben zu müssen.

Und so entstand der moderne Okkultismus des 19. Jahrhunderts, der im wesentlichen auch die theoretische Basis der aktuellen Okkult-Szene bildet. Viele okkulte Schriften, die alten Meistern zugeschrieben werden, sind im 18. oder 19. Jahrhundert erstmals gedruckt worden. Die beliebten Tarotkarten berufen sich oft auf Deutungen und Bilder aus dem Umkreis des englischen Okkultisten Aleister Crowley (1875–1947). Die handschrifltichen Brauchbücher des ländlichen Raumes aus der Zeit vor 1900 sind meist zusammengeschrieben aus Volkskalendern, gedruckten Kräuterbüchern des 16. und 17. Jahrhunderts und der bekannten Magieliteratur wie dem 6. und 7. Buch Mose (erstmals 1797 belegt), das seinen Siegeszug erst ab 1849 durch den Verlag Johann Scheible aus Stuttgart antrat. Andere auf »Occulta« spezialisierte Verlage waren die Haspel'sche Buchhandlung in Schwäbisch Hall (um 1880), der Buchversand Gutenberg in Dresden (1931) und der Berliner Bartels-Verlag (um 1920).

*Unterschrift von Aleister Crowley*

Aber neben dieser rückwärts gewandten Geheimnistuerei mit ihrem Abklatsch hierarchischen Denkens entwickelten sich natürlich auch moderne und individuelle Formen des Denkens um Geheimnisse wie die Lyrik, die Psychoanalyse und – ganz der Aufklärung verpflichtet – der Detektivroman und das Kreuzworträtsel. Das Geheimnisvolle hat also nach wie vor Hochkonjunktur.

Daß dieses Buch »Geheimnisvolles Rheinland-Pfalz« heißt, hat zuallererst den ganz oberflächlichen Grund, daß es bereits den Band »Geheimnisvolles Hessen« im gleichen Verlag gibt. Orientiert an französischen Vorbildern wie den »Guides noires« oder »lieux magiques et sacres d'alsace et des vosges« wurde ein ganz anderer Reiseführer konzipiert, der von archäologischen Fundstellen über ehemals heilige Plätze und magische Traditionen bis zu Sagen und Geschichte(n) die vorgestellte Region im Zwielicht ihrer Geheimnisse porträtiert. Keine Frage, daß das auch in einem so geschichtlich vielfältigen und bedeutsamen Land wie Rheinland-Pfalz möglich ist, auch wenn dieses Regionenland erst eine politische Schöpfung der Nachkriegszeit ist und immer noch eine labile Identität besitzt, die in alle Himmelsrichtungen über seine Grenzen hinausstrebt.

*Landschaft am Mittelrhein, nach Aurelio de Giorgio Bertolas Reisebuch von 1795*

Rhein, Mosel, Lahn und Nahe sind die Achsen des Landes. Im Norden erheben sich die Benelux–nahen Mittelgebirge Eifel, Westerwald, Hunsrück und Taunus zwischen den Flüssen, im Süden gehen die rheinhessische Gartenlandschaft, das Oberrheintal und der Pfälzer Wald, ganz linksrheinisch, ansatzlos ins benachbarte Elsaß und Lothringen über. Historisch war der Rhein – grob gesagt – die Grenze zwischen Kelten (links) und Germanen (rechts). Die linksrheinische Seite war demzufolge auch stärker römisch geprägt und wurde im Mittelalter zu einer zentralen Reichslandschaft. Die geistlichen Herrschaften Kurmainz und Kurtrier sowie die von Heidelberg aus regierte Kurpfalz prägten die Landschaft bis zur französischen Revolution. Dann zogen nach einer kurzen französischen Episode von knapp 20 Jahren Preußen (Rheinland), Hessen (Rheinhessen) und Bayern (Pfalz) die Grenzen. Es ist also kein Wunder, daß ein Zusammenwachsen geographisch und historisch so verschiedener Landschaften nur holprig und langsam vor sich geht. Auf der anderen Seite wünschen sich die Rheinland–Pfälzer bei aller dezentralen Gesinnung heute wohl kaum noch eine Auflösung ihres Landes und die Verteilung der einzelnen Regionen an die größeren Nachbarn.

Eine Geschichte des Geheimnisvollen findet in Rheinland–Pfalz viel Stoff, allemal mehr als ein Buch umfassen kann. Berühmt geworden sind die Lorelei als Gallionsfigur der Rheinromantik, die Nibelungensage, die sich um das Wormser Burgunderreich rankt, und als Person die Heilige Hildegard von Bingen. Darüber hinaus gibt es die Sage vom in der Burg Trifels gefangenen englischen König Richard Löwenherz, die keltischen Höhenburgen im Hunsrück und der Pfalz, Schwerpunkte von Hexenverfolgung und deren Gegnerschaft im Raum Trier und Ansatzpunkte für eine Geschichte weiblicher Mythologie von der Eiszeit bis zur keltischen Diana und den drei Müttern (matronae). Wichtige Personen aus der Geschichte der Magie sind Regino von Prüm und Burchhard von Worms, welche in ihren Schriften erstmals im mittelalterlichen Deutschland von abergläubischen Praktiken und Vorstellungen berichtet haben, der Abt Trithemius von Sponheim mit seinen kabbalistischen Studien, Faust, der auch einmal in Bad Kreuznach die Leute betrogen haben soll, und Abraham von Worms mit seinem »Buch der wahren Praktik in der uralten göttlichen Magie«.

Geheimnisse fordern stets dazu heraus, entdeckt und erkannt zu werden. Ohne Neugier gelingt es nicht, die mehr oder weniger dicken Mauern zu übersteigen, welche sie umgeben. Das »Geheimnisvolle Rheinland–Pfalz« jedenfalls freut sich auf seine Entdecker.

# Rheinland-Pfalz – Wenn das Geheimnis Geschichte macht

## Der älteste Rheinland-Pfälzer

Die ältesten Funde menschlicher Tätigkeit in Mitteleuropa finden sich in Rheinland-Pfalz, genauer gesagt am Mittelrhein. Vor etwa 900.000 Jahren nämlich hat der »älteste Rheinland-Pfälzer« in der Nähe von Kärlich (Kreis Mayen-Koblenz) ein einfaches Geröllgerät hinterlassen. Es handelt sich dabei um Flußgeröll aus Quarzit, das an einer Seite mit einer zick-zack-förmigen Kante versehen wurde. Mit solchen Werkzeugen konnte man Holz, Häute, Pflanzenfasern oder Rinden bearbeiten. Die Herstellung solcher frühen Steinwerkzeuge ist es, die den »Homo erectus« vom Tier unterscheidet. Erste Geröllgeräte aus der Zeit vor 2,5 Mio. Jahren fanden sich in den Savannen Ost- und Südafrikas, wo man auch die ältesten menschlichen Knochen gefunden hat.

Die Wiege der Menschheit stand also wohl in Afrika. Der »Homo habilis« lebte dort vom Sammeln von Pflanzen und kleinen Tieren. Vor 1,5 Mio. Jahren nutzte er dann erstmals das Feuer. Der ihm folgende »Homo erectus« begab sich mit diesem Wissen auf die Wanderschaft, auch in kühlere Klimazonen. So gelangte er u. a. über den Nahen Osten in den Kaukasus und nach Mitteleuropa. Der Fund in der Tongrube von Kärlich

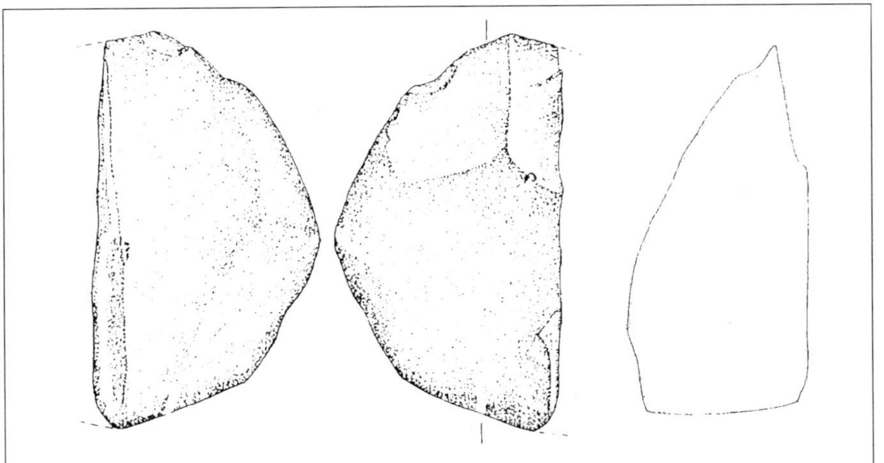

*Geröllgerät aus Kärlich, ca. 900.000 Jahre alt*

gehört in diese Zeit. Da man in der gleichen Schicht auch Zahnfragmente eines Flußpferds gefunden hat, ist entweder an die Verwertung von Aas oder aber an erste Jagd auf Großtiere zu denken. Der Fund zeigt zudem, daß zu dieser Zeit mediterranes Klima am Mittelrhein herrschte. Weitere Geröllgeräte, die etwa 700.000 Jahre alt sind, hat man wiederum in Kärlich, aber auch bei Winningen, Koblenz-Bisholder und Koblenz-Gondorf gefunden.

Der älteste europäische Menschenknochenfund, ein Unterkiefer, stammt aus Mauer bei Heidelberg und ist 600.000 Jahre alt. Diesen Menschentyp, mit der vorspringenden Mund-Nasen-Region, nennt man daher »Homo heidelbergensis«. Das Klima damals war etwa so wie heute. In Miesenheim, 3 km von der Nettemündung in den Rhein, hat man bearbeitete Tierknochen und Steinwerkzeuge aus dieser Epoche gefunden. Sie sind 500.000 Jahre alt. Es handelt sich dabei um Abschläge und faustkeilähnliche Geräte. Zudem fanden sich Knochen von Elefant, Nashorn, Pferd, Rind, Bär und Wolf. Etwa gleich alt sind die Funde grober Schab- und Schlaggeräte aus Weiler bei Bingerbrück.

400.000 Jahre alt sind dagegen die ebenfalls in Kärlich gefundenen Knochen von Waldelefanten. Acht Tiere mit einer Schulterhöhe bis zu 5 m sind durch Stoßzähne und Knochen belegt. Die Stoßzähne tragen Schnitt- und Hackspuren. Einige Knochen dienten offensichtlich als Werkzeuge. Daneben fanden sich auch Bruchstücke von bearbeiteten Hölzern, die als Lanzen gedient haben könnten. Die damaligen Großsäuger waren leicht zu jagen. Sie hatten keine natürlichen Feinde und flüchteten wahrscheinlich nicht vor den angreifenden Jägern.

Ab 300.000 v. Chr. spricht man von der mittleren Altsteinzeit bzw. von der Zeit des Neandertalers. Diese Kultur ist geprägt durch den Faustkeil, der in verbesserten Bearbeitungstechniken hergestellt wurde. In einer Kiesgrube bei Ariendorf hat man Reste einer Behausung gefunden. In der Fundschicht war ein Halbkreis zu erkennen, aus dem sich der Grundriß der Hütte ableiten ließ. Der Rundbau wurde aus Rippen von Nashorn und Mammut errichtet und dann mit Fellen überzogen.

Ab 120.000 v. Chr. finden sich Wohnplätze in den Kratermulden der Osteifelvulkane wie Tönchesberg, Plaidter Hummerich, Wannen oder Schweinskopf. In den Kratern sammelte sich Wasser, die Lava wurde mit Löß abgedeckt. Das waren ideale Siedlungsplätze, denn die Lava speicherte Sonnenwärme und wirkte nachts wie ein Kachelofen, man hatte Wasser und vom Kraterwall aus einen guten Rundblick, um die Tierherden zu beobachten. Die Neandertal-Jäger folgten den Herden und schlugen im Sommer und Winter wechselnde Lager auf. Man hat in den Kraterlagern Werkzeuge aus Feuerstein gefunden, der aus der etwa 100 km entfernten Region Aachen/Maastricht stammt.

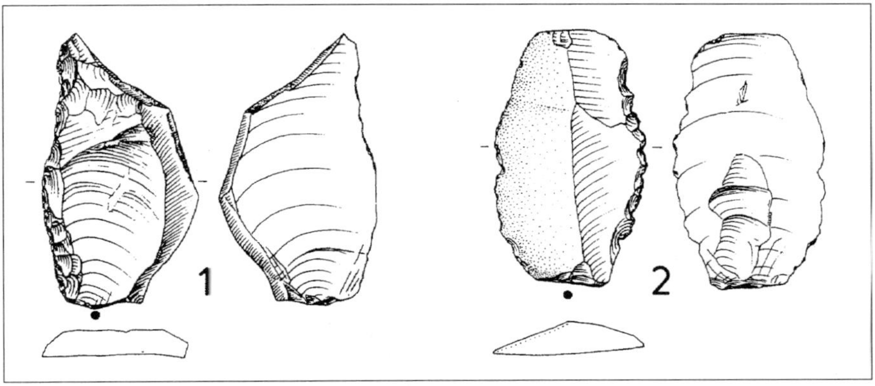


*Schaber aus Ariendorf*

Vor 80.000 Jahren, in der letzten Eiszeit, tritt dann der klassische Neandertaler auf. Jetzt werden keine Faustkeile mehr verwendet, die aus Steinkernen gearbeitet sind, sondern nur noch aus Abschlägen gefertigte Werkzeuge. Neu war in diesen Urgemeinschaften ohne Häuptling auch die Totenbestattung in Höhlen. Man gab den Toten Speise oder Blumen mit auf den Weg ins Jenseits. Farbreste an den Wohn- und Bestattungsplätzen verweisen auf Körperbemalung. Es gibt auch »Hinweise auf Tier- und Schädelkulte sowie rituellen Kannibalismus«. (Kuckenburg, S. 45).

Der Neandertaler lebte in und von den trockenen Lößsteppen der Eiszeit. Bäume und Sträucher gab es nur an feuchten Stellen, an Quellen und in Flußtälern, etwa so wie im heutigen Rheinhessen. Die Steppen waren wildreich. Es gab Mammut, Wollnashorn, Pferd, Rentier, Rinder und Hirsche. Gejagt wurde mit Holzlanzen. »Ein Platz, an dem damals die Wisentherden auf ihren jährlichen Wanderungen vorbeikamen, liegt vielleicht in Wallertheim in Rheinhessen.« (Bosinski, Vor-Zeiten I, S. 25). Am Fuß des Wißbergs hat man im Wiesbachtal nämlich vor allem Wisentknochen gefunden.

Die Zeit des Neandertaler endete vor 40.000 Jahren. Damals bewohnte er z. B. Höhlen wie das Buchenloch in der Munterley bei Gerolstein. Diese 18m lange Karsthöhle hat sich in den Kalkfelsen eingeschnitten, der ursprünglich einmal ein Korallenriff im Urmeer gewesen ist.

»Homo sapiens«, der heutige Mensch, besiedelte in der jüngeren Altsteinzeit (40.000 bis 10.000 v. Chr.) das gesamte Steppengebiet zwischen Atlantik und Don. Trotz der großen Entfernung von etwa 4000 km zwischen dem westlichen und östlichen Pol seines Lebensraums bestand eine gute Kommunikation zwischen den einzelnen Menschengruppen, was sich an den gefundenen Kunst- und Kultgegenständen nachweisen läßt. Prägend für diese

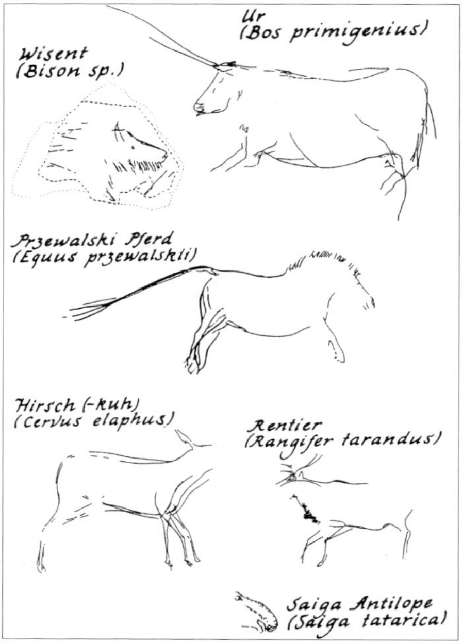


*Schieferritzungen aus der jüngeren Altsteinzeit (Jagdthema)*

Kultur sind einerseits die Tierzeichnungen (Höhlenmalereien und Schiefergravuren), die auf ein schamanistisches Weltverständnis schließen lassen, und andrerseits die Frauen- oder Venusstatuetten (Idole), die als Zeichen matriarchaler Gesellschaftsstrukturen und Religionsformen gedeutet werden können.

Eine dieser Venusstatuetten hat man auf dem Mainzer Linsenberg gefunden. Hier befand sich ein Basislager der Eiszeitjäger, was sich durch einen großen Wohnbau mit Feuerstellen belegen läßt. Ausgehend von diesem Basislager wurden immer wieder vorübergehend kleinere Jagdlager angelegt, wie z. B. auf der Napoleonshöhe bei Sprendlingen, wo man Rentiere und Pferde gejagt hat. Auffallend an den Idolen ist die große Verbreitung quer durch Europa, die Verwandtschaft der Formen und die Tatsache, daß es kaum Männerdarstellungen aus dieser Zeit gibt. Bei allen Figuren sind Kopf und Gliedmaßen klein oder fehlen ganz. Überproportional groß dagegen ist der Rumpf mit Becken und Brüsten. Daß damit Schwangerschaft und Geburt hervorgehoben werden sollen, darüber ist man sich in der Wissenschaft einig. Unterschiedliche Meinungen gibt es dagegen über die Deutung. Während die einen die Idole lediglich in Zusammenhang sehen mit der sozialen Struktur der Jagdgesellschaft, die durch hohe Kinder- und Kindbettsterblichkeit sowie geringe Lebenserwartung gekennzeichnet war und daher die

Bedeutung zahlreicher Nachkommenschaft kulturell habe betonen müssen, sehen die andern diese frühsten Kunstgegenstände als Beweis für eine matriarchale Gesellschaft, die zumindest von der jüngeren Altsteinzeit bis in die Jungsteinzeit bestanden haben soll. Die Idole, von denen an über 3000 Orten über 30.000 Stück gefunden wurden, werden als Bildnisse der »Muttergöttin« gedeutet. »Fruchtbarkeitssymbolik ist an sich niemals eine Religionsform, sondern eine religiöse Teilerscheinung innerhalb einer Religion. Und eine Religion setzt ein Gesamtweltbild voraus, denn Kulturerscheinungen sind niemals isoliert zu betrachten. Die Zeitordnung der altsteinzeitlichen Menschen wurde vom Mondwechsel bestimmt, der zugleich das Problem von Leben und Sterben berührte.« (Marie König, Am Anfang der Kultur, S. 22).

Die Geburt sei damals als Wiedergeburt eines verstorbenen Vorfahren gedeutet worden. Die Erde mit ihren Spalten und Höhlen habe man als Ur-Mutter gesehen, den Mutterschoß (vulva) als »immer wieder sich öffnendes Tor für das ewig ins Diesseits wiederkehrende Leben. So war die Frau Zentrum und Trägerin des Kultes, denn sie war diejenige, die Tod wieder in Leben verwandeln konnte, während der Mann als Jäger lediglich Leben in Tod verwandeln konnte.« (Göttner-Abendroth, S. 115). Diese matriarchale Epoche sei erst in der indoeuropäischen Kultur durch eine patriarchale Gesellschaft abgelöst worden. Die Deutungen der Eiszeitkunst als Jagdzauber (Tierzeichnungen) und Fruchtbarkeitssymbole (Idole) werden als patriarchal abgelehnt.

Andrerseits gibt es in bezug auf das andere große Thema der Eiszeitkunst, nämlich die Tierdarstellungen, eine ebenfalls plausible Deutungsperspektive, die sich an die Definition des Schamanismus anlehnt, wie sie Mircea Eliade für die sibirischen Völker entwickelt hat. Dieses schamanistische Weltbild findet sich nach Carlo Ginzburg auch bei den Skythen, den Lappen, den Kelten, in Ungarn und Norditalien und bezieht bis in die frühe Neuzeit auch Traditionen der Göttinnenverehrung ein. (Ginzburg, S. 226). Für Eliade steht eine nicht am Geschlecht festgemachte religiöse Weltanschauung im Vordergrund. »So müssen wir uns den asiatischen Schamanismus als eine archaische Ekstasetechnik vorstellen, gegründet auf eine Urideologie – den Glauben an ein Höchstes Himmelswesen, mit dem man durch den Aufstieg zum Himmel direkte Beziehungen unterhalten kann –, später aber unaufhörlich umgeformt durch eine lange Reihe exotischer Einflüsse, deren Höhepunkt die Invasion des Buddhismus war.« (Eliade, S. 466). Neuerungen aus Südasien sind nach Eliade vor allem die immer umfangreichere Geisterwelt und deren Einkörperung (Besessenheit). Die Beziehung zur Altsteinzeit stellt z. B. Martin Street in seinem Buch »Jäger und Schamanen« her. Hier geht es um einen Fund von zwei Hirschgeweihmasken (10.000 Jahre alt) in Bedburg-Königshoven am Niederrhein. Er vermutet, daß es sich dabei nicht um Masken handelt, die der Tarnung von Jägern auf der Jagd dienten, sondern um rituellen Kopfschmuck, wie er auch bei den nordasiatischen Schamanen der Neuzeit üblich war. In dieser Religion habe jede Tiergattung einen speziellen Beschützer gehabt. »Gerade dieser Glaube an ein der Tierwelt eigenes seelisches Leben gilt in der Forschung als eines der ältesten Merkmale des Schamanismus. Die unsichtbare Welt der Geister soll einen direkten Einfluß auf das Wohlergehen der Menschen in der sichtbaren Welt ausüben. Der Schamane sieht sich als Mittler zwischen diesen Welten und tritt bei den Geistern für die Menschen ein. Dies geschieht, während er sich in einem von der Besessenheit durch Geister hervorgerufenen Zustand der Ekstase befindet. Bei diesen Zeremonien spielt die Schamanentracht eine zentrale Rolle. Sie verkörpert die schützende Kraft mächtiger Hilfsgeister, oft in Form eines bestimmten Tieres.« (Street, S. 50). Das Hirschgeweih hat zudem in der Mythologie eine Bedeutung, die zum Himmels-Aufstieg des Schamanen paßt. So wird z. B. im altnordischen »Sonnenlied« (um 1200 n. Chr.) »Christus mit einem Hirsch verglichen, dessen mächtiges Geweih bis zum Himmel reicht«. (Herder-Lexikon, S. 91). Das Hirschgeweih könnte also so etwas wie die himmlischen, d. h. geistigen Wurzeln des Menschen symbolisieren. Die schamanistische Deutung der Funde betont also stärker die Bedeutung des Tieres und der Jagd für die eiszeitliche Gesellschaft.

Gerhard Bosinski beschreibt in seinem Buch »Eiszeitjäger im Neuwieder Becken« die Umweltsituation dieser Zeit. In den Lößsteppen des damaligen Rheinland-Pfalz war das Klima trocken, es herrschte Westwind wie heute. Es gab wenig Wolken und daher große Temperaturschwankungen zwischen Tag und Nacht, Sommer und Winter. Bäume wuchsen nur in den Flußtälern. In den Steppen lebten viele Tierarten. Die Jäger folgten den saisonalen Tierwanderungen. Als neue Waffe entwickelten sie die Speerschleuder, mit der man in der offenen Landschaft aus 10 bis 30 m Entfernung die Tiere durch die Ausnutzung der Hebelgesetze sicher erlegen konnte.

Fundorte dieser Zeit (vor 12.500 Jahren) in Rheinland-Pfalz sind Gönnersdorf (Neuwied) und der Martinsberg bei Andernach. Die Eiszeitjäger benutzten statt Faustkeile Speere, für die sie aus Maasfeuerstein lange, schmale Klingen herstellten. Für die Schmuckbearbeitung, z. B. aus Schneckenhäusern oder Hirschgrandeln, benutzten sie Bohrer. In Gönnersdorf hat man mehrere Hausbauten gefunden. Das kegelförmige Dach, das wie die Wände mit Pferdefellen abgedeckt war, wurde von einem Mittelpfosten getragen. Im Innern befanden sich eine Feuerstelle sowie mehrere Kochgruben. Die Menschen lebten also nicht in Höhlen wie in Südfrankreich. Deshalb fand man hier auch keine Höhlenmalereien, dafür aber vergleichbare Schiefergravuren mit Tier- und Frauendarstellungen sowie symbolischen Zeichen (Kreise, Ovale, Gittermuster und Linienbündel).

*Steinzeitliches Zelthaus aus Gönnersdorf*

Die Frauenzeichnungen entsprechen in ihren Formen den Venusstatuetten (Idolen), von denen man auch in Gönnersdorf eine aus Elfenbein geschnitzte gefunden hat. Manche können als Tanzszenen gedeutet werden. Die Tiere sind im Gegensatz zu den Frauen naturalistisch dargestellt. Am zahlreichsten (jeweils mehr als 60 Bilder) sind Gravuren von Pferden (Hauptjagdtier in dieser Gegend) und Mammut. Daneben findet man auch andere Steppentiere, aber auch Robben, Fische und Vögel. Ausführlich dokumentiert ist all dies im »Museum für die Archäologie des Eiszeitalters« in Schloß Monrepos bei Neuwied.

Etwa um 10.000 v. Chr. wurde das Klima in unseren Breiten feuchter. In den Graslandschaften begann Wald zu wachsen. Die Tierherden verschwanden und wurden durch Waldtiere wie den Elch ersetzt oder paßten sich wie Hirsch und Ur (Rind) an die neuen Gegebenheiten an. Das Vorkommen von Bibern verweist ebenfalls auf die feuchteren Umweltverhältnisse. Die Jäger entwickelten jetzt für die nicht mehr praktikable Speerschleuder das für Waldgebiete besser nutzbare Instrumentarium von Pfeil und Bogen. Aus der Zeit vor dem Ausbruch des Laach-Vulkans (9080 v. Chr.), der die damaligen Siedlungsplätze mit Bims bedeckte, stammen Funde in Miesenheim (Nettetal), in Weißenthurm und bei Plaidt. Die Jäger mußten jetzt wieder mehr

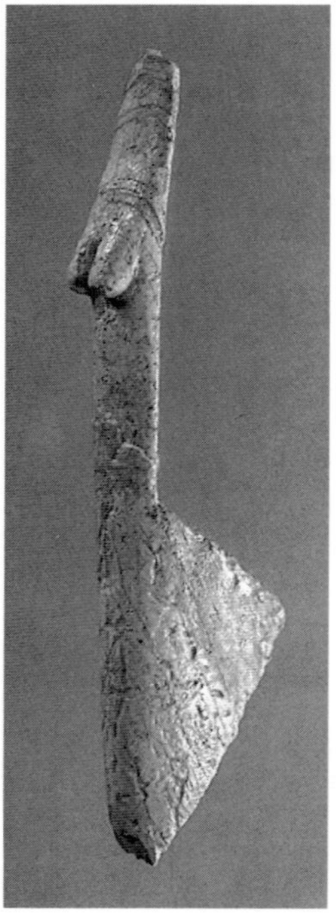

*Venusidol aus der jüngeren Altsteinzeit (Mutterthema)*

und öfter wandern, um genügend Beute zu finden. Daher wurden die Menschengruppen und dementsprechend auch die Behausungen kleiner. Schmuckstücke aus dieser Zeit hat man keine gefunden. Die Wald-Gesellschaft scheint gegenüber der Steppenkultur sozial und kulturell verarmt zu sein.

## Die neolithische Revolution

Mit ihr beginnt das Mesolithikum, die Mittelsteinzeit (10.000–5500 v. Chr.). Die sogenannte »Allerödzeit« vor dem Ende der Eiszeit (8000 v. Chr.) ist zwar noch feucht-kühl und nicht feucht-warm, aber die niederschlagsbedingte Waldentwicklung macht ihre Jägerkulturen verwandt mit denen der Nacheiszeit. Im Neuwieder Becken fand man unter der Bimsschicht des Vulkanausbruchs z. B. bei Niederbieber Feuerstellen, Tierknochen und Steingeräte. Typisch sind sogenannte Federmesser mit gebogenem Rücken, die als Pfeilspitzen dienten. Gefunden hat man an gleicher Stelle aber auch einen Pfeilschaftglätter mit Ritzungen, die an die stilisierten Frauendarstellungen auf den Gönnersdorfer Schieferplatten erinnern. Eine kulturelle

*Tanzende Frauen, Schieferritzung aus Gönnersdorf*

Traditionslinie zu den eiszeitlichen Steppengesellschaften scheint also gegeben.

Aus der Zeit nach dem Vulkanausbruch und nach dem Ende der Eiszeit gibt es nur wenig Funde in Rheinland-Pfalz. So hat man Wohnplätze beim Limburgerhof und bei Waldfischbach gefunden sowie ein Jägerlager auf der Kleinen Kalmit (Pfälzerwald). Im nördlichen Rheinland-Pfalz sind die Funde so selten, daß Bosinski sogar von einem weitgehend menschenleeren Gebiet spricht. Angedeutet hat sich zu dieser Zeit aber bereits die kommende neolithische Revolution mit Ackerbau und Viehzucht. Der Hund wurde nämlich zum Haustier, und eine intensive Vorratshaltung von gerösteten Haselnüssen ist nachgewiesen.

Gordon Childe hat 1936 den Begriff der neolithischen Revolution geprägt. In der Jungsteinzeit (5500–2200 v. Chr.) vollzog sich nämlich ein radikaler Wandel der menschlichen Lebensgewohnheiten, der unsere Gesellschaft bis heute prägt. Vom Vorderen Orient übernahmen die in Mitteleuropa lebenden

Menschen Saatgut (Emmer, Einkorn, Gerste) und Haustierarten (Rind, Schaf, Ziege) und wurden als Ackerbauern und Viehzüchter ganzjährig seßhaft. Es entstanden feste Wohnbauten in Dorfform. Die Bevölkerung nahm wieder zu, und die dadurch notwendige Ressourcensteigerung führte sogar zu einem Nahrungsüberschuß, der Handel über weite Entfernungen möglich machte. Daraus erwuchsen komplexe Gesellschaften mit einer differenzierten Kultur, die z. B. im Handwerk eine kunstvolle Töpferei begründeten.

Die erste Bauernkultur Mitteleuropas waren die Bandkeramiker (5500–4800 v. Chr.). Sie besiedelten ein Gebiet, das sich vom Pariser Becken bis zum Schwarzen Meer und von der Donau bis zu den nördlichen Mittelgebirgsrändern erstreckte. Ihre Wohnhäuser waren Einhaushöfe, etwa 25 bis 40 m lang und 5 bis 8 m breit, meist in NW/SO-Richtung erbaut. Im SO befand sich Speicherraum, in der Mitte wohnte man, und im NW befanden sich entweder Ställe oder Schlafräume. Bewohnt wurden die Häuser von Familien mit 5 bis 7 Personen. Die Gesellschaftstruktur war wahrscheinlich eher egalitär, da es weder bei den Haustypen noch bei der Ausstattung der Hockergräber Hinweise auf herausgehobene Positionen von Fürsten gab. Reich geschmückte Gräber alter Frauen bei hessischen Funden führten allerdings zu Vermutungen, daß es Priesterinnen gegeben haben könnte. Zu jedem Hof gehörten etwa 5 ha Land. Pflüge hat man wahrscheinlich noch nicht gekannt, sondern Hackbau betrieben. In den Rodungsdörfern mitten im Laubwald lebten nach Schätzungen rund 360.000 Menschen (alte Bundesländer). Gefunden hat man auch Erdwerke mit einem Durchmesser bis zu 100 m, in deren Innerem keine Häuser standen. Es handelte sich also wohl – wie später bei den Kelten – um religiöse oder profane Versammlungsplätze.

Die Verzierungen der bandkeramischen Tongefäße mit Bogen- oder Winkelbändern reizt zu vielerlei Deutungen. Immer wieder wurden und werden die Linien als planmäßig angeordnete Chiffren verstanden. Gretel Gallay entschlüsselte in Hessen Symbole wie Schlangen, Windrädchen und Sternmuster und setzte sie in Beziehung zu Weltbildern und Jahresrhythmen. Karl H. Bischer deutete die bandkeramischen Gefäße aus dem rheinhessischen Flomborn und der Monsheimer Hinkelsteingruppe als Kalendergefäße und vermutet einen Sonnenkult hinter den Aufzeichnungen. In der Seßhaftigkeit der Bauern sieht er die Ursache für eine akribische Lebensplanung, die von der Naturbeobachtung über den Saatkalender bis hin zur Familienplanung reicht. Bischer deutet die Ritzungen der gesamten Gefäßoberfläche als Scheibe in die Ebene projiziert. Bei der Auszählung der Muster finde man über eine Quersummenrechnung sowohl den Sonnenkalender mit 365 als auch den Mondkalender mit 364 Tagen. Darüber hinaus gebe es Symbole für die Tag- und Nachtgleiche, die auch bei der NW/SO-Ausrichtung der Häuser ein Rolle spiele: »Der Hauseingang befand sich meist auf der Südostseite. Die vier

*Langhäuser der Bandkeramiker, Vorbild späterer Bauernhäuser in Europa*

Hausecken zeigten dabei ähnlich einer Windrose in die Haupthimmelsrichtungen Süden, Osten, Norden und Westen, die vier Wände des Hauses dagegen nach Südosten, Nordosten, Nordwesten und Südwesten, also auf die Wendepunkte der Sonne hin. Für die Bauernbevölkerung im Wormser Raum begann ein neues Wirtschaftsjahr mit dem Sonnenaufgang im Südosten am 21. Dezember zur Wintersonnenwende.«

Bei Bernkastel-Kues hat man ein bandkeramisches Dorf entdeckt, Pfostengruben und Fundamentgräben kamen bei Sarmsheim (Nahe) und Finthen (Mainz) zutage. In Flomborn hat man Pflöcke aus verziertem Elfenbein gefunden, welche den Handel mit Afrika und/oder dem Orient belegen. Aus der Hinkelsteinkultur sind Amulette aus Tierzähnen und Muscheln überliefert. In den Mittelgebirgen gibt es nur wenige Funde aus dieser Zeit.

Im mittleren Neolithikum (4800–4000 v. Chr.) entstehen eine Reihe von verschiedenen Regionalkulturen, die auch in unseren Raum ausstrahlen, so Großgartach (um 4700), Planig-Friedberg (um 4600) und Rössen (um 4500). Sie gehören zur Gruppe der Stichkeramik. Jetzt wurden auch die Randgebiete wie der Westerwald besiedelt, wie Axtfunde aus Höhr-Grenzhausen, Montabaur, Bad Marienberg und Rennerod zeigen. Auf eine Veränderung in den religiösen Vorstellungen deutet das »Verschwinden der früher reichlich vorhandenen Idole«. (Vorgeschichte Hessens, S. 151).

Das jüngere Neolithikum (4000–2200 v. Chr.) ist durch die Becher- und die Megalithkulturen geprägt. Während sich in Norddeutschland zu dieser Zeit Megalithgräber finden (siehe auch Stonehenge in Südengland), stößt man in Rheinland-Pfalz lediglich auf Menhire, besonders im Gebiet um Alzey. Die »Menhir«-Leute kamen aus dem Raum Lothringen und trafen im Rheinknie und im Raum Trier-Luxemburg auf die Michelsberger. Bei den Menhiren handelt es sich nicht um Findlinge oder gewachsene Felsen, sondern um von Menschenhand errichtete Steindenkmäler. Es könnte sich dabei um Grabstelen handeln, die auf der Kuppe eines Grabhügels plaziert den Bestattungsbereich vom profanen Umfeld abgrenzen und kennzeichnen sollten. »Das Errichten von Stelen und Menhiren spielt seit den ältesten Zeiten im alteuropäischen Totenkult eine vornehme Rolle.« (Spindler, Die frühen Kelten, S. 172). Wie beim »Langen Stein« (Saulheim/Rheinhessen) sind die Hinkelsteine oft auch im Mittelalter genutzt worden, z. B. zur Heiligenverehrung.

Die Statuen befanden sich dann meist in extra gehauenen Nischen.Häufig ranken sich auch Teufelssagen um die Steine, was auf ihr Herkommen aus heidnischer Zeit und eine spätere Christianisierung hinweist. Die Deutungen »reichen vom Seelenthron über Opferpfahl zu der Theorie des Menhirs als Ersatzleib für die Seele des Toten (was natürlich einen vorgeschichtlichen Seelenglauben voraussetzt), weiter als Zeiger astronomischer Uhren zur Deutung der Menhire als Phalloi«. (Vorgeschichte Hessens, S. 173).

Für die Michelsberger, deren Siedlungszentrum sich in Rheinhessen, der Nordpfalz und im Naheraum befand, sind die sogenannten Tulpenbecher typisch. Reste ihrer befestigten Höhensiedlungen fanden sich z. B. auf dem Wißberg bei Gau-Bickelheim, dem Martinsberg bei Siefersheim, dem Galgenberg bei Neu-Bamberg, dem Kästenberg bei Bad Dürkheim und dem Donnersberg. Neu sind im jüngeren Neolithikum die zunehmende Verwendung von Kupfer und die Einführung des Hakenpflugs.

In der frühen Bronzezeit (2200–1600 v. Chr.) wurde dann mit der Kupfer-Zinn-Legierung Bronze das Metall schrittweise gegenüber dem Stein zum dominierenden Werkstoff. In Rheinland-Pfalz siedeln sich seit dem Endneolithikum vom Westen her die Glockenbecherleute und vom Osten her die Schnurkeramiker an. Mit der Adlerbergkultur entsteht später im südlichen Rheinhessen eine Mischgruppe. Ein bedeutender Fund dieser Zeit ist der rheinhessische Dolchhort von Gau-Bickelheim. »Er besteht aus fünf reichverzierten Vollgriffdolchen, bzw. Dolchklingen, deren typologische Einteilung in Oder-Elbe-, italischen und westeuropäischen Typus die Beziehungsspannweite aufzeigt.« (Herrmann/Jockhövel, Die Vorgeschichte Hessens, S. 199). Es handelt sich dabei nicht um Waffen, sondern um Zeremonial-, Symbol- und Hoheitszeichen. Die Frühbronzezeit ist eine Zeit der Migration, eine Übergangszeit, aus der keine dauerhaften Großbauten

*Langer Stein bei Saulheim*

bekannt sind, dafür aber zahlreiche Depotfunde. Sie könnten entstanden sein, indem man bei Flucht oder Auswanderung seinen wertvollen Besitz in der Erde vergrub, um ihn später wieder zu holen. In Gonsenheim (Mainz) hat man so fünf in einem Lederbeutel verwahrte Prunkbeile aus damals kostbarem Alpen-Jadeit gefunden. Die Toten wurden in Flachgräbern bestattet, und zwar in gehockter Form und unverbrannt. Sowohl Männer als auch Frauen wurden systematisch mit Blickrichtung nach Osten gelegt, also zur aufgehenden Sonne hin. Die Glockenbecherleute wie auch die Schnurkeramiker werden zu den Hirtennomaden gezählt. Einzelne Gruppen allerdings betrieben weiterhin Ackerbau.

## Das Jenseits aus den Gräbern

Von 1600 bis 1250 v. Chr. setzt man dann mit der Hügelgräberkultur die mittlere Bronzezeit an. »Die bronzezeitliche Gesellschaft wird durch eine zunehmend wirtschaftliche Arbeitsteilung und gesellschaftliche Schichtung gekennzeichnet.« (Herrmann/Jockhövel, Die Vorgeschichte Hessens, S. 196). Im Vorderen Orient beginnt die Zeit der sogenannten Hochkulturen mit der teilweise schriftlichen Überlieferung (Hammurabi in Babylon, minoisches

Kreta, Mykene), die in Mitteleuropa noch zu keltischer Zeit gegenüber der mündlichen Überlieferung keine Rolle spielt. Das Pferd wird als Haustier domestiziert, im Pflanzenbau kommen Dinkel und Hirse sowie Eßkastanie und Walnuß am südlichen Oberrhein dazu.

Neben dem Bronzeguß, der zu intensivem Handel, erstem Geldverkehr, wertvollen Grabbeigaben und der Herausbildung einer Kriegerkaste führt, entstehen die Weberei und die Herstellung von Glasperlen. In größerem Umfang werden Salzquellen und Bernsteinvorkommen ausgebeutet. Handwerk und Landwirtschaft trennen sich. Im Salzburgerland und den Ostalpen finden sich erste Bergwerke. Das für den Bronzeguß benötigte Kupfer kommt aus den Alpen und den Mittelgebirgen, das Zinn aus Cornwall, der Bretagne und Spanien. Die Bestattung findet in Grabhügeln statt, die oft von einem Steinkranz umgeben sind, um den Bereich der Toten von dem der Lebenden zu trennen. In Süddeutschland finden sich Gräber, »in denen extrem lange Nadeln mit der Spitze zum Kopf, mit dem stumpfen Ende dagegen zu den Füßen der Toten weisen«. (Jockhövel/Kubach, Bronzezeit in Deutschland, S. 51). Das deutet auf Furcht vor wiedergängerischen Toten hin. Die Grabhügel standen jeweils in bezug zu einem Kleinterritorium von ca. 2000 Personen mit einem befestigten Adelsplatz und mehreren offenen Siedlungen. Die Herausbildung einer männlichen Adelskriegerschicht wird durch die reicheren Grabbeigaben von Schwertträgern belegt. »Das Schwert als Indikator der sozialen Stellung rangiert noch vor dem Gold.« (Bronzezeit, S. 46). Als Hoheitszeichen dienten auch Zeremonialdolche. Ansonsten waren Männergräber schlichter ausgestattet als Frauengräber.

In der Zeit der Hügelgräberkultur entstehen auch die Pfahlbauten am Bodensee und Federsee. Der berühmteste Fund dieser Zeit aus Rheinland-Pfalz ist der Goldene Hut von Schifferstadt. Der ca. 30 cm hohe Kegel wurde mit einem Hammer aus einem einzigen Goldklumpen getrieben und ist über und über mit Sonnen- und Radsymbolen bedeckt. Ähnliche Funde gibt es auch in der jüngeren Bronzezeit. In Kivik (Südschweden) hat man Abbildungen von Bestattungsriten gefunden, bei denen ein solcher Hut sowie Bronzeäxte eine Rolle spielen. Vermutet wird, daß die goldenen Hüte als Bekrönung von Toten- oder Sonnenkultsäulen benutzt wurden. In der anschließenden Urnenfelderkultur oder jüngeren Bronzezeit (1250–750 v. Chr.) wurden die Toten vor der Bestattung verbrannt. Das deutet auf einen Wandel der kultisch-religiösen Vorstellungen. Es ist erneut eine Zeit der Migration (Zerstörung von Mykene, Einfall der Seevölker in Ägypten). Aus Südosteuropa kommen Einwanderer, die sich mit den bereits ansässigen Hügelgräberleuten mischen. Erklärt werden dadurch die häufigen Hortfunde und die stärkere Herausbildung befestigter »Burgen« wie auf dem Dommels-

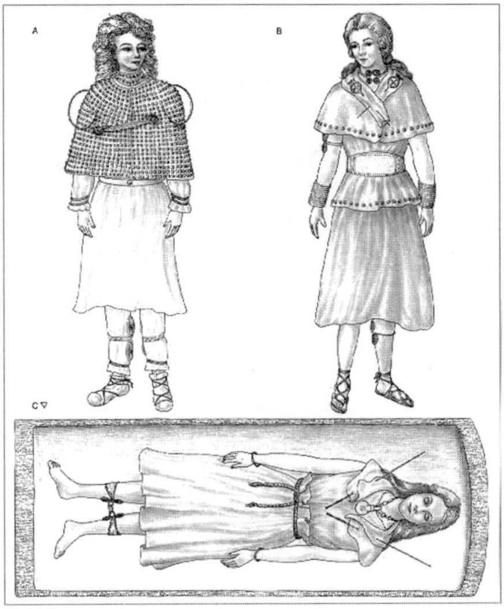


*Nadeln und Fesseln des bronzezeitlichen Grabes (14. Jh. v. Chr.) bezeugen die Angst vor wiedergängerischen Toten*

berg bei Koblenz. Die Hortfunde werden sowohl als Reste von Kulthandlungen (Opfer) wie auch als Schatzverstecke in unruhiger Zeit gedeutet. Es finden sich vor allem Waffen, darunter erneut die zeremoniellen Vollgriff- und Stabdolche. Viele Depots wurden an Flußmündungen angelegt, so bei Mainz (Rhein und Main) und Bingen (Rhein und Nahe). »Die Gefährlichkeit des Flusses, Strudel im Wasser, unterschiedliche Färbungen oder ein besonders eindrucksvoller Anblick konnten an derartigen Stellen die Voraussetzung für einen naturheiligen Platz bilden.« (Bronzezeit, S. 69). Als ornamentale Motive tauchen wie beim Goldenen Hut von Schifferstadt wieder Sonne und Rad auf. Selten finden sich Menschendarstellungen. Aus der Urnenfelderzeit stammen die ersten Speichenräder im deutschen Raum, und zwar bei den kultischen Kesselwagen. Sie waren oft mit Vogelmotiven verziert. Damit stehen sie auch in Beziehung zu dem häufigen Motiv der Vogel-Sonnen-Barke, stilisierten Vogelköpfen mit einem Kreismotiv als Verzierung von Bronzegefäßen. Dieses Bild findet sich erstmals in der jüngeren Bronzezeit in Mitteleuropa. Sonne und Rad stehen auch später in der Mythologie für ein gemeinsames Symbolfeld. Der Vogel als Bild für die menschliche Seele ist an der Grenze zwischen Erde und Sonne zuhause. Er fliegt hoch, manchmal zu hoch, wie Ikarus, der sich die Flügel an der Sonne verbrennt.

In Gräbern der Urnenfelderzeit finden sich häufig Amulette, so z. B. in einem Kindergrab (Kalt bei Koblenz) durchlochte Fossilien mit gut erkennbaren Abdrücken von Seelilienstengeln. In Rheinhessen (Adlerberg bei Worms, Dautenheim, Esselborn, Offstein, Siefersheim) hat man mehrfach sogenannte Mondidole gefunden. »Rinder- bzw. Stierdarstellungen sind in abstrakter Form für die Urnenfelderzeit durch die Mondidole und tönernen Feuerböcke belegt.« (Das keltische Jahrtausend, Mainz 1993, S. 191). Die halbmond- oder stierkopfförmigen Feuerböcke dienten bei den damals üblichen offenen Feuerstellen als Auflage für die Holzstücke, die man nachschieben mußte. Wie aus der mythologischen Bedeutung der Stieropfer herzuleiten ist, gilt das Rind wohl als Grundlage der im Vorderen Orient geborenen neolithischen Revolution zur bis heute dauerhaften Kultur der Ackerbauern und Viehzüchter. So deutet Reinhold Merkelbach (Mithras – ein persisch-römischer Mysterienkult, S. 17) das Stieropfer als indoiranische Gemeinsamkeit: »Mithra vollbringt widerstrebend das Stieropfer, das aber doch eine Heilstat ist; der Stier ist weiß; der Stier ist der Mond; aus Stier und Mond kommen Regen und die Samen aller Dinge.« Die Bauernwelt also ist es, deren Schöpfungsgeschichte im Stieropfer symbolisiert wird. Die lunaren Fruchtbarkeitskulte bilden das Gegenstück zu den sonst in der Bronzezeit vorherrschenden Sonnenmotiven und können vielleicht als weibliche und männliche Urbilder gedeutet werden.

## Die Kelten an Rhein und Mosel

Über die Kelten weiß man bisher wenig. Von den Ausgrabungen auf die Kultur zu schließen führt meist zu eher dürftigen oder aber zu spekulativen Ergebnissen. Da nimmt man gerne die irische und walisische Mythologie zur Hilfe, die Tradition der Inselkelten also. Die aber wurde in der Regel im 12. Jahrhundert n. Chr. aufgezeichnet und beruft sich auf Quellen des 6. Jahrhunderts n. Chr. Die klassische Epoche der Kelten in Mitteleuropa aber, die Tradition der Festlandskelten also, war die Latènezeit (450–15 v. Chr.). Auch die Hallstattzeit (750–450 v. Chr.) und damit die gesamte Eisenzeit wird mittlerweile als keltisch bezeichnet. Kulturelle Wurzeln dieser Stammesgemeinschaft, die vom Atlantik bis nach Ungarn nördlich der Alpen siedelte, sehen die Archäologen allerdings schon in der Urnenfelderzeit. Schriftliche Überlieferungen über die Kelten aus der Antike stammen aus griechischen und römischen Quellen. Damit sind bereits ethnozentrische Fehldeutungen und politische Propaganda (z. B. in Caesars »De bello gallico«) als wahrscheinlich anzunehmen. Aus diesen Quellen stammt auch die »Interpretatio romana«, bei der nach dem Gusto der Zeit die keltischen Götter mit den Namen verwandter römischer Gottheiten bezeichnet wurden. Die Überprüfung dieser Deutungen fällt schwer, denn die Kelten selbst haben zu vorrömischer Zeit ihre Tradition nur mündlich überliefert. Caesar berichtet, es sei den Druiden untersagt gewesen, ihre Lehre schriftlich niederzulegen, bei Staats- und Privatgeschäften hätten sie dagegen die griechische Schrift benutzt. Zur Lehre gehörten auch die epischen Erzählungen. Die Kelten der Eisenzeit, zumindest ihre Priester, konnten also schreiben, wollten aber ihre Mythologie und Religion offenbar nicht schriftlich überliefern. Das deutet auf das Bestehen einer Geheimlehre, die nur Eingeweihten zugänglich war. Darüber hinaus sehen französische Autoren wie Jean Markale und Lancelot Lengyel in dieser Methode eine weltanschauliche Absicht. Der stark ornamental-rhythmischen Kunst fehlten am menschlichen Vorbild orientierte figurative und szenische Darstellungen, wie sie in den antiken Hochkulturen üblich waren. Man verzichtete auch auf Monumentalbauten. Erst in gallorömischer Zeit gibt es Tempel, obwohl schon bei den Hallstatt-Fürstensitzen antike Bautechniken in der Umfriedung verwendet wurden ( zuvor existierten Naturheiligtümer an Quellen und in Wäldern). In der Verbindung von künstlerischem Stil, fehlender Architektur und bestehender Geheimlehre sieht man heute die Absicht, die Tradition lebendig und veränderbar zu erhalten. Das keltische Weltbild sei mithin grundsätzlich anders orientiert als das griechisch-römische. Damit wird auch die Denunziation der keltischen Kultur als barbarisch in ihr ethnozentrisches Vorurteil zurückgewiesen.

Gleichzeitig sind wir damit mittendrin in der Wirkungsgeschichte der keltischen Vorzeit, die uns heute in der Fantasy-Popularisierung der Artussage, der parodistischen Comicwelt des gallischen Asterix und der keltischen Folkmusic als Motor touristischen Urlaubsvergnügens im europäischen Nordwesten ständig begegnet. Je weniger überliefert ist, desto üppiger blühen die Interpretationen. Dabei ist die gewollte Zurückhaltung der Archäologen natürlich genauso eine gegenwärtige Haltung mit Lücken und Deutungen wie die lustvolle Aneignung eines systematisierten Geheimwissens durch die New-Age-Keltophilie. Wenn man also von einer Keltenideologie oder gar einer Keltomanie spricht, dann heißt das lediglich, daß die überbordende romantische Phantasie wieder einmal zurückgenommen wird zugunsten einer aufgeklärt-klassischen und eher materialistisch orientierten Wissenschaftshaltung. Dieses Spiel beschäftigt die europäische Kultur nun seit gut 250 Jahren. Der »Keltomane« Lengyel sieht darin, durchaus mit gutem Grund, eine seit dem Endneolithikum andauernde, miteinander streitende Geschichte solarer und lunarer Mythologie: »Zu Beginn der geschichtlichen Zeit verloren die Beiworte solar und lunar ihre ursprüngliche Bedeutung. Wenn wir uns hier weiterhin dieser Termini bedienen, so geschieht es in Anpassung an eine urtümliche Strömung, die sich bis in unsere Tage in zwei so deutlich erkennbaren Tendenzen erhalten hat, daß man sie als lunaren Romantizismus und solaren Klassizismus bezeichnen kann, und die mit den polaren Schlüsselpositionen unserer Vorväter korrespondieren.« (Lengyel, Das geheime Wissen der Kelten, S. 257).

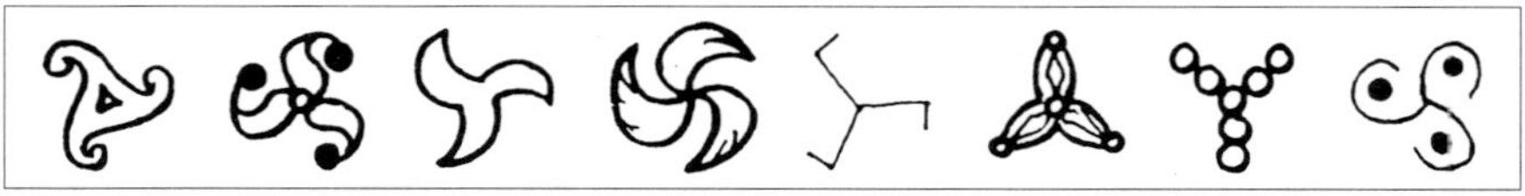

*Das keltische Sonnenrad ist aus der Dreizahl entwickelt*

Als »Keltenideologie« bezeichnet Bernhard Maiers Lexikon der keltischen Religion und Kultur »die mißbräuchliche Vereinnahmung keltischen Kulturguts für weltanschauliche und politische Zwecke«. Bereits im 16. Jahrhundert definierte man in Frankreich die Gallier (= Kelten) als eigene Vorfahren, um die germanischen Franken besser als Befreier von römischer Herrschaft herausputzen zu können. Im 17./18. Jahrhundert erklärte man die stein- und bronzezeitlichen Megalithkulturen (z. B. Stonehenge) fälschlicherweise für keltisch und mit James Macphersons als original keltisch verkaufter Ossiandichtung trat der ethnisch und gleichzeitig europäisch orientierte Begriff von Volkskultur (z. B. bei Herder) seinen wissenschaftlichen und politischen Siegeszug an, der schließlich im 19. Jahrhundert in die Ideologie vom Nationalstaat mündete. Da wird es natürlich schwer, den Gegensatz romantischer und klassischer Weltauffassung in Reinkultur aufrechtzuerhalten. Aber das ist schließlich bei aller Reinkultur so: Fortschritt und Alltag waren immer Bastarde.

In diesem europäischen Prozeß haben die Kelten, deren östliche Siedlungsgrenze kurz vor der römischen Eroberung der Rhein wurde, für den Südwesten Deutschlands eine ganz besondere historische Rolle gespielt: »So fühlten sich auch schweizerische und südwestdeutsche Demokraten eher den Kelten verbunden, und erst als auch die Germanen als freie Bauern demokratisiert waren, verloren solche Argumente an Bedeutung.« (G. Schmitt, Archäologie und Nationalbewußtsein, in: Zwischen Wallhall und Paradies, S. 11). Kelten und Germanen wurden so zu einem deutsch-französischen Thema in der nationalistischen Politik seit der französischen Revolution. So lebte der Name des um Nimes und Toulouse lebenden Stammes der keltischen Volker (lat. Volcae) fort im deutschen Adjektiv »welsch«, »mit dem die Germanen anfänglich die Volker, dann die romanisierten Kelten Galliens und schließlich ganz allgemein die romanischen Völker bezeichneten«. (Lexikon, S. 332).

1870/71 wurden aus Franzosen Kelten und aus Deutschen Germanen, obwohl doch beide Nationen sich aus dem fränkischen und römischen Reich entwickelt hatten. Nach der schrecklichen Erfahrung der Deutschen mit einer rassistischen Germanenideologie im Nationalsozialismus könnte es nun in Rheinland-Pfalz und Baden-Württemberg wieder Spaß machen, an die Keltophilie der französisch orientierten Demokraten aus der ersten Hälfte des 19. Jahrhunderts anzuknüpfen. Die ständigen Veränderungen in Geschichte und

*Umschlagtitelbild für den Prosaband »The Secret Rose« von William Butler Yeats, 1897. Die Illustration stammt von Althea Gyles*

Kultur, »die Überlieferung von Volk zu Volk« als »das feinste Band der Fortbildung, was die Natur gewählet« (Herder, Abhandlung über den Ursprung der Sprache, S. 120), bringen aber auch hier die so gern festgefügten Grenzen wieder ins Wanken. So war der Rhein auch zur Zeit der römischen Eroberung mehr Kommunikationsschwelle als Grenze zwischen Kelten und Germanen. Die Wissenschaft spricht von engen keltisch-germanischen Kulturbeziehungen, die bereits im 2. Jahrtausend v. Chr. in den Sprachen nachzuweisen seien und sich in römischer Zeit dann im religiösen Bereich verdichteten, so bei den Matronae oder Matres, Muttergottheiten, die z. B. in Pesch und Nettersheim (Eifel) verehrt wurden.

Eine eigene Entwicklung hat die britische Keltenüberlieferung genommen. Erstmals 1717 wurden auf den Inseln druidische Orden gegründet, denen u.a. der Dichter William Blake angehörte. In Wales wurde die regionale Tradition des Bardentreffens im 18. und 19. Jahrhundert mehrmals wiederbelebt und mündete schließlich in die jährlichen Literatur- und Musikfestspiele des »Eisteddfod«. In der »Irischen Renaissance« um 1900, deren bedeutendste Wortführer William Butler Yeats und Lady Gregory waren, verbanden sich das Streben nach politischer Unabhängigkeit von England mit dem Interesse

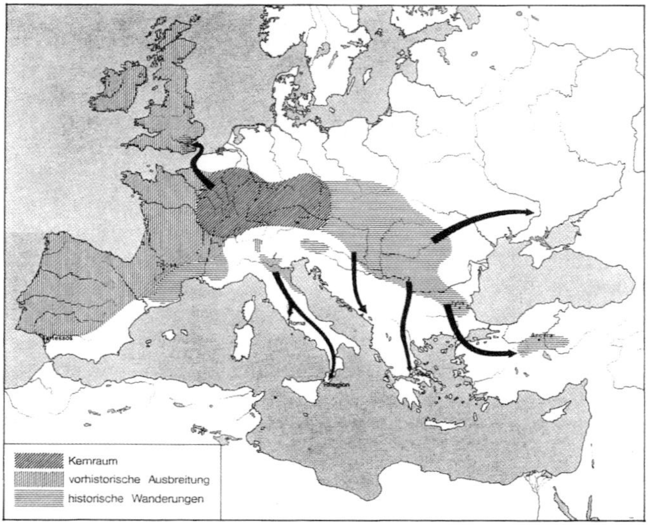


*Das Ursprungsgebiet der Kelten und ihre Ausbreitung im 5.–3. Jh. v. Chr.*

für die irische Sprache und Mythologie. Neu aufgelebt sind die keltischen Wirkungsmuster in den 70er und 80er Jahren des 20. Jahrhunderts mit dem Regionalismus und der New-Age-Bewegung, auf deren Boden Asterix und Merlin gedeihen konnten. Gleichzeitig nahm auch das wissenschaftliche Interesse an den Kelten zu, wie die Ausstellungen in Venedig (1991), Trier (1992) und Rosenheim (1993) beweisen.

Als Bewohner des Hinterlandes von Marseille beschrieb der griechische Geograph Hekataios von Milet die Kelten um 500 v. Chr. Herodot (485–425 v. Chr.) stellte fest, die Donau entspringe im Land der Kelten. Damit ist das Verbreitungsgebiet keltischer Kultur in der Eisenzeit gut umschrieben. Das Kerngebiet lag zwischen Ostfrankreich und dem Donauraum. Die Zentren der Hallstattzeit (750–450 v. Chr.), zu deren Westkreis der Raum des heutigen Rheinland-Pfalz gehörte, lagen etwas südlicher – daher die vielen Funde in Baden-Württemberg – und wanderten in der Latènezeit (450–15 v. Chr.) nach Norden ins Rhein-Mosel-Gebiet, wo sich seit der Späthallstattzeit um 600 v. Chr. die Hunsrück-Eifel-Kultur und schließlich das Stammesgebiet der Treverer mit dem Hauptort Trier herausbildeten. Der rheinhessische Bereich war im 1. Jahrhundert v. Chr. wahrscheinlich ebenfalls von Treverern besiedelt, während die Pfalz den östlichsten Teil des Stammesgebiets der Mediomatriker mit dem Hauptort Metz darstellte.

In der Eisenzeit (750–15 v. Chr.) bestattete man die Toten wieder in Hügelgräbern wie vor der Urnenfelderzeit. Während es in der älteren Hallstattzeit (750–600 v. Chr.) noch zu Brandbestattungen kam, ging die

*Vierrädiger keltischer Kultwagen aus Bell (Nachbau)*

jüngere Hallstattzeit (600–450 v. Chr.) wieder zur Körperbestattung über. Aus dieser Zeit stammen auch die Fürstensitze wie die Heuneburg bei Hundersingen am Oberlauf der Donau sowie reich ausgestattete Fürstengräber mit Beigaben aus Gold, den vierrädrigen Kultwagen und Luxusgütern aus dem Mittelmeerraum, die über das Rhonetal aus Marseille erhandelt worden waren. Solche Gräber fanden sich in Rheinland-Pfalz u. a. in Rodenbach bei Kaiserslautern, Bad Dürkheim, Laumersheim bei Frankenthal, Schwarzenbach bei Idar-Oberstein und Bell im Hunsrück. Die Hallstattzeit bricht abrupt ab; Brandspuren in den Fürstensitzen deuten auf kriegerische Auseinandersetzungen.

Um 400 v. Chr. begannen die großen Wanderungen der Festlandskelten. »Die keltischen Völkerwanderungen sind in ihrem historischen Ausmaß mit den germanischen Völkerwanderungen des frühen Mittelalters vergleichbar.« (Das keltische Jahrtausend, S. 3). Die Gründe sind nicht endgültig bekannt. Genannt werden Überbevölkerung, Verlockung durch den Handel mit dem Süden und Verdrängung durch germanische Stämme. Die Wanderungen gingen nicht in großen Strömen vor sich, sondern in einem ständigen Hin und Her kleiner Gruppen. 387 v. Chr. besetzten und plünderten Kelten Rom, 279 v. Chr. bestürmten sie Delphi. Etwa um 200 v. Chr. endeten die Wanderungen, und es entstand das klassische keltische Siedlungsgebiet nördlich der Alpen vom Atlantik bis nach Ungarn sowie auf den britischen Inseln. Um 150 v. Chr. begann die Zeit der oppida-Zivilisation. Die großen

Stele von Pfalzfeld

*Keltische Stele von Pfalzfeld (um 400 v. Chr.)*

Ringwälle vom Donnersberg (Nordpfalz), bei Bad Dürkheim und bei Bundenbach im Hunsrück (Altburg) wurden errichtet. Sie waren um ein Vielfaches größer als die Fürstensitze der Hallstattzeit und gehen wahrscheinlich auf südliche Vorbilder zurück, welche die Kelten bei ihren Wanderungen gesehen hatten. Wieder finden sich reich ausgestattete Fürstengräber, diesmal mit Schwerpunkt am westlichen Mittelrhein (Rhein, Saar und Mosel). Die etwa 40 etruskischen Schnabelkannen unter den Grabbeigaben zeigen, daß sich der Handel verlagert hatte. Ober- und Mittelitalien hatten Südfrankreich den Rang abgelaufen. Zwischen 58 und 51 v. Chr. besiegte Caesar die linksrheinischen Kelten, 15. v. Chr. wurde auch das rechtsrheinische Südwestdeutschland römisch. Die Ringwallsiedlungen wurden – anders als die Fürstensitze zum Ende der Hallstattzeit – friedlich verlassen. In den eroberten Gebieten entwickelte sich eine gallorömische Mischkultur.

»Fürstlich ausgestattete Frauengräber sind höchst selten. Dies bedeutet, daß innerhalb der obersten sozialen Schicht fast nur Männer mit den Insignien der Nobilitas versehen die Reise ins Jenseits antraten«, schreibt Konrad Spindler (Die frühen Kelten, S. 164) zu den Fürstengräbern des Westhallstattkreises und deutet damit eine Dominanz der Männer in dieser

Gesellschaft an: »Die weiblichen Ehepartner, wobei Vielweiberei und Mätressentum wohl nicht auszuschließen sind, verbergen sich zum Teil unter den schlichten Gräbern der normalen Bevölkerung.« Durch Mehrfachbestattungen belegt sieht Spindler auch die Totenfolge, »die freiwillige oder moralisch erzwungene Selbsttötung, aber auch das gegen den Willen des Betroffenen vollzogene Menschenopfer am Grab von Verstorbenen«. (S. 191). Aus spätkeltischer Zeit berichtet Caesar, in Gallien seien »Lieblingsknechte und Lieblingsangehörige zusammen mit vornehmen Toten verbrannt worden«. (Spindler, S. 192). Auf den Grabhügeln befanden sich seit der Megalithzeit häufig Grabstelen. »Im Totenzeremoniell spielte die kultische Wagenumfahrt eine große Rolle.« (Spindler, S. 189). Seit der Urnenfelderzeit kennt man vierrädrige Wagen als Grabbeigaben; besonders typisch sind sie für die Fürstengräber der Späthallstattzeit. Zweirädrige Streitwagen sind erst aus der Latènezeit bekannt. Die vierrädrigen, oft reich verzierten Wagen taugten nur für Umzüge und Prozessionen und wurden wahrscheinlich auch für die Überführung des Toten zum Grabhügel genutzt. Amulette, Klappern und Rasseln, vor allem in Gräbern von Kindern und jungen Frauen, weisen auf die seit der Bronzezeit belegbare Angst vor wiedergängerischen Toten hin. Der immer wieder belegte Grabraub wurde durch die Gier nach Gold angetrieben. »Hartnäckig hielt sich die Mär vom Gold seit keltischer Zeit im Volk. Daß das Wissen um sagenhafte Schätze in den Grabhügeln über alle Stürme der Zeiten hinweg unsere Tage erreichte, ist gewiß der einzige, aber um so erstaunlichere Traditionsstrang, der uns noch mit der grauen Vorzeit verbindet.« (Spindler, S. 199).

Über die Jenseitsauffassungen der Kelten, die aus den Bestattungsriten und Grabbeigaben abgeleitet werden, gibt es sehr unterschiedliche Meinungen. Klar ist, daß man an ein Weiterleben nach dem Tode geglaubt haben muß, wenn man die Toten mit Waffen, Speisen oder einem Wagen ausstattete. Spindler schließt aus festlichem Geschirr und Honigmet, daß die Beigaben in erster Linie dazu dienten, »irdische Gepflogenheiten im Jenseits fortzusetzen, und zwar solche, die Annehmlichkeiten versprachen«. (Spindler, S. 370). Daraus und aus der Totenfolge schließt er eine positivistische, ja calvinistische Jenseitsauffassung, welche die gesellschaftliche Hierarchie nach dem Tod fortgesetzt sieht, und: »Man darf davon ausgehen, daß in den Jenseitsvorstellungen der frühen Kelten durchaus handfeste Vergnügungen eingeplant waren.« (Spindler, S. 370). Da keine Kriegswaffen, sondern nur Kultdolche gefunden wurden, sei das keltische Jenseits wohl ein »friedfertiges Gefilde« gewesen und kein »düsteres, strafendes Schattenreich«. Eine drastische Darstellung von Geschlechtsmerkmalen bei nackten Amulettfiguren zeige, daß im Jenseits auch Sexualität vorgestellt worden sei.

Mit Hinweis auf die unheilabwehrenden Amulette und die Dämonendarstellungen, wohl vor allem der späteren Latènekunst, konstruiert Wolfgang Kimmig ein grasses Gegenbild: »Die keltische Götterwelt insgesamt hatte nichts Heiteres, Gelöstes an sich. Sie war nicht zu vergleichen mit dem griechischen Olymp, wo menschlich empfundene Götter froh vereint beim Gastmahl saßen. Das keltische Pantheon flößte statt dessen Furcht ein und drohte überall mit Vergeltung und Tod.« (Das keltische Jahrtausend, S. 176). Und da haben wir sie wieder, die bekannten Spielarten keltischer Wirkungsgeschichte, denen sich offenbar auch akribische Wissenschaftler nicht entziehen können: Barbarische Finsternis gegen griechische Heiterkeit bei Kimmig als klassischer Topos und Rousseau'sche Natürlichkeit gegen christliche Schuldgefühle bei Spindler als eher romantische Variante.

Trotz so unterschiedlicher Deutungen der keltischen Weltanschauung lassen sich aus der Kunst und ihren Motiven typische Merkmale herausarbeiten. So löst in der Latènezeit westlich des Rheins ein Maskenmotiv, das einen Menschenkopf von Tieren flankiert zeigt, die hallstattliche Geometrie in der Ornamentik ab. Obwohl man auch szenische Darstellungen aus süd- und südosteuropäischer Kunst kannte, beschränkte man sich auf den Menschenkopf und mythische Tier- und Fabelwesen. Zudem finden sich kaum Statuen und Figuren, weder von Tieren noch von Menschen, wie sie in der griechischen Kunst üblich waren. Man erzählte also keine Geschichten, sondern führte Elemente des Mythos vor; man arbeitete und dachte wohl eher lyrisch als episch. Und das Wichtigste am Menschen war sein Kopf, wie z. B. die berühmte Steinsäule aus Pfalzfeld zeigt. Dazu paßt die schriftliche Überlieferung antiker Autoren, die Kelten würden ihren toten Feinden die Köpfe abschlagen. Als bildlichen Beleg für diesen Brauch kann der »Reiter von Kärlich« gelten, der am Gürtel neben seinem Schwert einen rundlichen Gegenstand trägt, der als Kopf gedeutet worden ist. Jean Markale interpretiert das mit einem Hinweis auf den irischen Gott der Heilkunst Diancecht, der nach der Sage alle Verwundeten einer Schlacht für den nächsten Tag wieder heilen konnte mit Ausnahme derjenigen, denen man den Kopf abgeschlagen hatte: Die Kelten »wollten unbedingt ausschließen, daß ihre toten Feinde durch das Geschick und durch die Zauberkraft irgendwelcher Ärzte wieder ins Leben zurückgerufen werden könnten«. (Die Druiden, S. 81). Gedeutet werden kann der Brauch aber auch als symbolhafte Übertragung der gegnerischen Kraft und Fruchtbarkeit auf die eigene Person. Im volkstümlichen Brauch finden sich Reste der so zu verstehenden Kopfjagd im Hahnschlagen und Gansreißen, »wobei einem lebenden Tier (später einer Tonfigur, der Verf.) zuerst imErnteschlußbrauch, dann auch im Wettspiel der Kopf abgerissen oder abgeschlagen werden mußte«. (Wörterbuch der Volkskunde, S. 467). In diesem Fall wird der Kopf als Sitz der Lebenskraft betrachtet.

Andrerseits wird auch von kopflosen Gespenstern erzählt, vorwiegend Mörder oder deren Opfer, die umgehen, um Rache zu nehmen oder Ruhe zu finden. Parallel dazu wird wiedergängerischen Toten der Kopf abgeschlagen. Die eisen- und bronzezeitliche Angst vor Wiedergängern ist bekannt. Häufig sind in der keltischen Kunst auch Köpfe mit zwei und drei Gesichtern zu finden. Zweiköpfigkeit steht dabei in der Mythologie allgemein für Anfang und Ende, Vergangenheit und Zukunft sowie die solare und die lunare Macht (Tag und Nacht), Dreiköpfigkeit für Vergangenheit, Gegenwart und Zukunft, die drei Mondphasen und die drei Sonnenphasen (Aufgang, Mittag und Niedergang).

In oberfränkischen Jurahöhlen hat man Amulette aus dem 6. bis 4. Jahrhundert v. Chr. gefunden, die als runde Scheiben aus Menschenschädeln geschnitten worden waren. Daneben fand man andere Amulette und Menschenknochen, die als Überreste von Menschenopfern gedeutet wurden. »Band- und Schnittspuren an den Knochen schließen nicht aus, daß im Zuge dieser Rituale auch Anthropophagie, bzw. kultischer Kannibalismus eine Rolle gespielt haben.« (Das keltische Jahrtausend, S. 272). Auch bei antiken Autoren werden Menschenopfer bei den Kelten erwähnt. Jean Markale weist andrerseits zu Recht darauf hin, daß es sich dabei auch um symbolische Opfer gehandelt haben könnte, die aus Propagandagründen (Beweis barbarischer Sitten) von mythischen Erzählungen in Tatsachenberichte verdreht wurden: »Das von Cäsar erwähnte Ritual des Verbrennens der Weidenpuppen war sicher wie alle Transformations-Rituale nur ein Scheinopfer mit symbolischem Tod und anschließend symbolischer Auferstehung. Dasselbe galt vermutlich für das Aufhängen am Baum sowie für das Ertränken im Kessel (daß es hier um ein Wiedergeburts-Ritual ging, belegt der Kessel von Gundestrup). Auch der Opfertod des Königs war mit Sicherheit eine Art dramatisches Spiel, in dessen Verlauf sich der König verjüngte und innerlich erneuerte.« (Die Druiden, S. 169).

Die besondere Formenwelt keltischer Kunst ist in der Kunstgeschichte immer wieder als »Deformation des griechischen Vorbilds« beurteilt worden, weil sie naturgetreue Darstellung verzerrt habe. Daß das trotz vieler Anregungen aus der mittelmeerischen Kunst nicht so ist, sondern dem keltischen Kunsthandwerk eine eigene Weltanschauung zugrunde lag, belegt die Entwicklung der Latène- aus der Hallstattkunst. »Der Bilderfeindlichkeit der Hallstattzeit stellte die Latenezeit das zu Fratzen-, Dämonen- und Larvendarstellungen verzerrte menschliche Antlitz gegenüber.« (Spindler, S. 209). Der geometrische Stil der Hallstattzeit, der sich mit abstrakten Zeichen wie Mäander, Zickzack, Dreieck, Rhombus, Quadrat, Schachbrett oder Kreis und ins Urbild aufgelösten Motiven wie dem bogigen Tiergehörn/Mond, Speichenrad/Sonnenscheibe und der Vogelbarke beschäftigte, interessierte sich

*Von Tieren flankierter Menschenkopf*

nicht für die Abbildung der Natur. Und auch wenn der Latenestil dann konkreter wurde in seiner Bildlichkeit, bezog er sich doch nach wie vor auf die mythisch-religiöse und nicht auf die natürliche Welt. »Kein Künstler hätte wohl daran gedacht, Idealbilder von Mensch und Tier mit individuellen Eigenschaften zu formen wie Griechen und Etrusker seit archaischer Zeit.« (Das keltische Jahrtausend, S. 151). Dennoch zeigt das Ersetzen des Hallstattmotivs »Vogelbarke« (Sonnenrad mit spiegelbildlich angeordneter Tiergestalt) durch das Enblem des von Tieren flankierten Menschenkopfes eine stärkere Orientierung am menschlichen Vorbild. Und auch die im Westen dominanten Blatt- und Blütenmuster orientieren sich stärker an der Natur als an der Geometrie. Funde wie der Siebtrichter von Hoppstädten im Landkreis Birkenfeld (Frühlatène) und das Schwert von Hochscheid im Landkreis Bernkastel-Wittlich zeugen allerdings von einer Mischung orientalisierender (rückblickende Tiere) und westlicher (Palmetten- und Lotosblüten) Stilelemente. Eine Untersuchung der Ornamentik auf rhythmische Elemente, seien es Zahlensymbolik oder aber Gestaltkräfte der Natur wie in Wellen- und Wasserformen oder im Pflanzenwachstum, könnte vielleicht weitere Antworten geben auf die als Deformierung denunzierte Weltanschauung der Kelten.

In seinem Buch »Das geheime Wissen der Kelten« hat Lengyel aus der Deutung keltischer Münzen und inselkeltischer Mythen zwei kultische Stränge seit der Urnenfelderzeit herausgefiltert: den Mondkult mit der Zahl 2, der Symbolik von Sichel und Horn (Mondidole) sowie den Tieren Schlange, Hirsch, Bär, Eber, Pferd und Hund und den Sonnenkult mit der Zahl 3 und dem zugehörigen Vogelmotiv (Adler, Hahn, Vogelbarke). Das Motiv des

*Der keltische Hirschgott Cerunnos stammt noch aus der schamanistischen Tradition der Eiszeitjäger*

Schlangeneis – zugehörig zur Zahl 5 (2+3) – bringe beide Kulte zusammen zu einem ewigen Kreislauf von Tod und Leben. Den Kulten werden Frau (Mond) und Mann (Sonne) zugeordnet, während andere Autoren auch auf die Möglichkeit von Sonnengöttinnen verweisen. Dabei gilt Lengyel der Sonnenkult als jünger, stärker rationalistisch und typisch für die sogenannten Hochkulturen. Da haben wir wieder die romantische und klassische Strömung der Wirkungsgeschichte. Sicher ist nur, daß die Motive von Sichel/Horn und Sonnenrad/Vogel seit der Bronzezeit in vielen Formen der Kunst auftreten. Für uns heute können sie Urformen sein: Die liegende Sichel als Form der beschützenden Haltung (Pieta) und das Dreieck als Aufrichte des Menschen (Kopf und Gliedmaßen) im geozentrischen Weltbild des Sonnenverlaufs über der Erdscheibe. Deutungen aus keltischer Zeit sind nicht überliefert.

Die keltische Götterwelt ist aus gallorömischen Funden, der inselkeltischen Mythologie (erst im Mittelalter aufgezeichnet) und antiken Quellen nur bruchstückhaft bekannt. Lengyel hat sie systematisiert und so z. B. Dis Pater, dem römischen Unterweltgott, von dem laut Caesar die Gallier ihre Abstammung herleiten, Teutates (Mars/Stammvater) und die Pferdegöttin Epona zugeordnet. Das wird interessant, wenn man sich daran erinnert, daß das keltische Jenseits keineswegs ein Schattenreich war und daß die an der Bewegung festgemachte Pferdegöttin die fehlende Erdgöttin ersetzt haben soll. Die Kelten legten also ihre mythischen Wurzeln eher in den Himmel als in die Erde; der Himmel seinerseits aber war eine Fortsetzung des irdischen Lebens, in dem die Bewegung (Pferd, Wagen) eine große Rolle spielte. Dazu paßt natürlich wieder die Bedeutung des Kopfes in der keltischen Kunst. Caesar setzt weiterhin Esus und Mars und Taranis mit Jupiter gleich. Der Hirschgott Cerunnos hat keine antike Entsprechung. Er wird in Verbindung gebracht mit schamanistischen Traditionen von Jägerkulturen, aber auch mit der typischen keltischen Darstellung sitzender Gottheiten (sog. Buddha-Haltung) identifiziert. Sein Kult könnte noch aus vor-neolithischer Zeit stammen. Im Gebiet des heutigen Rheinland-Pfalz ist zu gallorömischer Zeit die Quellgöttin Sirona, oft in Verbindung mit Apollo Grannus, verehrt worden, so in Trier, Mainz, Hochscheid, Bitburg, Alzey und Nierstein. Die Waldgöttin Nemetona (abgeleitet von »nemeton« = heiliger Hain) ist zusammen mit Mars Leucetius in Trier und Ober-Olm belegt. Auffällig ist also einmal die gemeinsame Verehrung einer weiblichen und einer männlichen Gottheit an einem Ort (lunar und solar) sowie der Schwerpunkt auf Quelle und Wald, den ursprünglichen heiligen Orte der Kelten. Mars Lenus schließlich gilt als Stammesgott der Treverer; ein ihm geweihter Tempel wurde in Trier gefunden.

Die Kelten lebten nach Markale nach einem Mondkalender, der die Nächte und nicht die Tage zählte und alle fünf Jahre einen Schaltmonat einschob. Ihre Feste lagen jeweils 40 Tage nach den Sonnenwenden, so Samain, das höchste Fest, am 1.11. als Ende des Sommers (heute Allerheiligen und Halloween) und Beltaine am 1.5. als Ende des Winters (heute Walpurgisnacht). Zwei weitere Jahresfest waren die Wintermitte Imbolc am 1.2. (heute Lichtmeß), in Irland der Birgit/Minerva geweiht, und die Sommermitte Lugnasad am 1.8., in Irland dem Gott Lug geweiht. Schließlich deutet Markale die unblutige Entscheidung der keltischen Kulturen für das Christentum als Folge eines Schwerpunkts der druidischen und der christlichen Religion auf einer individualistischen Lehre, die an eine personal gebundene Einzelseele glaubte: »In diesem Sinn lehrt das Druidentum einen sakralen Humanismus. Da es aufgrund der monistischen Konzeption der Druiden keinen Unterschied zwischen dem Sakralen und dem Profanen gibt, ist der Mensch also heilig. Nur weil er das vergessen hat, ist der Kosmos, die Welt, zur Beute dunkler Mächte geworden.« (Die Druiden, S. 253). Und: »Die Grundlage des druidischen Denkens ist die universale Harmonie der Wesen und Dinge, die ununterbrochen Wirklichkeit wird...Die sogenannten finsteren Mächte sind phantasmatische Projektionen der Unentschlossenheit des Menschen...Wenn alle Menschen in der Lage wären, bis zur letzten Konsequenz von ihrem Denken und Wissen Gebrauch zu machen, dann wäre das Gleichgewicht des Universums nie in Gefahr.« (Die Druiden, S. 238/239) Damit sind die Kelten endgültig zu einer Utopie des mit Natur und Jenseits versöhnten Individuums geworden, wie sie seit Sturm-und-Drang, Goetheanismus und Romantik bis zum New Age immer wieder als Zukunftsvision einer überwundenen Moderne auftaucht.

## Wie die Römer die Welt organisierten

Mit Caesars Gallischem Krieg (58–51 v. Chr.) beginnt für die Landschaften an beiden Seiten des Rheins eine neue Zeit.

Anfangs machten die an der Mosel ansässigen keltischen Treverer noch mit den Römern gemeinsame Sache gegen die rechtsrheinischen Germanen. In den Jahren 53 und 51 gehörten sie selbst zu den Aufständischen. Nach schweren Kämpfen siegten die römischen Legionen. »Eine Heerschau aller römischen Truppen im westlichen Randgebiet der Treverer im Jahre 50 sollte die überlegene römische Macht und Vergeblichkeit weiterer Aufstände verdeutlichen. Nach acht Jahren Krieg war Gallien ein ausgeblutetes Land. Die Stammesschätze waren geplündert, die einstmals florierende Goldwährung ruiniert und Teile der aufständischen Bevölkerung in die Sklaverei verkauft. Die einstmals blühenden städtischen Zentren (oppida) waren verwaist, die ländlichen Siedlungen vielfach zerstört.« (Römer in Rheinland-Pfalz, S. 46). Auf dem Gebiet des heutigen Rheinland-Pfalz lebten die Treverer, von denen sechs oppida, darunter Kasselt in der Südeifel, der Martberg bei Pommern-Karden (Untermosel) und der Donnersberg (Nordpfalz), und acht Kastelle nachgewiesen sind, die Mediomatriker mit dem Hauptort Metz, deren Gebiet im Osten bis an den Rhein reichte und den südlichen Teil der Pfalz umfaßte, die Ubier um Neuwied und an der Lahnmündung, die Vangionen um Worms und die Nemeter um Speyer.

Die Römer gründeten anfangs keine Bürgerkolonien wie andernorts, sondern beließen die gallische Stammesordnung. Erst unter Augustus wurden 16 bis 13 v. Chr. mit Mainz, Xanten und Nimwegen feste Standlager für die Legionen eingerichtet. An der Rheingrenze wurde mit dem Militärbereich Obergermanien (Germania superior) ein Puffer zu den rechtsrheinischen Germanen geschaffen. Dieser Bereich wurde von den Stammesgebieten der Treverer und Mediomatriker abgetrennt. Auch im ersten Jahrhundert n.Chr. kam es trotz einer gesicherten Grenze an Rhein und Donau immer wieder zu Aufständen. So versuchten z. B. im Jahre 69 der Bataver Civilis und die Treverer Julius Classicus und Julius Tutor ein eigenständiges Gallisches Reich (Imperium Galliarum) zu schaffen. Doch die Truppen des römischen Kaisers Vespasian schlugen auch diesen Aufstand nieder. Um 85 wurde Obergermanien zur Provinz, und es begann eine blühende zivile Entwicklung unter römischer Herrschaft. Ab 233 häuften sich die Einfälle rechtsrheinischer Germanen, die 455 schließlich zur Übernahme der Macht in den römischen Rheinprovinzen durch die Franken und Alamannen führten. Dazwischen erlebte Trier von 293 bis 381 eine Blüte als Residenzstadt des Westreiches und die Bistümer Trier, Mainz, Worms und Speyer entstanden. 413 bis 443 gaben die aus dem Ostseeraum stammenden Burgunder ein kurzes Gastspiel im

Raum Worms und lieferten mit ihrer Niederlage gegen die Hunnen (437) und ihrer Umsiedlung nach Burgund die historische Vorlage für die Nibelungensage.

»Die religiöse Entwicklung im Rheingebiet unter römischer Herrschaft entspringt dem Zusammentreffen römischer religio mit den einheimischen, d. h. keltischen und germanischen Vorstellungen der augusteischen Zeit.« (Römer in Rheinland-Pfalz, S. 213). Die einheimischen Götter wurden von den Römern mit den Namen ihrer eigenen Götter belegt und problemlos romanisiert (Interpretatio romana). Es entstand eine eigene gallorömische Kultur. Durch das Militär wurden schließlich orientalische Mysterienkulte, von Kybele und Isis bis zu Mithras und Christus, am Rhein heimisch.

Daneben pflegten die Römer einen zu dieser Zeit bereits mit dem Kaisertum verbundenen Staatskult mit dem Kapitol als kultischem Mittelpunkt jeder Kolonie. Dort wurden Jupiter, Juno und Minerva verehrt. Erst 392 wird das Christentum zur Staatsreligion. Gleichzeitig wurden die damit heidnisch gewordenen übrigen Kulte verboten.

In der gallorömischen Mischkultur des 1. bis 4. Jh. n.Chr. wurden häufig Götterpaare verehrt, so Diana und Silvanus, Merkur und Rosmerta (Mainz-Finthen), Apollo Grannus und Sirona (Hochscheid) oder Mars Leucetius und Nemetonia (Ober-Olm). Keltische Gottheiten, von denen steinerne Zeugnisse am Rhein gefunden wurden, sind der ursprünglich eiszeitlich-totemistische Cerunnos mit dem Hirschgeweih (Mainz), die Pferdegöttin Epona, der »Holzfäller« Esus und Taranis, der oft mit Jupiter gleichgesetzt und als gepanzerter Reiter über einem liegenden Giganten (Alzey) gezeigt wurde.

Bei Hochscheid im Hunsrück wurde 1939 ein gallorömischer Tempelbezirk (1./2. Jh.) ausgegraben, der Apollo Grannus und Sirona geweiht war. Der für die Region typische Umgangstempel war um eine in Sandstein gefaßte Quelle gebaut worden. Grannus, ein keltischer Heilgott, und Sirona, eine keltische Quell- und Fruchtbarkeitsgöttin, wurden hier wohl schon vor dem Tempelbau in einem Quellheiligtum verehrt.

Durch den Fund zweier weiterer Gebäude, einer Herberge und einer Heiltherme, konnte ein reger Pilger- und Kurbetrieb nachgewiesen werden. Sogar Kaiser Caracalla hat sich bei Grannus im Jahre 213 um Heilung bemüht. Die gefundenen Skulpturen zeigen Sirona als griechische Hygieia (Quellgöttin) mit einer Schlange am rechten und einem Gefäß mit drei Eiern am linken Arm. Daß die nur in Nordostgallien beheimatete Sirona (auch Alzey und Nierstein) andernorts auch mit Trauben und Ähren dargestellt wurde, ließ vermuten, daß man sie in die Reihe mütterlicher Fruchtbarkeitsgöttinnen einreihen kann, wie sie in den Rheinprovinzen häufig gefunden wurden. Dafür sprechen auch die als Opfergaben im Tempel zurückgelassenen Terrakotten, die zweiundzwanzigmal Göttinnen und nur dreimal Götter zeigen. Apollo Grannus wird mit der Kithara, der Leier, und einem Greifen dargestellt. Damit erhält der keltische Heilgott die Attribute des griechisch-römischen Sonnengottes.

Der Tempelbezirk des Mars Lenus in Trier, auf der linken Moselseite am Fuße des Markusberges gelegen, gilt als Stammesheiligtum der Treverer. Südlich vom großen Marstempel lag der ältere Tempelbezirk der Xulsigiae, örtlicher Quellgottheiten. Das schlägt die Brücke zum Matronenkult, der vor allem im an der keltisch-germanischen Grenze liegenden Ubiergebiet (zwischen Remagen und Krefeld) beheimatet war. Zwischen dem 2. und 4. Jh. n.Chr. belegen etwa 1100 Weiheinschriften einen Kult um die als Dreiergruppe dargestellten weiblichen Gottheiten. Die beiden äußeren Figuren tragen meist hohe Hauben (verheiratet/unter der Haube) und in den Händen Feldfrüchte und Blumen. Die mittlere Frau trägt ihr Haar offen (unverheiratet/Symbolik des fließenden Haars bis zum Jugendstil). Um den Hals tragen die Frauen meist einen Halbmondanhänger an einer Kette. Zentren des Kultes wurden in Bonn, Pesch und Nettersheim (bereits in NRW) gefunden. Steinerne Zeugen mit drei sitzenden Göttinnen fanden sich aber auch in Kindsbach (bei Kaiserslautern), in Nanzdietschweiler (bei Kusel) und in Mainz. Die Namen der Matronen deuten auf ihre lokale Funktion als Quellgottheiten, sind also häufig ortsbezogen, werden aber auch in bezug zu Sippenverbänden gesetzt. Ein Tempelkult prägte sich wahrscheinlich um 160 aus, als die in Bonn stationierte Legio I Minerva infolge der Partherkriege in den Orient verlegt wurde. Die Soldaten erhoben die heimischen Quell- und Fruchtbarkeitsgöttinnen zu schützenden Muttergottheiten. Parallel dazu finden sich auch Darstellungen einzelner Göttinnen mit Hund bzw. mit Kind im Treverergebiet; letztere sozusagen als Vorläufer der späteren Madonnen.

Die Namen der Matronen weisen auch darauf hin, daß es sich bei diesem Kult um eine keltisch-germanische Mischbildung handelt. Beide Völker weisen eine reichere Tradition an mütterlichen oder weiblichen Gottheiten auf als die Griechen. Nach Poloné (Matronen und verwandte Gottheiten, S. 207) repräsentieren sie »die Bedürfnisse der bäuerlichen Schichten«. In römischer Zeit sei die Verehrung einheimischer Göttinnen dann mit orientalischen Kulten verknüpft worden, die z. B. Feldumzüge (Kybele/phrygische Märzliturgie) und Tieropfer (Mithras/Stieropfer) kannten. Rituelle Wagenumzüge sind andrerseits aber auch schon aus dem bronzezeitlichen Totenkult Westeuropas bekannt.

Fortgesetzt hat sich der Matronenkult im Gebiet zwischen Mosel und Maas in der Heiligenverehrung von Fides, Spes und Caritas als den Töchtern der Hl. Sophia seit dem 6. Jh. n. Chr. Im 9./10. Jh. finden sich diesbezügliche liturgische Schriften in Bad Münstereifel. Ab dem 15. Jh. werden den

*Embede, Warbede und Willebede, Dreijungfrauenstein in der Nikolauskapelle des Wormer Domes*

drei Jungfrauen – angestoßen durch Forderungen aus dem Volk, denen die Kirche nur zögernd folgte – an 48 Orten nördlich der Mosel Kapellen und Altäre geweiht. In Gondelsheim (LK Bitburg-Prüm) werden in einer um 1500 errichteten Kirche sogar Reliquien der drei Jungfrauen aufbewahrt. In der Nikolauskapelle des Wormser Doms befindet sich das aus einem örtlichen Frauenkloster stammende Relief der drei heiligen Jungfrauen Embede, Warbede und Willebede (um 1430). Die oberrheinisch-elsässische Tradition der drei Frauen wurde im späten Mittelalter in die Ursulalegende eingefügt und ist mit der Reformation abgebrochen. Erhalten haben sich die Matronen auch in der am Rhein weit verbreiteten Sage von den drei Schwestern als Kirchenstifterinnen, so z. B. in Udenheim (Rheinhessen) und in Auw bei Trier sowie in der Sage von den drei weiß gekleideten »Juffern« (Jungfrauen) in der Eifel.

»Zusammengefaßt darf also angenommen werden, daß es vor und neben dem Matronenkult im 2./3. Jh. unserer Zeitrechnung in Westeuropa eine altererbte, weit verbreitete Verehrung der Muttergöttin gab, die vermutlich bis in die ältere Steinzeit zurückreicht«, meint Poloné zur Herkunft der weiblichen Gottheiten in der rheinischen Tradition und nimmt damit Bezug auf das Nebeneinander von Triaden und einzelnen Göttinnenstatuen mit verwandten Attributen. Während Carlo Ginzburg diese Tradition von Epona und Diana zu Herodia und Holda im pfälzischen Volksglauben des 15. Jh. als Vorlage für die Sage vom Wilden Heer und für die Hexenvorstellungen der frühen Neuzeit beschreibt, also eher von der einzelnen Göttin ausgeht, stellt Ranke-Graves für die mythologische Herkunft der Musen fest: »Als die Mond-Frau in Griechenland erstmals dem Donnergott als Gattin untergeordnet wurde, delegierte sie die Verantwortung für die Dichtung an ihre sogenannten Töchter, ihr einstiges Selbst als die Dreifaltige Muse.« (Ranke-Graves, Die weiße Göttin, S. 467). Für Heide Göttner-Abendroth sind die Triaden Symbole der Mondphasen, der Jahreszeiten Frühjahr, Sommer und Winter und einer in Luft, Erde und Unterwelt gegliederten Weltordnung. Der Heros oder Hl. König sei der Liebhaber der Großen Göttin gewesen, den man am Jahresende geopfert habe. So wurde er zum Sonnen-Heros, der die zunehmende und abnehmende Sonnenkraft im Jahreslauf symbolisierte. »Matriarchale Mythologie ist das Muster der dreifachen Göttin und ihres Heros-Königs.« (Göttner-Abendroth, Das Matriarchat I, S. 97).

Das römische Militär brachte aber auch orientalische Kulte an den Rhein. Aus Ägypten stammte der Kult von Isis und Serapis (= Osiris). Isis wurde dargestellt als Frau mit langem Gewand und charakteristisch geknoteter hoher Gürtung (Statue aus Fließem/LK Bitburg-Prüm), Serapis als thronender bärtiger Mann mit Zepter und einer scheffelähnlichen Kopfbedeckung (Reliefmedaillon aus Mainz). Aus Kleinasien stammte der Kybelekult, für den z. B. in Hermeskeil-Gussenburg ein Tempel errichtet wurde. Kybele wurde als langgewandete Frau mit Schleier dargestellt. Ihr Begleittier war der Löwe und ihr Attribut eine Mauerkrone. Ihr männlicher Begleiter Attis, ein Jüngling mit orientalischem Hosengewand und phrygischer Mütze, ist durch eine Statue aus Trier und Altarornamente aus einem treverischen Grabhügel in Siesbach (LK Birkenfeld) belegt.

Um 300 n. Chr. stand es nach Meinung des Mithrasforschers Cumont »auf des Messers Schneide, ob die Welt mithrisch oder christlich würde«. (Pronay, Mithras, S. 13). Schließlich siegte unter Konstantin (324–337) das Christentum, das allerdings erst 392 zur Staatsreligion wurde. Den Gipfel des Mithraismus stellte die Kaiserkonferenz von Galerius, Licinius, Maximilian und Diokletian 307 in Carnutum bei Wien dar, bei der die Kaiser das dortige Mithrasheiligtum restaurieren ließen und einen großen Weihestein stifteten. Nach ihrem Sieg zerstörten die Christen alle Mithräen mit großer Gründlichkeit. »Der Grund des Hasses der Christen auf Mithras war offensichtlich: Es gab schon eine Religion, die viele Glaubenswahrheiten, die als spezifisch christlich gelten, bereits vor der christlichen Ära hatte.« (Koepf, Mithras, S. 9). In Rheinland-Pfalz fanden sich Symbole der Mithrasmysterien auf Altären und Reliefs in Trier, Bingen, Boppard, Mainz, Alzey, Niederbieber, Rockenhausen, Kindenheim, Schwarzerden, Gimmeldingen und Speyer.

Der Mithraskult stammte ursprünglich aus Persien und kam über die römischen Soldaten an die Reichsgrenze am Rhein. Der Kult kam den aus der altrömischen Kultur stammenden Vorstellungen eines persönlichen und quasi vertraglich geregelten Treueverhältnisses zwischen Soldat und Kaiser sehr entgegen: Mithras wurde als Gott des Bundes und des Gesellschaftsvertrages dargestellt. »Der Bund der Jäger wurde erst definitiv konstituiert, als man das erjagte Tier zusammen aß.« (Merkelbach, Mithras, S. 5). Daraus entwickelten sich das Stieropfer und die im Kult praktizierte gemeinsame Mahlzeit. In die Mithrasmysterien waren seit Nero mehrere römische Kaiser eingeweiht. So war vielleicht ein weiterer Grund der ausgeprägten Mithrasfeindschaft der Christen die Tatsache, daß sich dieser Kult leichter mit dem römischen Kaiserkult arrangieren konnte als das Christentum. Demzufolge wurde z. B. die Christenverfolgung unter Diocletian (284–305) auch häufig durch mithreische Soldaten durchgeführt. Der letzte Mithrasjünger auf dem Kaiserthron war dann Julian Apostata (361–363). Er versuchte den rein von Männern betriebenen Mithraskult und den von den Frauen getragenen Kybelekult zusammenzubringen und erließ 361 ein Toleranzedikt für heidnische Kulte.

»Das zentrale Geschehen des Mithraskultes ist das Stieropfer.« (Koepf, S. 46) Mithras tötet den Stier, aus dessen Schwanz Ähren wachsen. Diese Verbindung von Blut und Leben findet sich ja auch im christlichen Abendmahl, welches an das Menschenopfer des Christus erinnert. Andrerseits orientiert sich das Stieropfer stärker an traditionellen Fruchtbarkeitskulten. Es erinnert an die Bedeutung der neolithischen Revolution und die aus ihr erwachsenden Bauernkulturen, die sich zu einem großen Teil auf den Nutzen des Rindes für den Menschen stützten. Das Stieropfer steht aber auch für die Unterordnung der stein- und bronzezeitlichen Mondgöttin (Stierhörner = Mondsichel) unter den Sonnenheros Mithras. Der Mithraskult kannte entsprechend den Planeten sieben Weihegrade: Corax (Schildkröte), Nymphus (Schlange), Miles (Skorpion), Löwe, Perses, Heliodromus und Pater. Der 6. Grad, Heliodromus, ein Fackelträger, der dem Sonnengott vorausläuft, ist z. B. auf dem Binger Altar und einem Trierer Relief dargestellt.

Sowohl Mithras als auch Pater, der 7. Einweihungsgrad, sind durch die phrygische Mütze gekennzeichnet, die sich in frühchristlichen Darstellungen bei den drei Königen und später in der Geschichte in der Form der Jakobinermütze wiederfindet.

Die mithreischen Kultstätten befanden sich wie in Heddernheim (bei Wiesbaden), Reichweiler (LK Kusel) und Neustadt-Gimmeldingen unter der Erde und waren als künstliche Grotten gestaltet. An der Stirnwand fand sich oft eine Darstellung des Stieropfers. Im Jahreslauf wurden der längste Tag

(24.6.) und der kürzeste Tag (25.12.), letzterer als Geburt des unbesiegbaren Gottes Mithras aus einem Felsen, gefeiert. Die christliche Religion hat die Feier des 25.12. übernommen und zum Weihnachtstag, der Geburt Christi gemacht.

Die besondere Verbreitung des Mithrismus an Rhein und Donau ist auch durch Namen führender Offiziere belegt. So waren etwa der Kommandant der Bonner Legio I Minerva Gaius Julius Septimus Castimus (um 200) und der Mainzer Statthalter von Obergermanien Quintus Junius Quintianus (213) Mithrasanhänger. Die jüngste mithreische Inschrift in Rheinland-Pfalz stammt von 325 aus Gimmeldingen (Pfalz). Fünfzig Jahre später setzte die Zerstörung der Mithräen durch die Christen ein, wie der römische Präfekt Gracchus 377 (Koepf, S. 81) berichtet. Auch der Mithrastempel von Gimmeldingen wurde verbrannt. An anderen Stellen wurden Kirchen über die Reste der Mithrasheiligtümer gebaut und häufig den zum alten Kult passenden Ritterheiligen Georg, Martin oder Michael geweiht. Unter Gratian (367–383), Mitregent des Trierer Westreiches, kam es möglicherweise »mit stillschweigender staatlicher Billigung zu Zerstörungsaktionen an heidnischen Kultstätten durch Christen, z. B. im Altbachtal in Trier oder der Jupitersäule in Mainz, die in Hunderte von Stücken kleingeschlagen wurde. Diese heftigen Reaktionen zeigen, daß die alte Religion noch nicht völlig untergegangen war. Sie lebte auf zwei Ebenen weiter: in der einfachen Bevölkerung...und in den Kreisen der philosophisch gebildeten Oberschicht.« (Römer in Rheinland-Pfalz, S. 239).

## Die Franken brachten die Mundart

»Indiculus superstitionum et paganarium« heißt eine Handschrift in der Vatikanischen Bibliothek, die im späten 8. Jahrhundert einmal dem Mainzer Stift St. Martin gehörte. Christoph Daxelmüller nennt das Visitationsbuch eines Bischofs einen»Reiseführer zur Magie«, der in dreißig Paragraphen heidnische Kultformen, die Verehrung fremder Götter sowie magische Handlungen und Zauber sammelt. Die Geistlichen sollten dadurch auf ihre Missionstätigkeit und ihre Gemeindebesuche vorbereitet werden, um heidnische Praktiken sofort zu erkennen und zu bekämpfen. Hingewiesen wird auf Flurumgänge, Totenkult, Opfer in Wäldern, an Quellen und Kreuzwegen, Festbräuche mit sogenannten Notfeuern, Amulette, Beschwörungen, Wetterzauber, Wahrsagerei und Hexerei.

Interessant dabei ist, daß der Glaube an Frauen, »die nach Art der Heiden Menschenherzen herauszureißen vermögen, da sie Gewalt über den Mond besitzen« (Daxelmüller, S. 105), verurteilt wird: Nicht die Hexen, sondern der Glaube an sie war also zu verfolgen.

Daxelmüller sieht in der Handschrift aber keine Beschreibung germanisch-keltischen Brauchtums, sondern eine Projektion der »frühchristlichen Auseinandersetzung mit der spätantik-heidnischen Welt des Mittelmeerraums« (S. 108) auf die Germanen: »Die Missionare brachten folglich den Kelten und Germanen nicht nur das Christentum, sondern auch die neue Magie und den Zauber, wie ihn bereits die Antike gekannt hatte. Magie ist keine Schöpfung kirchenferner Unterschichten, sondern ein elitäres, kulturell vermitteltes System.« (S. 108). Dabei übersieht er allerdings, daß sich germanische und keltische Religiösität bereits in den vier Jahrhunderten römischer Herrschaft am Rhein mit antiken und orientalischen Traditionen zu neuen Formen vermischt hatten.

Das zeigt sich besonders gut an den Merseburger Zaubersprüchen, die um 950 niedergeschrieben wurden, inhaltlich aber auf frühere Zeiten zurückgehen. Im zweiten Spruch heilt Wotan den verrenkten Fuß eines Fohlens mit der Formel: »sose benrenki, sose bluotrenki, sose lidirenki, ben zi bena, bluot ze bluoda, lid ze geliden, sose gelimida sin« (Wie die Verrenkung des Knochens, so die des Blutes, so die des ganzen Gliedes, Knochen an Knochen, Blut zu Blut, Glied an Glied, als ob sie zusammengeleimt wären). Die hier typische Mischung von einem zweigeteilten Spruch mit einer Vorbildgeschichte und einer Beschwörungsformel mit der germanischen Tradition von Stabreim und Wiederholung findet sich interessanterweise nur dort, »wo christlich-antiker Einfluß sonst voll am Werk ist, bei Deutschen und Angelsachsen. Der Norden überliefert uns keine vorchristlichen Sprüche, sondern nur Anweisungen zu Zauberspruchsgebrauch.« (de Boor, Geschichte der Deutschen Literatur, Band I, S. 98). Diese Mischformen aber waren am Rhein durchaus volkstümlich. Je stärker die Zaubersprüche und Segen allerdings verchristlicht wurden, desto mehr wurde die heilende Bedeutung der metrischen Form ersetzt durch christliche Symbole und Gebärden wie das Kreuzeszeichen: Aus der Magie des geformten und gesprochenen Wortes wird abergläubische, formelhaft erstarrte Prosa. Einen ersten Schritt dazu bildet z. B. der Trierer Pferdesegen, der einer sächsischen Vorlage (um 900) nachempfunden und im 10. Jahrhundert niedergeschrieben wurde. Die handelnden Personen sind jetzt nicht mehr Wotan und Balder, sondern Christus und der Pferdeheilige Stephanus. Wichtiger aber ist, daß die Beschwörungsformel durch ein Gebet ersetzt wurde. In dieser Struktur hat sich der »Pferdezauber« bis in unsere Zeit als Verrenkungssegen erhalten.

Das Ende römischer Herrschaft am Rhein kann man mit dem Tod des Heermeisters Aetius im Jahr 454 ansetzen. Mit ihm hatten die Franken Verträge geschlossen, an die sie sich nach seinem Tod nicht mehr gebunden fühlten. Im übrigen geht die Nibelungensage zum einen Teil auf die Niederlage der um Worms siedelnden Burgunder gegen Aetius und die Hunnen im

Jahr 436 zurück; zum andern Teil bezieht sich die Sage auf den blutigen Familienstreit zwischen den fränkischen Merowingerkönigen um 600, bei dem u. a. die frankoburgundische Königin Brunichild von ihrem Neffen Clothar II. ermordet wurde. Die Franken, erstmals um 300 als römische Foederaten erwähnt, saßen ursprünglich an der Maas. Die Merowinger waren das Königsgeschlecht dieser um Cambrai und Tournai siedelnden salischen Franken. Die rheinischen oder ripuarischen Franken bildeten seit dem 5. Jahrhundert ein eigenes Königreich im Kölner Raum, das sie um 455 bis nach Mainz ausdehnten. Der Merowinger Chlodwig (482–511) wurde auch von den rheinischen Franken als oberste Instanz anerkannt, als er sie 496 vom Druck der Alamannen befreite, die bis dahin am Oberrhein bis Oppenheim gesiedelt hatten. Nach ihrer Niederlage gegen Chlodwig zogen sich die Alamannen etwa auf die Höhe der heutigen Sprachgrenze zwischen Rheinfränkisch und Alemannisch im nördlichen Elsaß und Baden zurück. Beide Völker waren germanische Mischstämme, die sich durch die Umstände der Völkerwanderung zu größeren Verbänden zusammengeschlossen hatten. Dauerhafte Gemeinschaft stiftete bei ihnen die jeweilige Sprache.

Chlodwig ließ sich 498 taufen. Mit ihm trat aber nur seine engere Anhängerschaft zum katholischen Christentum über. Die übrige fränkische Bevölkerung, die um die alten gallorömischen Zentren siedelte, blieb noch lange Zeit heidnisch wie z. B. die Reihengräberfelder in Rheinhessen und der Pfalz vom 5. bis 7. Jahrhundert beweisen. Dort sind die Toten stets »mit reichen Beigaben an Schmuck und Waffen, Ton- und Glasgefäßen, Gebrauchsgerät und Speisen beigesetzt« (Nördliches Rheinhessen, S. 54). Ihr Ziel war also noch immer Wallhall und nicht das Paradies. Das änderte sich erst am Ende des 7. Jahrhunderts, als die Reihengräberfelder »allmählich aufgelassen und die Toten ohne Beigaben nach christlichem Ritus bei den Kirchen beigesetzt wurden« (Zwischen Wallhall und Paradies, Katalog, S. 24). Mit der Christianisierung verloren die Merowinger auch ihre genealogische Legende. Ihr Königsmythos erzählte ursprünglich, daß ihr Stammvater Merowech von einem Meerungeheuer, halb Stier, halb Mensch, gezeugt worden sei. In fränkischen Königsgräbern hat man daher mehrfach Stierkopfanhänger gefunden. Auch rituelle Flurumgänge mit Ochsenwagen, wie sie auch aus der Bronzezeit bekannt sind, werden den Merowingern nachgesagt, so von Einhard in der Vita Karls des Großen. Als Ersatz für die verlorengegangene göttliche Genealogie entwickelten die Franken später in Zusammenhang mit dem Reichsmythos die christlich-antike Legende von ihrer trojanischen Abstammung, die sie schließlich bis auf Japhet und Adam zurückführten (Poliakov, S. 95).

Nach dem Tode Chlodwigs (511) wurde das fränkische Reich erstmals geteilt. Sein ältester Sohn Theoderich, der in Reims residierte, erhielt die

Austria, den Osten mit den Gebieten am Rhein. Von Worms aus eroberte er 531 Thüringen und dehnte sein Gebiet weiter nach Osten aus. Bei der zweiten Teilung 561 wurde Metz zur austrasischen Hauptstadt. Es begann der Aufstieg der Adelsopposition um Arnulf von Metz und Pippin den Älteren, den Vorfahren der späteren Karolinger, und die schrittweise Entmachtung der nur noch dem Namen nach regierenden Merowingerkönige. 639 zerfiel das Reich in einen selbstständigen austrasischen und neustroburgundischen Teil. Pippin II. (680–714) besiegte jedoch den neustroburgundischen Hausmeier 687 bei Tertry und einigte das fränkische Reich erneut. Sein unehelicher Sohn Karl Martell (715–741) setzte seine Herrschaft fort und besiegte 732 zwischen Tours und Poitiers die aus Spanien ins Westreich drängenden Araber. Als Martells Sohn Karlmann, der nach seines Vaters Tod Austrien erhalten hatte, 747 ins Kloster ging, übernahm sein anderer Sohn Pippin die Alleinherrschaft und setzte 751 schließlich mit Childerich III. den letzten merowingischen Schattenkönig ab. Damit beginnt endgültig das Zeitalter der Karolinger.

Im 7. und 8. Jahrhundert gründeten viele fränkische Adlige Hausklöster wie Weißenburg im Elsaß (vor 661), Hornbach in der Pfalz (um 742), Mettlach an der Saar (um 690), Prüm in der Eifel (721) und Lorsch im Ried (764/65). Diese Namen tauchen in der rheinland-pfälzischen Geschichte immer wieder auf, sei es wegen Urkundenbüchern oder wegen bedeutenden Äbten und Mönchen wie Otfried von Weißenburg oder Regino von Prüm. Am Rhein entstehen viele Martinskirchen. Der Bischof von Tours (371–397) wurde bereits unter den Merowingern zum Symbol der fränkischen Reichskirche. Unter den Karolingern schließlich wandten sich die Könige von der iroschottischen Mission mit ihrer starken Autonomie der Klöster zur angelsächsischen Mission, was erneut eine enge Bindung von Staat und Kirche in römisch-katholischem Sinn bedeutete, eine bis heute folgenreiche Entwicklung für Europa.

Unter Karl dem Großen (768–814) wurde der Mittelrhein mit der Ingelheimer Pfalz neben dem Aachener und Pariser Raum wegen seines Königsguts zunehmend zu einer Kernlandschaft des fränkischen Reiches. Um Charlemagne ranken sich dementsprechend auch viele regionale Sagen. In seiner Rechtsprechung finden sich Hinweise auf die Relikte heidnischen Glaubens in seiner Zeit. So verbot er 785 den Sachsen die Verbrennung eines Zauberers: »Wenn jemand vom Teufel getäuscht nach Sitte der Heiden glaubt, daß irgendein Mann oder eine Frau eine Hexe sei und Menschen ißt und er sie deshalb verbrennt oder ihr Fleisch zu essen gibt, werde er mit der Todesstrafe bestraft«. (nach Daxelmüller, S. 111). Bis ins 13. Jahrhundert hinein suchten Staat und Kirche also eher magische Weltanschauungen aus dem Bewußtsein zu verdrängen und durch die eigene Glaubenslehre zu

*Karolingische Kaiserpfalz in Ingelheim*

ersetzen. Magischen Delikten wie Giftmischerei, Wettermachen und Zauberei wurden vor 800 oft nur durch Belehrungen, später durch Geldstrafen, keineswegs aber durch Hinrichtungen begegnet.

Nach dem Tod Ludwig des Frommen (814–840) wurde das fränkische Reich 843 im Vertrag von Verdun dreigeteilt. Das Mittelreich Lothringen, ursprünglich von den Niederlanden über Aachen und Metz bis nach Burgund und Oberitalien, blieb trotz seiner Aufteilung zwischen West- und Ostreich, dem späteren Frankreich und Deutschland, nach dem Tode Lothars (870) bis in unser Jahrhundert umstritten. Die Straßburger Eide (842) sind die ältesten Sprachdenkmäler althochdeutscher und altfranzösischer Sprache. Die Romania an der Mosel und die Eifel um Prüm gehören 843 noch zum Mittelreich; das Mainzer Umland wird nur wegen des Weins dem Ostreich zugeschlagen. Erst 870 fällt der gesamte östliche Teil des Mittelreiches von Friesland bis Basel an das Ostreich. Die Landschaften am Rhein werden zu dessen Kernlandschaft. Unter den letzten Karolingern (um 900) erstarken die Stammesherzogtümer, und so ist es kein Wunder, daß mit Konrad I. (911–918) ein fränkischer Herzog den Königsthron bestieg. Die historische Mischstellung der im Rhein-Main-Gebiet ansässigen Adelsfamilien zwischen Königsherrschaft und herzoglicher Hausmacht, die sich ja auch in der Mehrfachbedeutung der Namen Franken und Salier abzeichnet, verhinderte jedoch in der Folge die stärkere Ausbildung eines fränkischen Herzogtums beiderseits des Rheins zu einem mittelalterlichen Territorium, wie es etwa in Bayern oder Sachsen vom Rande des Reiches her möglich wurde.

## Das Königsland am Mittel- und Oberrhein

Der Aufstieg der rheinfränkischen Konradiner um 900 bis zum Königsthron stützte sich auf ihre starke Stellung am ostfränkischen Königshof und beim Mainzer Erzbischof sowie ihren Besitz im Raum Fritzlar, an Lahn und an Mosel. »Für den Aufbau einer Herrschaft vom Ausmaß eines karolingischen Teilreiches war dies allerdings zu gering. Aus politischer Einsicht heraus haben bekanntermaßen König Konrad und sein Bruder Eberhard die Folgerungen gegen das Interesse des Hauses gezogen und dem Sachsenherzog Heinrich die Krone angeboten. Dafür hat der sächsische König Heinrich I. dann den Ausbau der konradinischen Herrschaft nicht gestört.« (Dotzauer, S. 126). Solche politischen Gegengeschäfte waren im mittelalterlichen Reich an der Tagesordnung. Wenn die Gewichtung der Herrschaft von Grafen, Herzögen, Bischöfen, Erzbischöfen und Königen nicht mehr richtig verteilt schien, kam es zu Aufständen und Kriegen. Unter Otto I. (936–973) empörte sich so z. B. der konradinische Graf Eberhard und wurde 939 bei Andernach von königstreuen Verwandten geschlagen und getötet. Auch der in seiner Wormser Burg residierende Salier Konrad der Rote legte sich mit seinem Schwiegervater Otto an und schloß erst 954 wieder Frieden. Konrads Sohn, Otto von Worms, verlor seine Herzogsburg an den Wormser Bischof Burchhard, ein Wahlversprechen des bayrischen Herzogs Heinrich bei seiner Wahl zum König (1002–24). Burchhard ließ die Burg einebnen und baute auf dem Gelände die Stiftskirche St.Paul, die zusammen mit dem Dom, St.Andreas und St.Martin der Stadt ein kreuzförmiges Entwicklungsprofil vorschrieb: ein Sinnbild des bischöflichen Anspruchs auf die Stadtherrschaft.

Seit Otto I. versuchten die sächsischen Könige ihre Reichsherrschaft gegenüber den Adelsgeschlechtern durch die Begünstigung und Verpflichtung der Kirche zu sichern. Die Bischöfe und Äbte wurden Reichsbischöfe und Reichsäbte und übernahmen damit hohe politische Funktionen. »Die Ehelosigkeit der Kirchenfürsten verhindert die Vererbung von Amt und Lehen und damit eine dynastischen Zwecken dienende Politik.« (dtv-Atlas, S. 145). Die romanischen Dome in Mainz und Worms sind der äußere Ausdruck dieser reichskirchlichen Macht. Unter dem Mainzer Erzbischof Willigis (975–1011) »wurde der Mittelrhein die maxima vis imperii, die kraftvolle Achse des Reiches, und der Mainzer Erzstuhl wirklich die Metropolis Germaniae«. (Jürgensmeier, S. 65).

Aber auch in kulturpolitischen Fragen setzten die mächtigen Kirchenfürsten die Maßstäbe. So beschreibt schon der Abt Regiono von Prüm 906 in einer Sammlung von Anweisungen für Bischöfe eine »Liste abergläubischer Vorstellungen und Praktiken, die in den Pfarreien ausgemerzt werden sollen«. (Ginzburg, S. 103). Darin taucht auch ein Passus über die wilde nächtliche

Fahrt Dianas auf: »Es darf nicht übergangen werden, daß es gewisse verbrecherische Frauen gibt, die Satan gefolgt sind und, durch Blendwerk und Vorspiegelungen der Dämonen verführt, glauben und bekennen, des Nachts zusammen mit der heidnischen Göttin Diana und einer unzählbaren Menge von Frauen auf gewissen Tieren zu reiten, in der Stille der Nacht große Entfernungen zurückzulegen, die Weisungen der Göttin zu befolgen, als wäre sie ihre Herrin, und in bestimmten Nächten zu ihrem Dienst gerufen zu werden.« (nach Ginzburg, S. 104). Burchhard von Worms (965–1025) greift diese Vorstellungen einhundert Jahre später in seinem »Decretum« wieder auf. Jetzt heißt Diana auch Herodias oder Holda. Im XIX. Buch »Corrector et Medicus«, einem Bußbuch, das auf einer jahrhundertealten kirchlichen Tradition seit fränkischer Zeit beruht, skizziert Burchhard in Form von Beichtfragen abergläubische Praktiken von der Wahrsagerei über Amulettgebrauch und Wettermachen bis zum Liebeszauber. Im Can. 180 beschreibt er einen Regenzauber: »Die Frauen versammeln mehrere Mädchen und ziehen mit ihnen vor das Dorf, dorthin wo man das Bilsenkraut findet. Dabei geht das kleinste der Mädchen, völlig entkleidet, an der Spitze des Zuges. Die Nackte muß mit dem kleinen Finger der rechten Hand das Bilsenkraut mit der Wurzel herausreißen; man bindet es an den kleinen Zeh ihres rechten Fußes. Sie zieht das angebundene Kraut hinter sich her bis zum nächten Fluß. Dort steht sie nackt im Wasser, während die anderen Mädchen sie mit Weidenzweigen bespritzen. Dann führt man das nackte Mädchen, das rückwärts in der Art des Krebsganges gehen muß, wieder in das Dorf zurück.« (nach Hain, S. 44). Bilsenkraut ist ein Nachtschattengewächs und wurde später wegen der halluzinogenen Wirkung seiner Blätter und Samen (Flug, Tierverwandlung, erotische Visionen) als Bestandteil von sogenannten Hexensalben benutzt.

Mit Konrad dem Älteren II. (1024–39) wurde in Kamba auf der rechten Rheinseite gegenüber Oppenheim ein rheinfränkischer Salier zum König gewählt. »Mit dem Thronwechsel von 1024 fiel die Königswürde nach einem knappen Jahrhundert sächsischer Inhaberschaft wieder an die Franken zurück.« (Dotzauer, S. 139).

Parallel dazu verlief auch der Aufstieg der verschiedenen Grafengeschlechter, die gemeinsam mit den kirchlichen Fürsten in Mainz, Trier, Köln, Worms und Speyer bis zur französischen Revolution die Geschichte des heutigen Rheinland-Pfalz bestimmten.

Da waren die Pfalzgrafen mit ihrem Besitz im Hunsrück, im südlichen Rheinhessen, in der Pfalz und im Mannheim-Heidelberger Raum, der späteren Kurpfalz, die Emichonen im Nahegau, salische Untergrafen, aus denen sich die Wild- und Raugrafen, die Grafen von Veldenz und die Sponheimer entwickelten, sowie im Wormsgau die Grafen von Leiningen. Im Norden des Landes kamen die Grafen von Limburg und Are zu Einfluß und im Süden die Grafen von Saarbrücken. Das politisch bestimmende Thema der späten Salierzeit war der Investiturstreit zwischen Kaiser und Papst um die Einsetzung der Bischöfe. Dabei ging es einmal um pragmatische Fragen der politischen Herrschaft im Reich, die sich seit der ottonischen Reichskirche besonders auf die Kirchenfürsten stützte, zum anderen aber auch um die alte Lehre von der Gottunmittelbarkeit des Königs als Legitimation seiner Macht. Im Wormser Konkordat von 1122 wird das Problem der Investitur schließlich gelöst durch eine Unterscheidung der Verleihung weltlicher Güter und geistlicher Würden. Durch diese Lockerung der bischöflichen Abhängigkeit vom Kaiser gewinnen letztendlich die Fürsten und Städte an Einfluß. Vor allem die rheinischen Städte mit ihrer starken partikularen und förderalen Politik, die sich des Reichs als Rechtsschutzversicherung gegen die Ansprüche der Fürsten bediente, bestimmten vom 11. bis 14. Jahrhundert die kulturelle Entwicklung. Die das Stadtgeschehen formenden Kaufleute »waren Kosmopoliten: von Berufs wegen, aber auch aus Neigung und geistiger Einstellung«. (Febvre, S. 106). Dieses kulturelle Klima förderte auch das Entstehen von neuen sozialen und religiösen Bewegungen bis hin zur Reformation. So schreibt z. B. Arno Borst in »Barbaren, Ketzer und Artisten« (S. 214): »Zuerst traten die neuen Ketzer, die wir von jetzt ab Katharer nennen dürfen, 1143 in Köln auf. Sie bezeichneten sich als die Armen Christi und führten ein apostolisches Leben in Wandern, Fasten und Arbeiten.« Die Sozialkritik und das Streben nach geistiger Eigenständigkeit verbinden sich dann seit dem Ketzerkonzil von St.Felix-de-Caramon (1167) vielerorts mit der dualistischen Lehre der bulgarischen Bogomilen. Die römisch-katholische Kirche reagiert 1215 mit der Inquisition. In Frankreich und Deutschland wird für Häretiker die Todesstrafe eingeführt. In den Albigenserkriegen (1209–29) wird die Katharerbewegung auch dort geschlagen, wo sie territorialen Einfluß gewonnen hatte, nämlich in Okzitanien, dem Süden Frankreichs.

Die Städte am Rhein werden aber auch zum Sitz bedeutender jüdischer Gemeinden. »Dank den jüdischen Akademien vor allem in Worms, Speyer und Mainz wurde die aschkenasische Schule der Talmudinterpretation in Europa maßgebend. Von führendem Einfluß waren dabei Mitglieder der weitverzweigten Kalonymiden. Im 12. und 13. Jahrhundert traten einige von ihnen als Repräsentanten des ›deutschen Chassidismus‹ hervor, einer asketisch-mystischen Bewegung, die der jüdischen Frömmigkeit für lange Zeit Richtung und Gestalt gab.« (Gidal, S. 32/33). Bis heute gilt Rabbi Salomon ben Isaak, genannt Raschi aus Troyes, der in Mainz und Worms studiert hat, als der größte Bibel- und Talmudkommentator des Mittelalters. Die Kreuzzüge beendeten vielerorts die rheinische Blüte jüdischer Kultur in der Romanik durch grausame Pogrome. Auf dem ersten Kreuzzug 1096 kamen im Gefolge des Anführers Gottfried von Bouillon auch »ungeordnete Scharen von fanatischen Teilnehmern, aufgeputscht durch die Predigten des Peter von Amiens, auf dem Landweg nach Osten. Die ersten ›Ungläubigen‹, die sie trafen und über die sie herfielen, waren die Juden in den rheinischen Bischofsstädten. Während in Speyer der Bischof seine Juden zu schützen vermochte, so daß nur einige von ihnen in den Straßen erschlagen wurden, kam es in Worms und Mainz zur zeitweiligen Auslöschung der Gemeinden«. (Reuter, S. 31). Mit den Kreuzzügen kamen auch die Ritterorden auf, wie z. B. die Templer (1118–1312), deren letzter Ordensmeister Jakob von Molay 1314 als Ketzer verbrannt wurde. Auch in Rheinland-Pfalz erinnern Sagen (»Die zwölf Templer von Lahneck«), Straßennamen (Templergäßchen in Mainz) und Bauwerke (Kapelle im Hof Iben bei Fürfeld) an diesen Ritterorden.

1138 beerben die Staufer die salischen Kaiser Die ritterlich-höfische Kultur prägt das hohe Mittelalter. Überall im Land werden Burgen gebaut, um die sich heute noch so manche Sagen ranken. All das verbindet sich in der Sage vom englischen König Richard Löwenherz, der auf der Burg Trifels bei Annweiler gefangengehalten wurde. Löwenherz, der sich durch das Massaker an etwa 2700 islamischen Gefangenen bei Akkon im Gegensatz zur Robin-Hood-Legende historisch als wenig ritterlich erwies, soll der Sage nach von einem Gefolgsmann, dem Sänger Blondel de Nesle, aus Trifels befreit worden sein. Der Sänger, heißt es, sei jahrelang von Burg zu Burg gezogen und habe ein Lied gesungen, auf dessen erste Strophe der König aus der Burg geantwortet habe. Daraufhin habe der treue Sänger seinen Herren mit zwölf Rittern aus der Gefangenschaft befreit. Tatsächlich aber zahlte England an Richards Gegner Leopold von Österreich die damals gewaltige Summe von 150.000 Mark als Lösegeld. Nachdem Löwenherz seinem Kerkermeister Lehenstreue geschworen hatte, durfte er 1194 nach England zurückkehren, wo er 1199 während der Belagerung einer Burg durch einen Armbrustbolzen getötet wurde.

Neben der Artussage und anderen keltischen Erzähltraditionen, die z. B. Gottfried von Straßburg zu seinem Tristan inspiriert haben, entsteht in dieser Zeit auch das Nibelungenlied, das Erinnerungen an die Zeit der Völkerwanderung (Burgunder in Worms/Niederlage gegen die Hunnen) und der fränkischen Merowinger (Königin Brunichild) mit germanischen Sagenstoffen (Nibelungenhort) und ritterlich-höfischem Zeitgeist mischt. »Bei allen höfischen Bestrebungen bleibt der Abstand zwischen dem Artus-Aventiurenroman und dem Nibelungenlied groß.« (de Boor II, S. 159). Die Sprache des Nibelungenliedes wirkt bezogen auf die Entstehungszeit veraltet, weil sie sich an der älteren Tradition des Heldenepos orientiert.

Dadurch wird die Fabel sowohl realistischer als auch formelhafter im Vergleich zu den mehr an individuellen Biografien interessierten Aventiuren. Kein Wunder also, daß der Dichter gerade bei diesem Text unbekannt und

*Kriemhild an Siegfrieds Sarg*

*Federzeichnung von Max Beckmann (1949)*

damit ein Geheimnis geblieben ist; kein Wunder also, daß gerade hier die Schatzsucher bis heute ihre geeignete Vorlage finden. Dazu paßt auch die schicksalhafte Perspektive der Erzählung: Die Personen handeln nicht, sie werden gehandelt. Der Untergang der Burgunder am Königshof der Hunnen hätte – gesehen aus höfischer Perspektive – durchaus für den Untergang der heroischen Zeit, der Zeit der germanischen Völkerwanderung, stehen können. Die Zuhörer im Burgsaal hätten dann das Buch aufatmend am Ende der Geschichte geschlossen, weil diese blutigen Zeiten glücklicherweise vorbei waren. Eine solche Deutung aber hätte niemals das Interesse der deutschen Nationalromantiker im 19. Jahrhunderts geweckt. Sie suchten in der Vergangenheit nach einem politischen Mythos zur Begründung ihrer nationalen Zukunftsentwürfe. Damit haben sie u. a. die verhängnisvolle Todessehnsucht des Heroischen zum Programm und im Nationalsozialismus schließlich sogar zur Strategie erhoben. Erst »1945 waren auch die dem Nibelungenlied entnommenen mythischen Sinnangebote erschöpft: von der Nibelungentreue über den Siegfrieden bis zum Dolchstoß des Verräters, von der Wiederkehr des Helden bis zum Untergang der Nibelungen in Etzels brennender Burg. Der Mythos war zu Ende agiert, der Bann löste sich. Seit 1945 haben die Nibelungen keine Gewalt mehr über die Köpfe der Deutschen, und die Deutschen sind keine Nibelungen mehr.« (Münkler, S. 131/132). Seit der Wiedervereinigung versuchen die Nationalromantiker von heute, diesen Zustand wieder zu revidieren, obwohl sie die verhängnisvollen Folgen einer solchen Revision in Osteuropa entsetzlich vor Augen haben könnten.

Damals wie heute hätte man sich besser Tristan oder Parsifal zum Vorbild ausgesucht mit ihrem Potential an lebenserfahrener Biografie, welche Persönlichkeit bildet durch das moralisch phantasievolle Steuerungsmuster der Liebe. Hier knüpft auch der Minnesang an und erhebt den Konflikt von Männern in einer patriarchalischen Gesellschaft zwischen der Liebe mit ihrer starken Bindung an das Zuhause und der Sehnsucht bzw. Notwendigkeit des meist kriegerischen Abenteuers in der Fremde zum beherrschenden Thema, so z. B. in den Dichtungen des am Ende des 12. Jahrhunderts schreibenden und aus der Kreuznacher Gegend stammenden Friedrich von Hausen, der sich von der provenzalischen Lyrik inspirieren ließ. Aus staufischer Zeit stammen aber auch Legenden wie die von Orendel, dem Sohn des Königs Orgel von Trier, der auf seiner Reise zum Hl. Grab den grauen Rock Christi gewinnt, und wie die vom Einsiedler Ägidius und vom Papst Silvester aus der Trierer Handschrift (nach 1150).

Hildegard von Bingen (1098–1179), in Bermersheim bei Alzey geboren und Äbtissin des Benediktinerinnenklosters auf dem Binger Rupertsberg, gilt als bedeutendste Mystikerin, Ärztin und Dichterin des Mittelalters. Bei der Trierer Synode 1147/48 las Papst Eugen III. aus ihrem visionären Werk »Scivias« (Wisse die Wege des Herrn oder Drei Bücher Schauungen und Offenbarungen) öffentlich vor. Neben ihren mystischen Werken hat sie auch eine kosmologisch orientierte Naturlehre geschrieben. Darin heißt es z. B. über den Mond: »So sammelt auch der Mond dies alles in sich, wenn er zunimmt, und trinkt es aus, wenn er abnimmt. Deshalb sind seine Tage manchmal gut, manchmal schlecht, manchmal nutzbringend, manchmal nicht nutzbringend, manchmal kräftig, manchmal schwach, manchmal widerwärtig, manchmal schön, manchmal trocken und manchmal beeinträchtigen sie die Früchte nachhaltig. Da der Mond diese Wechselhaftigkeit in sich hat, so zeitigt auch der Wasserhaushalt des Menschen eine ständige Wechselhaftigkeit im Leiden, bei der Arbeit, in der Einstellung zum Leben und im Glück...Dasselbe gilt für die Jahreszeiten, da sie vom Mond reguliert werden, dasselbe von der Atmosphäre, das heißt vom Regen oder der Dürre im Winter oder Sommer, weil sie auch vom Mond abhängig sind. Alles wird unter dem Einfluß des Mondes reguliert, da er die Mutter aller Zeitabschnitte ist.« (Heilwissen, S. 40/41).

Die staufische Zeit endete mit der Hinrichtung von Konradin, dem Sohn Konrad IV. 1268 in Neapel. Die friedlose Zeit des folgenden Interregnums führte 1273 mit der Wahl Rudolf von Habsburgs zum spätmittelalterlichen Wahlkönigtum und der Herausbildung der kurfürstlichen Territorien. Noch wachsen auch – in ständiger Auseinandersetzung mit den weltlichen und geistlichen Fürsten – Einfluß und Bedeutung der Städte. 1254 wird der Rheinische Städtebund (Basel, Straßburg, Speyer, Worms, Oppenheim, Mainz und Köln) gegründet, sozusagen als Selbsthilfeorganisation zur Sicherung des Landfriedens. Er gewährte »Christen wie Juden Schutz. Die Wormser Juden zahlten mehrfach Geld zur Unterstützung des Bundes, der ihnen andrerseits vorschrieb, welchen Zinssatz sie fordern durften.« (Reuter, Warmaisa, S. 34). Die Goldene Bulle (1356) schrieb Majestätsrecht und Landeshoheit der Kurfürsten fest und verbot gleichzeitig Städtebünde. 1389 im Landfrieden zu Eger »endet die selbstständige Politik der Reichsstädte« (dtv-Atlas, S. 195), auch wenn sie ab 1489 regelmäßig als »drittes Kollegium« an Reichstagen teilnahmen. Die Fürsten haben gesiegt und bestimmen die Politik des Reiches ab jetzt 400 Jahre lang bis zur französischen Revolution, wo sich in erweiterter Form das der Antike entlehnte republikanische Konzept der Städtedemokratie durchsetzt.

Der Mittelrhein wird vorerst zum Zentrum kurfürstlicher Herrschaft mit den Erzbistümern Mainz, Köln und Trier sowie der Kurpfalz, den auch für die historische Entwicklung des heutigen Rheinland-Pfalz maßgeblichen Territorien von Spätmittelalter und früher Neuzeit. Im 14. und frühen 15. Jh. bestimmen hauptsächlich die Luxemburger und die Kurpfalz das Reichsgeschehen. So werden die beiden Luxemburger Balduin (1328–1337) und Johann (1371–73) Erzbischöfe von Mainz; Balduin ist zugleich Erzbischof von Trier. Der Luxemburger Karl IV. (1347–78) wird zum König gewählt. Der Einfluß des Mainzer Erzstuhls auf die Reichspolitik ist durch die Schismen (1328 und 1381), in denen es jeweils zwei, miteinander konkurrierende Erzbischöfe gibt, und die Stiftsfehde (1459–1484) geschwächt. 1329 werden die Pfalz und Bayern im Vertrag von Pavia getrennt. Pfalzgraf Ruprecht I. (1353–90) begründet das rheinpfälzische Kurterritorium. Sein Sohn Ruprecht wird von 1400 bis 1410 sogar als König regieren. Nach seinem Tod wird die Pfalz viergeteilt. Es entstehen die noch im 15. Jh. erlöschenden Häuser in Neumarkt (Oberpfalz) und Mosbach (Odenwald/Bergstraße) sowie das altpfälzische Kurterritorium um Heidelberg und die Linie Zweibrücken-Simmern. Im 15. Jh. schließlich steht die Kurpfalz unter Friedrich I. (1452–76) im »Zenit ihrer Machtentfaltung«. (Ploetz, S. 37).

Der letzte bürgerliche Erzbischof auf dem Mainzer Stuhl war der Minorit Heinrich II. aus Isny (1286–88). »Beim Hochadel, der die Domkapitel im allgemeinen beherrschte, war der Bäckersohn mißliebig.« (Dotzauer, S. 235). Man suchte ihn loszuwerden und verdächtigte ihn daher der Magie.

Im Jahr 1286 beschloß der in Worms geborene und 1307 auch dort begrabene Rabbi Meir ben Baruch von Rothenburg, genannt Maharam, gemeinsam mit anderen rheinischen Juden nach Palästina auszuwandern. Aber er wurde von Beauftragten König Rudolfs daran gehindert und im elsässischen Ensisheim eingesperrt, weil der König bei einer Massenauswanderung fürchtete, potente Steuerzahler zu verlieren. Er befahl u.a. Erzbischof Heinrich, eine Massenflucht zu verhindern und die jüdischen Güter zu konfiszieren. 1287 kam es dann am Rhein zu Pogromen, als der Tod eines Kindes Namens Werner aus Oberwesel fälschlicherweise den Juden angelastet wurde. Erzbischof Heinrich soll nach Überlieferung des Humanisten Trithemius (1462–1516) 1288 in Bacharach »auf Geheiß des Königs zugunsten der Juden gepredigt haben«. (Jürgensmeier, S. 114). Das aber hat wenig genutzt. Das von wem auch immer ermordete Kind wurde von großen Teilen der Bevölkerung als Märtyrer verehrt und um 1290 die Wernerkapelle in den Weinbergen oberhalb der Stadtkirche St. Peter errichtet.

Seit der Zeit der Kreuzzüge fanden immer wieder Judenverfolgungen am Rhein statt. Das 4. Laterankonzil von 1215 schließlich schloß »die Juden von allen handwerklichen Berufen aus und drängte sie in die Rolle von Pfandleihern, Geldwechslern und Zinsnehmern. Der ›Jude‹ wurde zum Werkzeug und Sündenbock der entstehenden kapitalistischen Wirtschaftsordnung.« (Gidal, S. 41). Es entstanden die Jahrhunderte dauernden antisemitischen Lügen von den Juden, die Hostien schändeten und aus Menschenblut Mazze (Pessachbrot) bereiteten. Auslöser der Pogrome waren oft Pest- oder Lepraepidemien, für deren Ausbruch man Schuldige suchte. »Aufgehetzt offenbar von Flagellanten fielen am 30. Januar 1349 die Wormser über die Juden her, setzten Synagogenbezirk und Judengasse in Brand und erschlugen rund 400 Juden.« (Reuter, S. 60). Und der französische König ordnete 1321 »die Verbrennung aller Aussätzigen an, da sie nicht nur in Frankreich, sondern in allen Reichen der Christenheit zusammen mit ihren jüdischen Spießgesellen die Brunnen, Quellen und Gewässer vergiftet hätten«. (Daxelmüller, S. 114). Damit war die böse Legende von den Brunnenvergiftern in Umlauf gebracht.

Gleichzeitig entwickelte sich von Spanien her mit der Kabbala die jüdische Mystik, welche großen Einfluß auf Humanismus und Renaissance sowie auf die Ausformung der abendländischen Magie im 15. und 16. Jh. gewinnen sollte. Ihr zentrales Werk ist das Ende des 13. Jh. entstandene Buch Sohar (Buch des Glanzes). Die Lehre vom »Adam Quadmon«, dem Urmenschen, legte die biblische Aussage aus, daß der Mensch als Ebenbild Gottes erschaffen worden sei. Für die Chassidim bestätigte sich das in der Idee des Golem, eines von Menschen erschaffenen Menschen. Gleichzeitig warnten die Kabbalisten,

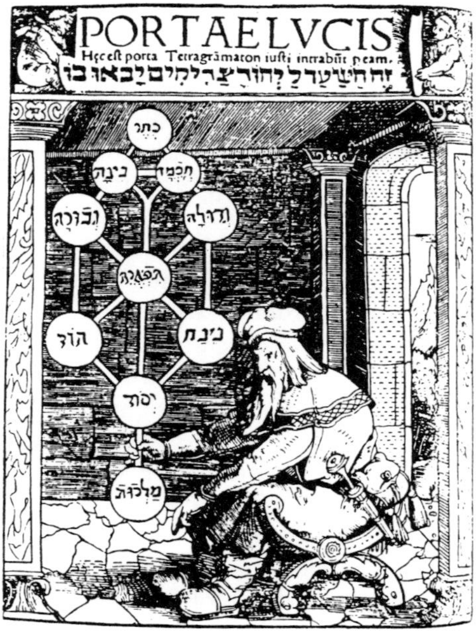


*Der Baum Sepiroth in einem kabbalistischen Traktat des 5. Jh.*

»eine gelungene Golemschöpfung, die nicht nur im Symbolischen sich vollzieht, würde nun den Tod Gottes einleiten«. (Scholem, Zur Kabbala, S. 235). Dabei sahen sie weniger die Gefahr der im Golem befreiten und zuvor verborgenen Naturkräfte, sondern die »Möglichkeit polytheistischer Verirrung« im Götzendienst. In einem Bericht von Schülern Judas des Frommen aus Speyer (gest. 1217) heißt es: »Ben Sira wollte das Buch Jezira studieren. Da erging eine himmlische Stimme: Du kannst ihn allein nicht machen. Er ging zu seinem Vater Jeremia. Sie befaßten sich damit, und nach drei Jahren wurde ihnen ein Mensch erschaffen, auf dessen Stirn 'emeth stand, wie auf der Stirn Adams. Da sagte der Mensch, den sie erschaffen hatten, zu ihnen: Gott allein hat Adam erschaffen, und als er den Adam sterben lassen wollte, löschte er das aleph von dem 'emeth weg, und er blieb meth, tot. So solltet ihr auch an mir tun und nicht nochmals einen Menschen schaffen, damit die Welt dadurch nicht wie in den Tagen des Enosch in Götzendienst abirrt.« (Scholem, S. 233).

Aus Speyer stammt auch die älteste deutsche Version einer astrologischen Neujahrsprognose, und zwar aus dem Jahr 1321. Hier finden sich »die Umsetzung des erlaubten astrologisch-magischen Denkens in die Praxis des Alltags und zugleich jene Wünsche und Nöte, aus denen Magie ihren Nährboden bezieht: die Sorge um die Ernte, Lebensunterhalt, Gesundheit und Krankheit, Tod, um politische Wirren und die Angst vor Kriegen«. (Daxelmüller, S. 130).

Die für das Mittelalter und die frühe Neuzeit typische Verbindung von Naturbeobachtung und Naturphilosophie findet sich aber auch in der Medizin und der Alchemie. Beide waren beeinflußt vom wiederauflebenden Gedankengut der Antike (Aristoteles) und der Spätantike (Neuplatonismus), das über die arabischen und jüdischen Wissenschaftler Spaniens ins christliche Europa vermittelt wurde. Ein Wegbereiter dieses Wissens war der 1280 in Köln gestorbene Albertus Magnus, der Lehrer Thomas von Aquins. Ursprünglich philosophische und religiöse Systeme und Erfahrungen entzweigten sich dann in der Renaissance und erst recht in der Aufklärung in die materialistische Naturwissenschaft und eine ebenso materialistisch gesonnene Magie, welche statt der Erforschung der Gestalt- und Formkräfte von Seele und Natur das Goldmachen oder den Schadzauber zu ihrem egoistisch-abergläubischen Ziel machte. Im Gegensatz zur an Aristoteles orientierten, rationalistischen Scholastik des 13. und 14. Jh., welche zu den ersten Universitätsgründungen im Reich (1348 Prag) führte, beriefen sich die Protagonisten der Platon-Renaissance in Italien, wie der Florentiner Pico della Mirandola (1463–94), der ein neues Weltbild aus christlichen, antiken und jüdischen Kulturwerten entwarf, auf »die negative Theologie des Pythagoras und des Dionysios«. (Wind, S. 68). Als ihren Vorläufer verstanden sie, wie Pico den Inquisitoren in Paris sagte, den von der Mosel stammenden Nikolaus von Kues (1401–64) mit seinem Hauptwerk »De docta ignorantia« (Von der gelehrten Unwissenheit/1440). Pico stellte die blinde Liebe über den Intellekt und verwies damit auf das platonische »Eine jenseits des Seins«. Damit lebten dualistische Konzepte der Überwindung der Sinne wieder auf, allerdings in ekstatischer Form, welche »das Mysterium der Lust jenseits des Verstandes« (Wind, S. 71) wieder mit dem jenseitigen Gottesbegriff vereinten. Pico nannte die »Blindheit höchster Liebe« in Erinnerung an einen neuplatonischen Timaios-Kommentar orphisch. »In seiner Erklärung der Entstehung der Welt hatte Platon geschrieben, ein allumfassender Körper benötige keine Augen, um zu sehen, und keine Ohren, um zu hören, da alles in ihm sei und nichts außerhalb seiner. Proklos schloß daraus, die höchsten Mysterien müßten ohne Augen gesehen und ohne Ohren gehört werden, und er behauptete, Orpheus habe auf dieses Geheimnis hinweisen wollen, als er die Liebe augenlos nannte.« (Wind, S. 72). Solche Anschauungen stehen also hinter den Renaissance-Skulpturen und -Gemälden antiker Mythenmotive, die man von Raffael, Michelangelo und Tizian kennt. Die Renaissance versuchte aber auch, die trinitarische Theologie und die Dreiheit heidnischer Mythen untereinander zu verbinden: »Wer vollkommen versteht, wie die Einheit der Venus in der Trinität der Grazien, die Einheit der Necessitas in der Trinität der Parzen und die Einheit Saturns in der Trinität von Jupiter, Neptun und Pluto entfaltet wird, der kennt die angemessene Verfahrensweise orphischer Theologie.« (Pico, nach Wind, S. 285). Damit werden matriarchalische Traditionen wie der triadische Matronenkult im römischen Rheinland wieder aufgegriffen.

Im deutschen Humanismus werden dagegen gleichzeitig die Wurzeln gelegt für die patriarchalischen Mythen des späteren Nationalismus. »Entdeckung und Sammlung deutscher Literaturdenkmäler wecken ein Nationalbewußtsein, das sich gegen den Vorwurf germanischer Barbarei durch historische Beweisführung wehrt. Celtis ediert die erste Tacitus-Ausgabe (Germania); Jakob Wimpfeling (1450–1528) verfaßt 1505 das erste deutsche Geschichtswerk; Ulrich von Hutten (1488–1523) kämpft gegen römisches Kirchenunwesen und Kurie für ein neues Deutsches Reich.« (dtv-Atlas, S. 212). Vor allem am Oberrhein, im westlichen Grenzland also, sucht man bestehende Kränkungen durch historische Rückbesinnung wettzumachen. Der elsässische Arzt Lorenz Fries wertet so z. B. die Qualität der deutschen und französischen Sprachheimat 1518 mit philologisch unhaltbaren Reinheitsbegriffen, welche rassistische Fortentwicklungen möglich machen: »Sollt unser Sprach minder sein? Nein, ja wohl viel mehr, ursach daß sie ein ursprünglich Sprach ist, nit zusammengebettlet wie die französische, von Griechisch und Lateinisch, den Hunnen und Goten.« (nach Poliakov, S. 97). Pangermanische Gedanken, welche »auf seltsame Weise die Wahnideen Hitlers ankündigen« (Poliakov, S. 97), entwickelte der sogenannte »oberrheinische Revolutionär« anonym zwischen 1490 und 1510 im »Buch von den hundert Capiteln«. Er forderte die Gründung eines tausendjährigen Reiches unter einem legendären Kaiser Friedrich, die Unterwerfung der nicht-deutschen Völker und »die Abschlachtung des römisch-katholischen Klerus«.

In einer neuen Nationalreligion sollten die zehn Gebote durch die »Sieben Gebote der Trierer« ersetzt werden. Auch habe Adam deutsch gesprochen, eine These, die bereits im 12. Jh. von einer Schülerin Hildegards von Bingen mit Hinweis auf die vermeintliche Einheitlichkeit der deutschen Sprache vertreten wurde. Diese nationalistische und antipäpstliche Strömung im deutschen Humanismus verbindet sich auch mit der Reformation. Die Legende »vom tapferen Germanen, der ins Netz lateinischer Arglist geraten ist« findet sich in vielen Schriften Luthers.

Der Sponheimer Abt Johannes Trithemius (1483–1506) repräsentiert dagegen die europäische und gnostische Tradition des Humanismus. Geboren in Trittenheim an der Mosel wurde er 1482 Abt im Benediktinerkloster Sponheim bei Kreuznach. Berühmt wurde er durch seine bedeutende Bibliothek, seine Anregungen für die okkulte Philosophie Agrippas von Nettesheim und sein Buch zur Geheimschrift »Steganographia«, welches mit kabbalistischen Begriffen eine Anleitung zum Chiffrieren von Texten gibt.

Trithemius gehörte zum Humanistenkreis um Kaiser Maximilian, den letzten Ritter. »Er selbst hat mehrfach betont, daß er die magia naturalis zu den erlaubten, auch einem Religiösen erlaubten, Künsten zählte.« (Arnold, S. 181). So blieb es nicht aus, daß um ihn und sein magisches Wissen Legenden entstanden, wie sie sich z. B. 1539 in Luthers Tischreden finden; »Gleich wie ein Zäuberer und Schwarzkunstiger, der Abt von Spanheim, hatte zu Wegen bracht, daß Kaiser Maximilian alle verstorbenen Kaiser und große Helden, die Neuen Besten, so man also heißet, in seinem Gemach nach einander gehend gesehen hatte, wie ein jeglicher gestalt und bekleidet war gewest, da er gelebet, unter welchen auch gewest war der große Alexander, Julius Cäsar, item des Kaisers Maximilians Braut, welche der König von Frankreich Carolus Gibbosus ihme genommen hatte.« (Nach Arnold, S. 180).

Es war nicht ungefährlich, sich im Spätmittelalter mit Magie zu beschäftigen. Man stand mit den im 15. Jh. einsetzenden Hexenprozessen vor einem neuen Schub von Pogromen gegen abweichende Denkungsarten, wie es auch schon in der Endzeitstimmung des 13. und 14. Jh. die Ketzerverfolgung gezeigt hatte. Die 1250 bzw. 1312 weitgehend abgeschlossene Verfolgung der Katharer und Templer »ergab sich auch aus dem Gefühl der Bedrohung durch eine satanische Gegenkirche«. (Daxelmüller, S. 135). Die Tradition der Stigmatisierung zwischen beiden Verfolgungswellen wurde durch die mißtrauische Begleitung des Beginenwesens und die Verfolgung der Waldenser aufrechterhalten. Der Frauenüberschuß im 12. bis 14. Jh. – in den Städten lebten oft 1,2mal so viel Frauen wie Männer – führte in Verbindung mit der Armutsbewegung der Franziskaner und anderer neugegründeter Orden zur Einrichtung von Häusern für arme, alleinstehende Frauen, welche sich nicht ins Klosterleben einkaufen konnten. Das waren die genossenschaftlich geführten Beginenklausen, die obwohl weltlich doch nach klosterähnlichen Ordnungen geführt und durch Spenden, Betteln und Arbeit (Handwerk und Sozialfürsorge) finanziert wurden. In Worms gab es z. B. im 14. Jh. 15 solcher Beginenhäuser. Daneben gab es mit den Begarden, auch Celliten oder Alexianer genannt, eine männliche Variante dieser Bewegung. Diese Gruppen – in Worms z. B. seit 1390 in der Hardtgasse – kümmerten sich vor allem um die Leichenbestattung. Bereits 1277 in Trier und 1296 in Mainz wurden die dortigen Beginen der Irrlehre verdächtigt. Man warf ihnen die sogenannte »Lehre vom freien Geiste« vor, in deren Mittelpunkt der Gedanke des »conubium spirituale« stand, »der Glaube an das Einswerden des Menschen mit Gott und damit an seine reale Vergöttlichung«. (Neumann, S. 147). Das Konzil von Vienne verurteilte 1317 häretische Auswüchse des Beginenwesens. In Straßburg kommt es daraufhin 1366 zum Prozeß »gegen die der Ketzerei verdächtige Begine Metza de Westhofen«. (Neumann, S. 155). 1369 verfügt Kaiser Karl IV. dann die Verfolgung der Beginen und Begarden und bestellt dafür eigens zwei Inquisitoren. Daraufhin wenden sich die Trierer Beginen 1374 an den Papst in Avignon mit der Bitte, ihnen ihre Lebensweise zu gestatten. 1395 entscheidet Papst Bonifaz IX., daß die Beginen nicht mit der Sekte vom freien Geist gleichzusetzen seien und erkennt sie an. Dennoch gehen die Verdächtigungen weiter. So schreibt der ehem. Inquisitor Johann Wasmod von Homburg 1398 das Traktat »De beguttis et begardis«, in dem er erneut den Ketzereivorwurf erhebt. Diese Stimmung löst 1406 im Mainzer Raum eine Verfolgungswelle aus. »Unter den von Magister Heinrich de Lapide Verhörten befindet sich eine Begine der Nikomedisklause und ein alter Begarde, von dem die Mainzer Chronik berichtet, er habe die Beichte anderer Beginen und Begarden abgenommen.« (Neumann, S. 158). Letzteres deutet auf waldensische Einflüsse. Und am 28. 10. 1458 wird schließlich der Mainzer Begarde Hans Becker wegen Ketzerei auf dem Höfchen »mitsamt seinen Büchern in der Ketzergrube« verbrannt. »Der Heilige Geist sei am Pfingstfeste 1457 auf ihn herabgekommen und habe seine Vergöttlichung bewirkt«, sagt er im Prozeß aus. Daraufhin geht er nicht mehr zur Beichte, »empfängt den Leib des Herrn nicht mehr, fastet nicht, fühlt keine Verpflichtung zum Gebet, ja verhöhnt das Allerheiligste in den Kirchen«. (Neumann, S. 160). Bereits 1425 stehen die Waldenser Peter Turnau, Schulrektor in Speyer, und Johannes von Draendorf, ein aus Prag kommender Prediger, vor dem Heidelberger Inquisitionstribunal. Draendorf wird 1425 in Worms, Turnau 1426 in Speyer verbrannt. Die Waldenser hatten u.a. Grundsätze der Täuferbewegung aus dem 16. Jh. vorweggenommen, so die Ablehnung des Eides und die Trennung von Religion und Staat.

Daß die Vorstellungen einer Satans- und später einer Hexensekte auch aus dem Alltag sozialer Unruhen gespeist wurden, die sich gern einiger Relikte heidnischen Brauchtums bedienten, beweist die Angst der Stadtoberen in vielen mittelalterlichen Städten »aus der Fastnachtsfreiheit könne Streit und Aufruhr entstehen, könnten sich im Schutz der Februarsdunkelheit Rotten bilden, die den städtischen Frieden in Frage stellen könnten«. (Keim, S. 17).

So werden z. B. 1431 in Mainz die Masken verboten. In Köln entsteht 1482 aus dem Fastnachtstreiben ein Aufruhr, der nur mühsam unterdrückt werden kann. In Basel kommt es am Fastnachtsdienstag 1376 zu Massakern, und man erinnert sich noch lange der »bösen Fastnacht«. (Burke, S. 218). Und in Worms kommt es 1514 zu einem Aufruhr (Boos, S. 325), als eine Gruppe »gegen den Rat Verschworener unter der Maske des Kuhspiels« Unruhe stiftet. Von den römischen Saturnalien und gallorömischen Kulten des Rheinlands hatte man es übernommen, als Tier (Hirsch, Ziege, Kuh) verkleidet durch die Straßen zu ziehen und verkehrte Welt zu spielen. Die Angst vor diesem In-Frage-Stellen der richtigen, genormten Welt beunruhigte Kirche und Obrigkeit.

Spätantike Traditionen wurden im Mittelalter aber auch an anderer Stelle aufgenommen, so z. B. in der gotischen Kirchenbaukunst. Mit Bezug auf die frühgotische Liebfrauenkirche in Trier (1242–53) schreibt Hans Seldmayr: »In diesen Werken ist die Zerrissenheit des Staufischen überwunden zugunsten einer neuen Verklärung und des Anmutigen (einer neuen, gotischen Kategorie), allerdings unter Einbuße des Chthonischen (der Krypten) und des Dunkel-Mysteriösen.« (Sedlmayr, S. 444). Die Betonung des Lichten und Hellen, die auch noch durch die Kunst der Glasfenster hervorgehoben wird, geht auf die neuplatonische Lichtmystik des ostkirchlichen Dionysius Areopagita (5. Jh.) zurück, wie die dem gallischen Apostel Dionys geweihte Abteikirche St. Denis bei Paris (1140–44) zeigt.

Deren Baumeister Suger hatte Schriften des Dionysius studiert, welche den Lichtkult der Hagia Sophia inspiriert hatten. »Nach dem Pseudo-Arepagiten ist das Weltall geschaffen, belebt und zusammengehalten durch die beständige Selbstrealisierung des Wesens, das Plotin den Einen, den die Bibel den Vater genannt hatte und das er das superessentiale Licht oder sogar die unsichtbare Sonne nennt.« (Sedlmayr, S. 314). Diese übrigens trinitarische Sonne spiegelt sich im Materiellen: »Jedes Geschöpf, sichtbar oder unsichtbar, ist ein Licht, zum Dasein gebracht vom Vater der Lichter.« (Nach Seldmayr, S. 315).

Dazu passen die von Chartres (1194 begonnen) inspirierten Rosenfenster, die z. B. im Westchor des Wormser Domes erste Vorläufer am Übergang von der Romanik zur Gotik finden. »Rose – Rad – Sonne – Christus« lautet die Symbolkette, welche diese typisch gotische Fassadengestaltung der Kathedralen inhaltlich begründet. Die von oben gesehene Rose – auch als Rosette oder Windrose – hat »teil an der Symbolik des Kreises, des Zentrums, des Kreuzes und der Radien des Sonnenrades« (Cooper, S. 151) und bezieht ihre gestaltbildende Kraft somit auch aus vorchristlicher Mythologie. Aufgegriffen wurde diese Symbolik auch in der jüdischen Kabbala und bei den Rosenkreuzern: »Das Rosenkreuz ist die Mystische Rose und steht für das Rad und das Kreuz; die Rose ist das göttliche Licht des Universums und das Kreuz die zeitliche Welt der Schmerzen und Opfer. Die Rose wächst am Lebensbaum, wodurch Wiedergeburt und Auferstehung versinnbildlicht werden sollen.« (Cooper, S. 151).

## Gutenbergbibel und Hexenprozesse

Der Beginn der Neuzeit um 1500 ist gekennzeichnet durch die Erfindung des Buchdrucks (Gutenberg in Mainz/um 1445), die Wiederentdeckung Amerikas (Kolumbus/1492) und des Seewegs nach Indien (Vasco da Gama/1498), die Reformation (Luthers Thesen/1517), den Bauernkrieg (1525) und die Machterweiterung der städtischen Bank- und Handelshäuser wie der Fugger in Augsburg (Blütezeit 1511–60). Auch die 1495 auf einem Reichstag in Worms unter Kaiser Maximilian (1493–1519) begonnene Reichsreform deutet mit der Einführung einer ersten Steuer (Gemeiner Pfennig) und des Reichskammergerichts auf die Entwicklung des neuzeitlichen Staates hin. Im Reich findet der »Übergang vom herrschaftlich organisierten Territorium zum obrigkeitlich regierten Territorialstaat« (Ploetz, S. 39) statt. Dieser Prozeß wird unterstützt durch den Aufbau der protestantischen Landeskirchen ab den 1520er Jahren und festigt sich 1648 im Westfälischen Frieden.

Auch in der Kurpfalz stützt das landesherrliche Kirchenregiment die Position des Heidelberger Kurfürsten. 1556 wird die Kurpfalz lutherisch, ab 1563 reformiert. »Die Aufhebung der Klöster hatte zur Folge, daß die bisher klösterlicher Gerichtsbarkeit unterworfenen Dörfer jetzt unmittelbar in das kurpfälzische Territorium einbezogen wurden.« (Ploetz, S. 39). Friedrich V. wurde schließlich als Führer der 1608 gegründeten Union protestantischer Reichsstände 1619 in Prag die böhmische Königskrone angetragen. Der »Winterkönig« wurde dann allerdings von der katholischen Liga aus Böhmen vertrieben, die Kurpfalz besetzt. Damit begann der dreißigjährige Krieg (1618–48). 1623 erhielt Bayern die Oberpfalz und die pfälzische Kurwürde; 1648 kam nur die Kurwürde nach Heidelberg zurück. Während des Krieges wurden viele Städte und Dörfer im heutigen Rheinland-Pfalz völlig zerstört und entvölkert, was man heute noch an der Baugeschichte gut nachvollziehen kann.

Kaum hatte man mit dem Wiederaufbau begonnen, brachte der Pfälzische Erbfolgekrieg 1689 die menschenfeindliche Politik der verbrannten Erde durch die französischen Truppen Ludwigs des XIV. Seit 1685 bereits wurde die Kurpfalz von der katholischen Linie Pfalz-Neuburg regiert. 1720 verlegte man die Residenz ins erst 1609 gegründete Mannheim. Beim Aussterben der bayrischen Wittelsbacher 1777 wurden Kurpfalz und Kurbayern in Personalunion verbunden. Der Zweibrücker Herzog Maximilian Joseph wurde 1806 sogar König von Bayern. Als eigener Staat hatte die Kurpfalz aber bereits 1801 aufgehört zu existieren.

Das Erzstift Trier war vor allem unter Erzbischof Balduin (1307–54) in den vorderen Hunsrück und an den Mittelrhein ausgedehnt worden. Während die Erzbischöfe ihr Territorium im 14. und 15. Jh. gegen die mächtigen

Grafengeschlechter in Eifel, Hunsrück und Mittelrhein behaupten mußten, erzielten sie 1576 erneut einen großen territorialen Zugewinn durch die Vereinnahmung der Benediktiner-Reichsabtei Prüm. Das obere Erzstift mit der Hauptstadt Trier umfaßte 20 Ämter von Merzig bis Prüm und Zell, das niedere Erzstift mit der Hauptstadt Koblenz 11 Ämter am Mittelrhein, um Mayen und im Westerwald.

Das Erzstift Mainz lag mit dem größten Teil seines Territoriums rechtsrheinisch, bis Aschaffenburg und Erfurt. Auf dem Gebiet des heutigen Rheinland-Pfalz gehörte nur das nördliche Rheinhessen um die Städte Mainz und Bingen zum Kurstaat. Erst unter Johann Philipp von Schönborn (1647–73), gleichzeitig Bischof von Würzburg und Worms, spielte Kurmainz wieder »eine Rolle auf der Bühne der Reichspolitik im Konflikt zwischen Frankreich und dem Kaiser.« (Ploetz, S. 60). Sein Nachfolger Lothar Franz (1695–1729) gilt als großer »Bauherr des Barock«. Unter seiner Herrschaft entstand z. B. das 1793 zerstörte Schloß Favorite. Im 18. Jh. kam es zum Ausbau der Mainzer Universität. »Besondere Aufmerksamkeit erregte damals, daß im Zuge der Reform nicht nur Lehrstühle für moderne Wissenschaften eingerichtet worden waren, sondern auch mehrere Professoren, die bekannte und zum Teil sogar radikale Verfechter der Aufklärung waren, einen Ruf erhalten hatten.« (Jürgensmeier, S. 253). So wurden z. B. die 1784 berufenen katholischen Theologen Anton Joseph Dorsch (gest. 1819) und Felix Anton Blau (gest. 1789) führende Männer der Mainzer Republik von 1792/93.

Weitere kleinere Territorialherren waren die Hochstifte Worms und Speyer, das Herzogtum Luxemburg, die Grafschaft Virneburg, die Grafschaft Manderscheid, das Herzogtum Arenberg, das Erzstift Köln (um Andernach und Ahrweiler), das Fürstentum Wied, die Grafschaft Isenburg, die Grafschaft Sayn, das Fürstentum Nassau, die Grafschaft Katzenelnbogen, die Grafschaft Homburg, die Grafschaft Saarbrücken, die Grafschaft Leiningen, die Wild- und Rheingrafen, die Grafschaft Sponheim sowie Reichsritter und Reichsstädte.

Die Geburt der Neuzeit bringt auch die Hexenverfolgung als Massenphänomen hervor. Neuere Untersuchungen haben Differenzierungen ergeben: »Größere Territorien wurden schwächer betroffen als kleinere, die katholischen stärker als die protestantischen.« (Rummel, S. 15). Und vor allem für Kurtrier, wo die schlimmsten Verfolgungen zu verzeichnen sind, und für die angrenzenden Gebiete im Saarland und in Lothringen konnte festgestellt werden, daß die Pogrome in der Regel von unten gefordert wurden, also durch die Bevölkerung. »In kleineren Territorien mit schwacher Zentralgewalt konnten die Untertanen ihre Verfolgungswünsche offenbar erfolgreicher durchsetzen als in den stärker zentralisierten und bürokratisierten Flächenstaaten. Die geistlichen Fürsten waren aufgrund der strukturellen Defizite ihrer Herrschaft besonders angreifbar; ohne dynastische Kontinuität und Hausmacht mußten

*Das Milchmelken aus einer Axt*

sie sich gegenüber ihren Domkapiteln behaupten. Und als geistliche Oberhirten konnten sie sich dem Hexengeschrei ihrer Umgebung, Untertanen wie Ratgeber, am wenigsten verweigern. Sie wurden zu Gefangenen ihrer religiösen Amtspflichten.« (Rummel, S. 16). In den Dörfern und Städten bildeten sich sogenannte Hexenausschüsse. Ihnen wurde in Kurtrier stärker nachgegeben als in Kurmainz, und dort wiederum stärker als in Kurpfalz. Die Hexenverfolgung entpuppt sich also als schreckliche Rückseite des Kommunalismus, der Forderung einer Mitbestimmung von unten, wie sie für das 16. Jh. von Peter Blickle im Rahmen der Reformation nachgewiesen wurde: »Die Bürger übten mit Aufläufen, Tumulten, Gemeindeausschüssen so lange Druck auf die Räte aus, bis sie den Durchbruch der Reformation in der Stadt erzielt hatten.« (nach Rummel, S. 319).

Es bleibt aber auch hier die Frage, wieso es erst mit Beginn der Neuzeit zu einer Massenverfolgung von Hexen kam, denn auch vorher hatte es Schadzauber gegeben, dem man in den Dörfern aber bis dahin mit einem Gegenzauber und seitens der Behörden mit relativ milden Urteilen in Einzelfällen begegnete. Die Kirchenlehre verurteilte mehr den Glauben an die Zauberei als die Zauberei selbst. Uneins ist man sich – das sei nebenbei bemerkt – in der Forschung auch, ob es überhaupt eine Volksmagie gegeben hat, bzw. einen Traditionsstrang heidnischer Kulte in den Unterschichten, oder ob alle Hinweise darauf lediglich als Projektionen der damaligen Intellektuellen oder als gesunkenes Kulturgut angesehen werden müssen. Da diese Debatte eng mit der Quellenlage und dem angewandten Volks- und Bildungsbegriff zusammenhängt, gibt sie wenig neue Impulse, außer, daß sie darauf hinweist, daß die Hexenausschüße vor Ort sich ohne staatliche Institutionen und eine neue Kirchenlehre wahrscheinlich gar nicht gebildet hätten. Die Hilfe der Justiz wurde in Anspruch genommen, weil sie anders als früher zur Verfügung stand.

Der Staat übernahm es, die Ordnung der Dinge zu regeln, eine Funktion, die zuvor in stärkerem Maße von der Tradition gewährleistet worden war. Dadurch konnte es, je nach politischer Stärke (Durchsetzungskraft gegen Lobbyinteressen), nach Art der Justiz (Carolina oder Schnellverfahren nach dem »Hexenhammer«) und nach zugrundeliegender Weltanschauung (pro oder contra Hexensekte) zu Entscheidungen kommen, die weitreichender waren als früher, d. h. entweder zu größeren und konsequenteren Pogromen oder zu deren flächenhafter Verbreitung. Dazu paßt auch die gewachsene Öffentlichkeit und die schnellere Übermittlung von Informationen durch die Möglichkeiten des Buchdrucks (Bücher, Flugblätter etc.).

Von Anfang an jedoch gab es dabei Befürworter und Gegner der neuzeitlichen Hexentheorie. So forderte der Trierer Weihbischof Peter Binsfeld in seinem »Tractatus de confessionibus maleficioreum et sagarum« (1589) die Hexenverfolgung und begründete damit das erste große Trierer Pogrom des gleichen Jahres: »Wir haben allhie gründtliches wissen, daß Im Bisthumb Trier Auff die 300 Personen wegen der Zauberei verbrändt worden. In ainem Dorff habe man alle weiber verbrändt, Außgenommen zwei.« (nach dtv Dokumente, S. 204). Auf der Gegenseite hielt der Arzt Johann Weyer in seiner Schrift »De praestigiis daemonum« (1563) die Pogrome für ein »Blutbadt der unschueldigen« und lehnte z. B. das Standardwerk der Hexeninquisitoren, den »Hexenhammer« (1487) ab.

Die theoretischen Grundlagen des Hexenhammers und anderer gleichlautender Schriften finden sich in der kirchlichen Ketzerlehre (Teufelspakt und Gegenkirche) und in einer Systematisierung des Wissens um dämonische Magie. Es bleibt allerdings die Frage, warum es jetzt auf einmal die Zauberei traf und zudem vor allem Frauen und Kinder. Die erste Frage könnte mit den gesellschaftlichen und geistigen Veränderungen beantwortet werden, die mit dem neuen Prinzip der Individualität die althergebrachten Ordnungen erschütterten. »Wir treffen auf das Doppelgesicht der Freiheit... Der Einzelne wird von wirtschaftlichen und politischen Fesseln frei. Er gewinnt auch etwas an positiver Freiheit durch die aktive, unabhängige Rolle, die er im neuen System spielen muß. Aber gleichzeitig wird er auch von all jenen Bindungen frei, die ihm zuvor Sicherheit und ein Gefühl der Zugehörigkeit gaben... Dadurch, daß er seinen festen Platz in einer geschlossenen Welt verliert, geht dem Menschen auch die Antwort auf die Frage nach dem Sinn des Lebens verloren. Er fühlt sich von mächtigen, überpersönlichen Kräften... bedroht. Die Beziehung zu seinem Mitmenschen – ein potentieller Konkurrent – wird feindlich und entfremdet.« (Erich Fromm, nach Bauer/Matis, Geburt der Neuzeit, S. 374). Die bedrohenden Kräfte können also als anonym und als übermächtig empfunden werden. Das paßt zur Welt der Magie. Und man braucht dann wohl auch ein neues Instrumentarium, um mit diesen neuen

Bedrohungen fertig zu werden; das alte taugt dafür nicht mehr. Daß hauptsächlich Frauen und in der Spätzeit auch Kinder zu Opfern wurden, läßt sich auf eine neue Definition physiologischer Schwäche zurückführen: »Die Hexenverfolgungen waren nicht Ausdruck und Folge einer sexuellen Unterdrückung, auch kein Versuch, aus bevölkerungspolitischen Absichten die Praxis der Geburtenkontrolle durch Hebammen zu unterbinden, sondern schufen in Verbindung mit einer verbindlichen physiologischen und psychologischen Rechtfertigung die Voraussetzung für die Sexualrepression bis in die Gegenwart hinein. Dadurch blieb ein letzter, kulturell kreativer Rest des Hexenwahns am Leben; die Rede ist vom Laster der Onanie und vom Menstruationsblut als wirksamem Zauberrequisit.« (Daxelmüller, S. 197/198). Mit der Onanie nämlich brachte man die »Balance der Säfte in Unordnung. Die Frau aber war ohne ihr Zutun durch die Menstruation allmonatlich von einer erheblichen physischen Schwächung betroffen.« (Daxelmüller, S. 200). Selbst Gegner der Hexenverfolgung wie Weyer bezogen sich auf die von der Antike übernommene Säftelehre und schrieben die Hexen als Melancholikerinnen krank.

Hier können und müssen natürlich nach wie vor kulturwissenschaftliche Untersuchungen wie die von Carlo Ginzburg oder Heide Göttner-Abendroth ansetzen, welche die herrschenden Bilder des Patriarchats und die diffamierte oder auch deformierte Bildertradition matriarchalischer und anderer heidnischer Perspektiven zu entschlüsseln suchen. Prozesse gegen Kinderhexen nehmen vor allem im 17. Jh. zu. Da Kinder sich und andere oft und gern freiwillig bezichtigt haben, interpretiert Hartwig Weber ihre Denunziationen als ohnmächtige Strategie der Gegengewalt, sei es bei sexuellem Mißbrauch, bei elterlicher Zurückweisung sexueller Kinderwünsche als auch aus anderen Gründen eines familiären Machtkonflikts.

Nach den ersten Hexenprozessen im 15. Jh., die in Frankreich um 1450 in Zusammenhang mit der Verfolgung der Waldenser stehen und in der Kurpfalz 1446/47 und in Kurtrier 1492 einsetzen, kommt es zwischen 1580 und 1680 zu einer Massenverfolgung, bei der in Deutschland etwa 25.000 und in ganz Europa etwa 60.000 Menschen verbrannt werden. Die frühen Prozesse fanden noch vor der kirchlichen Inquisition statt. Ab dem frühen 16. Jh. waren in Deutschland nur noch weltliche Gerichte für Hexenprozesse zuständig. Daher verlief die Entwicklung in den einzelnen Territorien unterschiedlich.

»In Deutschland selbst konzentrierte sich die größte und sicher beispielgebende Verfolgung zwischen 1585 und 1593 auf das Erzstift Trier.« (Daxelmüller, S. 182). Auch um 1629/31 und 1651/54 kam es hier nochmals zu Verfolgungswellen. Die Aktivitäten von Weihbischof Peter Binsfeld zeigen, daß die Anstöße nicht nur von unten kamen. Aber neben den Hexenausschüssen in den Dörfern und der Verfolgungsbereitschaft der kirchlich-staatlichen Obrigkeit wurden die Verfolgungen auch durch benachbarte Prozesse und die Moralisierungskampagnen der Kirche angestoßen, welche durch Visitationen »den Untertanen zusätzliche Möglichkeiten zur gegenseitigen Diffamierung verschafften«. (Rummel, S. 318). Auf jeden Fall hat das Hexentraktat von Binsfeld dazu geführt, daß man in Kurtrier anders als in der Kurpfalz das Verfahren zuungunsten der Angeklagten führte. Der Weihbischof meinte nämlich: »Aber in dem Laster der zauberey/kan die Warheit anderst nicht erkuendiget noch auß ihrer Natur und Handlung/nach gemainem lauff der Sachen.« (dtv Dokumente, S. 208). Die Heimlichkeit des Deliktes rechtfertigte nach seiner Meinung härtestes Vorgehen. Die Angeklagten waren allerdings in der Regel keine volkskulturellen Heiler oder Wahrsager, sondern Gegner in den sozialen Konflikten der Dörfer, was die Umnutzung der kirchlichen Hexenlehre von unten belegt. Wenn die Verfolgung durch Einschalten der Justiz einmal begonnen hatte, entwickelte sie eine Eigendynamik, die nur von der Obrigkeit gestoppt werden konnte. Dazu aber war man im Erzstift Trier nicht fähig. »Die kommissarischen Juristen und Notare nutzten sie für ihre bürgerlichen Karrieren, die lokalen Amtmänner zur Erweiterung ihrer Kompetenzen, die Ankläger und Zeugen als Waffe in sozialen Konflikten, die Gemeinden möglicherweise zur Erweiterung ihres politischen Spielraums. Derartige Nutzungsmöglichkeiten verschafften den Verfolgungen ihre eigene Dynamik gegenüber dem Wollen der Fürsten und den Kriterien juristischer Bewertung.« (Rummel, S. 320/321). Aber in Kurtrier fanden nicht nur beispielgebende Verfolgungen statt, von hier stammt auch der Mann, dessen name für die Beendigung der Pogrome steht: Friedrich Spee mit seiner »Cautio criminalis (1631). Er schreibt: »Die Gefolterten sagen zu allem ja, und weil sie dann nicht zu widerrufen wagen, müssen sie alles mit dem Tode besiegeln... Aufrichtig gesprochen, ich weiß schon längst nicht mehr, wieviel ich den Autoren, die ich früher voller Wißbegierde immer wieder eifrig las und hoch schätzte, dem Remigius, Binsfeld, Delrio und den übrigen überhaupt noch glauben kann. Ihre ganze Lehre stützt sich ja nur auf mancherlei Ammenmärchen und mit der Folter herausgepreßte Geständnisse.« (dtv Dokumente, S. 383).

Entscheidend für den Verlauf der Prozesse waren die juristischen Rahmenbedingungen, welche die jeweilige Landesregierung festlegte. So gab z. B. die Peinliche Halsgerichtsordnung Kaiser Karls V. von 1530/32 (Carolina) dem Angeklagten umfassendere Rechte als das im »Hexenhammer« befürwortete Schnellverfahren. Das war letztlich auch der Grund, warum in der Kurpfalz nach 1500 »keine einzige Hexenhinrichtung mehr nachweisbar ist«. (Katalog, Schmidt, S. 208). Auch wenn hier noch nicht das letzte Wort gesprochen sein dürfte, bleibt doch festzustellen, daß der kurpfälzische Oberrat in Heidelberg den Hexenprozessen strenge Grenzen setzte und diese auch kontrollierte. Für einen Prozeß ließ man als Anklage nur Schadzauber gelten und nicht Teufelspakt oder Teilnahme am Hexensabbat. Aber auch der Schadzauber mußte bewiesen werden. Nur bei starken Indizien und der Aussage glaubhafter Zeugen durfte die Folter angewendet werden. Damit ging die »prozeßablehnende Haltung der kurpfälzischen Regierung in ihrem Eintreten für eine gerechte Behandlung des Angeklagten sogar noch über die Vorgaben des Reichstrafrechts, der Carolina« hinaus. (Katalog, Schmidt, S. 211). Diese Haltung ist auf den Einfluß von Johann Weyer zurückzuführen, der in der Tradition des mittelalterlichen »canon episcopi« die Todesstrafe für Hexen ablehnte und »die seelsorgerliche Betreuung für die vom Teufel nur verwirrten, melancholischen Frauen« forderte. (Katalog, Schmidt, S. 213). Die kurpfälzische Haltung ging sogar so weit, daß man Flüchtlingen aus benachbarten Territorien, die wegen Hexerei verfolgt wurden, Asyl gewährte und eigene Untertanen, die woanders wegen Hexerei inhaftiert waren, gewaltsam befreite (Bodenheim bei Mainz 1614/15).

Im Erzstift Mainz war die Situation dagegen ähnlich wie in Trier. »Die Weltlichen Räte in Mainz haben die Hexenprozesse jedoch nicht verhindert, und sie waren es letztlich, die bei aller Zurückhaltung die Prozeßlawine zu verantworten haben. Sie wurden ausführlich informiert, wie die noch vorhandenen Akten beweisen, und gaben die entsprechenden Anweisungen.« (Katalog, Weiß, S. 299). Auch hier zeigt sich Durchsetzungsschwäche, denn Anweisungen aus Mainz wurden vor Ort häufig nicht befolgt. Es lag oft am jeweiligen Amtmann, ob er die Forderungen der Bevölkerung nach Verfolgung abwehren konnte, zulassen mußte oder gar über das angeordnete Maß hinaus betrieb. Die Geistlichkeit selbst unterstützte den Hexenglauben durch Predigten: »Die Verbreitung der Hexenlehre ist demnach ohne das Mitwirken der Geistlichen nicht denkbar.« (Katalog, Weiß, S. 300). Das Ende der Prozesse kam schließlich dann doch von oben. Erzbischof Johann Philipp von Schönborn (1647–73) verfügte im November 1649 die Freilassung der Angeklagten Maria Buch in Walldürn (Odenwald), weil die Beweislage mangelhaft sei.

Der Buchdruck stellte nach 1500 eine immer größere Öffentlichkeit her. Neue Ideen verbreiteten sich schneller als zuvor. Das zeigt nicht nur die Hexenverfolgung mit der Wirkung des »Hexenhammers«, sondern auch die religiöse Erbauungsliteratur, die Schriften der Reformation, die Flugblätter des Bauernkriegs, die weit verbreiteten Kräuter- und Zauberbücher sowie die im 16. Jh. einsetzende Tradition der Volksbücher. Alle bekannten Kräuterbücher der folgenden Jahrhunderte, die in den Familien als Hausschatz überliefert wurden, gehen auf die ersten Standardwerke des 15. und 16. Jh. zurück. Da sind der 1485 in Mainz erschienene »Gart der Gesundheit«, das »Kreuterbuch« des in Mainz geborenen Berner Stadtarztes Otto Brunfels (1488–1534), das 1532/37 in Straßburg erschienen als erste Pflanzenheilkunde in deutscher Sprache gilt, das »New Kreutter Buch« (1539) von Hieronymus Bock aus Hornbach (Pfalz) und das »Kreuterbuch« (1588) von Tabernaemontanus aus Frankfurt.

1696 erscheint erstmals in Amsterdam das »Wunderbuch« des Wormser Synagogendieners Juspa Schammes (1664–78) mit 25 Volkserzählungen in Jiddisch aus der sagenhaften Geschichte der Jüdischen Gemeinde Worms. Darunter ist auch das Märchen von der »Königin von Saba im Haus zur Sonne«. Die Königin von Saba ist in der jüdischenTradition meist eine Feenfrau, die mit der kabbalistischen Figur der Lilith ausgetauscht werden kann. Lilith wiederum ist ein Dämon, der Männer verführt und Kinder erwürgt. Vom Rhein stammt auch »Das Buch der wahren Praktik in der göttlichen Magie« des Abraham von Worms. Die Schrift, die erstmals 1458 erschienen sein soll, beschreibt, wie man einen Schutzgeist beschwört. Weiterhin wird von der Wirkung einer Flugsalbe, von Engel- und Dämonenhierarchien aus gnostischer Tradition und von magischen Rezepten und Zeichen berichtet. Die Spiritistenkreise um Aleister Crowley (1875–1947) haben das Buch um 1900 neu veröffentlicht und damit – allerdings erfolglos – experimentiert.

Das bekannteste Volksbuch, das von Magie handelt, ist die erstmals 1587 erschienene »Historia von D. Johann Fausten«. Der Frankfurter Buchdrucker Johann Spies will die Geschichte »von einem guten Freund in Speyer mitgeteilt« bekommen haben. Der historische Faust (1491–1538) ist wahrscheinlich in Knittlingen geboren – auch wenn es andere Hinweise auf Simmern gibt – und hat in Heidelberg studiert. Trithemius von Sponheim, dem Faust 1504 begegnet ist, schildert ihn als Betrüger: »Dieser Mann..., der es gewagt hat, sich als Fürsten der Nekromanten zu bezeichnen, ist ein Landstreicher, Schwätzer und Herumtreiber; er verdient ausgepeitscht zu werden, damit er nicht noch weiterhin verabscheuungswürdige Dinge, die der heiligen Kirche widersprechen, zu lehren wage.« (Faustbuch, S. XVIII). In Kreuznach habe er sich gerühmt, der bedeutendste Alchemist aller Zeiten zu sein. Darauf sei er von Franz von Sickingen, der nach mystischen Dingen sehr begierig gewesen sei, als Schulmeister eingesetzt worden. »Aber er begann bald darauf mit Knaben die schändlichste Unzucht zu treiben; als die Sache ans Licht kam, entzog er sich der drohenden Strafe durch die Flucht«. (ebenda, S. XIX). Auf Faust werden im 17. Jh. auch andere magische Bücher zurückgeführt, die sogenannten Höllenzwänge. Mit gefälschten Jahreszahlen (1509) werden sie in Fausts Lebenszeit zurückdatiert. Das Volksbuch schildert Fausts Praktiken so: »Gegen Gift und Pestilenz nahm er gedörrte Kröten, stieß sie zu Pulver, nahm davon vier Lot, dazu ein Lot weißen Arsenic, ein Lot gelben Arsenic, von Hyacinth und Smaragd je ein Lot und ein halb Quentlein, zwie Quentlein Saffran; das alles mischte er zusammen, machte damit ein Mäßlein Tragacanth, so in Rosenwasser gebeizet, und formirete davon kleine Kuchen wie ein Herz. Danach hatte er eine Form, auf deren Unterteil war eine Schlange geschnitten, die sich ineinander schlang und wand; sie ward zu der Zeit zu graben angefangen, da der Mond und die Sonne im Kopfe des Drachen stehen, und mußte fertig sein, wenn der Mond in den Drachenschwanz ging, was ungefähr in vierzehn Tagen einmal zu geschehen pflegt. Auf der anderen Seite, also auf dem Oberteil, war ein Scorpion, der geschnitten oder gegraben sein mußte, wenn die Sonne und der Mond im Scorpion beisammenstehen, welches entweder im October oder im November alle Jahre einmal zu geschehen pflegt. Mit diesen beiden Characteren signierte er die Herzlein, vernähte sie in roten Zindel und hängte sie den Leuten um, richtete gleichwohl viel damit aus und half vielen von ihnen, daß sie nicht an der Pestilenz starben.« (Volksbuch, S. 163/164).

Bis weit ins 17. Jh. hinein gab es die Zauberliteratur nur in Form von Handschriften. Dann setzte ein Boom gedruckter Zauberschriften ein, der allerdings erst im 19. Jh. in großen Auflagen unter die Leute kam. Das hat seinen guten Grund, mußten selbsternannte Zauberer im 17. Jh. doch fürchten, in Hexenprozesse verwickelt zu werden. Erst als es durch den Sieg der Aufklärung ungefährlich wurde, öffentlich über magische Weltbilder oder Praktiken zu sprechen, kam der eigentliche Durchbruch dieser Schriften, zu einer Zeit also, als sie wissenschaftlich bereits für Unsinn erklärt waren. Eines der ältesten Zauberbücher ist das »Picatrix«, das 1256 aus dem Arabischen übersetzt wurde und neuplatonische Dämonologie festhielt: »Mars ist die Quelle der anziehenden Kraft. Ihm untersteht die Naturwissenschaft, die Tierarzneikunde, die Chirurgie, das Zahnziehen, das Schröpfen und das Beschneiden. Von den Sprachen gehört ihm zu das Persische, von den Gliedern außen am Leibe das rechte Nasenloch und im Inneren die Galle und ihre Wirkungen, die von ihr in den Körper strömen, nämlich Entflammung und Hitze, die Zorn und Haß und Fieber erregen.« (Daxelmüller, S. 251/252). Zum Mars gehören nach dem »Picatrix« auch bestimmte Tiere, Pflanzen und Weltanschauungen; diese sogenannte Marsreihe wurde vielfach in der Zauberliteratur übernommen. Die heute noch gebräuchlichen Zauberbücher wie das 6. und 7. Buch Mose oder das Romanusbüchlein, das zur Gattung der magischen Hausväterliteratur gehört, stammen dagegen aus dem späten 18. Jh. und wurden dann in Fachverlagen wie bei dem Stuttgarter Antiquar Johann Scheible vertrieben.

»Eine spezifische Form des öffentlichen Engagements der Aufklärung und des entstehenden Bürgertums bildeten die Aufklärungsgesellschaften, die im 18. Jh. in großer Zahl gegründet wurden.« (van Dülmen III, S. 226). Es begann Mitte des 18. Jh. mit den Freimaurerlogen und Lesegesellschaften. Im Rückgriff auf die Bauhütten des Mittelalters, denen man die Überlieferung von Geheimwissen zuschrieb, gründeten sich nach 1700 zuerst in England die ersten Freimaurerlogen mit dem Ziel, die Kluft zwischen Glauben und Wissen, zwischen Adel und Bürgertum zu überbrücken. In den 70er Jahren des 18. Jh. spaltete sich die Bewegung dann in einen radikal-aufklärerischen Flügel, der durch den Illuminatenorden (1776–85) repräsentiert wurde, und einen konservativ-universalistischen Flügel, der sich Rosenkreuzer nannte und sich u. a. auf Schriften von Johannes Valentin Andreae (um 1600) und andere utopisch-mystische Weltentwürfe berief.

Ein führender Kopf der aufklärerischen Richtung war der Theologe Carl Friedrich Bahrdt (1740–92), der von 1776–79 ein Philanthropin, d. h. eine Internatsschule nach den Grundsätzen der aufklärerischen Pädagogik, in Schloß Heidesheim (Bad Dürkheim) leitete und zu dieser Zeit dort auch Leiningscher Generalsuperintendent war. 1786/87 gründete Bahrdt in Halle, wo er sich nach wiederholten Berufsverboten als Gastwirt niedergelassen hatte, die »Deutsche Union«, eine Mischung aus Geheimgesellschaft, genossenschaftlichem Selbstverlag von Autoren und einem Buchclub. 1789 wurde er wegen einer Satire auf die gegenaufklärerische preußische Religionspolitik unter dem Rosenkreuzer J.C. Wöllner (1732–1800) verhaftet, die »Deutsche Union« löste sich auf. In »Leben und Thaten des weiland hochwürdigen Pastor Rindvigius« läßt Bahrdt 1791 einen Minister sagen: »Und was mich am meisten an ihm ärgert, er ist von der Sekte, die den gemeinen Haufen aufklären und klug machen will... Aber ich habe jetzt den Rebellenerzeugern einen Querstrich durch die Rechnung gemacht. Ich habe ihnen das neue Gesangbuch wieder weggenommen und bald sollen sie mir wieder in den alten Glauben eingeschmiedet werden. Und dann soll dem Pfaffen der Teufel auf den Kopf fahren, der sich unterstehen wird, seine superkluge Vernunft einzumischen, und dem Pöbel etwas anders zu sagen, als was ihm zu glauben vorgeschrieben ist.« (Sauder/Weiß, S. 339). Bahrdt hatte übrigens bei seinem Weggang aus Bad Dürkheim im Schornstein des Schloßes ein Manuskript des faustischen Höllenzwangs versteckt.

Auch das zeigt vielleicht, daß die Illuminaten von jakobinischen Vorstellungen einer Volksdemokratie weit entfernt waren. Sie waren eher eine Art Beamtenlobby, welche die Welt auf einem langen Marsch durch die Institutionen reformieren wollte. Kein Wunder, daß daraus dann von der konserva-

*Meistererhebung im geheimen Freimaurerritual*

tiven Gegenseite eine Verschwörungsthese entwickelt wurde, die als Schattenwurf der modernen Demokratie bis in die antisemitische Hetze der Nazis immer wieder neu aufgelegt werden sollte. Erstmals praktisch phantasiert wurde diese These der Gegenaufklärung 1792 in Neuwied durch den Fürsten Friedrich Carl. Seine Verwandten suchten den exzentrischen Fürsten mit Unterstützung des »aufgeklärten Publicums«, der bürgerlichen Öffentlichkeit Neuwieds also, in einem Prozeß vor dem Reichskammergericht abzusetzen. Friedrich Carl erklärte seinerseits, dahinter stecke eine Verschwörung der Illuminaten und Jakobiner. Beide Gruppen setzte man damals gerne gleich. Nun hatte sich die 1753 gegründete Freimaurerloge von Neuwied 1782 den Illuminaten zugewandt und die Neuwieder hatten auch ihre Kontakte zu Beamten des Reichskammergerichts in Wetzlar, aber mit der französischen Revolution wollten sie 1792 nichts mehr zu tun haben. So zählt es denn auch nicht, daß die Jakobiner Eulogius Schneider (1790) und Georg Wedekind (1787) einmal für kurze Zeit in Neuwied zu Besuch waren und der Leiter des örtlichen Philanthropins (1784–87), der Elsässer Friedrich Simon, ebenfalls Jakobiner wurde. Und auch die Illuminaten-Kabbale war eher ein üblicher politischer Machtkampf als eine zentral gesteuerte Verschwörung.

Die Thesen von einer freimaurerisch-jüdischen Weltverschwörung kommen erst auf, nachdem die Juden unter Napoleon Bürgerrecht erhielten und sich in Deutschland zu assimilieren begannen. Noch bis zur Mitte des 19.

Jh. waren Juden als Logenbrüder eher selten. Und die von den Nazis hochgeputschten »Protokolle der Weisen von Zion« gar sind nachweislich Fälschungen, die 1897–99 in Paris im Auftrag der russischen Geheimpolizei hergestellt wurden.

Aber Neuwied wurde nicht nur durch diesen Prozeß im 18. Jh. bekannt, sondern auch durch seine religiöse Toleranz, die seit 1662 Andersgläubigen als der reformierten Mehrheit Niederlassungsrecht garantierte. Bereits 1655 hatten sich Mennoniten angesiedelt, 1739 kamen die Inspirierten und 1751 schließlich die Herrnhuter, die sich auch als Textilunternehmer betätigten. All diese Gruppen hatten sich im Zuge der Reformation entwickelt. Die Mennoniten gehörten zur Dissidentengruppe der Täufer. »Das Täufertum wurde... vor allem von der Enttäuschung darüber geprägt, daß der reformatorische Umbruch rasch in obrigkeitliche Kirchenreformen mündete, und daß das Scheitern des Bauernkrieges eine soziale Reformation unmöglich machte.« (van Dülmen III, S. 100). Die Wiedertäufer von Münster repräsentierten den revolutionären und gewalttätigen Flügel, die Mennoniten den pazifistischen Flügel des Täufertums. Auch die Inquirierten und die Herrnhuter gehörten zur gewaltfreien Bewegung der Reformation, welche allerdings anders als Luther und Calvin die strikte Trennung von Kirche und Staat forderte. Der Glaubenszweifel des 16. Jh. brachte viele Sekten und religiöse Außenseiter hervor. »Die größte Vielfalt existierte in den Städten, Straßburg z. B. galt lange Jahre als Hort religiösen Dissidententums.« (van Dülmen III, S. 97). Die Spiritualisten und Mystiker wirkten ohne Gemeinde und hauptsächlich über ihre Schriften. Wie in den mittelalterlichen Ketzerbewegungen betonten sie das Subjekt, »propagierten eine unsichtbare Kirche und verwarfen jede äußere Organisation«. (van Dülmen III, S. 97). Hans Denk und Caspar von Schwenckfeld etwa beriefen sich auf wahrhaften Glauben und das Gewissen, Sebastian Franck auf die von Gott erleuchtete Vernunft und Valentin Weigel oder Jakob Böhme auf ein mystisches Naturverständnis, nach dem Gott sich in Schrift und Natur gleichermaßen offenbart. Es gärte also bereits überall in der Gesellschaft vor dem Ausbruch der französischen Revolution 1789, welche die politischen Strukturen in Europa und besonders am Rhein nachhaltig verändern sollte.

Aufklärung und Romantik sowie Liberalismus und Nationalismus haben seit der französischen Revolution ihren deutschen Ausdruck oft im neugeschaffenen Mythos des Rheins sichtbar werden lassen. Dabei nimmt es nicht Wunder, daß der Rheinmythos, der »sowohl auf deutscher als auch auf französischer Seite gepflegt wurde« (Jeismann, S. 57), einmal als Mythos vom deutschen Rhein und einmal als Mythos von der natürlichen Grenze Frankreichs, meist dazu führte, daß man von nationalistischer Warte aus gern die wahren Wünsche der am Rhein ansässigen Menschen falsch deutete. So verleibte sich das wilhelminische Reich 1870/71 Elsaß-Lothringen gegen den Willen der dortigen Bevölkerung ein und Frankreich mißdeutete den Napoleonskult des 19. Jahrhunderts in Rheinhessen und der Pfalz nach 1919 als separatistische Phantasie. Anders herum gesprochen: Die Elsässer vor allem wollten sich ihre Sprach- und Kulturtradition am Oberrhein nie nehmen lassen, und die Rheinhessen und Pfälzer nie die politischen Errungenschaften der französischen Revolution, die ihren praktischen Ausdruck im Code Napoleon gefunden hatten. Die Menschen am Rhein verstanden und verstehen sich eben als Bewohner eines Grenzgebiets; für sie ist der Rhein daher mehr ein Verkehrsweg, der verbindet, als ein Grenzzaun, der trennt. »Die Länder am Rhein: Das sind vor allem Länder, die zwischen zwei Welten liegen und ständig ihr politisches oder geistiges Lotharingien dazwischenschieben. Grenzgebiete also. Diese Grenzgebiete sind aber nie Endstationen.« (Febvre, S. 30/31).

Die nationalistische Zwangsneurose des 19. und frühen 20. Jahrhunderts hat daher auch dazu geführt, daß die großen Themen dieser Zeit mehr national als regional erforscht wurden. Das war und ist ein Fehler, wie auch das ideologische Herumreiten auf dem Gegensatzpaar Aufklärung und Romantik in all seinen Facetten bis heute zeigt. Der aufklärerische Sturm und Drang Herders wird so gern zum vaterländisch-romantischen Ursprung der zu spät gekommenen deutschen Nation erklärt. Hat man diesen Schritt einmal gemacht, ist es auch nicht mehr schwer, alle matriarchalischen Theorien und alle Ansätze der Lebensreformbewegung um 1900 und seit 1968 zur geistigen Ursuppe des Nationalsozialismus zu erklären. Aber diese Vereinfachungen stimmen hinten und vorne nicht. Man findet stets spezifisch historische und individuelle Mischungen der modernen Welt-Bilder. So enthält der Nationalsozialismus neben völkisch-religiösen auch modernisierende Elemente und spitzt sich letztlich bis auf den Antisemitismus und Rassismus weniger über die Ideologie als über die Frage der politischen Macht zur menschenverachtenden Praxis zu. Andrerseits gibt es Theoretiker dieser Modernisierungsthese wie Rainer Zitelmann, die sich als »Türöffner von rechts« (Zeit, 31.12.93) betätigen. Oder nehmen wir die Jugendbewegung nach 1968, die im Gegensatz zu ihrer Vorläuferin um 1900 mehrheitlich eindeutig links orientiert war. Dennoch bilden die in ihrem Rahmen Ende der 70er Jahre entstehenden neuheidnischen und darunter besonders die neugermanischen Gruppen »eine Art Brücke zwischen auf den ersten Blick so unterschiedlichen Strömungen wie den esoterischen, alternativen Bewegungen und der rechtsextremen politischen Szene«. (Schnurbein, S. 140/141). Schließlich schreibt der DDR-Dissident und ehemalige Grünen-Sprecher Rudolf Bahro im Vorwort eines Buches von Jochen Kirchhoff (Nietzsche, Hitler und die Deutschen/Die Perversion des Neuen Zeitalters) in völliger Überschätzung des lebensrefor-

*Auch der Mainzer Jakobinerklub von 1792 war eine Männergesellschaft, die an aufklärerische Geheimbünde erinnerte*

merischen Einflusses damals und heute sogar: »In meiner ›Logik der Rettung‹ habe ich angedeutet, wir müßten uns dem Nationalsozialismus als einem notwendigen, d. h. zumindest nachträglich indisponiblen, unvermeidlichen Ereignis stellen. Es muß da eine Herausforderung gegeben haben, auf die er die psychologisch nächstliegende Antwort war, und es muß massenhaft, mehrheitlich, gerade auch in der Intelligenz, eine seelische Disposition gegeben haben, die keiner besseren Antwort fähig war – vielleicht noch nicht; denn wieso erweisen sich Werke wie die Heideggers, C.G. Jungs, Ernst Jüngers, Carl Schmitts heute, in der ökologischen Krise, als im Theoretischen aufschlußreich, während so manche antifaschistische Analyse ihren Impuls erschöpft hat... Nicht die Existenz, sondern die Kultur oder vielmehr die Unkultur... dieser Kräfte ist das Problem. Ich setze freilich voraus, daß es eine Chance gibt, diese psychische Kernfusion zu steuern.« (Kirchhoff, S. 12/13). Es lohnt sich also, Regionen, Gruppen und Personen und parallel dazu deren Mentalität, Ideologie und Wunschbilder im Detail anzuschauen und zu beurteilen.

Die französische Revolution bedeutete für das Gebiet des heutigen Rheinland-Pfalz das Ende der traditionellen Territorien von Kurpfalz, Kurmainz und Kurtrier. Nach einem kurzen französischen Zwischenspiel kam die Pfalz 1814 zu Bayern, Rheinhessen zu Hessen und das Rheinland nördlich der Nahe zu Preußen. Liberale, antipreußische Traditionen in Rheinhessen und der Pfalz und katholische Traditionen im Rheinland wurden im Nationalismus des Bismarckreiches zu einer spießbürgerlichen Deutschtümelei verschmolzen. Das konnte nicht zuletzt deshalb gelingen, weil man die revolutionären Forderungen nach Freiheit, Gleichheit und Brüderlichkeit sowohl in Frankreich als auch in Deutschland unter dem Druck der Politik auf die nationalistische Urformel von Freiheit und Einheit zusammenpreßte.

1792 eroberten französische Revolutionstruppen unter General Custine Speyer, Worms und Mainz. Unter ihrem Schutz kam es 1793 zur Ausrufung der kurzlebigen Mainzer Republik. Nachhaltiger als diese erste Republik auf deutschem Boden wirkte die napoleonische Verwaltungs- und Rechtsreform von 1798, die 1832 in Hambach und 1848/49 in der pfälzisch-rheinhessischen Revolution trotz der Niederlage gegen die von Preußen dominierte Reaktion verteidigt wurde. Den Bürgern ging es dabei neben der Beibehaltung des säkularisierten Besitzes auch um die Beibehaltung der Trennung von Justiz und Verwaltung, des öffentlichen und mündlichen Anklageprozeßes statt der geheimen und schriftlichen Inquisition und des Code Napoleon als rheinischem Recht. »Die Auswirkungen der französischen Reformen waren somit während der kurzen napoleonischen Zeit regional unterschiedlich. Aber losgelöst von der französischen Herrschaft und befreit von einigen Auswüchsen verbürgten sie nach der Angliederung des linken Rheinufers an die rechtsrheinischen Staaten Preußen, Hessen-Darmstadt und Bayern eine Sonderstellung des Rheinlandes; die französischen Reformen traten als die rheinischen Institutionen in Erscheinung, und Säkularisation und Entfeudalisierung hatten eine neue, auf einer modernen Eigentumsordnung basierende Sozialstruktur entstehen lassen, in der der Adel keine Rolle mehr spielte. Damit war eine Konkurrenz zwischen den rheinischen Institutionen und den preußischen und rheinbündischen Reformen gegeben, die die Geschichte des 19. Jahrhunderts bestimmte.« (Ploetz, S. 102).

Diese politische Sonderstellung der linksrheinischen Landschaften, die sich im Süden allerdings deutlicher artikulierte als im Norden, wurde schrittweise überlagert vom in den Befreiungskriegen geschaffenen Nationalismus. So wurde im Mythos Rhein dem malerischen Bild des frühen britischen Tourismus und der romantischen Literatur eine politische Farbe hinzugefügt. Ernst Moritz Arndt schrieb 1813 die antinapoleonische Streitschrift »Der Rhein, Deutschlands Strom, nicht Deutschlands Grenze«. 1840 dichtete Nikolaus Becker dann in der »Wacht im Rhein«: »Sie sollen ihn nicht haben, den freien deutschen

Rhein.« Gegen diese verhängnisvolle Gleichschaltung von Freiheit und Einheit konnten sich weder jakobinisch-aufgeklärte noch malerisch-romantische Strömungen durchsetzen. Beide vereinigten sich im französischen Exil in der Person Heinrich Heines, der 1824 das bekannte Lorelei-Lied »Ich weiß nicht, was soll es bedeuten« in seinem »Buch der Lieder« veröffentlichte. Erfunden hat aber Clemens Brentano das Loreleimotiv im Jahre 1800. Brentano war es auch, der zusammen mit Achim von Arnim 1805–08 die romantische Volksliedsammlung »Des Knaben Wunderhorn« herausgab. Es wird also schwer, Nationalismus und Antisemitismus ohne weiteres mit der Romantik gleichzusetzen. Und die Beziehung zwischen der sirenenhaften Nymphe und dem demokratischen Lager geht weiter. Das zeigt die Debatte um einen Loreleibrunnen in Mainz im Jahre 1893/94. Die Aufstellung dieses u.a. von der österreichischen Kaiserin Elisabeth, genannt Sisi, (1837–1898) gesponserten Heinedenkmals war in der Geburtsstadt des Dichters, in Düsseldorf, vom Stadtrat aus lauter Patriotismus verhindert worden. Da machte sich der Mainzer Oberbürgermeister Georg Oechsner, ein alter 48er, im April 1893 dafür stark, das Denkmal in Mainz aufzustellen. Auch er scheiterte, aber der nicht aussichtslose Versuch allein skizziert die nicht im Trend der wilhelminischen Gesinnung liegende Geisteshaltung eines großen Teils der rheinischen Bevölkerung.

Mit dem Kaiserreich sind 1918 dann sowohl die südwestdeutsche Demokratenopposition als auch der nationalliberal-jüdische Konsens im linksrheinischen Großbürgertum in den Hintergrund der gesellschaftlichen Wahrnehmung gerückt. Ersteres zeigt sich deutlich an den erfolglosen separatistischen Putschversuchen, die 1919 und 1923/24 während der französischen Besetzung des Rheinlands inszeniert wurden. Im Vertrag von Versailles waren 1920 Teile der Pfalz (St. Ingbert, Homburg, Zweibrücken) zum neu geschaffenen Saarland geschlagen worden. Die regionale Identität wurde zunehmend antifranzösisch, wie z. B. die Tausendjahrfeiern des Rheinlands von 1925 beweisen. »Schon 1924 hatte Fritz Lang – wenn auch auf Drängen seiner völkischen Kreisen nachestehenden Ehefrau und Drehbuchautorin Thea von Harbou – seinen zweiteiligen Nibelungenfilm ›dem deutschen Volke‹ zugeeignet. Seinen Triumph schrieben viele Kritiker der ›Kühnheit‹ des Regisseurs zu, mit der er ›ein geschlagenes Volk‹ an seine ›heldische Vergangenheit‹ erinnert habe. Im Jubiläumsjahr 1925 trug die Popularität des Rheinlandthemas zu dem überragenden Erfolg von Carl Zuckmayers Volksstück ›Der fröhliche Weinberg‹ bei, dem der aus Nackenheim bei Mainz stammende Schriftsteller zwei Jahre später seine vielgespielte Dramatisierung der Schinderhannes-Geschichte folgen ließ.« (Mythos Rhein II, S. 56). Zuckmayer und der aus Worms stammende Regisseur Kurt Bernhardt hatten »den Rebellen vom Rhein in den Rang eines nationalen Märtyrers und antifranzösischen Befreiungskämpfers stilisiert«. (Mythos Rhein II, S. 56).

Gleichzeitig waren die linksrheinischen, französisch besetzten Gebiete erneut in eine Randlage geraten. Sie blieben »auch in den Jahren vor der Weltwirtschaftskrise ein Notstandsgebiet mit hohen Arbeitslosenziffern, Rückgang der gewerblichen Produktion und sinkender Ertragslage in der klein- und mittelbäuerlichen Landwirtschaft«. (Ploetz, S. 114). Kein Wunder, daß die große Krise von 1929 hier besonders stark einschlug. »Die ungünstigen politischen und sozioökonomischen Bedingungen der Besatzungszeit führten auch dazu, daß in der Pfalz und in Rheinhessen weit früher und radikaler als im größten Teil des übrigen Reiches die bürgerlichen Parteien zerfielen, soweit sie sich auf das protestantische Mittel- und Kleinbürgertum sowie die Bauern stützten. Nutznießer dieser Entwicklung war die NSDAP, die sich durch ihre ausgesprochen antifranzösischen und antiseparatistischen Akzente den Ruf nationaler und bürgerlicher Resepktabilität erworben hatte.« (Ploetz, S. 115). Das gilt in etwas abgeschwächter Form auch für das katholische Rheinland. Mit der Einrichtung des KZ Osthofen 1933/34 in Rheinhessen begann die nationalsozialistische Verfolgung von Regimegegnern und ausgegrenzten Gruppen wie den Juden oder den Sinti und Roma. Am Ende waren die Organisationen der Arbeiterbewegung zerschlagen, fast alle Juden der Region vertrieben oder ermordet und die großen Städte durch den Bombenkrieg ab 1942 in Schutt und Asche gelegt. Der Region war ihre nationalistische Begeisterung, gegen die man die traditionelle Mittlerrolle eines Grenzgebiets eingetauscht hatte, mehr als schlecht bekommen.

Am 30.8.1946 entstand dann aus den bayrisch-pfälzischen, rhein-hessischen und rheinisch-preußischen Gebieten das neue Bundesland Rheinland-Pfalz mit der Hauptstadt Mainz und den Regierungsbezirken Koblenz, Trier, Mainz, Montabaur und Pfalz. »Naturrecht, Subsidiarität, Gewaltenteilung und Förderalismus« (Ploetz, S. 133) wurden die zentralen Schwerpunkte der neuen Verfassung, welche der Rechtsanwalt Dr. Adolf Süsterhenn auf christlich-naturrechtlicher Basis entworfen hatte. Der rheinische Katholizismus, wie er ja auch von Konrad Adenauer vertreten wurde, setzte nach den Erfahrungen der Weimarer Republik und des NS-Regimes zwar nicht auf Separatismus, aber doch auf eine starke Westbindung Deutschlands. So bekannte sich z. B. der erste rheinland-pfälzische Ministerpräsident Peter Altmeier (CDU) 1946 in einer Rede zum »abendländischen Geisteserbe« und einer »traditionellen Verbindung mit den Völkern Westeuropas« und kritisierte die durch Preußen veranlaßte Entwicklung der deutschen Geschichte, bei der »die Führung Deutschlands auf die Kräfte Ostelbiens übergegangen sei, deren legitime Nachfolge schließlich Hitler angetreten habe«. (Ploetz, S. 133). In einer Volksabstimmung am 18.5.1947 wurde die Verfassung von nur 53 % der Bürgerinnen und Bürger, also denkbar knapp, angenommen. Rheinhessen und die Pfalz hatten mit klarer Mehrheit gegen die Dominanz der rheinisch-katholischen Tradition gestimmt, vor allem aber wegen der gleichzeitig damit festgeschriebenen Wiedereinführung von christlichen Bekenntnissschulen als gleichberechtigter Schulart. In der Verwaltungsreform 1968/70 wurde die Zahl der Regierungsbezirke auf drei verkleinert, und zwar Koblenz (aus Koblenz und Montabaur), Trier und Rheinhessen-Pfalz (mit Sitz in Neustadt). In den Volksentscheiden von 1975 sprachen sich rund 70 % der Bevölkerung für den Erhalt des Bundeslandes aus und lehnten Angliederungen von einzelnen Teilen an NRW und Hessen ab. Dennoch ist Rheinland-Pfalz bis heute ein Regionenland mit stark auseinanderstrebenden und eigensinnigen Landesteilen geblieben, und das ist im Großen und Ganzen auch gut so, wenn es denn eher grenzüberschreitende als ausgrenzende Wirkungen hat.

Neben vielen anderen spirituellen, spiritistischen und okkulten Bewegungen und Gruppen des 19. und 20. Jahrhunderts, die sich alle gerne auf eine alte Tradition berufen, ohne sie wirklich zu besitzen, müssen vor allem die völkisch-religiösen Bestrebungen als gefährlich und prägend beschrieben werden. Im frühen 18. Jahrhundert wurden die theoretischen Möglichkeiten für eine solche Entwicklung geschaffen. Da ist einmal die Ablösung des Hebräischen als Ursprache durch das Indoeuropäische bzw. Indogermanische in der neu entstehenden Sprachwissenschaft. Damit einher geht die aufklärerische Bibelkritik, die es in größerem Ausmaß als zuvor ermöglichte, nicht-christliche Traditionen zu erforschen. In der Nachfolge Herders beginnt die spätromantische Sammlertätigkeit europäischer Volksüberlieferungen (Märchen, Sagen, Volkslieder etc.). So wird z. B. das Nibelungenlied neu entdeckt. Die Gegenaufklärung andrerseits erfindet die zuerst antifranzösische und später dann zunehmend antisemitische Verschwörungsthese, welche sowohl die russischen als auch die deutschen Nationalisten ab der Jahrhundertwende aufgreifen und als politische Waffe einsetzen. Schließlich entsteht in den Befreiungskriegen gegen Napoleon ein deutscher Nationalismus, der bei Arndt und Jahn erstmals die später von den Nazis bekannte Form einer rassistischen »Veterinärphilosophie« annimmt. So schreibt Jahn 1810: »Mischlinge von Tieren haben keine echte Fortpflanzungskraft, und ebensowenig Blendlingsvölker ein eigenes volkstümliches Fortleben...Wer die Edelvölker der Erde in eine einzige Herde zu bringen trachtet, ist in Gefahr, bald über den verächtlichsten Auskehricht des Menschengeschlechts zu herrschen.« (nach Poliakov IV, S. 189). Bereits hier zeigt sich die typische Mischung modernistischer und rückwärtsgewandter Elemente im völkischen Gedankengut, wenn naturwissenschaftliche Vererbungstheorien züchterisch, d. h. agrarwissenschaftlich wertend auf Menschen übertragen werden, und zwar in der Abwehr eigener, vom Materialismus verursachter Kränkung durch Überhöhung des Erbes, das damit für unverletzlich erklärt werden soll.

Dieser Rassismus wird durch Theoretiker wie den französischen Diplomaten Gobineau (1816–82) in seinem Werk »Versuch über die Ungleichheit der menschlichen Rassen« (1855) fortentwickelt. Daß dieser Rassismus schließlich gedanklich konsequent in Terror endet, hängt mit seiner biologistischen Begründung zusammen, welche die Offenheit kultureller Prozesse wie bei Herder und in der Romantik gedacht nicht mehr zuläßt. Mit diesem Determinismus entspricht der Rassismus dem Zeitgeist, der sowohl im Darwinismus als auch im Marxismus die moralische Phantasie und damit die Freiheit des Menschen durch Naturgesetze theoretisch auszuschließen sucht.

Aber erst in den 1870er Jahren wurde der politische Begriff »national« durch den biologistischen Begriff »völkisch« ersetzt. Um 1890 schließlich, also relativ spät, entwickelte sich dann der völkische Okkultismus. Seine Vertreter sind Guido (von) List mit dem Armanenorden und Jörg Lanz (von) Liebenfels mit dem Neutemplerorden O.N.T. Beide fungierten unter Rudolf von Sebottendorf auch als Ordensmeister des nach 1918 aktiven Thuleordens, dem u.a. Adolf Hitler, Rudolf Heß, Hermann Göhring, Heinrich Himmler, Alfred Rosenberg, Hans Frank und Julius Streicher angehörten. Dennoch sollten die völkisch-religiösen Sekten nicht in einer Art umgekehrter Verschwörungsthese von ihrer politischen Bedeutung her überschätzt werden, denn die Praxis des Dritten Reiches sah anders aus als völkisch-religiös. Was blieb waren rassistischer Terror, Nationalismus und Sendungsbewußtsein; ansonsten aber ging es Hitler in erster Linie um die politische Macht. »Die relative Bedeutungslosigkeit der Völkisch-Religiösen im Dritten Reich hatte wenig oder nichts mit den religiösen Leitvorstellungen der nationalsozialistischen Führer zu tun. Ganz im Gegenteil. In der einen oder anderen Weise darf man alle Mitglieder der braunen Elite als Anhänger völkisch-religiöser Ideen betrachten. Doch unterwarfen sie ihre religiösen Überzeugungen bedingungslos dem Primat der Politik.« (Weißmann, S. 63). Hitler hatte für die völkisch-religiösen »Pläne Himmlers oder auch diejenigen Rosenbergs nur Verachtung übrig, bei Gelegenheit sprach er von spinnigen Jenseitsaposteln... Die Weltanschauung Hitlers war viel zu sehr von den abgesunkenen und vulgarisierten Ideen der Aufklärung bestimmt... Und hierin war er durchaus Rationalist und Technokrat, noch in den letzten Konsequenzen seiner Vernichtungsprogramme dachte er in den Kategorien von Natürlichkeit, historischer Notwendigkeit, Gesetz der Entwicklung. Hitlers Religion war – wenn überhaupt – politische Religion.« (Weißmann, S. 65). So wurde der NS-Chefideologe Rosenberg 1939/40 entmachtet und auch Himmler mußte trotz der Macht seiner SS 1937 den völkisch-religiösen Utopisten und Privatgelehrten Hermann Wirth (1885–1981) als Leiter der Stiftung Ahnenerbe auf Druck der damaligen Fachwissenschaft absetzen.

HERMAN WIRTH

DIE HEILIGE URSCHRIFT DER MENSCHHEIT

*Herman Wirth, Die heilige Urschrift der Menschheit,*
*Titelblatt der Neuausgabe von 1981*

Wirth hatte in seinem Buch »Aufgang der Menschheit« (1928 und 1934 bei Diederichs) als »einzig mögliche Rettung vor dem Untergang des Abendlands« (Hermand, S. 235) die Rückkehr zu einer urarischen Weltanschauung gefordert, deren Glaube an die »Allmutter Natur« durch die »Rassenmischung« mit den Völkern des Südens verlorengegangen sei. »Das Ergebnis dieser Entwicklung, behauptet er, sei jene technische Zivilisation von heute, die durch den ›Alberich-Fluch der Herrschaft des Geldes‹, das heißt die ›städtische Großzivilisation des Liberalismus‹ und den mit ihr verbundenen mörderischen Zweckrationalismus alle höheren ›geistigen Werte‹ auf Erden zu vernichten drohe.« (Hermand, S. 235/236).

Über die Person Wirths läßt sich auch der Bogen schlagen zur neuheidnischen Szene der 70er Jahre, die ihn wiederentdeckte und förderte. Nach einigen Jahren in Schweden (ab 1952), aus denen Briefe Wirths bekannt sind, welche das NS-System nachträglich rechtfertigen, erhielt er in den frühen 70er Jahren Kontakt mit Indianerunterstützern aus der Alternativszene um Waltraud Wagner und Andreas Lentz. Lentz, dem nachgesagt wird, daß er »seine Ideen heute im Armanen-Orden verbreitet« (Schnurbein, S. 75), einer völkisch-religiösen Neugründung von 1976, gab ab 1979 in seinem Frauenberger Mutter-Erde-Verlag Wirths mehrbändiges Werk »Die heilige Urschrift der Menschheit« heraus. Anziehend für die Alternativszene war sicher dessen Konzeption eines kultischen Matriarchats, welche dem männerbündlerischen Erscheinungsbild des NS-Staates entgegenstand. Wirth-Schüler Roland Häke, von Haus aus Sozialdemokrat, suchte ab 1978 in Thallichtenberg bei Kusel ein »Ur-Europa-Museum« nach den Vorstellungen Wirths einzurichten. Nach einer lokalen und überregionalen Protestkampagne, in der Wirths NS-Vergangenheit aufgerollt wurde, verweigerte der Landkreis 1980 seine notwendige Zustimmung.

Nachdem die völkisch-religiösen Neugründungen direkt nach 1945 erfolglos blieben, fanden viele Mitglieder dieser Bewegung Unterschlupf bei anderen Gruppen wie den freireligiösen Gemeinden in Rheinhessen und der Pfalz oder den Deutschen Unitariern. Bereits 1933 hatten sich der Bund der freireligiösen Gemeinden Deutschlands (BFDG) in Person von Dr. Georg Pick (Mainz) und die rheinhessischen Freiprotestanten in Person von Pfarrer Rudolf Wallbaum (Alzey) an einem Treffen der Deutschen Glaubensbewegung auf der Wartburg beteiligt, das mit einem gemeinsamen Aufruf zur Sammlung einer »freien germanisch-deutschen Gläubigkeit« endete. Der BFDG, der 1934 verboten wurde, trat bald danach aus der 1933 gebildeten Arbeitsgemeinschaft wieder aus. Pfarrer Wallbaum gründete 1947 die Deutschen Unitarier, deren Mitglied auch die durch viele Publikationen zu Europa (»Europas andere Religion«/1969) und zum Islam (»Allah ist ganz anders«/1990) bekannte Bonner Religionswissenschaftlerin Sigrid Hunke war.

Sie habe das »völkische Erbe der Deutschen Unitarier« vertreten, meint F.W. Haack in seinem Buch »Wotans Wiederkehr« und verstehe sich als Schülerin des Kieler Theologieprofessors Hermann Mandel (1882–1946), der den »griechisch-orientalischen Dualismus« des Christentums kritisierte. In einer Werbung des Horizonte-Verlags (Bad König) für ihr Buch »Vom Untergang des Abendlandes zum Aufgang Europas« (1989) heißt es: »Während in einem ungeheuren Umschmelzungsprozeß das christliche Abendland in seinen Werten und Strukturen unaufhaltsam zugrundegeht, werden bereits überall zwischen den Trümmern und Schlacken der alten dualistischen, gefährlich verfeindeten und einseitig diffamierenden Strukturen die Ansätze zu neuen Entwicklungen eines Europa sichtbar, das aufgrund des in seinen Menschen auf Einheit und Ganzheit angelegten Wesengesetzes in sämtlichen Bereichen des Menschlichen und Kulturellen endlich zu sich selbst kommen und sich zu einer kraftvoll entfaltenden, unvorstellbar hohen Kulturblüte erheben wird.« In seinem Buch »Deutschkatholiken und Freireligiöse« verweist der rheinland-pfälzische Volkskundler Peter Bahn auf die Scharnierfunktion der aus dem Vormärz-Liberalismus entstandenen Freireligiösen als nicht-christliche Weltanschauungsgemeinschaft in einem Feld, »das von völkisch-religiösen Gruppen bis zu radikal atheistischen und marxistisch ausgerichteten Freidenkerverbänden reichte«. (S. 324). Der Einfluß der Völkisch-Religiösen sei allerdings nach 1945 »angesichts des Übergewichts freigeistig-humanistischer Vorstellungen im BFGD« (S. 130) gering gewesen und stetig gesunken. Die Unitarier in Rheinhessen spalteten sich bereits 1954 wegen der »Konflikte zwischen einer mehr humanistischen Strömung Walbaums und einer mehr völkisch-religiösen Richtung um die zeitweiligen Präsidenten Herbert Böhme und Karl-Heinz Küthe«. (S. 132). Böhme war u. a. Sturmhauptführer im Erziehungshauptamt der SA. 1985/86 kam es zu einer weiteren Abspaltung der Völkisch-Religiösen von den Unitariern; man gründete die Arbeitsgemeinschaft »Europas Eigene Religion« nach den Vorstellungen von Sigrid Hunke. Peter Bahn, nach Schnurbein selbst Mitglied der Unitarier, »vertritt in einem Sammelband zum Thema ›Ökologische Religion‹ ebenfalls die Meinung, das dualistische Denken sei verantwortlich für die ökologische Krise. Die erste Welle dieses Dualismus sei die Christianisierung gewesen.« Dies bezeichne Bahn als »die zumeist zwangsweise Verbreitung einer dem europäischen Menschen fremden Lehre orientalischen Ursprungs.« (Schnurbein, S. 97). In solchen Denkmodellen, so Schnurbein, sei über die Brücke der Ökologiebewegung bereits eine »kritische Nähe zu antisemitischen Haltungen« erreicht.

Für andere »Neuheiden« ist die europäische Tradition (keltisch-germanisch) nur ein Teil ihrer neuen romantisch-spirituellen Weltreligion; mit dazu gehören auch indianische, asiatische, arabische und afrikanische Traditionen. Im Sommer 1982 veranstaltete der Trikont-Dianus-Verlag – ursprünglich aus der 68er Bewegung hervorgegangen und dann über den Regionalismus und die Indianer bei der Keltophilie gelandet – »in Alpach/Tirol ein Treffen der letzten Vertreter der afrikanischen, asiatischen und nordamerikanischen Urreligionen, 1983 und 1984 wurde die Veranstaltung wiederholt. 1983 fand auch ein erstes ›Europäisches Medizinradtreffen‹ statt, und einen gewissen Höhepunkt erreichte die Entwicklung mit der sog. ›Interplanetarischen Regenbogen-Zeremonie‹ in Interlaken im Juli 1985, an der neben Repräsentanten der Indianer (Swift Deer) ein afrikanischer Medizinmann, Vertreter des islamischen Sufismus, des japanischen Zen, ein tibetanischer Mönch, ein Mitglied des Beneditkiner-Ordens und ein jüdischer Rabbi als Vertreter der ›acht Kräfte‹ der Erde teilnahmen.« (Weißmann, S. 93). Die Gedanken des daraus entstandenen Netzwerks verbreitete die in Worms von Berthold Röth (Büchereck/Fabrik/Gruppe Ki in der Zornstraße) herausgegebene Zeitschrift »Mescalito«. Röth gründete auch einen Wicca-Coven, sozusagen einen Ortsverein des Wicca-Kults. Dieser moderne »Hexen-Kult« kommt aus England und geht zurück auf Charles Leland und sein Buch »Aradia« (1899) und den von Aleister Crowley beeinflußten Gerald Gardner. In einem Wicca-Text heißt es: »Wir sind Heiden und verehren die Alten Götter, und unter unseren Leuten sind die Hexen, die mit der Mondin sprechen und mit dem Gehörnten tanzen. Aber eine Hexe ist ein seltener Heide dieser Tage... Der Weg der Wicca ist ein Weg. Und es gibt viele; Heiden in aller Welt wissen um die Erdmutter und den Himmelsvater, den Regengott und die Regenbogengöttin und das kleine Volk im Nebel auf der anderen Seite des Tales. Ein Heide ist jemand, der die Götter und Göttinnen der Natur verehrt, durch Beobachtung oder Lernen, durch Liebe oder Anbetung, an den geheimen Orten mit der Mondin oder bei den großen Festen der Sonne.« (Weißmann, S. 108).

1990 empfahl »eine kalifornische Hexe« in der Zeitschrift »Lichtnetz« zu den »germanischen Wurzeln« der Deutschen: »Das sind die einzigen Wurzeln, die es für sie gibt und geben wird. Und weil sie von Hitler mißbraucht wurden, stecken sie heute unter einer großen Wolke und die Deutschen fürchten sich, ihre eigenen Wurzeln auszugraben.« (nach Weißmann, S. 114). Das romantische »Back to the roots« trifft in Deutschland immer wieder auf den NS-Terror, und so falsch es ist, aus einer Art Berührungsangst heraus einen Bogen um die Geschichte und um die romantischen Geschichtsmodelle zu machen, so falsch ist es, das Öffnen des Deckels schon als Aufklärung des Verdrängten zu betrachten: Der Bruch von Tabus ist nämlich nicht die Erkenntnis der Wahrheit, sondern lediglich die Bewußtwerdung dämonisierter, d. h. entstellter und verzerrter Seelenkräfte. Die alten Bilder müssen nicht nur ausgegraben, sie müssen auch neu bewertet werden, und zwar in einer

Art Ideengeschichte mit Folgenabschätzung, damit Manipulation, Machtmißbrauch und rassistische Propaganda ausgeschaltet werden können.

Neben der neuheidnischen Szene findet sich in Rheinland-Pfalz nach 1945 natürlich auch die ganze übrige Palette der Okkult- und Sektenszene, von den Kartenlegern, Wahrsagern und Astrologen, die ihre Dienste per Anzeige in einschlägigen Fachblättern wie »Das neue Zeitalter«, aber auch in gängigen Tages- und Wochenzeitungen anbieten, bis hin zu Sekten wie den Anhängern Bhagwans, Ananda Marga, TM oder Scientology. Vor allem in der Frauenszene werden gerne Horoskope gedeutet und Tarot-Karten gelegt. Rutengänger suchen nach Erdstrahlen und heiligen Plätzen und Schatzsucher spekulieren nach wie vor auf den von Hagen im Rhein versenkten Nibelungenhort. Ein kurzer Rückblick auf das späte 18. Jahrhundert soll am Ende zeigen, daß sich seit dem trotz ihres wiederholten Scheiterns wenig an der verballhornten Form okkulter Welterklärung in der Moderne geändert hat, und zwar weil ihre materialistische – man könnte auch in ihrer eigenen Terminologie sagen schwarzmagische – Ausrichtung immer wieder die Ohnmachtsphantasien der Menschen belebt und in Hoffnung auf Macht umgewandelt hat. So schreibt der in Wendelsheim geborene Schriftsteller Friedrich Christian Laukhard (1757–1822) über seinen Vater, einen protestantischen Pfarrer: »Er war ein großer Kenner der Alchimie und wollte durchaus Gold machen. Ein gewisser Musjeh Fuchs, welcher um das Jahr 1760 wegen Geldmünzerei und anderer Halunkenstreiche in Schwaben gehangen worden, hatte ihn mit den Geheimnissen dieser edlen Kunst bekannt gemacht. Er fing an zu laborieren und las dabei die herrlichen Bücher des Basilius Valentinus, Baptist Helmontius und seines noch tollern Sohns, Meister Merkurius Helmontius, Paracelsus, Becher, Sendivogius, den er besonders hochhielt, und anderer theosophischer, alchimistischer Narren und Spitzbuben. Die Lektüre dieser Skarteken verwirrte ihm den Kopf und machte, daß er jahraus, jahrein den Stein der Weisen suchte und beträchtliche Summen bei dieser unseligen Bemühung verschwendete.« (Laukhard, S. 13).

# Von Märchen, Sagen und Geistern
# Europäisches Brauchtum und seine Überlieferung

## Volkskunde seit 1787

Die Erforschung des Aberglaubens war und ist ebenso wie das Sammeln und Deuten von Märchen, Sagen und Brauchtum Gegenstand der Volkskunde, die nach ihrer nationalistischen Verengung heute auch Europäische Ethnologie oder Kulturanthropologie heißt. Als Begriff taucht »Volkskunde« erstmals 1787 im Rahmen der »Landes-, Volks- und Staatskunde« von J.A. v. Riegger auf, einer Form staatswissenschaftlicher Landesstatistik also, die auch noch das Werk von W.H. Riehl (1823–97/u. a. »Die Pfälzer« von 1857) prägt, z. B. in seinem Hauptwerk »Naturgeschichte des deutschen Volkes als Grundlage einer deutschen Sozialpolitik«. Die immer mehr von der Industrialisierung an den Rand gedrängte bäuerliche Lebenswelt wurde zunehmend ersammelt, um ihren realen Verlust wenigstens teilweise mit Erinnerungsarbeit zu kompensieren. Das Geheimnisvolle vieler Bräuche und Geschichten aus diesem Umfeld entstand erst im spöttisch abwertenden Licht der Aufklärung. Aber genauso wie sich die Aufklärung von älteren Weltdeutungen zu befreien suchte, brachte sie auch neue Mythen hervor wie den »edlen Wilden«, der von Rousseau und anderen Sozialphilosophen als Begründung für eine zukünftige republikanisch-demokratische Gesellschaftsordnung konstruiert wurde. Dafür werteten die daheimgebliebenen Reformer ethnologische Reiseberichte aus und suchten ihre Utopie von menschlichem Zusammenleben in einem neuen Mythos, der europäische Vorgeschichte und zeitgenössische außereuropäische Stammeskulturen strukturell in Eins projezierte, historisch dingfest zu machen.

Auch die Ablösung eines universalen, christlich-abendländisch georteten Weltbildes durch die neuere Theorie des indoeuropäischen Sprachursprungs fußt auf der Ethnologie. Bei Herder werden erstmals die Vielfalt der Kulturen, d. h. die regionale und historische Relativierung des Erkenntnisanspruchs und die Einheit der Weltanschauung, d. h. die Möglichkeit zu Kommunikation und Entwicklung mit Bezug auf ein globales Ideal der Menschlichkeit miteinander in Beziehung gesetzt. 1778/79 erscheint Herders Sammlung von Volksliedern, die in ihrer Neuauflage 1807 unter dem Titel »Stimmen der Völker in Liedern« ihre mindestens europäische Dimension deutlich macht. In seiner »Abhandlung über den Ursprung der Sprache« (1770) skizziert er zum Schluß die Vision einer »Überlieferung von Volk zu Volk«: »So haben sich die Künste, Wissenschaften, Kultur und Sprache in einer großen Progression Nationen hin verfeinert – das feinste Band der Fortbildung, was die Natur gewählet. Wir Deutsche würden noch ruhig, wie die Amerikaner, in unsern Wäldern leben, oder vielmehr noch in ihnen rauh kriegen und Helden sein, wenn die Kette fremder Kultur nicht so nah an uns gedrängt und mit der Gewalt ganzer Jahrhunderte uns genötigt hätte, mit einzugreifen. Der Römer holte so seine Bildung aus Griechenland, der Grieche bekam sie aus Asien und Ägypten, Ägypten aus Asien, China vielleicht aus Ägypten – so geht die Kette von einem ersten Ringe fort und wird vielleicht einmal über die Erde reichen.«

Nachdem die Romantiker wie von Arnim und Brentano in »Des Knaben Wunderhorn« (1805–08) die »Schöpfungen des Volksgeistes« literarisch verarbeitet hatten, setzte mit den Brüdern Jacob (1785–1863) und Wilhelm (1786–1859) Grimm die wissenschaftliche Sammlung von Volksüberlieferung ein, die im Kern als mündliche Tradierung vorchristlicher Mythologie begriffen wurde. Und diese Forschungen bezogen sich nicht allein auf deutsche Geschichte(n). »Die Beschäftigung mit dem Deutschen eröffnete ihnen auch den Blick auf andere Sprachen und Kulturen. Insbesondere ihre Sprach- und Literaturstudien zum Nordischen sowie zum Slawischen und Romanischen erhoben sie zu Gelehrten von europäischem Rang.« (Reiher, S. 21). Wegen ihres Protests gegen die Aufhebung der hannoverschen Landesverfassung 1837 durch König Ernst August wurden die beiden Grimms und weitere Professoren, die sogenannten »Göttinger Sieben« entlassen und des Landes verwiesen. 1848 wurde Jacob Grimm zum Abgeordneten der Frankfurter Nationalversammlung gewählt. Die großen Sammlungen waren zu diesem Zeitpunkt bereits abgeschlossen: Kinder- und Hausmärchen (1812), Deutsche Sagen (1816/18) und Deutsche Mythologie (1835). Während die Grimms sich also im Lager der Demokraten engagierten, legten die Autoren der napoleonischen Befreiungskriege wie Turnvater Jahn bereits Anfang des 19. Jahrhunderts die Wurzeln für eine nationalistische und rassistische Interpretation des Volksbegriffs in Deutschland.

Um 1900 dominierten in der Ethnologie Völkerpsychologie und Religionswissenschaft und erst in den 20er und 30er Jahren entstanden unter dem Eindruck des sich beschleunigenden Niedergangs ländlicher Kultur erneut regionalisierte Sammlungen wie das Handwörterbuch des deutschen Aberglaubens (1927–42) und der Atlas der deutschen Volkskunde (1937–39). Hans Naumann prägte 1923 im Gegensatz zur aufklärerisch-romantischen Auffassung von schöpferischen Volkstraditionen den Begriff vom »gesunkenen Kulturgut«, einer Überlieferung also, die stets von der Oberschicht zeitverzögert an die unteren Schichten abgegeben wird. Noch in der aktuellen Diskussion um die Überlieferung magischer Weltanschauung stehen sich die alten Positionen gegenüber, etwa wenn Eva Labouvie (Hexenwelten, S. 49) von einem »europäisch-magischen Volksglauben des Mittelalters und der frühen Neuzeit« als einer »Universalkonstante menschlichen Denkens, Wahrnehmens, Interpretierens und Handelns« spricht, während Dietz-Rüdiger Moser (Glaube im Abseits, S. 4) auf Dieter Harmenings Buch »Superstitio« (1979) mit den Worten verweist: »Seit diesem Buch muß man es als erwiesen betrachten, daß die meisten abergläubischen Vorstellungen oberschichtliches Traditionsgut darstellen und weit öfter ihren Ursprung in Erwägungen antiker und christlicher Schriftsteller gehabt haben als in irgendwelchen diffusen Meinungen der einfachen Leute.« Was bei dieser Debatte übersehen wird, ist einmal die Geschichte symbolischer Formen (z. B. Sonnenrad und Mondsichel) und Verhaltensweisen (z. B. Riten zu Geburt und Tod), die in der Tradierung ihrer Grundmuster Formen der bewußten Überlieferung durch wissenschaftliche Aneignung oder Pädagogik weit überschreitet, und die Tatsache, daß sich magische und christliche Weltbilder ebenso wie die Weltbilder verschiedener vorchristlicher Kulturen (z. B. der Kelten und Etrusker) immer wieder neu gegenseitig durchdrungen und verändert haben. So war z. B. die spätantike Kultur am Rhein nicht nur multikulturell, sondern auch multireligiös. Es begegneten und mischten sich hier germanische und keltische Stammeskulte mit griechisch-römischer Religion, dem römischen Staats- und Ahnenkult und orientalischen Mysterienreligionen vom Mithras- über den Kybelekult bis zum Christentum.

## Märchen und Sagen

Die bestehenden Sammlungen von Volksliedern, Sagen und Märchen haben mittlerweile internationalen Charakter, wie nicht nur vielfache Übersetzungen, sondern auch Buchreihen wie »Märchen der Völker« zeigen. Und diese Entwicklung war von Anfang an angelegt.

Neben dem sogenannten »Volkston« im Märchen, einer neuen Erzählform, die sich bewußt von literarischen Formen der Romantik absetzte, hatten die Brüder Grimm den zweiten Leitgedanken, daß die Vorstellung einer Volkspoesie auf alle Völker angewendet werden könne: »Weil diese Poesie dem ersten und einfachsten Leben so nah liegt, so sehen wir darin den Grund ihrer allgemeinen Verbreitung, denn es gibt wohl kein Volk, welches sie ganz entbehrt. Selbst die Neger im westlichen Afrika vergnügen ihre Kinder mit Erzählungen.« (Röth, S. 16). Außerdem stellten sie fest, daß sich die Märchen und Märchenstrukturen »durch ganz Europa verbreitet finden«. So nimmt es nicht Wunder, daß der Schweizer Germanist Max Lüthi (1909–91) in seinem Buch »Das europäische Volksmärchen« u. a.

Zusammenhänge zwischen der deutschen Rapunzel und der französischen Persinette nachweisen konnte oder gar einen Zusammenhang zwischen Shakespeares Hamlet und einem Märchen aus der Gascogne. Lüthi hat auch den Unterschied zwischen Märchen, Legende und Sage zu definieren versucht: »Das Besondere am Märcheninhalt ist seine Verwobenheit mit dem Wunderbaren. In der Legende wird das Wunder begriffen und verehrt als eine Offenbarung des alles beherrschenden Gottes. In der Sage ist es verwirrendes und schwer deutbares Zeichen einer gewichtigen und gefährlichen Jenseitswelt; es reizt oder ängstigt den Menschen. Im Märchen aber ist das Wunder ein Element der Handlung und hat in ihr seinen bestimmten Sinn; deshalb wird es ohne Staunen und Erregung hingenommen, als ob es selbstverständlich wäre.« (Röth, S. 20).

Die Motivwelt der Sagen kann man grob einteilen in dämonologisch-mythische Sagen von Zwergen, Teufeln, Toten, Gespenstern etc. und historische Sagen, die sich auf Orte, Ereignisse oder Personen beziehen. Beide Formen stehen in enger Beziehung zur literarischen Form der Götter- und Heldensage, welche zu unterschiedlichen Zeiten als eine Art Nationalpoesie aufgezeichnet wurde. Zu den ältesten in der Romantik gesammelten Sagen in Deutschland gehören die Sage vom Mäuseturm (1788) und von der Lorelei (um 1800), also die Rheinsagen.

»Im Mittelpunkt der dämonologischen Sagen steht ein dämonisches Wesen, dem übernatürliches Wissen oder ebensolche Kräfte nachgesagt werden, oder ein Mensch, der sich übernatürlicher Kräfte bedient.« (Petzoldt, S. 97). Dämonisierte Menschen sind Hexen, Zauberer, Werwölfe sowie Tote und Untote. Während erstere mit magischer Tradition in Verbindung stehen, entwickelte sich die zweite Gruppe aus heidnisch-christlichen Jenseitsdarstellungen der frühen Geschichte. Die dämonischen Wesen stammen teils aus der spätantiken Tradition der Dämonenhierarchien wie der Teufel, der dann auch mit Attributen heidnischer Götter, z. B. des griechischen Hirtengottes Pan, ausgestattet wurde, teils aus Vorstellungen von Naturgeistern (Elfen, Zwerge, Holz- und Moosweibchen), dienten zur Abschreckung von Feldfrevel, d. h. Diebstahl von Feldfrüchten (Roggenwolf und Mittagsgeister) oder entstammten einer phantasierten Tierwelt wie die Drachen. Ursprungssagen versuchen Naturerscheinungen, Merkmale von Tieren und Pflanzen oder die Entstehung von Siedlungen zu erklären. In den historischen Sagen schließlich werden die Personen oft mythisiert (Zauberer, Kaiser oder König); Themen sind oft soziale Verhältnisse und Ereignisse wie Krieg, Hungersnöte, Seuchen, Zunftkämpfe oder die Auseinandersetzung mit Randgruppen wie den Räubern.

Auch heutzutage entstehen ständig moderne Sagen wie die Geschichten über die Kornkreise oder über UFO's, die zudem in einer inneren Verwandtschaft zu älteren Motiven wie dem Hexenflug oder der wilden Jagd am Nachthimmel stehen. Auch hier gibt es mittlerweile neue, sich verbreitende Standardmotive wie z. B. das vom »vanishing hitchiker«. »Arbeitet man die innere Struktur dieser Erzählungen heraus und befreit sie von aktuellen Bezügen, so reduziert sich der Erzählkern auf die Darstellung einer unheimlichen Begegnung eines Menschen, der in der Dunkelheit mit einem Gefährt unterwegs ist und anhält, da ihn jemand bittet, mitgenommen zu werden. Der Passagier ist nun entweder gutartig, indem er den Fahrer (die Fahrerin) vor einem Unfall warnt, neutral, indem er/sie verschwindet (und sich im nachhinein als umgehender Totengeist erweist), oder bösartig, indem der Fahrer ängstlich wird, sich von dem Passagier unter einem Vorwand befreit und später feststellt, daß die alte Frau/Krankenschwester usw. ein Räuber gewesen ist.« (Petzoldt, S. 123). Vergleichbare Geschichten wurden 1834 in einer britischen Tageszeitung als Meldung gefunden, ebenso in biografischen Aufzeichnungen aus dem 19. Jh. und in den Wandergeistersagen des 17. Jh. Rolf Wilhelm Brednich hat 1990 unter dem Titel »Die Spinne in der Yucca-Palme« sagenhafte Geschichten von heute herausgegeben. Dieser Dokumentation aktueller Erzähltradition im Alltag sind mittlerweile weitere Bände gefolgt. Die folgende »Hitchiker«-Sage wurde in Braunschweig aufgezeichnet, fand sich aber auch in vielen anderen Gegenden: »Eine junge Frau wird in der Tiefgarage eines Kaufhauses in Braunschweig von einer älteren Dame gebeten, sie mitzunehmen, da sie ihren Bus verpaßt habe. Als die ältere Dame in das Auto steigt, bemerkt die junge Frau, daß sie an Händen und Armen sehr behaart ist, und wird mißtrauisch. Sie beschließt, die Dame zu bitten, noch einmal auszusteigen, um ihr beim Herausfahren aus der Parklücke behilflich zu sein. Als dies geschehen ist, hält die junge Frau jedoch nicht an, sondern fährt einfach davon. Zu Hause angekommen entdeckt sie im Auto eine Plastiktasche, die der älteren Dame gehören muß. Als die junge Frau hineinschaut, findet sie ein Beil. Daraufhin beschließt sie, zur Polizei zu gehen, um diesen Vorfall zu melden, und erfährt, daß zur Zeit ein junger Frauenmörder gesucht wird, der seine Opfer mit einem Beil tötet.« (Brednich, S. 28/29).

## Jahresbrauchtum und magische Lebenshilfen

Sagengestalten tauchen oft in anderer Form wieder in Maskenumzügen auf und umgekehrt. Gespenster und Vampire z. B. sind heutzutage in der Straßenfastnacht gang und gäbe. So gab es auch in Hunsrück, Rheinhessen, Eifel und Westerwald im 19. Jahrhundert die Figur des Stroh- oder Erbsenbären, der von der Dorfjugend an Fastnacht durchs Dorf geführt wurde. Der Maskenbär tanzte und brummte vor den Türen, während seine Begleiter Eier,

*Im deutsch-luxemburgischen Grenzgebiet bei Weilerbach findet sich in einer Felsenschlucht ein Hinweis auf die keltische Bärengöttin Artio. Man liest in den Sandstein der »Schweineställe« gemeißelt: ARTIONI BIBER*

*Der Binger Mäuseturm hat einen »sagenhaften« Namen*

*Am Rheingrafenstein (Bad Münster) verlor der Teufel ein Spiel*

*Die Mainzer Jupitersäule erzählt von römischer Religion*

*Die Fensterrose am Südportal des Wormser Doms steht für die Lichtmetapher gotischer Spiritualität*

*Reliquien wie der Heilige Rock in Trier integrieren heidnisch-magisches Denken in die christliche Tradition*

*Aus dem Zisterzienserkloster Eußerthal stammt die Sage von der goldenen Orgel*

*Auf der Burg Trifels bei Annweiler wurde Richard Löwenherz gefangen gehalten*

*Auf dem Wormser Judenfriedhof wurde im Jahre 1307 der jüdische Märtyrer Maharam beigesetzt, der 1286 durch König Rudolf von Habsburg gewaltsam von der Auswanderung ins Heilige Land abgehalten wurde*

Speck oder Geld einsammelten, ein Heischebrauch also. Gedeutet wurde die Maske sowohl als Wintersymbol und Vegetationsdämon wie auch als Abbild des mittelalterlichen Tanzbären. Erhalten hat sich der Brauch im Hunsrück und der Eifel, so in dem Dorf Pommern im Landkreis Ahrweiler (Schwedt, S. 80). Aus der Eifel wird andrerseits eine Sage von 1856 erzählt, die sich um den Erbsenbär rankt: »In der Gegend von Bitburg, wo, wie auch anderswo, die jungen Leute einen Burschen in Erbsenstroh einbanden und denselben im Orte und der Umgegend als Bär umherführten, soll es nach der Volkssage vorgekommen sein, daß einst, als Burschen mit einem solchen Bären einen Berg hinabzogen, ein großes Faß ihnen nachgerollt kam. Die übrigen sprangen beiseite, über den Bären aber, der nicht flüchtig ausweichen konnte, rollte dasselbe und zerdrückte ihn. Seit dieser Zeit nun wandelt derselbe nächtlich um diesen Berg und ruft: O Fastnacht, o Fastnacht. Wozu hast du mich gebracht!« (Nach Schwedt, S. 78).

Enge Verbindungen zwischen Sage und Brauchtum bestehen auch bei den Jahresfeuern, für die u. a. Termine an Ostern, in der Mainacht, an Johannis, Martini, Nikolaus und Weihnachten belegt sind. Jacob Grimm berichtet in seiner »Deutschen Mythologie« (1837) ausführlich von diesen Jahresfeuern, so auch vom Johannisfeuer 1823 in Konz und Trier an der Mosel. Dabei werde, so Grimm, ein mit Stroh umwundenes Rad angezündet und unter Freudengeschrei ins Flußtal gestoßen. Grimm belegt dann die Jahresfeuer in mehreren europäischen Ländern und in historischen Quellen bis zur Antike zurück. Im 16. Jh. wurden die Feuerfeste zur Sonnenwende von protestantischen Landesherrn als »haidenisch werck« (Landau 1564) und »papistische und heidnische Mißbräuch« (Meisenheim 1558) untersagt, im 18. Jh. folgten auch die katholischen Landesherrn in Kurmainz und Kurtrier mit Verboten (Schwedt, S. 114). Die Feuerfeste wurden dann immer wieder von Vereinen und Parteien aufgegriffen, ob zur politischen Propaganda oder als folkloristisch-touristische Brauchtumspflege. So wurden nach der Völkerschlacht bei Leipzig »auf dem Donnersberg und den benachbarten Höhenzügen« (Schwedt, S. 114) Freudenfeuer angezündet, von der Jugend- und Heimatbewegung um 1900 als Kultsymbole neu entdeckt und schließlich von den Nazis als Sonnenwendfeiern, Fackelumzüge und Bücherverbrennungen inszeniert, aber auch vom Pfälzerwaldverein (z. B. 1907) als Touristenattraktion angeboten. Letzteres gilt auch für viele heutige Maifeuer und Winterverbrennungen, wie sie seit den 70er Jahren z. B. in Alzey vom ACV ins Leben gerufen wurden, einem Fastnachtsverein, der sich Arbeitsschwerpunkte im Bereich der Brauchtumspflege gesetzt hat.

Anfangs wurde in Alzey »die Hexe verbrannt«, sicher in Beziehung zur Walpurgisnacht, der Nacht zum 1. Mai, in der traditionell die Hexen, sprich Gruppen von Jugendlichen, umgehen und allerlei Schabernack treiben sowie zur alemannischen Maskenfastnacht, bei der Winterdämonen, u.a. auch in Hexengestalt, ausgetrieben werden. Das nächtliche Umgehen von Hexen und das öffentliche Verbrennen von Hexen aber sind zweierlei. Da man eine öffentliche Brauchtums-Veranstaltung inszenieren wollte, griff man auch – ohne regionale Vorbilder im Brauchtum, aber auch ohne bösen Willen – auf die öffentlichen Hinrichtungs-Rituale zurück. Wie sollte ein Verein auch nächtlichen Schabernack in Szene setzen?

Damit aber wurden die schrecklichen Pogrome der Hexenverfolgung in der frühen Neuzeit, denen etwa 80.000 Menschen – überwiegend Frauen und vor allem im deutschen Südwesten – zum Opfer fielen, zu Brauchtum erklärt. Nach einigen Protesten und diesbezüglichen Hinweisen wurde die Hexenverbrennung durch die aus der Pfalz bekannte Winterverbrennung (Verbrennung eines Schneemanns) ersetzt. Die Winterverbrennung gehört zwar eher zum Frühjahrsbeginn im März (Stabaus), macht aber die Anknüpfung an alemannisches Maskenbrauchtum deutlich. Wem das nicht paßt, der sollte eben für neugeschaffenes Brauchtum auch neue Inhalte und Figuren miterfinden. Die doppelbödigen Propaganda-Inszenierungen der Nazis (Sonnenwendfeier und Bücherverbrennung), denen dann die Vernichtungsöfen von Auschwitz und andere Konzentrationslager folgten, zeigt nämlich die bildliche und historische Nähe der Feuerfeste zu Inquisition und Folter und damit auch die Problematik aktueller Brauchtumspflege.

Neben den Jahresbräuchen gehören bis heute aber auch magische Praktiken zum Alltag in Europa, so die Astrologie, Kartenlegen, Handlesen, Amuletthandel, Sektenbildung, Gesundbeten, Wahrsagerei (Nostradamus), spiritistische Praktiken (Stühlerücken, Geisterbeschwörung etc.) und magische Literatur (6./7. Buch Moses, Romanusbüchlein etc.), und das keineswegs nur in der New Age Szene. Man kann in diesem Zusammenhang nicht genug vor Selbstexperimenten warnen, die ähnlich wie bei Drogen oft in Abhängigkeit und schweren seelischen Störungen enden, je nach Grad der Identifikation. Andrerseits beschäftigt sich die Parapsychologie (seit 1950 mit Sitz und Gesellschaft, später auch einem Lehrstuhl in Freiburg) mit seelischen Erscheinungen, die vom gewohnten Seelenleben abweichen und außersinnliche Fähigkeiten vorauszusetzen scheinen wie Telepathie, Hellsehen oder Telekinese. Die Anzahl von Menschen, die Ahnungen verwirklicht sehen oder von deja-vu-Erlebnissen erzählen können, ohne dies herbeipraktiziert zu haben, ist zudem sehr groß. Vor allem Frauen berichten immer wieder von solchen unerklärlichen Erfahrungen, die bildhaft Zukunft vorwegnehmen. Vor parapsychologischen und/oder spiritistischen Erklärungen können hier oft aber auch gestalt- und familientherapeutische Beratungen verschwiegene, biografische Codes entschlüsseln und Licht ins Dunkel der Geheimnisse bringen. Dieser Weg ist als erster Schritt unbedingt vorzuziehen.

## Pflanzen und Tiere

Die Pflanzenkunde des Mittelalters und der frühen Neuzeit ist stark beeinflußt von antiken Quellen wie Dioskurides und Plinius, die aber bereits in karolingischer Zeit durch eigene Erfahrungen in den Klostergärten ergänzt wurden, wie z. B. der St. Galler Klosterplan (um 820) bezeugt. Im 11. Jh. wurde die arabische medizinische Literatur ins Lateinische übersetzt und somit in Europa zugänglich. Hildegard von Bingen (1098–1179) hat dieses Wissen gekannt, genutzt und erweitert. »Ihre differenzierten Aussagen zur Arzneizubereitung, die sich von Hinweisen auf die Sammelzeit, Bereitung von Pflastern, Abkochungen, Herstellung von Räucherungen bis hin zu Bemerkungen über die Einnahme und Aufbewahrung erstrecken, lassen auf eigene Beobachtung und Kenntnisse im Umgang mit Arzneimitteln schließen; überdies setzten ihre Pflanzenbeschreibungen Grundkenntnisse zumindest in der lokalen Flora, den gewöhnlichen Namen und Synonyma der meisten Heilpflanzen voraus.« (Müller, S. 15/16). Durch die Kräuterbücher des 15. und 16. Jh. wie den »Gart der Gesundheit« (Mainz 1485) wurde dieses Wissen Allgemeingut und taucht neben magischen Rezepten dann auch in den handschriftlichen Brauchbüchern auf, wie man sie aus dem dörflichen Milieu des 19. Jahrhunderts kennt.

Die vielen Pflanzen zugeschriebene Zauberwirkung hat ihren Ursprung ebenfalls in der antiken Mythologie. So findet man neben der mythologischen Bedeutung von Bäumen wie der germanischen Weltenesche Ygdrasil in griechischen Schriften bereits konkrete Hinweise auf eine magische Nutzung der Pflanzen. Medea soll einen Garten mit Gift- und Arzneipflanzen besessen haben; die Verwandlung von Odysseus Gefährten in Schweine durch Kirke wird schon bei Plinius auf Pflanzenwirkungen zurückgeführt, wenn er die Mandragora-Wurzel auch mit dem Beinamen Circea nennt. Durch Selbstversuche haben Wissenschaftler zudem Rezepte mittelalterlicher Hexensalben überprüft und Halluzinationen von Flug und Tierverwandlung bestätigt gefunden. Die Salben, welche »am ganzen Körper, vorwiegend aber in der Magengrube, den Achselhöhlen und den Schläfen eingerieben« werden (Gessmann, S. 143) enthalten durchweg einheimische Pflanzen, deren nachweislich halluzinogenen Stoffe in Überdosis giftig wirken, wie Tollkirsche, Bilsenkraut und Schierling. Schon Dioskurides und auch Hildegard von Bingen kannten die Wirkungen des Bilsenkrautes, die auf seinen Gehalt an den Alkaloiden Hyoscyamin und Scopolamin beruhen. Hildegard warnt aber ausdrücklich »vor der innerlichen Applikation der Pflanze oder ihres Öles als todbringend und beschränkt die Indikation auf die durchaus sinnvolle äußerliche Anwendung des Öls bei Entzündungen und Geschwüren, denn die hyoscyaminhaltigen Präparate bewirken bei Einreibung in die Haut teilweise Lähmung der sensiblen Nervendigungen, so daß sie, besonders wenn die Haut oberflächlich verletzt ist, ein wirksames, lokal schmerzstillendes Mittel darstellen.« (Müller, S. 50).

Pflanzen wurden aber auch als Liebeszauber wie bei Tristan und Isolde und als Aphrodisiaca genutzt. In Dr. Aigremonts Buch »Volksmedizin und Pflanzenwelt« von 1910 heißt es dazu: »Bedenkt man ferner, daß der erste Lehrsatz kindlicher Volksmedizin war Gleiches durch Gleiches (similia similibus) zu heilen, bezw. zu kräftigen, zu fördern, so ergab es sich von selbst, gerade diese sexuell gestalteten Wurzeln (z. B. der Orchideen), Früchte (z. B. Äpfel, Quitten, Granate, Mandeln, Feigen) oder Pflanzenkörper (z. B. Alraunwurzel, Phalluspilze) als ganz besondere Aphrodisiaca, Stimulationsmittel der Liebe anzuwenden. Später erst beachtete man die sexuell erregenden Kräfte und Säfte der Blätter, Blüten, Früchte und Wurzeln anderer Pflanzen...Zu dritt tritt der Duft als bedeutsamer Faktor auf.« (S. 14/15). Solche Wirkungen schrieb man auch einem großen Teil der Küchengewächse zu, so z. B. dem Sellerie: »Die erhitzende und reizende Wirkung des Sellerie war schon den Alten bekannt. So war es den Priestern verboten Sellerie zu essen. Auch kannte man seinen Einfluß auf die menstruierten Frauen. Im Mittelalter ist er frühzeitig bei uns angebaut (schon im Capitulare erwähnt), aber man verwendete ihn mehr für medizinische Zwecke (Albertus Magnus). Er ist noch heute ein allgemein bekanntes Aphrodisiacum, und man nennt ihn daher scherzhaft Stehsalat (penem erigens).« (Aigremont, S. 146). Unter diesem Blickwinkel versteht man dann auch den Sinn mancher sonst dunkel erscheinender Volksliedtexte, wie z. B. bei folgendem pfälzischem Tanzlied: »Kathrinsche, Philippinsche, mach Selleriesalat!/ Heit owend kummen die Freier mi'm Schubkarsch oogejaat... Zum Sellerie, zum Sellerie, zum Selleriesalat/ un wann isch net die Dochter krieh,/ dann heirat isch die Maad.«

Im »Wörterbuch der deutschen Volkskunde« sind über 100 Pflanzen mit ihren volksmedizinischen und magischen Wirkungen sowie ihren symbolischen Bedeutungen verzeichnet. Es heißt z. B. zum Knoblauch, der ja bekanntlich auch gegen Vampire helfen soll: »Wegen seines durchdringenden Geruchs gilt dieser Lauch bei den idg. Völkern allgemein als Mittel, bösen Zauber (Hexen, Schlangen, bösen Blick usw.) abzuwehren. Knoblauchzwiebeln wurden ans Scheunentor genagelt (gegen Hexen), zu Zöpfen geflochten als Seuchenschutz im Stall aufgehängt oder in die Geldschatulle gelegt. Wenn in Schlesien (ähnlich in Italien, Albanien, Lettland) ein Kind wegen seines gesunden Aussehens gelobt wurde, sagte man schnell: Knoblauch! Knoblauch!, um es vor dem Berufen zu schützen.« (S. 458). Das »Berufen«, auch Beschreien, ist die weit verbreitete Angst, behext zu werden durch Worte, und geht auf den rituellen, durch seine Form wirkenden Gebrauch von Sprache im Kult zurück.

Weit weniger als Pflanzen spielen Tiere im europäischen Brauchtum eine Rolle. Das mag damit zusammenhängen, daß sie in Jägergesellschaften (Totemismus/Schamanismus) eine größere Bedeutung besitzen als in Bauerngesellschaften, welche sie teilweise domestiziert haben. Im ländlichen Raum geht es demzufolge im Bereich der Magie auch meist um Probleme mit der Tiernutzung, z. B. beim Milchzauber, einem häufigen Hexereivorwurf. In der Regel sind es dann wildlebende Tiere, die selbst als Dämonen auftauchen, so der auch als Korngeist identifizierte Erbsenbär, der als Fastnachtsfigur »überlebt« hat, oder der Werwolf, der vor allem in Nord- und Nordost-Europa zuhause ist: »Im Schlaf verläßt den Menschen die Seele, oder in späterer Auffassung: der Schutz- und Folgegeist nimmt die Gestalt eines Wolfes, auch eines Bären an und lebt wie diese Tiere, indem er selbst Menschen tötet. In den Werwolfvorstellungen, wie sie bis ins 18. Jh. in Prozessen auftauchte, wird die Verwandlung allerdings durch Zauber herbeigeführt. Durch Anlegen eines Wolfgürtels oder Wolfhemdes, ursprünglich eines Wolffelles, verwandelt sich der Mensch in einen Wolf und besitzt dessen Stärke und Mordlust.« (Wörterbuch, S. 963). In Indien gibt es ähnliche Vorstellungen von Tigern, in Afrika von Löwe, Leopard und Hyäne. Die in Bayern und Österreich bekannte Habergeiß hängt mit dem Brauch des Haberfeldtreibens zusammen. Das geheimbundähnliche, gegen Frauen gerichtete Rügegericht, das erstmals im Jahr 1705 historisch greifbar wird, erinnert auch an männerbündlerische Einweihungsriten von Jahrgangsgruppen, wie sie in aller Welt verbreitet sind. Zudem steht die Ziegengestalt in bezug zu Teufelsvorstellungen. »Erscheint der Herr des Sabbat bei der Hexenversammlung mit Hörnern, die an Hirsch, Steinbock, sogar an das Rentier erinnern, so hat er vor allem sehr häufig einfach den Kopf (oder die Maske?) eines Ziegenbocks. An diesem Tier sind den naturverbundenen Hirten vor allem dessen Fähigkeiten zum Springen, zum kämpferischen Stoßen, zur Zeugung aufgefallen: Es wurde darum offensichtlich schon im Altertum zum Bild der feurigen, männlichen, die Welt befruchtenden Kraft. Der ägyptische Götterbock Mendes, die antiken Bockskobolde, die Faune und Satyre, der als Weltengott gedeutete griechisch-orientalische Pan, die Heiligkeit der Böcke des Rauschgottes Dionysos, alles ist wahrscheinlich von hier aus zu begreifen.« (Lexikon, S. 277).

Verwandt mit der Habergeiß ist der ebenfalls als Kinderschreck genutzte Nachtrabe. Raben tauchen schließlich bis in die moderne Kinder- und Phantasy-Literatur häufig als Hexenbegleiter auf. Die Vorstellung von ihrer Klugheit leitet sich wahrscheinlich von den Odinsraben Hugin und Munin aus der germanischen Mythologie her. »Wie die Krähe, von der volkssprachlich der Rabe nicht streng geschieden wird, gilt der Rabe, wenn er das Haus umkreist, als Vorzeichen des Todes. Er ruft: Grab, Grab. Krieg ist prophezeit, wenn sie in der Luft mit Geschrei aufeinander losfahren. Der Rabe verschafft die Springwurzel, die in Geldsachen Glück bringt (Schwaben).« (Wörterbuch, S. 658).

Zu den Tieren mit einer geheimnisvollen Aura gehören auch der Eber, die Eule, die Fledermaus, der Hirsch, die Katze, die Kröte, die Schlange, der Skorpion und die Spinne. In der Volksmedizin galten Würmer lange Zeit als Auslöser vieler Krankheiten (Fingerwurm oder Herzwurm). Auch als Symbole, z. B. im Wappen (Löwe und Adler), und als Verkörperung menschlicher Eigenschaften, z. B. in der Fabel (der listige Fuchs, die Künstler-Grille etc.) spielen Tiere eine besondere Rolle in der Bilderwelt der Völker.

## Die Zukunft der Bilder

Beim Studium der Brauchtumsquellen zeigt sich jedenfalls neben der historischen, also zeitlichen auch eine geographische, also räumliche Dimension, und zwar sowohl in ihrer lokalen und regionalen Verschiedenheit als auch in ihrer europäischen und zum Teil globalen Strukturähnlichkeit. Das weist sowohl auf die Veränderbarkeit von Mustern und Bildern als auch auf die Wiederholung historisch vorrätiger Formen. Die andere Seite der Sammlung von Überlieferung ist die kulturelle Neuschöpfung, die stets im kleinen Kreis beginnt, bevor sie zur Massenerscheinung wird. Dabei spielen Vorstellungen von der Reinhaltung der Tradition nur eine untergeordnete Rolle. Neue Formen entstehen vielmehr stets aus soziokulturellen Spannungsfeldern durch Übernahme und Umgestaltung von fremden Mustern, durch individuelle Aneignung also. Diese Prozesse verlaufen leider meist nicht konfliktfrei. Die Aufgabe der Wissenschaft als Erkenntnismethode wäre in diesem Zusammenhang die inhaltliche und formale Beschreibung der Veränderungen, um einen spieltheoretischen Rahmen zu gewinnen, der friedliche Akkulturationsprozesse erlaubt.

# Geheimnisse, geheimnisvolle Orte und geheimnisvolle Geschichten – A bis Z

## Allenbach
Landkreis Birkenfeld

### Ein keltisches Kastell auf der Höhe

Östlich des Ortes im Wandergebiet »Wildenburg« liegt der »Ringskopf«, eine keltische Wallanlage. Etwa zwanzig solcher Höhenbefestigungen aus der Latènezeit (5. bis 1. Jh. v. Chr.) finden sich im Hunsrück. Die größeren nennt man oppida, die kleineren wie der »Ringskopf« werden als Kastelle bezeichnet und dienten als Wohnsitz von keltischen Adelsfamilien. Die vergleichsweise gut erhaltene Wallanlage ist etwa 500 m lang und 8 m breit. Die typische Pfostenschlitzbauweise dieser Zeit, bei der zwischen senkrechten Holzbalken Trockenmauern aufgeschichtet wurden, ist noch zu erkennen, ebenso die Reste der ehemaligen Toranlage. Ein Modell der Festung befindet sich im Trierer Landesmuseum. Angeregt wurden diese Höhensiedlungen wahrscheinlich durch griechische Festungsbaukunst, welche die Kelten bei ihren Wanderungen im 4. und 3. Jh. v. Chr. kennengelernt hatten.

Nach: Anhäuser, Hunsrück und Naheland, S. 69; Römer in Rheinland-Pfalz, S. 47ff.

## Altenahr
Landkreis Ahrweiler

### Der Todessprung ins Ahrtal

Um die Grafen von Altenahr rankt sich eine Sage, mit der offensichtlich der Zerfall ihrer mittelalterlichen Burg erklärt werden soll. Es heißt, zwei Raubritter hätten beim letzten Grafen von Altenahr um die Hand seiner beiden Töchter angehalten. Diese aber hätten abgelehnt. Daraufhin belagerten die beiden Ritter die gräfliche Burg und hungerten sie aus. Auch ein letzter verzweifelter Ausfall sei zurückgeschlagen worden; in der Festung sei Typhus ausgebrochen. Daraufhin sei der Graf in voller Rüstung auf die Burgzinnen geritten und habe gerufen: »Verflucht sei eure Feigheit, mit der ihr in fauler Untätigkeit liegen bleibt, statt im ehrlichen Sturm uns zu berennen! Möge unser Fluch über euch kommen und ich noch im Todessprunge über euch siegen!« Daraufhin habe er seinem Pferd die Sporen gegeben und sei ins Ahrtal hinuntergesprungen und an den Felsen zerschellt. »Die Feinde aber, welche diesen kühnen Heroismus sahen, ergriff dessen Größe mit solcher Schauergewalt, daß sie in wilder Flucht davonstoben«, heißt es in der wahrscheinlich um 1900 herausgegebenen Sagensammlung »Rheinlands Wunderhorn«: Die todesmutige Nibelungenehre der Ritterzeit war ein wichtiges Motiv der männerbündlerischen Ära zwischen 1871/1918 und 1933 /1945.

In der Sage heißt es weiter, das Entsatzheer habe wenig später nur noch eine Festung voller Leichen und ein verlassenes Lager der Raubritter vorgefunden: »Niemand mehr bewohnte das Schloß. Es verfiel als Grabkatakombe der letzten des Geschlechts und ihrer echt deutschen Mannen.« Aber auch die beiden Raubritter seien schließlich besiegt und in den Kerker geworfen worden. Auch ihre Burgen habe man geschleift. Es blieben Ruinen, die Rache, die Ehre und lauter Tote.

Nach: Rheinlands Wunderhorn 10, S. 60.

## Alzey
Landkreis Alzey-Worms

### Brunnensagen und Quellkulte

Eine römische Siedlung am Mehlberg im Süden der Stadt ist durch den sogenannten Nymphenaltar vom 22.11.223 belegt. Dieser Stein sowie andere gallorömische Götterskulpturen wurden im spätantiken Kastell und der frühchristlichen Kirche an gleicher Stelle als Baumaterial verwendet. Der Altar ist den »nymphis vicani altiaiensis« (den Nymphen des Vicus Altiaia) geweiht und bezieht sich wohl auf eine örtliche Heilquelle, an der auch das Götterpaar Apollo Grannus und Sirona – wie in Nierstein und Hochscheid – verehrt wurde. Grannus wurde als Helfer bei Krankheiten angerufen. Sirona, deren Name von dem keltischen Wort für »Stern« abgeleitet ist, wird dargestellt als weibliche Gestalt nach dem Vorbild der griechischen Hygieia (Gesundheit) mit Trauben und Ähren oder aber einer Schlange, die sie aus einer Schale füttert. Die Fruchtbarkeitskulte mütterlicher Gottheiten wie der Matronen an der Mosel, am Mittelrhein und am nördlichen Oberrhein stehen in enger Verbindung zu den regionalen Quellkulten. Sie haben ihre Wurzeln in der keltischen Naturreligion, die sich erst in römischer Zeit mit den eingewanderten Religionen zu neuen Tempelkulten mischte.

Trotz häufiger Verbote durch die christliche Kirche – so verbot Gregor III. im Jahre 731 Totenopfer an Quellen – hielten sich heidnischer Wasserkult und Matronenverehrung in gewandelter Form bis ins 19. Jahrhundert. So ging z. B. in Alzey die Sage, daß die Kinder aus dem Mühlbrünnchen bei der Hansenmühle im Westen der Stadt kommen würden. Das Bild vom Storch als Kinderbringer hat sich eigentlich erst in unserem Jahrhundert flächendeckend durchgesetzt. Vorher konkurrierte der Storch nicht nur mit Eule, Krähe, Rabe, Fuchs, Wassermann, Nikolaus und Hebamme (auch als Waldfrau oder wilde Frau), sondern auch mit Orten wie Bäumen, Brunnen, Teichen, Quellen und Felsen.

Nach: Führer zu vor- und frühgeschichtlichen Denkmälern, Nördliches Rheinhessen, S. 48; Maier, Lexikon der keltischen Religion und Kultur; Becker, Die Flurnamen der Gemarkung Alzey, S. 85.

## Altrip
Landkreis Ludwigshafen

### Ein Geist mit Schlapphut

Der Sage nach geht bei Altrip der Schlapphut um, und zwar »am Hochzichloch«. Vor vielen Jahren lebte im benachbarten Neuhofen ein Wilderer. Nachts strich der junge Mann oft durch die Wälder und erschreckte die Leute, indem er sich als Schlapphut verkleidete. Damit hielt er sich ungebetene Gäste vom Hals. Als er sich wieder einmal über ein von ihm erlegtes Reh beugte, stand plötzlich der richtige Schlapphut vor ihm. »Dir wird es nicht anders ergehen als mir«, sprach der Geist drohend: »Ich habe zu meinen Lebzeiten eine Hochzeitskutsche umgeworfen an der Stelle, die heute Hochzichloch heißt. Zur Strafe dafür muß ich nun umgehen.« Der verängstigte Wilderer wollte sich davonmachen, aber der Schlapphut sprang ihm auf den Rücken und ließ sich tragen, bis der Frevler tot zusammenbrach: Jetzt hatte der echte Schlapphut endlich einen Nachfolger.

Hier mischen sich zwei Sagentraditionen. Zum einen wird mit der Geschichte ein Ortsname erklärt, zum andren tritt ein Gespenst auf, welches Gesetzesübertretungen (früher Feldfrevel und Wildfrevel) rügt. Das Gespenst ist selbst ein unerlöster Toter, der Frevel begangen hat. Seine Technik ist die des Aufhockens.

Der Wilderer hat keine Chance, weil er selbst Frevel begangen hat. Zudem hat er durch seinen Trick den Geist verhöhnt, was kein Geist auf sich sitzen läßt. Der Name des Geistes könnte unter dem Motto stehen: Ein Attribut macht sich selbständig. So berichtet das Handwörterbuch des deutschen

Aberglaubens an mehreren Stellen, daß Sagengestalten Schlapphüte tragen, so der Schwanewert Westfalens, der Riesenlatscher vom Allgäu oder der Schimmelreiter in Niederösterreich (Bd. 5, S. 1585), aber auch der Wetterhut der wilden Mannli und Nebelmännlein ist ein Schlapphut. Das gilt ebenso für einige Berggeister aus dem Umkreis der Zwerge wie die Venediger (Bd. 9, S. 1031). In einer Sage vom Nachtvolk, d. h. der wilden Jagd aus St.Gallen, findet sich inmitten der ansonsten schwarzen Gestalten »ein alle überragender Mann mit Schlapphut«. (Bd. 6, S. 806/807). Der Schlapphut erinnert an Landsknechtsuniformen. Er wird heute noch gern in Kostümfilmen verwendet, wenn es um Sozialrebellen wie Wilderer, Piraten oder Musketiere geht. Als Heckerhut wurde er zum Symbol der demokratischen Revolutionäre in Baden, der Pfalz und Rheinhessen.

Nach: Carl, Pfälzer Sagen, S. 118/119; Handwörterbuch des deutschen Aberglaubens, Bd. 5/6/9.

## Andernach

Landkreis Mayen-Koblenz

### Eiszeitjäger am Martinsberg

Vor 20.000 Jahren endete die Kaltphase der Eiszeit. Das Neuwieder Becken aber wurde erst ab 10.500 v. Chr. durch die aus dem Südwesten stammende Magdalenienkultur wiederbesiedelt. Eine Siedlung aus dieser Epoche der Jungsteinzeit wurde 1883 am Andernacher Martinsberg entdeckt. Der Rhein war damals seenartig verbreitert, und auf den Höhen befanden sich steppenartige Graslandschaften. Das wichtigste Jagdtier war das Pferd. Die Steinwerkzeuge aus Maasfeuerstein, Süßwasserquarzit und baltischem Feuerstein sowie die bei der Schmuckherstellung verwendeten Mittelmeer-Schneckengehäuse zeugen von europaweiten Handelsbeziehungen. Harpunen und Speerschleudern, wie sie bis in die Neuzeit von den Eskimos verwendet wurden, sind Erfindungen dieser Zeit. Die Spitzen dieser Waffen wurden aus Tierknochen und Geweihen hergestellt. In der Magdalenienkunst sind Tier- und Frauendarstellungen häufige Motive; Männerdarstellungen sind so gut wie unbekannt. Daraus hat die Forschung Theorien entwickelt, welche die damalige Steinzeitgesellschaft mit schamanistischen und matriarchalen Strukturen ausstatten, wie wir sie aus Jägerkulturen der Neuzeit kennen. Die Frauen werden meist schematisiert dargestellt: ohne Kopf und Füße, in der Halbhocke mit gebeugten Knien und nach hinten gestrecktem Gesäß, manchmal mit halb erhobenen Armen und Brüsten. Man hat solche Darstellungen sowohl als Schiefergravuren wie auch als Schnitzereien gefunden, so z. B. die 20 cm hohe

Elfenbeinstatuette einer Frau in Andernach. Vom gleichen Fundort stammt auch ein aus Rengeweih geschnitzter Vogel. Die häufigsten Tierdarstellungen stammen allerdings von den bevorzugten Jagdtieren wie Pferd und Mammut.

Nach: Bosinski, Eiszeitjäger im Neuwieder Becken, S. 77 ff.

## Die Bäckerjungen

Eine auch überregional bekannte historische Sage, welche an kriegerische Auseinandersetzungen im Mittelalter erinnert, ist die Sage von der Rettung der Stadt Andernach durch die beiden Bäckerjungen, denen am Rheintor ein steinernes Denkmal gesetzt wurde. Es heißt, die Linzer hätten einmal frühmorgens die Stadt überfallen wollen. Doch die Überrumplung der schlafenden Bürger wurde durch zwei Bäckerjungen vereitelt, welche beim Brötchenaustragen zum Zeitvertreib auf den Torturm geklettert seien. Von dort aus hätten sie die anrückenden Linzer bemerkt.

Sie warfen den Feinden die auf der Brüstung stehenden Bienenkörbe entgegen und läuteten die Sturmglocke. Die sofort zusammeneilende Bürgerwehr konnte aber nur noch mit Genugtuung die Flucht der Linzer vor den wütenden Bienen feststellen.

Nach: Schlundt, Sagen aus Rheinland-Pfalz, S. 220.

## Das Schloß im See

Eine typisch romantische Sage, bei der sich die mythisierten Bilder von Musik, Seele, Wasser, Trauer und der Welt der Elementargeister zu einem Ganzen mischen, ist die Geschichte vom traurigen Harfner, der von den Seegeistern heimgeholt wurde.

In einem abgelegenen Tal unweit von Andernach soll ein prächtiges Schloß auf einer Insel in einem großen und tiefen See gestanden haben. Der dort lebende letzte Ritter war aus den Kreuzzügen zurückgekehrt und führte seitdem ein einsiedlerisches Leben. »Tagelang ging er in düsteren Gedanken umher und blickte auf den See oder setzte sich an den Strand und spielte auf seiner Harfe ein trauriges Lied.« Die Harfe übrigens deutet auf die seit Herders Ossian-Verherrlichung auch in Deutschland grassierende Keltophilie hin. In der Beschreibung des Harfners läßt sich unschwer das Selbstportrait eines romantischen Schriftstellers erkennnen.

Eines Nachts jedenfalls versank das Schloß bei einem Sommergewitter samt seinem Bewohner im See. An der Stelle, wo die Insel sich befunden hatte, bildete sich alsbald ein Wasserwirbel.

Man munkelte von einer geheimen Schuld des adligen Geschlechts oder einer unbekannten Missetat des weitgereisten Ritters. Aber es gab auch eine ganz andere Erklärung: Die im See hausenden Geister nämlich, welche in Mondnächten aus der Tiefe ans Land kommen und dann so lieblich wie eine Flöte singen, hätten den traurigen, musikalischen Ritter zu sich geholt, »damit ihm Trost und neue Kraft erblühe an dem herrlichen Urquell des Liedes«. Drunten im See nämlich »herrscht Klage und Lust, Wonne und Schmerz in melodischen Wechseltönen, und wen sie dann erwählen, daß er unter ihnen wohne, dem wird immer das Herz gerührt; denn die Vergangenheit schwebt immer vor seinem Blick, die Bande der Gegenwart lösen sich in der heiligen Quelle und klar tritt die Zukunft vor seine Seele«.

Nach: Schlundt, Sagen aus Rheinland-Pfalz, S. 220 ff.

## Annweiler

Landkreis Südliche Weinstraße

In Annweiler kennt man eine ganze Reihe von Sagen. So wird in einer Totensage von einem Verstorbenen mit Zipfelmütze berichtet, der nachts zwischen 11 und 12 Uhr auf dem Friedhof umging. In einer anderen Geschichte wird einer Frau vorhergesagt, daß sie nur noch vier Jahre zu leben habe. Schließlich wird auch der Neckname der Annweiler, die Bockstaller, mit einer Sage begründet. So sollen zwei Schneider bei einer Belagerung, welche die Stadt bereits ausgehungert hatte, Überlebensmut und einen reichen Vorrat an Lebensmitteln demonstriert haben, indem sie sich in zwei Ziegenfelle einnähen ließen und auf der Stadtmauer einen Bockstanz vollführten. Daraufhin habe der gegnerische Hauptmann die Belagerung abgebrochen und ausgerufen: »Das ist ja noch der reinste Bockstall!« Die bekannteste Sage aus Annweiler aber ist die von der Befreiung des Richard Löwenherz aus der Burg Trifels durch den Sänger Blondel.

### Vom edlen Ritter Löwenherz

Der deutsche König Heinrich VI. hatte den englischen König Richard Löwenherz auf der Burg Trifels gefangengesetzt. In England wußte man nicht, wo der König auf seinem Rückweg von Palästina geblieben war, vermutete aber, daß er irgendwo in Europa in einem Verließ gefangengehalten wurde. Sein Freund, der Minnesänger Blondel, machte sich daher auf den Weg, ihn zu suchen. Richards Mutter gab ihm einige Soldaten und genug Geld mit, um ihren Sohn zu befreien. Auf seinem Zug durch Frankreich und Deutschland kam Blondel auch zur Trifels. In der Nähe der Burg hörte er ein Hirtenmädchen die erste Strophe eines Liedes singen, das er einst für Richard Löwenherz gedichtet hatte. Er fragte, woher das Lied

*Rottmann/Winkles, Trifels bei Annweiler, Stahlstich von 1840*

stamme, und erhielt zur Antwort, das Mädchen habe es aus dem Turm der Burg singen gehört. In der Nacht schlich Blondel zur Burg und begann unterhalb des Turmes, zur Harfe zu singen:

Der Pfeil von meinem Bogen
bringt bittern Todesschmerz.
Der Pfeil aus deinen Augen
dringt schmeichelnd in mein Herz.

Sofort antwortete eine Stimme aus dem Turm:

Ich habe mir erfochten
wohl manchen Waffenpreis.
Nun darf ich auch wohl suchen
ein blühend Myrthenreis.

Da wußte Blondel, daß sein Freund und König hier gefangengehalten wurde. Da die Burg aber gut bewacht war, mußte er zu einer List greifen. Einige Tage später wurde die Burgbesatzung anläßlich der Kaiserkrönung von Heinrich VI. zu einem Fest in eine Schenke nahe der Burg eingeladen.

Blondel ging zum Wirt und bestellte das Doppelte an Wein, das vorgesehen war, für die Soldaten. Er bezahlte im voraus und begründete sein Ansinnen damit, daß er dem Kaiser einen Dank schuldig sei, den er damit an seinen Männern abtragen wolle. Und während die Burgbesatzung zechte, überfiel Blondel mit seinen Getreuen die Burg, überrumpelte die Wachmannschaft und befreite Richard. Der trat ihm mit den Worten entgegen: »Wenn ich deine Treue vergesse, so soll mein Name vergessen werden in der Geschichte. Aber jetzt ein Schwert, ein Schwert, denn zum zweiten Mal will ich nicht mehr in die Hände meiner Feinde fallen.« Und mit dem Burgvogt als Geisel gelang es König Richard, Blondel und seinen Männern ungehindert durch die Reihen der endlich doch herbeigeeilten Burgbesatzung von dannen zu ziehen.

Die Sage beruht auf einem wahren Kern, denn Richard Löwenherz wurde tatsächlich seit März 1193 auf der Trifels gefangengehalten, in der als eine der bedeutendsten mittelalterlichen Burgen zwischen 1125 und 1298 die Reichsinsignien aufbewahrt wurden. Sie galt damals also als Schatzkammer und Staatsgefängnis zugleich. Der Rest der Sage allerdings ist Geschichtsklitterung.

Richard Löwenherz nämlich war keineswegs ein edler Ritter, wenn auch mutig und waghalsig. So tötete er z. B. nach der Einnahme von Akkon während des Kreuzzugs 1191 etwa 2700 moslemische Gefangene, weil ihm das von seinem Gegner, dem Sultan Saladin, gezahlte Lösegeld zu niedrig war. Bei der Erstürmung der Festung hatte er sich zudem Herzog Leopold von Österreich zum Feind gemacht, weil er dessen Banner von der Mauer geholt hatte. 1192 reiste er aus Palästina ab, weil sein Bruder Johann ohne Land ihm zuhause in England den Thron streitig zu machen suchte. Im Dezember desselben Jahres wurde der als Pilger verkleidete, aber wohl etwas zu großspurig auftretende König bei Wien erkannt und auf der Burg Dürnstein eingekerkert. Kaiser Heinrich VI. verlangte seine Herausgabe und ließ ihn nach dem Reichstag zu Speyer im März 1193 zur Trifels bringen. Dort erwartete Richard eine standesgemäße und daher eher angenehme Gefangenschaft. Der Kaiser verlangte für ihn ein Lösegeld von etwa 150.000 Mark. Als das aus England gezahlt wurde und Richard gleichzeitig Heinrich als seinen obersten Lehensherrn anerkannt hatte, kam er im Februar 1194 frei. Löwenherz wurde 1199 bei der Belagerung einer Burg von einem Armbrustbolzen tödlich getroffen.

Die Ausstaffierung der Sage mit den klassischen Idealen des Minnesangs stammt offenbar erst aus der Romantik des 19. Jahrhunderts und zeigt mit dem Löwenherzmotiv deren europäische Dimension. Die Burg Trifels wurde 1635 aufgegeben und von da an von den Bewohnern der Umgebung für ihren Hausbau als Steinbruch genutzt. In den 30er Jahren unseres Jahrhunderts wurde sie teilweise wieder aufgebaut, allerdings nach denkmalpflegerisch umstrittenen Plänen. Die Nazis machten sie 1941 neben der Marienburg und der Wartburg zum »Reichsehrenmal«. Heute werden im Turm Kopien der Reichsinsignien aufbewahrt, deren Originale sich in der Wiener Hofburg befinden.

Nach: Carl, Pfälzer Sagen, S. 190–193; Schlundt, Sagen aus Rheinland-Pfalz, S. 30–33; Kastenholz, Wo Richard Löwenherz gefangensaß, in: Graichen/Hillrichs, C 14, S. 237 ff.

## Ariendorf/Bad Hönningen
Landkreis Neuwied

### Neandertaler in der Lößsteppe

In der vorletzten Kaltzeit lebten in den Lößsteppen links und rechts des Rheins kleine Gruppen von Neandertalern (Mittelsteinzeit zwischen 300.000 – 40.000 v. Chr.), die von der Jagd auf die reichhaltige Tierwelt der Gras- und Kräutersteppen lebten. Hier weideten das Mammut, das wollhaarige Nashorn, Pferd, Hirsch, Ren und Wisent. Die Neandertaler waren kleiner als die heutigen Europäer und stämmig. Während ihr Schädelinhalt genauso groß war, unterschieden sie sich vor allem in der Kopfform. Knochenbögen über den Augen, eine zurückweichende Stirn und ein gestreckter Hinterkopf lassen sie von heute aus betrachtet spitzgesichtig wirken. Die damaligen Jägergruppen folgten nicht den Tierwanderungen, sondern jagten im Umkreis von vielleicht 10 km um ihre Siedlungsplätze. Einen solchen Platz hat man in Ariendorf gefunden. Im Löß ließ sich der Grundriß einer Behausung mit einem Vorplatz und einer in den Hang gegrabenen Stufe nachvollziehen. Darüber hat sich wahrscheinlich ein Zelt mit einem Durchmesser von 2,70m erhoben. Es bestand wohl aus Holzstangen, die mit Tierfellen abgedeckt waren; als Gerüst wurden vielleicht auch Elefant- und Nashornrippen verwendet, die man gefunden hat. Sein Eingang war nach Osten oder Südosten ausgerichtet. Auf dem Vorplatz fanden sich Steinwerkzeuge und Knochen-, Geweih- und Elfenbeinstücke.

Nach: Bosinski, Eiszeitjäger, S. 45; Vor-Zeiten I, S. 19ff.

# Auw
Landkreis Bitburg-Prüm

## König Dagobert und der Jungfernsprung

In der Marienkirche von Auw an der Kyll findet sich ein Standbild, auf dem ein Esel mit drei Frauen als Reiterinnen zu sehen ist. Um 1700 wurde dazu von einem Pfarrer in der Mischung mit älteren Überlieferungen und der Nachbarschaft des Besitzes von St. Irminen (Trier) die Sage vom Jungfernsprung entwickelt. Darin heißt es, die drei Jungfrauen Irmina, Adela und Clotildis seien von ihrem Vater Dagobert I., einem Wüstling, – später den Hunnen – verfolgt worden und hätten sich vor ihm mit einem Sprung über das Tal gerettet. Die drei Jungfrauen werden bei Augenweh (mundartlich Au = Auge) angerufen. Die Verehrung der drei Frauen findet sich im gesamten Eifelraum überwiegend in Kapellen und Nebenaltären; selten sind sie als Hauptheilige zu finden. Das hängt damit zusammen, daß ihre Verehrung von der Bevölkerung gefordert und von der Kirche nur zögernd umgesetzt wurde. »Die drei Jungfrauen werden meist an volkstümlich bekannten Festterminen verehrt, am Pfingstdienstag, Ostermontag oder an den sogenannten drei Märzdonnerstagen. Initiatoren dieser Kulte sind Laien, im 15./16. Jahrhundert der Adel, bei den Drei Marien Bürger und Städte, vom 16. bis 19. Jahrhundert ebenso oft Bauern und Dörfer.« (M.Zender, Die Verehrung von drei heiligen Frauen im christlichen Mitteleuropa, in: Matronen und verwandte Gottheiten, S. 227).

In der gleichen Gegend – von Bonn bis Trier – häufen sich die Denkmale des gallorömischen Matronenkultes. Wenn man auch keine direkte Überlieferung aus vorchristlicher Zeit nachweisen kann, so ist es doch interessant, daß sich die Gestalt der drei Frauen, vielleicht immer wieder angeregt durch die Beschäftigung mit den Denkmalresten, sagenbildend in dieser Gegend durchgesetzt hat.

Immerhin findet sich dieses mythologische Motiv auch in den matriarchalen Schichten der antiken Sagenwelt weit vor der römischen Eroberung des Rheinlands (Göttner-Abendroth, Das Matriarchat I; Ranke-Graves, Die Weiße Göttin).

Nach: Matronen und verwandte Gottheiten, S. 213 ff.

# Bacharach
Landkreis Mainz-Bingen

Die Rheinsagen stehen im Mittelpunkt der deutschen Sagentradition. Und so stammen aus Bacharach auch zwei typische Vertreter ihrer Gattung: Die Sage von der verbotenen Liebe der Pfalzgrafentochter Agnes zu Heinrich Welf von Braunschweig (12. Jahrhundert), die sich um die Burg Stahleck rankt, und die Sage von Kaiser Wenzel, der Ruprecht von der Pfalz aufgrund einer Wette um die Güte des Assmannshäuser und Bacharacher Weins die Königskrone abgetreten habe. Genauer betrachtet werden soll aber die antisemitische Hetzsage, welche Ende des 13. Jahrhunderts zu Pogromen gegen die am Mittelrhein ansässigen Juden und zur Erbauung der gotischen Wernerkapelle geführt hat.

## Der angebliche Ritualmord an dem Kind Werner

Werner sei der Sohn armer Leute aus Wallmerod im nassauischen Westerwald gewesen, heißt es. Seine Eltern hätten ihn mißhandelt, so daß er zu Verwandten nach Steeg geflüchtet sei, die ihn allerdings ebenfalls mißhandelt hätten. Darauf sei er in den Dienst von Juden aus Oberwesel getreten und habe auch, trotz vieler Warnungen von christlicher Seite, in deren Haus gewohnt. Eine christliche Magd dieses Hauses habe ihre jüdischen Dienstherren angezeigt, weil sie beobachtet habe, daß man Werner kopfunter an einen Pfosten gebunden habe, um ihm mit einer Bleikugel die Abendmahlshostie aus dem Mund zu holen. Doch durch Bestechung des Ortsrichters seitens der angezeigten Juden sei nichts aus einem Verfahren geworden. Daraufhin hättendie Juden begonnen, Werner weiter zu peinigen. Man habe ihm die Adern geöffnet und ihn ausbluten lassen. Mit dem Blut christlicher Kinder, so hieß es damals, würden die Juden in Erinnerung an ihre Zeit in Ägypten die Türpfosten bestreichen, um sich vor Unglücksfällen zu schützen.

Werner habe bis zu seinem Tod zu Christus gebetet. Seine Leiche sei dann von seinen Mördern in den Rhein geworfen worden und bei Bacharach an Land getrieben. Dort habe man sie in einem Dorngebüsch gefunden, von einem Lichterglanz umstrahlt und süße Düfte verströmend. Außerdem sei der Leichnam nicht verwest.

Danach seien in wenigen Tagen 40 Juden in der Umgebung ermordet worden, und man habe Werner zum »Volksheiligen« erhoben und ihm eine Kapelle errichtet.

Es steht fest, daß die Mordanschuldigungen von 1287 gegen die Juden falsch waren. Sie standen in der Tradition der Judenverfolgung seit der

Kreuzzugszeit, die stets mit Hostienfrevel und Ritualmord begründet wurde und zur Ostwanderung vieler überlebender Juden führte. So wurden z. B. in den Pestjahren 1347–54 350 jüdische Gemeinden in Deutschland durch Pogrome vernichtet. Zum Hintergrund des Pogroms von 1287 muß man wissen, daß Rudolf von Habsburg den Mainzer Erzbischof Heinrich II. 1286 beauftragt hatte, die geplante Massenauswanderung von Juden nach Palästina unter der Führung von Rabbi Meir ben Baruch von Rothenburg, genannt Maharam (in Worms begraben), zu verhindern und jüdische Güter zu konfiszieren, weil er fürchtete, potente Steuerzahler zu verlieren. Mahahram wurde im elsässischen Ensisheim inhaftiert. In dieser Stimmung führte das Mordgerücht um Werner zum Pogrom. »Nach Aussage von Johannes Trithemius (1462–1516) soll zu Beginn des Jahres 1288 Erzbischof Heinrich II. in Bacharach auf Geheiß des Königs zugunsten der Juden gepredigt haben: ihnen sei von den Christen großes Unrecht angetan worden. Der Leichnam des guten Werner, von dem man behauptete, er sei von den Juden ermordet worden, werde eingeäschert und in alle Winde zerstreut, weil schon gewisse einfältige Gemüter daran dächten, ihn zur Ehre der Altäre zu erheben. Diese heute kritisch betrachtete Nachricht des gelehrten Humanisten hat wohl einen historischen Wahrheitskern. Sie dürfte aber auch in bezug stehen zum zwischen 1426 und 1429 vom Bacharacher Pfarrer Wienand von Steeg vergebens in Rom angestrengten Heiligsprechungsprozeß und des dadurch örtlich und in Bereichen des Mainzer Erzbistums erneut aufgekommenen Wernerkultes.« (Jürgensmeier, S. 114). Wienand von Steeg war es auch, der für die Vollendung der gotischen Wernerkapelle 1426 sorgte. Einen großen Teil der humanistischen Erbe-Diskussion des frühen 16. Jahrhunderts, die im Umkreis von Kaiser Maximilian geführt wurde, u. a. von Trithemius, machte übrigens die Beurteilung jüdischer Traditionen aus, so z. B. bei der Debatte um ein Verbot des Talmud zwischen dem bekehrten Juden Johannes Pfefferkorn (Judenspiegel/1516), der das Verbot von Wucher und von jüdischen Büchern forderte – er wandte sich andrerseits gegen die Anklage von Ritualmorden und die Pogrome – und Johannes Reuchlin (Augenspiegel), der das Talmudverbot ablehnte. Die nach wie vor anhaltende antisemitische Stimmung zeichnet eine Reisebeschreibung des Franzosen Pierre de Froissart: »Der Haß gegen die Juden ist in Deutschland so allgemein verbreitet, daß auch die friedlichsten Menschen in Erregung geraten, wenn von Juden und ihrem Wucher die Rede ist. Ich wäre nicht erstaunt, wenn ich erleben müßte, daß blutige Verfolgungen gegen sie in allen Ländern zugleich ausbrechen würden, sie sind ja schon aus zahlreichen Städten mit Gewalt ausgetrieben worden.«

Nach: Rheinlands Wunderhorn, Bd. 8, S. 138ff.; Poliakov, Geschichte des Antisemitismus II, S. 116.

Aus Bacharach stammt aber auch eine typische Schatzsage, die mit den Wundermärchen verwandt ist und andrerseits die Theorien der Alchemie widerspiegelt, deren Ziel »seit je das Goldmachen und die Herstellung des Steins der Weisen« (Wörterbuch der deutschen Volkskunde, S. 11) war.

### Die goldenen Kohlen

Neben dem Rathaus von Bacharach soll ein Mann namens Minola gewohnt haben. Er war ledig und lebte mit einer mürrischen Haushälterin zusammen. Diese bemerkte eines Nachts, als sie nach dem verglimmenden Feuer im Haus sehen wollte, unter dem Bogen des Rathauses einen roten Feuerschein. Sie lief hin und fand einen großen Kohlenhaufen. Ein schwarzer Mann und ein schwarzer Hund, beide ungewöhnlich groß, saßen daneben. Die Haushälterin grüßte und erbat sich, obwohl es sie gruselte, etwas Feuer. Auf einen Wink des Mannes hin ergriff sie einige Kohlen und brachte sie ins Haus. Doch sie gingen aus auf dem Herd, und so eilte sie erneut nach draußen und bat wieder um Feuer. Der Hund knurrte und der Mann sah sie drohend an. Wenn sie noch einmal käme, werde er ihr den Hals rumdrehen, meinte er. Sie ergriff wieder einige Kohlen und verschwand schnell im Haus. Als sie die Tür verriegelte, schlug es gerade ein Uhr. Die Geisterstunde war beendet. Die Frau erschrak, als ihr die Gefahr bewußt wurde, in der sie geschwebt hatte. So konnte sie auch in ihrem Zimmer keinen Schlaf finden und ging morgens früh wieder hinunter, um nach dem Feuer zu sehen.

Da waren die Kohlen zu Gold geworden. Davon wurde das Hospital zum Heiligen Geist gestiftet.

Nach: Schlundt, Sagen aus Rheinland-Pfalz, S. 135/136.

## Bad Bertrich
Landkreis Cochem-Zell

### Vom römischen Thermalbad

In Bad Bertrich gab es bereits zu römischer Zeit ein Thermalbad. Reste antiker Badeanlagen wurden im Kurhaus-Bereich entdeckt. In der Nähe der beiden Kirchen fanden sich »Architekturreste, Säulen und Mauerwerk, die auf Tempelbauten weisen«. (Römer, S. 312). Ein weiterer Kultbau mit einem Weihealtar wird auf einer Anhöhe im Westen vermutet; ebenso eine Kultstätte in der Flur »Kuheck«.

»Eine zierliche Marmordarstellung der Diana mit Jagdhunden weist auf ein entsprechendes Heiligtum der Jagd- und Waldgöttin hin.« (Römer, S. 313) Eine Weiheinschrift auf einem Steinsockel läßt die Namen der Quellnymphen Vercana und Meduna erkennen. Den Römern waren in Bad Bertrich zwei Quellen bekannt: die Gartenquelle und die heute zu Kurzwecken genutzte Bergquelle. Die Namen der beiden Nymphen werden auf keltischen Ursprung zurückgeführt.

Nach: Franz Cramer, Vercana und Meduna, die Quellnymphen des Bades Bertrich, in Germania 1918, S. 8–10; Römer in Rheinland-Pfalz, S. 312/313.

## Bad Dürkheim
Landkreis Bad Dürkheim

### Heidenmauer, Kriemhildenstuhl und Teufelsstein

An vorgeschichtlichen Bauten und Naturdenkmälern mit geheimnisvollen Formen entzündet sich immer wieder die Phantasie der Menschen. Die Namen erzählen daher nicht nur von der Sagenzeit, sondern auch stets von der Zeit, in der man sie erfunden hat. So ist es kein Wunder, daß sich unter der Perspektive der christlichen Kirche Namenskombinationen mit »Heiden-« und »Teufel-« überall im Land finden.

Die Heidenmauer auf dem Kastanienberg bei Bad Dürkheim ist z. B. ein vorgeschichtlicher Ringwall von fast 2 km Länge. Die Mauer ist ungefähr 6m dick; an der Ostseite sind Reste der Toranlage zu sehen. Von der Größe her scheint es sich nicht um eine Siedlung, sondern um einen Fürstensitz gehandelt zu haben. An anderer Stelle hat man in der Bad Dürkheimer Gemarkung keltische Fürstengräber aus dem 5./4. Jh. v. Chr. gefunden. Die Gegenstände dieser Epoche (Latène) sind reich verziert mit Masken, Fabeltieren und floralen Mustern, ganz anders als im geometrisch-linearen Stil der noch davor liegenden Hallstattzeit. Der neue Zierstil ist aus dem mittelmeerischen und südosteuropäisch-kleinasiatischen Raum beeinflußt. Dies beweisen nicht zuletzt Funde wie die des etruskischen Dreifuß von Bad Dürkheim, der heute im Historischen Museum der Pfalz (Speyer) zu sehen ist.

Der Teufelsstein ist ein etwa 3 m hoher Steinblock zwischen Kastanienberg und Forsthaus Weilach nordwestlich von Bad Dürkheim. In dem Stein finden sich mehrere Hohlformen, wie sie hier und an anderer Stelle im Pfälzer Wald als keltische Opferschalen gedeutet wurden. Heute ist man sich sicher, daß es sich lediglich um Verwitterungsformen des Steins handelt. Die Stufen im Stein hat der Drachenfelsclub erst 1884 geschlagen. Da es in der Umgebung traditionell Steinbrüche gab, finden sich auch ab und an Steinmetzzeichen, u. a. mit der Jahreszahl 1566. Die Sage hat sich auch dieses Steines bemächtigt. So heißt es, daß in frühchristlicher Zeit in der Gegend ein germanischer Häuptling lebte, »der noch an Odin glaubte und Menschen opferte«. (Schlundt, S. 45). Er engagierte den Teufel zum Bau eines Schlosses an der Stelle der Abtei Limburg. Während des Baus ließ er sich taufen und statt einer Festung ein Kloster errichten. Das habe den Teufel so ergrimmt, daß er einen zum Bau bestimmten Stein gepackt und über das Tal auf die benachbarte Hügelkuppe geschleudert habe.

Der Kriemhildenstuhl nahe der Heidenmauer ist wie die anderen sogenannten Felsstühle oder Spindelsteine eine Kreation des 19. Jahrhunderts. Sie wurden von Karl Simrock und anderen Autoren in Verbindung mit germanisch-mittelalterlichen Sagengestalten wie St. Lufthildis, Frau Holle oder Percht gebracht. Tatsächlich aber handelt es sich um einen römischen Steinbruch aus der Zeit um 200 n. Chr. Aus dieser Zeit gibt es Felsinschriften, u.a. Weihungen an Götter. Es finden sich figürliche Darstellungen von Phallus, Vulva, Menschen und Tieren, aber auch Symbole wie Radzeichen und Hakenkreuze. Letztere führten dazu, daß in den 30er Jahren an dieser Stelle ein germanisches Heiligtum vermutet wurde.

## Der Tod des Prinzen

Es wird erzählt, daß sich der salische König Konrad II. und seine Gemahlin Gisela gern auf ihrer Familienburg bei Dürkheim, der Limburg, aufhielten. Dort wuchs auch ihr Sohn auf, der ebenfalls Konrad hieß und die Nachfolge antreten sollte. Doch es kam alles ganz anders. Eines Tages veranstaltete der König im wilden Haardtgebirge eine große Jagd auf Hirsche und Eber. Der Wald hallte wider von Hornklängen und Hundegebell. Auf einmal brach ein großer Hirsch durchs Gebüsch, wie man noch keinen gesehen hatte. Die ganze Jagdgesellschaft stürzte dem Tier hinterher, allen voran der Prinz. Der schnelle Hirsch floh in unwegsames Felsengelände.

Tollkühn verfolgte ihn der junge Salier und zwang sein Pferd dabei, über eine Schlucht zu springen. Doch das Tier sprang zu kurz und stürzte samt seinem Reiter in die Tiefe. Dort unten fand man ihn tot, und kein Kraut und kein Segen konnten ihn wieder zum Leben erwecken. Der unglückliche Prinz wurde in der Gruft der Burg bestattet. Eines Abends kam Gisela nach einem Besuch am Grab ihres Sohnes zu ihrem Mann und sagte: »Ich habe heute im Gebet meinen Frieden mit dem Schicksal gefunden. Gott hat uns den einzigen Sohn genommen, aber dennoch sind seine Wege immer gerecht. Laß uns, zu seinem Lob und in Erinnerung an die Hiobsprüfung, diese Burg in eine Kirche umwandeln.« Der König stimmte zu und am 12.

des Heumonats 1030 legten Konrad und Gisela den Grundstein zu einer Kirche, die bald durch ein Kloster ergänzt und unter den Schutz der Bischöfe von Speyer gestellt wurde.

Auch auf dem Limburg-Plateau befand sich bereits eine Siedlung der jüngeren vorrömischen Eisenzeit. Aus dem Jahr 42 v. Chr. stammt ein Schatzfund an Gold- und Silbermünzen von dieser Stelle. Gräber bezeugen auch eine römerzeitliche Besiedlung im 4. Jh. n. Chr. Anfang des 10. Jh. entstand hier eine Burg der salischen Gaugrafen. 1025 stifteten Konrad II. und seine Frau Gisela die Benediktinerabtei und 1030 wurde der Grundstein zum Bau der 1042 geweihten Abteikirche gelegt. Das ist auch der historische Kern der Prinzensage. 1035 schenkte Konrad dem Kloster Limburg die Siedlung Dürkheim, welche 1206 als Lehen an die Grafen von Leiningen gegeben wurde. 1471 kam das Gebiet an Kurpfalz und wurde 1504 im Landshuter Erbfolgekrieg von leiningschen Truppen geplündert. Dabei wurde auch das Kloster zerstört. Es kam zwar zwischen 1510 und 1554 zum Wiederaufbau, aber bereits 1574 wurde das Kloster aufgehoben und verfiel in der Folge. Es blieb eine mächtige Ruine, welche im 19. Jahrhundert zur Spurensuche und Sagenbildung anregte.

Nach: Schlundt, Sagen, S. 41ff; Römer in Rheinland-Pfalz, S. 313ff.; Handwörterbuch des deutschen Aberglaubens, Bd. 9, Nachtrag, S. 14.

## Bad Ems
Landkreis Rhein-Lahn

Es ist kein Wunder, daß sich auch die Sage bei dem im 19. Jh. weltberühmten Badekurort hauptsächlich um die Quellen dreht. Deren Herkunft aus dem rheinischen Vulkanismus des Tertiär hat erstmals der Arzt Johann Dyander 1535 in seiner Schrift »Vom Eymsser Bade« nachgewiesen. Während der alpinen Hauptfaltungsphase brachen im Norden von Rheinland-Pfalz, also in Westerwald, Siebengebirge und Eifel, Vulkane an die Erdoberfläche und hinterließen Basaltkuppen, Lavaströme und Mineralquellen. Deren Heilwirkung war schon zu gallorömischer Zeit bekannt. Und aus der Religion und Mythologie dieser Zeit stammt auch die Sage von den Kindern, die aus Quellen kommen, bzw. die magische Verbindung von Quellwasser und Fruchtbarkeit.

### Der Bubenquell des Germanicus

Im römischen Feldlager von Ems ruhte sich Kaiser Germanicus oft von den Strapazen seiner militärischen Expeditionen aus. Er lebte hier zusammen mit seiner Frau Agrippina. Beide machten sich Sorgen um die Nachfolge, denn die Ehe war bis dahin kinderlos. Alle Gebete zu den Göttern, von denen Agrippina die Erfüllung des Kinderwunsches erhoffte, blieben vergebens. Die melancholische Frau suchte Erholung auf Spaziergängen in der freien Natur. Als sie eines Tage an der Lahn entlang ging, kam eine junge Frau auf sie zu und fragte, was sie für einen Kummer habe. Die Kaiserin erzählte ihr Leid und erhielt wider Erwarten eine fröhliche Antwort: »Wenn es weiter nichts ist, kann Euch geholfen werden! Ich bin eine Lahnnixe und pflege hier in der Nähe einen Wunderquell. Kommt schnell und trinkt sein Wasser, dessen Erze Saft in Eurem Blute neues Leben schafft.«

Die Nixe führte Agrippina an die genannte Stelle, und die Kaiserin trank vom sprudelnden Wasser, während die Wassergeistin sich in blauen Duft hüllte und zu den Wolken emporschwebte. Täglich trank Agrippina nun von diesem Quellwasser und war bald guter Hoffnung.

Als der Kaiser wieder ins Winterlager zurückkehrte, konnte die Geburt eines Prinzen gefeiert werden. Dieser Sohn wurde Caligula, d. h. Soldatenstiefel genannt. Weil er aber später ein böser Kaiser wurde, verfluchte mancher Zeitgenosse im nachhinein die hilfreiche Lahnnixe. Die Quelle aber, welche das Wunder vollbracht hatte, sprudelt heute noch und wird seit dieser Zeit Bubenquell genannt.

Nach: Rheinlands Wunderhorn, Bd. 9, S. 20ff; Fischer, Geographische Landeskunde, S. 6/57/178.

## Bad Kreuznach

Landkreis Bad Kreuznach

Daß das Nahetal eine fruchtbare und schöne Landschaft ist, berichtet bereits der arabische Reisende Ibrahim Ibn Achmed at Tartuschi, der um 970 die Gegend besuchte. Ihn beeindruckte vor allem der Obstanbau in einer so weit nördlich liegenden Region.

Die Gründung von Kreuznach wird mit einer Ursprungssage erklärt, welche die ganz aktuellen Probleme des jährlichen Hochwassers aufgreift. Und die Erklärungssage für die Salzquelle gehört zum klassischen Typus der Brückensagen.

### Ein Kreuz mit dem Hochwasser

In heidnischer Zeit lag auf einer Insel in der Nahe ein Fischerdorf. Aber die oft wilden Fluten des Flusses zerstörten immer wieder die Hütten der Bewohner und rissen sie mit sich fort. Eines Tages errichtete ein christlicher

Missionar mitten auf der Insel ein steinernes Kreuz. Dieses blieb bei Hochwasser stehen, auch wenn die Fluten es heftig umspülten. Die Fischer beobachteten dies und baten den heiligen Mann, bei ihnen zu wohnen und sie zu lehren, wie man steinerne Häuser baue. Im Gegenzug waren sie bereit, den christlichen Glauben anzunehmen, dessen Wahrzeichen das Kreuz war. So wurde die Jahr um Jahr wachsende Siedlung beiderseits der Nahe nach dem allerersten Steinkreuz auf der Insel Kreuznach genannt.

## Das Glück auf der Brücke

Einem Soldaten träumte einmal, wenn er nach Mainz ginge auf die Brücke, würde er dort sein Glück finden. Als er seinen Traum erzählte, lachten ihn seine Kameraden aus. Aber in der folgenden und der darauffolgenden Nacht träumte er wieder den gleichen Traum. Und da nahm er sich Urlaub und ging nach Mainz zur Rheinbrücke. Den ganzen Tag ging er dort auf und ab, bis ihn der Brückenknecht fragte, ob er etwas suche oder auf jemanden warte. Der Soldat verneinte und erzählte von seinem dreimaligen Traum, enttäuscht, daß nichts geschehen sei. Da lachte der Brückenknecht und sagte: »Ja, mit dem Träumen ist das so eine Sache. Da habe ich doch letzt geträumt, von hier aus hinter Kreuznach stehe ein Häuschen und dahinter ein großer Birnbaum. Wenn ich dort graben würde, könne ich mein Glück machen.« Der Soldat merkte auf, sagte aber nichts und machte sich sogleich auf den Weg nach Hause. Das genannte Häuschen nämlich gehörte seinem Vater. Beide haben am Birnbaum nachgegraben und dabei die erste Salzquelle gefunden.

Die Sage vom Schatz auf der Brücke geht auf eine orientalische Tradition zurück (Petzoldt, Dämonenfurcht, S. 136) und stammt aus der Sammlung »1001 Nacht«. Dort spielt sie zwischen Bagdad und Kairo. In der Kreuzzugszeit wanderte sie nach Europa und kann erstmals in Paris nachgewiesen werden. Die erste deutsche Aufzeichnung stammt aus dem Karlmeinet-Epos vom Anfang des 14. Jahrhunderts. Das Brückenmotiv macht sich an alten Vorstellungen fest, nach denen sich z. B. über dem Regenbogen Himmel und Erde, bzw. Diesseits und Jenseits verbinden. Der Birnbaum hat wie die Quelle im Volksglauben mit Fruchtbarkeitssymbolik zu tun. So heißt es z. B.: Viele Birnen, viele Mädchen im nächsten Jahr; will die Wöchnerin in Schwaben als nächstes Kind einen Knaben, läßt sie die Nachgeburt unter einem Birnbaum vergraben (Wörterbuch der deutschen Volkskunde, S. 93).

*Faust verschreibt seine Seele dem Teufel*

## Faust in Kreuznach

Seit Goethe ist Faust mit seinem Teufelspakt die berühmteste Magierfigur der deutschen Literatur geworden. Aber bereits 1587 erschien in Frankfurt ein weitverbreitetes Volksbuch über Faust, und im 18./19. Jh. werden ihm viele sogenannte »Höllenzwänge« in der magischen Literatur zugeschrieben. Faust soll von 1491 bis 1538 gelebt haben. Um 1504 ist er mit dem Sponheimer Abt Trithemius zusammengetroffen, der den vorübergehend als Schulmeister in Kreuznach angestellten Grenzgänger in einem Brief an den kurpfälzischen Hofastrologen Johann Wirdung zu Haßfurt 1507 als Quacksalber, Betrüger und Kinderschänder darstellt.

»Dieser Mann, über den du mir schriebest, Georgius Sabellicus, der es gewagt hat, sich als Fürsten der Nekromanten zu bezeichnen, ist ein Landstreicher, Schwätzer und Herumtreiber; er verdient, ausgepeitscht zu werden, damit er nicht noch weiterhin verabscheuungswürdige Dinge, die der heiligen Kirche widersprechen, zu lehren wage.« So soll er sich in Speyer »gerühmt haben, daß die Wunder Christi, des Heilandes, nichts Bewundernswertes an sich hätten – er könne alles bewirken, was auch Christus bewirkt habe, so oft und wann immer er wolle. Während der Fastenzeit diesen Jahres kam er nach Kreuznach und rühmte sich dort derselben törichten Art – er erklärte, daß er in der Alchemie von allen, die es je gegeben habe, der bedeutendste sei, und daß er wisse und zuwegebringen könnte, was die Leute sich nur wünschten. Es war aber zu dieser Zeit in genannter Stadt die Stelle des Schulmeisters unbesetzt; auf Veranlassung des Amtmannes deines Fürsten, Franz von Sickingen, eines nach mystischen Dingen überaus begierigen Mannes, wurde sie ihm übertragen. Aber er begann bald darauf mit Knaben die schändlichste Unzucht zu treiben; als die Sache ans Licht kam, entzog er sich der drohenden Strafe durch die Flucht. Das ist alles, was ich nach sicherem Zeugnis über diesen Menschen berichten kann, dessen Ankunft du mit so großer Sehnsucht erwartest.« (H. Wiemken, Doctor Fausti Wehklag, S.XVIII ff.)

Nach: Schlundt, Sagen, S. 86 ff.; Doctor Fausti Wehklag; Wörterbuch der deutschen Volkskunde; Petzoldt, Dämonenfurcht.

## Bad Marienberg
Westerwaldkreis

### Wolfsgeschichte(n)

Nördlich von Bad Marienberg steht mitten im Wald ein Basaltschlot aus dem Tertiär, der den Namen »Großer Wolfstein« trägt. Der Wolf ist ein Tier, das den Menschen immer wieder beschäftigt hat, vor allem weil er eine Konkurrenz für die Hirten war. Er gilt in der Mythologie als Tier Wotans und ist heute im Bild als böser Märchenwolf (Rotkäppchen), als Vielfraß Isegrimm in der Fabel und als Dämon (Werwolf/auch von den Nazis zur Propaganda 1945 genutzt) präsent. An Ostern und Martini sammelten Hirten in Hessen Wolfsgeld »zum Kampf gegen das schlimme Raubtier« ein. Im Böhmerwald wird der Wolf wie andernorts der Winter mit viel Lärm ausgetrieben. Es gibt in der Geschichte der Mittelgebirgslandschaften mehrfach Berichte von sogenannten Wolfsplagen. »Der Wolf folgt der Trommel«, heißt eine Redensart, die meint, daß Wolfsplagen immer in und nach Kriegen auftreten. So wird von solchen »Plagen« hauptsächlich aus der Zeit des 30jährigen Krieges und aus der Franzosenzeit um 1800 berichtet.

Der Augustinermönch Heinrich Laers schrieb 1643: »Oh, betrüblicher Jammer! Oh, jämmerliche Betrübnis! Die hitzige Pestilenz hat die gesunde Luft verunreinigt. Der schon 24 Jahre dauernde Krieg hat reiche Bürger und Bauern zu armen Bütteln gemacht. Städte und Dörfer sind verhungert und verderbt. Die volkreiche Pfalz ist an Einwohnern entleeret, daß itzo mehr Wölfe und andere Untiere herumlaufen, als Untertanen sich auf dem platten

Lande befinden.« Bereits im 15. Jahrhundert führte der hessische Landgraf Wolfsjagden durch, aber hauptamtliche Wolfspürer wurden in den Mittelgebirgen erst 1804 unter den Franzosen eingestellt und Abschußprämien erst unter den Preußen im frühen 19. Jahrhundert gezahlt. Das führte schließlich ein Dreiviertel-Jahrhundert später zur Ausrottung der Wölfe in Westerwald, Eifel (1883), Hunsrück (1879) und Pfälzer Wald (1874).

Aus einer Wolfsplage für die Menschen war eine Menschenplage für die Wölfe geworden. Das zeigt, wie sehr sich Sitten, Gesetze, Bilder und kulturelle Muster oft von der Realität unterscheiden.

Nach: Oesau/Merz, Naturdenkmale in Rheinland-Pfalz, S. 11–13.

## Bad Münster
Landkreis Bad Kreuznach

### Zwei Sagen von der Ebernburg

Die Ebernburg, erstmals 1209 erwähnt, gehörte von 1448 bis 1750 der Familie von Sickingen. Franz von Sickingen (1481–1523), dem am Fuß der Burg gemeinsam mit seinem Freund Ulrich von Hutten ein Denkmal gesetzt wurde, sah in der Reformation die Chance, daß die arbeitslos gewordenen Reichsritter sich geistlichen Besitz aneignen könnten und brach so den »Pfaffenkrieg« gegen das Erzbistum Trier vom Zaun, den er 1523 verlor. Er starb bei der Belagerung der Feste Landstuhl: diese Niederlage bedeutete zugleich das endgültige Ende der »Ritterzeit«. Die Ebernburg wurde ebenfalls 1523 zerstört, 1542 jedoch wieder aufgebaut und endlich auf Verlangen der Franzosen nach dem Frieden von Ryswijk 1697 geschleift. Heute sind innerhalb der restaurierten Burg vor allem noch Reste der Bebauung aus dem 15. und 16. Jh. zu sehen. Zwei Sagen erzählen von der Gründung der Burg.

Es heißt, daß der ursprüngliche Besitzer der noch namenlosen Burg in Fehde mit dem Rheingrafen vom Stein lebte, weil das Fräulein von Montfort diesen und nicht ihn geheiratet hatte. Während einer Jagd wurde der Ritter einmal von einem grimmigen Eber in Lebensgefahr gebracht. Doch im letzten Moment stürzte das Tier von einem Pfeil getroffen zusammen, der vom Rheingrafen abgeschossen worden war. Die beiden Ritter wurden Freunde, und zur Erinnerung an die denkwürdige Jagd befestigte der Gerettete den Eberkopf über dem Burgtor und nannte seine Burg von da an Ebernburg.

Nach einer zweiten Sage wurden die Belagerer der Burg einmal durch eine List zum Abzug genötigt. Obwohl man in den Mauern nichts mehr zu essen hatte, täuschte man reiche Lebensmittelvorräte vor, indem man das letzte Schlachttier, einen Eber, so heftig am Schwanz zerrte, daß es laut schrie. Das wiederholte man jeden Morgen, so daß die Gegner schließlich abzogen, weil sie kein Ende der Belagerung mehr sahen. Zum Andenken daran wurde ein Eberkopf über dem Tor angebracht und die Burg Ebernburg genannt.

Beide Sagen werden vom Motiv her auch an anderen Orten so oder ähnlich erzählt. Bedeutsamer aber ist die Jagdszene für das mythologische Bild vom Eber, der seit der frühen Steinzeit ein begehrtes Jagdobjekt war. Eberzähne wurden von den Eiszeitjägern zu Schmuck verarbeitet. Der Eber galt in den Jägergesellschaften als Symbol für Unerschrockenheit und Sinneslust; konsequenterweise schrieb ihm die christliche Symbolik daher die Rolle des Brutalen und Bösen zu. Nicht nur die keltischen Druiden nannten sich Eber, sondern es gab auch Eberkrieger mit entsprechenden Helmen und Masken bei Kelten und Germanen. »Er steht in Verbindung mit Göttern und magischen Mächten sowie mit dem Baum, dem Rad, dem Raben und dem menschlichen Kopf und wurde Derga geopfert. Das Opferfeuer war der ›Eber der Wälder‹. Der Kopf des Ebers versinnbildlichte Gesundheit und Bewahrung vor Gefahr, die Macht der Lebenskraft; das Lebensprinzip, das seinen Sitz im Kopf hat, daher Überfluß und Glück für das kommende Jahr.« (Cooper, S. 39).

Nach: Schlundt, Sagen, S. 93; Dehio, S. 232; Cooper, S. 38/39.

## Der betrogene Teufel und der Rheingrafenstein

Als der Rheingraf noch auf dem Kauzenberg wohnte, soll er sich eine Burg auf dem hohen Rheingrafenstein gewünscht haben, um sich unangreifbar zu machen. Eines Tages begegnete er auf der Jagd einem hinkenden Jäger. Das war der Teufel. Dieser sprach ihn an: »Morgen soll auf dem Stein eine Burg stehen, wenn ich die Seele dessen bekomme, der zuerst zum Fenster herausblickt.« Der Graf willigte ein und unterschrieb einen Kontrakt mit einem Tropfen Blut. Am andern Morgen stand die Burg auf dem Felsen. Der Graf und seine Frau aber zogen ein und schmiedeten einen Plan, den Teufel zu betrügen. Sie setzten einem alten Esel das Barett des Burgkaplans auf, führten ihn in den Rittersaal und ließen ihn hinunter in die Nahe schauen. Und noch ehe der Esel sein I-A ertönen lassen konnte, fuhr der Teufel auf ihn herab und riß ihn mit sich fort in die Lüfte. Wie er jedoch merkt, daß er betrogen ist, läßt er das arme Tier in die Tiefe fallen und fährt heulend um die Burg, daß sie in ihren Grundfesten erbebt. Dann verschwindet er und ward seitdem im Nahetal nicht mehr leibhaftig gesehen.

Das faustische Motiv des Teufelspakts ist im Grunde ein Märchenmotiv. Es beschreibt magische Hoffnungen der frühen Naturwissenschaft. Listigen Menschen gelingt es durch den berechnenden Verstand, dämonische Naturkräfte zu technischen Wunderleistungen zu zwingen. Der Vertrag, bei dem die Seele verkauft werden muß, ein Hinweis auf die Entseelung der Natur im materialistischen Denken, wird erfolgreich umgangen. Heutzutage ist man sich da angesichts ökologischer Katastrophenszenarios nicht mehr so sicher. Und auch die Figur des Ritters, der nicht Tod und Teufel fürchtet, trägt heute nach den Erfahrungen des Faschismus, einen Zug ins Verbrecherische. Betrug und Mord erscheinen als beinahe zwangsläufige Begleiter des Teufelspaktes, und das keineswegs aus theologischen Gründen. Die List des sich kaufmännisch verstehenden Verstandes, welche leicht in die Nähe schwarzer Magie gerät, steht einem folgebewußten Handeln gegenüber, das sich nicht an der schnellen Mark, sondern an den vielfältig verzweigten Entwicklungsgeflechten von Natur und Gesellschaft orientiert.

Nach: Schlundt, Sagen, S. 91/92.

## Balduinstein
Landkreis Rhein-Lahn

### Die Schöne und das Biest an der Lahn

»Auf dem Gabelstein unweit des Schlosses Schaumburg hauste in alter Zeit ein Scheusal in übermenschlicher Gestalt, das von den Bewohnern der Umgegend der Lahnteufel genannt wurde.« (Schlundt, S. 246). Seine Schreie verwirrten die Lahnschiffer so sehr, daß sie auf gefährliche Stellen im Fluß nicht achteten und an den Felsen zerschellten. Das hatte das Ungeheuer auch beabsichtigt, um an das Hab und Gut der Schiffer zu kommen. Endlich soll eine schöne Jungfrau, die reinen Herzens war, Rettung gebracht haben. Die Frau beschloß, sich dem Lahnteufel in alter Drachentradition zu opfern. Als dieser die wunderschöne Frau sah, wurde er von einer solch leidenschaftlichen Begierde gepackt, daß er auf den Klippen einen Fehltritt tat und in die Tiefe stürzte, wo er jämmerlich zerschellte.

Hier mischen sich viele Sagentraditionen. Einmal ist es eine Art umgedrehte Lorelei und dann eine Vorform der Geschichte von der Schönen und dem Biest, die ja auch aus dem Hollywoodfilm vom Riesenaffen King-Kong bekannt ist, nur daß das Ungeheuer an seiner Gier zugrunde geht und nicht am Vorurteil der Menschen. Der Begriff des Ungeheuers stammt aus dem Germanischen und bedeutet ursprünglich: nicht zur gleichen Siedlung zählend, d. h. wild. Erst im 18. Jh. erhielt das Wort unter dem Einfluß von lat. monstrum seine heute gänzlich negative Bedeutung. Riesenhafte Naturgeister gibt es sowohl in der nordischen als auch in der griechischen Mythologie. In beiden Fällen stehen sie für die Schöpfungskräfte vor der Ordnung durch die Götter.

Im Volksglauben finden sich Riesen seltener als Elfen und Zwerge. Sie sind auch meist eher böse Gestalten. »Nicht selten ist der Teufel Ersatzgestalt der Riesen geworden (Riesenbauten).« (Wörterbuch, S. 675). Die Sage vom Lahnteufel ist aber auch eine Verführungsgeschichte, wie sie bürgerlich-männlichen Sexualphantasien entstammen könnte. Der Sieg des reinen Herzens über die Gier ist andrerseits eine heldische Hoffnung, welche diesen engen Geschlechterrahmen sprengt. Gedeutet werden könnte die Sage aber auch gegen den Strich: Dann wäre nicht der Lahnteufel auf das Hab und Gut der Schiffer aus, sondern die Schiffer würden den wilden Fluß schlecht reden, um ihn in ihre Gewalt zu bekommen und damit überhaupt erst Hab und Gut erwerben zu können. Die reine Jungfrau wäre dann eine kalte Göttin der Technik, welche die lebendige Wildheit des Flusses in einem sauberen Betonbett tötet.

Nach: Schlundt, Sagen aus Rheinland-Pfalz, S. 246; Wörterbuch der deutschen Volkskunde, S. 675.

## Becherbach-Gangloff
Landkreis Bad Kreuznach

### Das Merkurheiligtum auf dem Roßberg

Im Historischen Museum Speyer befindet sich ein Viergötterstein, der von einem Merkurheiligtum auf dem Roßberg stammen soll. Der Planetengott Merkur galt bei den Römern als Gott des Handels und Gewerbes, aber auch als Götterbote und Totengeleiter. Er war also für alle Formen der Kommunikation zuständig und fungierte als Grenzgänger zwischen den Welten (Länder, Diesseits und Jenseits, Himmel und Erde). Nach Caesar sollen die Gallier ihn, eine römische Deutung von Teutates oder Esus, am meisten von allen Göttern verehrt haben. Im 2./3. Jh. errichteten romanisierte Kelten, wahrscheinlich in der Nachfolge von Baumkulten, sogenannte Jupitergigantensäulen, als deren Sockel die Viergöttersteine dienten. Die rechteckigen oder quadratischen Sockelsteine zeigten auf allen vier Seiten Bilder galloromischer Gottheiten. Der Stein aus Gangloff zeigt auf einer Seite Vulcanus, den römischen Gott des Feuers und der Schmiede, wenn man so will, den Gott der Eisenzeit, der bei den Kelten auch als Unterweltgott verstanden wurde. Dargestellt wird er als bärtiger Mann in kurzem Hemdgewand, das die rechte Schulter frei läßt. Als Attribute trägt er Zange, Amboß und Hammer.

Nach: Römer in Rheinland-Pfalz, S. 329.

# Bernkastel-Kues
Landkreis Bernkastel-Wittlich

An diesem alten Siedlungsplatz an der Mosel wurde u. a. ein bandkeramisches Dorf (5500–4800 v. Chr.) gefunden. Bernkastel ist vor allem bekannt durch die Weinsage vom Bernkasteler Doktor, Kues durch den Philosophen und Theologen Nikolaus Cusanus (1401–64), dessen Bibliothek sich im von ihm gestifteten Hospital befindet. In seinem Geburtshaus kann eine Dokumentation über Leben und Werk des Kardinals besichtigt werden, dessen »Denken gegenläufig zu seiner gesellschaftlichen Macht« (FAZ 19.8.95) war.

## Der Vater des Geheimnisses

Der als Nikolaus Krebs geborene Sohn eines Schiffers studierte in Heidelberg und Padua und hat mit seiner Neubelebung platonischen und neuplatonischen Denkens die Florentiner Renaissance stark beeinflußt. Er wandte sich gegen das an Aristoteles angelehnte schulwissenschaftliche Denken der Scholastik in unvereinbaren Gegensätzen, das seiner Meinung nach mitverantwortlich für die Religionskriege des 14. Jh. war, und stellte dem seine Koinzidenzlehre gegenüber, welche die Natur als bewegte Durchdringung von Gegensätzen verstand. In der Tradition von Mystikern wie dem Katalanen Ramon Lull (1235–1316) sowie spätantiken Autoren wie Dionysius Areopagita, dessen Lichtmetaphysik als Grundlage gotischer Baukunst gilt, entwickelte Cusanus seine negative Theologie, in der Wirklichkeitsbezug und individuelle Erfahrung über Schulwissen gestellt wurden. Dadurch wurden sowohl Wege zur Naturwissenschaft geöffnet als auch zum neuen bürgerlich-städtischen Menschenbild von Individualität und zur Begegnung mit anderen Religionen und Kulturen, wie sie dann vor allem von Pico della Mirandola in Florenz durch die Öffnung gegenüber Islam, Kabbala (jüdische Mystik) und gnostischem Gedankengut vollzogen wurde. Cusanus kritisierte die herrschende »aristotelische Sekte« der Scholastik: »Sie sah nicht die kreative Selbstentfaltung des Menschen – in seiner Weltgestaltung wie in seinen Begriffen. Vor allem entging ihr, da sie die Koinzidenz der Gegensätze vermeiden wollte, daß der Mensch nur dadurch zu sich zurückkommt, daß er denkend, wollend und handelnd aus sich herausgeht. Sie sah nicht, daß wir im Erkennen die Einheit von Ruhe und Bewegung sind, die es nach dem Verstandesdenken nicht geben kann. Sie sah nicht, daß wir dem Verstand und seinen Grenzen denkend zusehen und daß wir insofern den Gegensätzen – auch den kontradiktorischen – zuvorkommen, die nach dem Verstand unüberwindlich sind. Sie sah die intime Einigung von Mensch und Gott nicht als unsere Wirklichkeit an, sondern hielt sie für Häresie oder für

Mystik.« (Kurt Flasch, Das philosophische Denken im Mittelalter, S. 543). In seinem zentralen Werk »De docta ignorantia« (Von der über sich selbst belehrten Unwissenheit) aus dem Jahre 1440 beschreibt er Gott als Geheimnis, das jenseits der endlichen Welt der Gegensätze liegt und nur durch die Grenzerfahrung des immer begrenzten Denkens als Einheit der Gegensätze erahnt werden kann. Damit wird Gott zur dauernden Möglichkeitsform der Welt und die Jagd nach Weisheit wird unendlich. Man beginnt, im Unscheinbaren das Wesentliche zu suchen. »Die Überzeugung, eine Sache müsse, gerade weil sie nicht betont wird, bedeutsam sein, hat durchaus etwas für sich, kann jedoch zu hermeneutischem Wahnsinn führen...Bei Cusanus und Pico verdichtete sich ein scharfes, instinktives Bewußtsein der Regel, daß jedes Wissen transzendiert werden kann, zu dem mystischen Aberglauben, alle bedeutenden Wahrheiten seien kryptisch... Aufklärung und Obskurantismus waren in der Methode der docta ignorantia eng verbunden.« (Wind, S. 233). Das wird dort klar, wo die fortwährende Suche in den menschlichen Denkfiguren und Denkbildern in Schemata gefaßt wird, seien es die aus der Spätantike bekannten Engelshierarchien, seien es von der Kabbala beeinflußte Wort-, Laut- und Buchstabendeutungen, die leicht von der Deutung in die Beschwörung abgleiten, oder »halbmagische Übungen, die den Betrachter auf ernsthafte Weise unterhalten und in Erstaunen setzen sollten«. (Wind, S. 254). Bei Cusanus bestanden »diese ernsten Spiele (serio ludere) darin, innerhalb alltäglicher Erfahrung einen ungewöhnlichen Gegenstand zu finden, ausgestattet mit jenen widersprüchlichen Attributen, deren Vereinigung in der Gottheit nur schwer vorstellbar ist«. (Wind, S. 255).

Nach: Nordhofen, Das Herz des Philosophen (FAZ 19.8.95); Yates, Die okkulte Philosophie, S. 11 und 21; Wind, Heidnische Mysterien in der Renaissance, S. 233, 253/54 und 274.

## Vom bösen Maurus

Während die Sage von der Heilwirkung des Bernkasteler Weins, die den Trierer Erzbischof Boemund II. gesund gemacht haben soll, heute auch als Ausdruck dionysischer Lebensphilosophie verkauft werden könnte, führt die Sage vom bösen Maurus zu Kues in die Gespensterwelt der Toten, und auch das hat mit Wein zu tun, jedenfalls mit seinem Mißbrauch. Maurus soll zu Lebzeiten ein Säufer gewesen sein, der seine Frau regelmäßig mißhandelte. An einem Pfingsttag habe ihn dann die gerechte Strafe ereilt, heißt es. Er sei volltrunken in eine Grube gestürzt und habe sich dabei das Genick gebrochen. Er wurde beerdigt und kam als Wiedergänger zurück. Er trat als Poltergeist auf und rollte Felsblöcke den Berg hinunter, betätigte sich als Aufhocker – eine Gespenstergattung, die laut Handwörterbuch des Aberglaubens seit 1200 in ganz Europa belegt ist –, indem er Frauen mit Tragkörben auf den Rücken sprang und damit die Last bis zur Dorfgrenze beschwerte, und foppte die Fährleute, indem er in dunkler Nacht: Hol über! rief und sie dann auslachte, wenn sie gefahren kamen. Schließlich sei er ein zweites mal beschworen und »nach dem Hinterwalde« verbannt worden. Dort soll er etwas ruhiger geworden sein. Das Spuken aber habe er keineswegs aufgegeben: »Er schleicht noch einigemale, besonders an hohen Festtagen, nach seiner alten Wohnung und beunruhigt sein altes Quartier.«

Nach: Rheinlands Wunderhorn, Bd. 9, S. 141; Schlundt, Sagen, S. 158/159.

# Betzdorf

Landkreis Altenkirchen

## Basaltriesen und der Druidenstein

Der Westerwälder Vulkanismus läuft im Norden mit einem Basaltfelsen aus, der im Volksmund Druidenstein genannt wird. Man erreicht ihn auf Wegen von Herkersdorf oder Offhausen aus. Basalt, der hier in Säulenform vorkommt, wird seit der Römerzeit abgebaut.

Der Druidenstein aber ist davon verschont geblieben. Er wird erstmals 1741 urkundlich erwähnt und heißt damals noch Herkersdorfer Köppel. Die Mutmaßung, er habe eine keltische und später eine germanische Kultstätte beherbergt, dürfte also wohl eine romantische Erfindung des frühen 19. Jahrhunderts sein. Diese Deutung hat es vielleicht auch verhindert, daß der Felsen nach 1850 und dem Aufkommen der Basaltindustrie im Rahmen von Straßen- und Wasserbau (Rheinregulierung) vollständig abgetragen wurde. Alte Skizzen zeigen, daß dem Felsen jedoch wohl mehrmals die Spitze abgebrochen wurde. Es geht die Sage, das habe die Bevölkerung der Umgebung während des dreißigjährigen Krieges getan, um umherziehenden Banden ihren Orientierungspunkt zu nehmen. 1922 wurde der Felsen dann durch eine Kreuzweganlage und ein Gipfelkreuz »christiansisiert«.

Die Basaltsäulen haben die Vorlage zu einer Riesensage gegeben. Es heißt, vor Zeiten seien wilde Leute von riesenhafter Gestalt am Druidenstein heimisch gewesen. Sie seien zu den Herkersdorfern herabgestiegen, um sich hier Kessel und Töpfe auszuleihen. Die Riesen hätten sich dabei als gutmütige Charaktere gezeigt.

Eine andere Sage sucht die romantische Namensgebung zu begründen und erzählt, eine Druidin sei zum christlichen Glauben übergetreten und habe daher nicht mehr an heidnischen Opferhandlungen teilgenommen und darüber hinaus versucht, ihre Stammesmitglieder zu missionieren. Das habe die traditionellen Druiden, alles Männer, so erzürnt, daß man sie samt ihrem Sohn nach vorausgegangenem Verhör habe verbrennen wollen. Als Ort habe man den Druidenstein ausgesucht, an dem sie früher als Priesterin tätig gewesen sei. Ob das Urteil ausgeführt wurde oder nicht, darüber streiten sich die verschiedenen Sagenfassungen. Der Name der Druidin soll jedenfalls Herka gewesen sein. Nach ihr habe man das nahe Herkersdorf benannt.

Nach: Naturdenkmale in Rheinland-Pfalz, S. 8; Sagen des Westerwaldes, S. 146–148.

## Bingen

Landkreis Mainz-Bingen

### Sage vom Mäuseturm

Der Mainzer Erzbischof Hatto soll im 10. Jh. Getreidevorräte gehortet haben. Als die Bevölkerung ihn in einer Hungersnot um Hilfe gebeten habe, soll er die Bittsteller in eine Scheune getrieben und dort verbrannt haben. Sie seien »unnütze Kornmäuse«, brachte er als Begründung für seine grausame Handlung vor. Daraufhin sei er von immer mehr Mäusen angegriffen und verfolgt worden. Er habe sich vor ihnen in den heute noch bestehenden Turm im Rhein bei Bingen geflüchtet. Aber das habe ihm nichts genützt. Die Mäuse verfolgten ihn auch auf die Insel, bissen ihn tot und fraßen ihn auf. Darüber hinaus zernagten sie auch seinen Namen, damit er vergessen werde. Seitdem heiße der Turm im Rhein Mäuseturm.

Schon 1814 findet sich die Sage vom Mäuseturm in der Sammlung »Die Sagen und Volksmährchen der Deutschen« von Friedrich Kaspar Gottschalck. In der Fassung der Brüder Grimm ist sie also als eine Sage verzeichnet, die den Ortsnamen erklären soll.

Es handle sich dabei, so die Deutung, um eine sprachliche Verschleifung von Maut(=Zoll)-Turm zu Maus-Turm. Der Sagentyp selbst allerdings ist in ganz Europa bekannt. Im Handwörterbuch des Deutschen Aberglaubens heißt es: »Typisch ist die Sage von dem Tyrannen, der die um Brot flehenden Untertanen in eine Scheune sperren und diese anzünden läßt. Die Seelen der im Feuer Umgekommenen erscheinen als Mäuse und verfolgen ihren Mörder, der vergeblich vor seinen Rächern in einer Burg oder einem Schiff Zuflucht sucht. Als die wichtigsten Vertreter dieses Sagentypus seien genannt Popiel II., Herzog von Polen, Bischof Widerolf von Straßburg, Bischof Hatto von Mainz, Bischof Gottfried von Osnabrück, Herr von Göttingen (Schloß Wasserburg im Bodensee).« (Bd. 6, S. 6/7) Während Mäuseplagen als Strafe Gottes schon seit der

Antike bekannt sind, gelten die Mäuse erst seit dem Mittelalter als Hexen- und Teufelstiere. Neben dem Bezug zu Hunger- und Seuchenkatastrophen ist es wichtig, daß Mäuse auch als Symbole für die Menschenseele verstanden wurden: Sie verlassen den Mund des Schlafenden oder den Mund der Hexe, die auf dem Scheiterhaufen verbrannt wird. Auf ähnlichen Vorstellungen beruhen auch die Rattenfängersagen. Man hat diese Anschauungen Anfang des Jahrhunderts als animistisch gedeutet. Neben der kulturgeschichtlichen Komponente drängt sich hier jedoch eindeutig eine soziale Interpretation auf. Die Sage macht die Rachephantasien der armen Leute gegenüber den Reichen und Herrschenden öffentlich und liefert Argumente für einen gewaltsamen Aufstand. Nicht umsonst tauchen neben den Insekten auch Mäuse und Ratten in aktuellen Science-Fiction-Filmen auf, die sich mit Untergangsphantasien der Menschheit beschäftigen. In Wirklichkeit ist hier nach wie vor neben der ökologischen und religiösen Dimension die soziale zu erkennen, nämlich in der Angst der Besitzenden, die sich als Menschheit verstehen, vor den Besitzlosen, die als untermenschliche, tierische Masse dargestellt werden. Die gleiche Angst herrscht schließlich auch gegenüber den Migranten aus aller Welt, die in Europa Zuflucht und Heimat suchen. Die Sage vom Mäuseturm unterscheidet allerdings deutlich zwischen berechtigtem, wenn auch gewalttätigem Aufstand, sozusagen als eine Art säkularisierter Strafe Gottes, und der Plage eines dämonisierten Mobs, der im Auftrag einer bösen Macht Leben zerstört.

Nach: Schlundt, Sagen, S. 134; Handwörterbuch des deutschen Aberglaubens, Bd. 6, S. 6/7.

## Hildegard von Bingen (1098–1179)

Derzeit läuft die Hildegard-Renaissance auf Hochtouren: Vom Kräuterrezept bis zum Sacro-Pop mit Melodien aus den 77 Gesängen der Äbtissin (Disibodenberg, Rupertsberg und Eibingen), von denen 13 der Hl. Ursula und 15 der Hl. Maria gewidmet sind. Dabei fehlt bisher eine wissenschaftliche Edition ihrer Natur- und Heilkunde, die nur durch Kodizes des 13.–15. Jh. überliefert ist. Die nie wirklich heilig gesprochene Nonne, die als zehntes Kind einer adligen Familie in Bermersheim bei Alzey geboren wurde, schildert das einschneidende Erlebnis ihrer ersten Vision im Jahre 1141 so: Da »kam ein feuriges Licht mit Blitzesleuchten vom offenen Himmel hernieder. Es durchströmte mein Gehirn und durchglühte mir Herz und Brust gleich einer Flamme, die jedoch nicht brannte, sondern wärmte, wie die Sonne den Gegenstand erwärmt, auf den sie ihre Strahlen legt. Nun erschloß sich mir plötzlich der Sinn der Schriften, des Psalters, des Evangeliums und der übrigen katholischen Bücher des Alten und Neuen Testaments.« (nach Führkötter, in: Bingen, S. 219) Dieses Aha-Erlebnis wird in der Philosophiegeschichte als

*Hildegard von Bingen (1098 - 1179)*

Intuition charakterisiert, die auftritt, wenn ein komplexer Gedanke von innen her schlüssig erfaßt wird und als evident aufleuchtet. Dieser Vorgang wird wie das Bild eines aufflammenden Lichtes erlebt und verströmt durch seine Ganzheit körperlich Wärme. Nicht umsonst stehen daher das Denken, das

Licht, das Ich, die Sonne und der Christus in der europäischen Tradition in einer begrifflich-bildlichen Beziehung zueinander.

Hildegard legte Wert auf die Feststellung, daß sie ihre Visionen »nicht in traumhaften Zuständen, nicht im Schlafe oder in Geistesgestörtheit, nicht mit den Augen des Körpers und nicht an abgelegenen Orten, sondern wachend, besonnen und mit klarem Geist, mit den Augen und Ohren des inneren Menschen, an allgemein zugänglichen Orten« empfangen habe. Ihre Schauungen wurden 1147/48 von Papst Eugen II. in Trier bestätigt und erschienen 1151 als Buch. Daraufhin setzte eine lebhafte Korrespondenz und Predigttätigkeit Hildegards in ganz Europa ein, die bis zu ihrem Tod andauerte.

Anläßlich der Gründung von Kloster Rupertsberg bei Bingen (1150) wurde ihr Mysterienspiel »Ordo virtutum« aufgeführt. 1152–58 erschien ihre Natur- und Heilkunde. Die Beziehung zwischen genauer innerer und äußerer Schau, also Seelen- und Naturbeobachtung, ist typisch für die mystische Tradition des Mittelalters und der frühen Neuzeit, die im Prozeß der Selbsterkenntnis Kategorien wissenschaftlicher Beobachtung vorwegnahm und daher oft dem Ketzereiverdacht der gesetzesgläubigen Kirche ausgesetzt war. In der Natur- und Heilkunde Hildegards mischen sich mittelalterliche Kloster- und Volksmedizin, antike Traditionen wie die Viersäftelehre, praktische Erfahrungen in der Krankenpflege und eigene Naturbeobachtungen, die sich z. B. in sehr konkreten Anweisungen zum Sammeln und Verarbeiten von einheimischen Heilkräutern niederschlagen oder in einer bis ins 19. Jh. hinein unübertroffenen Kenntnis der heimischen Fischfauna.

1158–63 erschien Hildegards Lebenskunde, in der sie 35 Paare von Tugend und Untugend einander gegenüberstellte. So beschreibt sie die Maßlosigkeit: »Die Gestalt sah aus wie ein Wolf. Mit gekreuzten Beinen hockte sie auf ihren Füßen und lauerte überall umher, um alles, was sie nur packen konnte, an sich zu reißen.« (nach Führkötter, S. 226) Nach dem Erwerb des Klosters Eibingen im Rheingau erscheint als letztes Werk eine Kosmologie. In der ersten Vision stellt sie den aufrecht stehenden und mit ausgebreiteten Armen dastehenden Menschen, das »Menschenkreuz«, wie es auch von Leonardo da Vinci als Zeichnung bekannt ist, in Zusammenhang mit dem Makrokosmos. Kosmos und Mensch werden von der Gestalt des Schöpfergottes als »caritas« (Liebe) umspannt. Diese Gestalt sagt: »Ich, die höchste feurige Kraft, entzünde alle Lebensfunken. Nichts Tödliches sprühe ich aus. Ich entscheide das Sein... Ich, das feurige Leben der Gottwesenheit, flamme über die Schönheit der Felder, ich leuchte in den Wassern, brenne in der Sonne, im Mond und in den Sternen. Und mit luftigem Wind...erwecke ich alles zu gewaltigem Leben. Luft lebt im Grünen und Blühen.« Alle Natur lebt durch diese Kraft wie die Seele den Menschen flammend belebt. Nichts Totes wird in der Natur »erfunden. Denn ich bin das Leben.« (nach Führkötter, S. 228).

1179 spricht das Mainzer Domkapitel das Interdikt über Hildegard aus, weil sie einen exkommunizierten Adligen, der sich vor dem Tod mit Gott ausgesöhnt hatte, auf dem Klosterfriedhof begraben ließ. Dies war verboten. Hildegard ging einen Kompromiß ein und machte das Grab unkenntlich, ohne den Leichnam zu exhumieren, wie verlangt wurde. Sie legte Widerspruch gegen das Interdikt ein und erhielt Recht. Die Kirchenstrafe wurde noch vor ihrem Tod im gleichen Jahr aufgehoben.

Nach: Führkötter, in: Bingen, S. 217 ff.

## Birkenfeld
Landkreis Birkenfeld

### Erzbischof Balduin und Gräfin Lauretta

Ruinen brauchen Erklärungen, so auch die Reste einer alten Burg bei Birkenfeld. Nach der Sage soll sie der Trierer Erzbischof Balduin errichtet haben, um der sponheimischen Gräfin Lauretta, die auf der Starkenburg bei Trarbach residierte, Birkenfeld zu entreißen. Als Balduin aber eines Tages moselabwärts fuhr, »hatte die Gräfin Lauretta am Fuß ihrer Burg eine Kette quer durchs Flußbett spannen lassen; da stockte das Schifflein des Erzbischofs, und vom Ufer fuhr ein Kahn mit gewappneten Knechten heran, die hoben den gefürchteten Erzbischof auf und brachten ihn gefangen auf die Starkenburg«. (Schlundt, S. 101). Dort mußte er einen Handel mit der Gräfin eingehen. Sie ließ ihn frei gegen das beurkundete Versprechen, die Birkenfelder Burg zu räumen und alle Ansprüche auf das dortige Gebiet aufzugeben. So geschah es denn auch.

Diese Sage beruht bis ins Detail auf historischen Tatsachen. Der zum Geschlecht der Luxemburger gehörende Balduin, 1307–54 Erzbischof in Trier und 1328–37 auch in Mainz, begründete den späteren Trierer Territorialstaat durch seine Burgenpolitik in Hunsrück und Westerwald. Er stand in besonderer Konkurrenz mit den von Kurpfalz gestützten Sponheimer Grafen, die gegen ihn um die Bischofswürde »kandidiert« hatten. »Der Griff Balduins nach der Vogtei des Kröver Reiches und die Gefangennahme eines trierischen Lehensmannes führten zu einer Fehde zwischen Kurfürst Balduin und der Gräfin Lauretta von Sponheim-Starkenburg, bei der 1328 der Erzbischof auf der Mosel angehalten, in Gefangenschaft gesetzt und nur gegen eine Sühne freigelassen wurde.« (Dotzauer, S. 252).

Nach: Schlundt, Sagen aus Rheinland-Pfalz, S. 101; Dotzauer, S. 252.

## Das Märchen von der verwünschten Prinzessin

In den Felsen des Vorkastel, das einige Stunden von Birkenfeld entfernt im Hochwald liegt, sah man einst die Reste einer mächtigen Burg. Es hieß, dort stehe in einem Gewölbe eine schöne Kutsche mit einer goldenen Deichsel so nahe am Ausgang, daß ein Hahn sie herausziehen könnte. In der Kutsche sitze die schönste Prinzessin der Welt und warte schlafend auf Erlösung. Wer sie aber erlösen wolle, der müsse durch einen engen Gang in das Gewölbe kriechen. Dort hänge aber ein schwerer Mühlstein an einem seidenen Faden, den ein Riese durchschneide, wenn man durchkriechen wolle.

Schon mancher Mensch sei von Geistern zum Eingang geführt worden, um die Prinzessin zu erlösen, aber alle seien umgekehrt, obwohl die Geister versprochen hätten, es werde nichts Böses geschehen.

Die Märchenmotive von Dornröschen und Schneewittchen sind hier nicht mit einer Hecke und einem gläsernen Sarg verbunden, sondern mit einer Höhle. Das erinnert an das Geburtsgeschehen, bis hin zum Durchtrennen der Nabelschnur. Als Erlösungsweg wird eine Rückkehr in den Bauch der Mutter verlangt, also eine Regression in den Embryonalzustand vor der Geburt. Das ist eine ganz andere Reise als die übliche Heroenreise, welche der Prinz im Rahmen seiner Initiation zum Krieger und Mann bei Dornröschen etwa zu bestehen hat. Und vielleicht ist das auch der Grund, welcher zu der ungewöhnlichen Konsequenz führt, daß niemand diese versteinerte Hunsrück-Prinzessin erlöst, ein Gedanke, welcher der christlichen Tradition im Grunde fremd und eher Autoren in jüdischer Tradition wie etwa Franz Kafka geläufig ist. Grundsätzlich geht es bei der Erlösung von Prinzessinnen immer um einen seelischen und/oder gesellschaftlichen Aufstieg des Helden. Nicht umsonst versteht auch die männlich-bürgerliche Seele ihre Fortentwicklung und ihr Hochgefühl als Seelen-Adelung; nicht umsonst benötigt die »yellow press« dringend wöchentliche Gesellschafts- und Skandalnachrichten aus den Adelshäusern der Welt – ersatzweise von bürgerlichen Fürstenfamilien: den Reichen – für ihre Leserschaft. »Um die Hand einer Prinzessin anzuhalten, bedeutet in Mythos und Legende, nach dem höheren und höchsten Rang zu streben; eine Situation, die Gefahren mit sich bringt, die für den Bewerber entweder den Tod bedeuten oder ihn in einen höheren und vornehmeren Stand erheben können, und das gilt auch für das Streben und die Suche nach seelischen und geistigen Werten.« (Cooper, S. 144).

Nach: Schlundt, Sagen aus Rheinland-Pfalz, S. 100; Cooper, S. 144.

# Bodenheim
Landkreis Mainz-Bingen

## Befreiung von vier »Hexen«

Im Sommer 1612 wird in Bodenheim eine Frau beschuldigt, ein Kind tödlich behext zu haben. Die Gemeinde verlangt vom Propst des Klosters St. Alban als oberstem Gerichtsherrn des Dorfes »die Austilgung dieses Zaubereilasters«. (Brück, S. 50). Andernfalls werde man keine Steuern mehr bezahlen. Im August 1613 ruft der kurmainzische Amtmann die Bevölkerung zusammen, und es werden weitere Denunziationen ausgesprochen. Elfmal werden Frauen von Männern der Hexerei beschuldigt. Der Fall wird zum Politikum, als auch der kurpfälzische Vogt Martin Schmidt in Verdacht gerät. In Bodenheim überschneiden sich kurmainzische und kurpfälzische Rechte und der pfälzische Kurfürst Friedrich V. befürchtet, daß man von der Gegenseite die kurpfälzischen Untertanen ausrotten will. Im Mai 1614 droht er mit Sanktionen. Als das erfolglos bleibt, marschiert der kurpfälzische Amtmann vom Oberamt Alzey mit 150 Bauern (Landesaufgebot) und 14 Reitern am 15. 6. 1614 nach Bodenheim, bricht das Gefängnis im Rathaus auf und befreit eine kurpfälzische Frau. Eine weitere Frau ist bereits tot. Der Mainzer Kurfürst protestiert gegen diesen Handstreich. Vogt Martin Schmidt wird ins Gefängnis geworfen. Am 27. 5. 1615 erscheint das Alzeyer Aufgebot erneut des nachts und befreit den Vogt sowie zwei Frauen.

Diese Aktion der kurpfälzischen Obrigkeit war nicht nur ein Politikum, sie hatte Prinzip. So lieferte das Oberamt Alzey Personen, die in den dalbergischen Orten Gabsheim und Heßloch der Hexerei angeklagt und in die kurpfälzische Stadt geflohen waren, nicht aus. Dahinter standen in der reformierten Pfalz – anders als in den katholischen Erzbistümern Mainz und Trier – eine Rechtsauffassung, welche dem Hexereivorwurf grundsätzlich skeptisch gegenüberstand, und eine starke zentrale Verwaltung, welche sich nicht von örtlichen Aufständen ihre Politik diktieren lassen wollte. Mit Berufung auf den Arzt Johann Weyer, der Hexenkunst als melancholische Wahnvorstellung von Frauen diagnostizierte, schränkte die Kurpfalz die mögliche Anklage auf den traditionellen Vorwurf des Schadzaubers ein. Zeitgenössische Ängste vor einer im Untergrund wirkenden Hexensekte, die im Gefolge der Ketzerprozesse von Kirchenmännern wie dem Trierer Weihbischof Peter Binsfeld mit dem Vorwurf von Hexenflug und Hexensabbat etc. in die Welt gesetzt wurden, lehnte man als unseriös ab. Auch bei Schadzauber mußten mindestens zwei glaubwürdige Zeugen aussagen, bevor es zu einem Prozeß nach den Regeln der »Carolina« kam, in dem auch Folter angewendet werden durfte. All das aber wurde zudem von Heidelberg aus streng überwacht. So sind im 17. Jahrhundert, der Hauptzeit der Hexenverfolgung im Südwesten, aus dem Kurpfälzischen bisher keine Hexenprozesse, bzw. Verurteilungen wegen Hexerei bekannt.

Nach: A.P. Brück, Ein politischer Hexenprozeß in Bodenheim, Mitteilungsblatt für rheinhessische Landeskunde 1956, S. 49–62; H.G. Haasis, Spuren der Besiegten, Band 1, S. 358; Heimatkalender 1983 (Alzey); Hexen und Hexenverfolgung im deutschen Südwesten, Katalog des Badischen Landesmuseums Karlsruhe.

## Bollendorf
Landkreis Bitburg-Prüm

### Das Felsdenkmal der Diana

Unterhalb der Niederburg im Sauertal finden sich bei Bollendorf die Reste eines römischen Dianadenkmals, das aus dem natürlichen Fels herausgehauen wurde. Ähnliche Denkmäler gibt es im gesamten Saar-Lor-Lux-Raum. Die erhaltene Weiheinschrift lautet übersetzt:

*Diana Arduina,*
*die Artemis der Ardennen*
*reitet auf einem Eber*

»Der Göttin Diana hat Quintus Postumius das Gelübde erfüllt.« Diana ist mit ihren Begleittieren Jagdhund und Hirsch abgebildet; es sind allerdings nur die Beine der Figuren erhalten. Der obere Teil des Denkmals wurde möglicherweise Anfang des 8. Jh. zur Zeit des Missionars Willibrord gewaltsam von christlicher Seite zerstört.

Die ursprünglich italische Mondgottheit Diana wurde früh mit der griechischen Jagdgöttin Artemis, der Schwester des Sonnengottes Apoll, identifiziert. Die Beziehungen zwischen Mond- und Sonnengottheiten führen in den jungsteinzeitlichen Mythos zurück und damit in die Matriarchatsdiskussion. In der »Interpretatio romana« wurde eine keltische Wald- und Berggottheit mit Namen Arduinna mit Diana verschmolzen. »Ard« bedeutet im irischen und walisischen »hoch«; daraus hat sich der Landschaftsbegriff »Ardennen« (Hochland) gebildet.

Gregor von Tours, der im 6. Jh. lebte, erwähnt eine Dianastatue bei Trier. In einer Vita des hl. Kilian wird Ende des 7. Jh. berichtet, daß die fränkische Bevölkerung »ihre Feindschaft gegen die christlichen Missionare« ausdrückte, »indem sie der großen Diana huldigte«. (Ginzburg, S. 122). Regino von Prüm schließlich weist im Jahre 906 darauf hin, »daß es gewisse verbrecherische Frauen gibt, die ... glauben und bekennen, des Nachts zusammen mit der heidnischen Göttin Diana und einer unzähligen Menge von Frauen auf gewissen Tieren zu reiten«. (Ginzburg, S. 104). Kein Wunder also, daß die Christen es im Zuge der Mission Anfang des 8. Jh. für notwendig befanden, heidnische Heiligtümer zu zerstören.

Und der alte Glaube scheint auch später in der Bevölkerung weitergelebt zu haben. So berichtet Burchhard von Worms in seinem »Canon Episcopi« Anfang des 11. Jh. von imaginären Gesellschaften, »der die Jüngerinnen der Göttin anzugehören glauben«. (Ginzburg, S. 105). Daß hier Volksglaube interpretiert wurde, zeigt sich an einem Prozeß 1457 in Brixen, mit dem Nikolaus von Kues befaßt war. Dort behaupteten zwei Frauen aus dem Fassatal, sie gehörten zur Gesellschaft der Richella oder Bona Domina (gute Herrin). Das Gericht deutet die Göttin als Diana. Die Attribute der nächtlichen Treffen ähneln bereits den späteren Vorstellungen des Hexensabbats. In der »Deutschen Mythologie« der Brüder Grimm heißt es: »Es leidet keinen zweifel, daß der christliche mythus von Herodias schon im frühen mittelalter mit einheimischen heidnischen fabeln versetzt wurde; die vorstellungen von frau Holda, dem wütenden heer, und den nachtfahrten der zauberinnen griffen ein, der jüdischen königstochter fiel die rolle einer heidnischen göttin zu...;ihr cultus fand zahlreiche anhänger auch Diana, die nächtliche mondgottheit, die wilde jägerin, bewegt sich in diesem kreise; Dianan, Herodias, Holda stehen für oder nebeneinander.« (Grimm, S. 237). Holda ist die Frau Holle aus dem Märchen. In die verbalhornende Gestaltung des Mythos flossen auch andere keltische Gottheiten wie Epona oder die Matronen ein, germanische Jenseitsvorstellungen vom Heer der Toten und poetische Bilder des Artuszyklus. Ginzburg resümiert: »Wir sind nun imstande, in den nächtlichen Flügen, welche die zu Beginn des 15. Jahrhunderts vor Gericht gestellten Hexen und Hexer aus dem Wallis beschrieben – und die, wie gesagt, dem Inquisitorenstereotyp fremd sind –, das verzerrte Echo eines ekstatischen Kultes keltischer Tradition zu erkennen.« (S. 133).

Nach: Römer in Rheinland-Pfalz, S. 340; Grimm, Deutsche Mythologie; Ginzburg, Hexensabbat.

# Boppard
Rhein-Hunsrück-Kreis

## Von der Wunder-Lust

Die hl. Elisabeth von Schönau soll die Bopparder einmal darauf hingewiesen haben, sie müßten keine Reliquien in der Ferne besuchen, weil sie in ihrer Stadt selbst Gebeine heiliger Märtyrer in großer Menge finden könnten, und zwar unter der alten Martinskapelle. Im Rahmen einer Renovierung fand man in der Kapelle auch einen Sarkophag. Darin sollen sich ein vom Rumpf getrennter Kopf und ein Schwert oder Beil befunden haben, das mit dem Blut des Märtyrers befleckt gewesen sein soll. Die Inschrift habe auf das Jahr 142 gedeutet. Die Geschichte, so sagt die Sage, sei aber bereits im 18. Jh. schon wieder vergessen gewesen.

Eine andere Überlieferung erzählt, im Jahr 1389 sei in Boppard ein Kind geboren worden, »das waren zwei Mädchen über dem Nabel und unten ein Mensch«. (Schlundt, S. 146). Es sei innerhalb eines Jahres gestorben.

Die Verehrung von Reliquien (Körper, Organ, Gebein, Kleid, Gerät) von göttlichen oder heiligen Personen und der Glauben an deren Wunder- und Heilkraft ist alt und allgemein verbreitet. Sie geht auf vorchristlichen Ahnen- und Totenkult zurück. Der Reliquienhandel breitete sich trotz kirchlichen Verbots vom 9. bis 11. Jh. immer weiter in Europa aus, wahrscheinlich weil er auf älteren Wurzeln beruhte und sich als Volksglaube mit der kirchlichen Lehre mischte. Eine höhere Wunderkraft wurde den Reliquien zugeschrieben, wenn sie gestohlen waren. Daher entstand im Mittelalter die Unsitte des sogenannten frommen Diebstahls.

Wundergeschichten waren auch ein Hauptbestandteil der frühen Volksliteratur, wie in den für Bauern geschriebenen »Practica« des 16. Jh. oder den »Historischen Kalendern« und Kuriositäten-Sammlungen (z. B. Happel, 5 Bände, Hamburg, 1683–91). Happel (1647–90) diagnostizierte als Grund für die große Verbreitung seiner Sammlungen die »Wunder-Lust« von Leuten, die nicht reisen können.

Die Geschichten von damals wanderten auch über die Jahrmärkte, wo auch häufig (bis heute) Menschen und Tiere gezeigt werden, die sich außerhalb der Norm befinden, sei es durch die Natur (Kleinwüchsigkeit etc.) oder die Dressur/Artistik. Die sagenhaften Geschichten von früher existieren ebenfalls bis heute, wie Rolf Brednich mit Sammlungen wie »Die Spinne in der Yuccapalme« nachgewiesen hat, und zwar sowohl mündlich als auch als Zeitungsmeldung. Eine ganze Zeitungssparte, die sogenannte yellow press, hat sich auf solche Geschichten spezialisiert. In diesem Umfeld findet man auch nach wie vor Astrologie, Kartenlegen etc., z. B. im Anzeigenteil. Die

Strukturen mancher Geschichten haben sich ebenfalls bis heute gehalten, wenn auch in der äußeren Form ihrer Zeit angepaßt. Der in Ludwigshafen geborene Philosoph Ernst Bloch sieht in solchen Stimmungen den »Ausverkauf alter archaischer, vielleicht verdrängter, vielleicht auch unerledigter Inhalte« durch ein spätes Bürgertum, das über seine aufklärerische Entzauberung der Welt, die gleichzeitig eine »kalte Verzauberung« sei, »welche Druck und Stoß, Kampf ums Dasein, sinnlose Welt als ewig setzte«, entsetzt ist, ohne einen Weg in die Zukunft finden zu können.

Nach: Schlundt, Sagen, S. 146; Bloch, Erbschaft dieser Zeit, 1935, S. 186 ff.

## Von bösen und guten Geistern

Der in Trittenheim an der Mosel geborene Sponheimer Abt Johannes Trithemius (1462–1516) gehörte zum Humanistenkreis um Kaiser Maximilian. Dieser konsultierte den in Geheimwissenschaften erfahrenen Gelehrten wiederholt in philosophischen und okkulten Fragen. Eines dieser Gespräche fand Ende 1508 auf Schloß Boppard statt und wurde 1515 von Trithemius als Buch der acht Fragen (»Liber octo quaestionum«) herausgegeben. Die Fragen lauteten:

Warum sollen die Menschen an Gott glauben, statt ihn zu erkennen? Weshalb sollen die nicht im christlichen Glauben unterrichteten Menschen verloren sein? Wodurch geschehen die Wunderzeichen der Ungläubigen? Warum ist die göttliche Offenbarung in der Bibel unvollständig und läßt manche für den Glauben notwendige Fragen offen? Warum können die Zauberer und Hexen den bösen Geistern gebieten, während die Frommen den Engeln nicht befehlen können? Woher kommt die Macht der Bösen und Gottlosen, der Zauberer und Hexen? Warum erleiden oft Unschuldige Tod und Verderben? Wieso ist nicht auch aus natürlicher Vernunft die göttliche Vorsehung erkennbar?

Man erkennt die für Humanismus und Renaissance typische Mischung aufgeklärter Ahnung und theologisch-spekulativer Befangenheit, wobei letztere die heute noch bewegende Frage nach Macht und Sinn von Gewalt, nach Macht und Sinn des Bösen zu beantworten sucht, für die erstere wegen ihres im Grunde optimistischen Menschenbildes nur ungenügende Antworten fand und findet. Trithemius verweist in seiner Antwort auf die Fragen zur Zauberei auf die menschliche Willensfreiheit, die Teil der kosmischen Ordnung und vom »Schöpfer des Alls« verliehen sei. Durch keinerlei gewaltsame Einwirkung könne erzwungen werden, »daß sie immer in der Verfassung bleiben müßte, die der erste Mensch von Anbeginn bei seiner Erschaffung erhalten hat«. Durch die Entscheidung zum Bösen würden die bösen Menschen daher den bösen Geistern ähnlich und vertraut und könnten ihnen so auch befehlen. Das funktioniere aber nur da, wo ein Pakt abgeschlossen werde, »wie es bei den Hexenweibern der Fall ist, die dem Teufel einen Huldigungseid geleistet haben, und bei jenen Geisterbeschwörern, die das Volk mit dem gebräuchlichen Wort als Nekromanten (Schwarzmagier) bezeichnet«. Die Hexen und Nekromanten müßten ausgerottet werden, weil Gott befehle: »Die Zauberer sollst du nicht leben lassen.« Gute Menschen seien den bösen Geistern nicht ähnlich und nicht vertraut und könnten ihnen daher auch nicht befehlen. Heilige, die »den bösen Geistern machtvoll gebieten und freundschaftlichen Verkehr mit guten Geistern pflegen«, gebe es heutzutage nur sehr wenige im Vergleich mit der urchristlichen Kirche. Ihre Wunderkraft bestehe im Gebet und nicht in magischen Praktiken wie »Ringe, Pentakel, Bilder, Exorzismen und Beschwörungen«.

Nach: Trillitzsch, Der deutsche Renaissance-Humanismus, S. 45/209–216/587; Johannes Trithemius, hrsg. von Richard Auernheimer und Frank Baron, S. 1–16.

## Bornhofen (Gemeinde Kamp-Bornhofen)
Landkreis Rhein-Lahn

### Die feindlichen Brüder

Auf den benachbarten Burgen Sterrenberg und Liebenstein oberhalb Bornhofen am Rhein wohnten drei Geschwister, zwei Brüder und eine Schwester, die war blind. Als nach dem Vater auch die Mutter starb erhielten sie ein reiches Erbe, das sie teilen sollten. Das Geld teilten sie auf, indem sie für jeden jeweils ein Scheffel (Getreidemaß/Behälter) füllten, bei der Schwester aber drehten sie das Scheffel um und bedeckten nur den Boden. Die Blinde fühlte und gab ihr Einverständnis. So wurde sie übers Ohr gehauen. Aber auf dem Betrug lag kein Segen. Während die Schwester drei Klöster stiftete, die Bestand hatten, ereilte die beiden Brüder ein Unglück nach dem anderen: Ihre Habe verringerte sich, die Herden starben, die Felder wurden durch Hagel verwüstet und ihre Burgen verfielen. Schließlich wurden sie sogar zu Feinden. Als ihr Erbe zu Ende gegangen war, versöhnten sie sich wieder, aber dennoch endete die ganze Geschichte unglücklich. Die beiden Brüder verabredeten sich zu einem gemeinsamen Jagdritt. Wer zuerst munter sei, solle den anderen Bruder durch einen Pfeilschuß an den Fensterladen wecken, machten sie aus. Doch wie der Teufel es wollte, beide erwachten gleichzeitig, öffneten ihre Läden und schossen, ohne zu schauen, so daß sie sich gegenseitig ins Herz trafen. Das war der Lohn für ihre untreue Tat an der blinden Schwester.

*Lange/Riegel, Die feindlichen Brüder auf den Burgen Sterrenberg und Liebenstein oberhalb von Bornhofen, Stahlstich von 1840*

Erbstreitigkeiten sind bis heute ein trauriges Thema, an dem so mancher Zeitgenosse lebenslang trägt. Zwischen den Staaten gehören solche Zwiste zu den elementaren Kriegsursachen. Die Sage vom Mittelrhein findet sich in ähnlicher Form auch andernorts in Rheinland-Pfalz, so z. B. in Rheinhessen. Hier sind es allerdings drei Schwestern, von denen eine blind ist. Die übervorteilte Blinde soll die Udenheimer Bergkirche erbaut haben, welche heute noch steht; die beiden anderen sollen Kirchen auf dem Petersberg bei Gau-Odernheim und auf dem Nazarienberg bei Mommenheim gebaut haben, beide nicht mehr vorhanden. Transzendentale Gerechtigkeit in einer lebendigen Erinnerung ist die Substanz des Segensbegriffes, um den es hier geht. »Der Sagenerzähler nimmt Zuflucht zu transzendenten Mächten, die für eine Bestrafung des Übeltäters, d. h. für ausgleichende Gerechtigkeit sorgen.« (Petzoldt, S. 147). Dazu paßt die Dreizahl. Sie »ist die höhere Synthese aus dem einen (1) und dem anderen (2). Im christlichen Kult, aber auch im Volksglauben wird sie genannt als Inbegriff des Segenskräftigen und Mächtigen.« (Wörterbuch der VK, S. 989). Sie ist auch typisch für viele Sagen- und Märchenstrukturen: drei Wünsche, drei Tiere, die einem begegnen, dreimal den Zauberspruch sagen etc. Sie begegnet uns auch in der Religion mit dem Dreikönigstag, der Dreifaltigkeit, den drei heiligen Frauen uvm.

Nach: Schlundt, Sagen aus Rheinland-Pfalz, S. 147; Petzoldt, Dämonenfurcht, S. 147; Wörterbuch der deutschen Volkskunde, S. 989.

# Brachtendorf
Landkreis Cochem-Zell

## Die Muttergöttin von der Mosel

An der Landstraße Kaisersesch-Karden wurde ein gallorömischer Tempelbezirk gefunden, der nach Osten ausgerichtet ist. Dabei fand man auch das Bruchstück einer sitzenden Matrone mit Hündchen auf dem Schoß sowie eine weitere stehende weibliche Figur (Mitte 3. Jh.). Die Matronen wurden im Rheinland verehrt, oft auch in der Dreizahl, und gehen auf die Tradition keltischer Quellenkulte zurück. »Ansehnliche Reste von großen Statuen lassen auf den Kult mehrerer weiblicher Gottheiten schließen, die aber nicht dem üblichen Matronentypus angehören. Darunter sind eine weibliche Statue, offenbar eine Göttin, Fragmente einer zweiten weiblichen Gottheit und andere figürliche Bruchstücke aus Tuffstein.« (Römer, S. 436/347).

Nach: Römer in Rheinland-Pfalz, S. 346; Matronen und verwandte Gottheiten, S. 57 und 94.

# Brauweiler
Landkreis Bad Kreuznach

## Kühpeters Rezept vom Teufelsdreck

Im 18. und 19. Jahrhundert haben viele Menschen ihr naturheilkundliches und magisches Wissen in handgeschriebenen Brauchbüchern niedergelegt und vererbt. Die meisten dieser Kompendien sind mittlerweile, ähnlich den selbstverfaßten Rezeptsammlungen zum Kochen und Backen, nicht nur aus den Haushalten verschwunden, sondern sogar verloren, weggeworfen und vernichtet. In diesen Brauchbüchern sammelte sich mündlich überliefertes Wissen ebenso wie aus Kalendern und okkulten Handbüchern abgeschriebene Rezepte.

Im Hunsrück hat sich das Brauchbuch des in Brauweiler wohnhaften Viehhirten Johann Peter Schäfer, genannt Kühpeter, von 1799 erhalten. Es enthält auf etwa 500 Seiten 568 Ratschläge zur Heilung von Tier und Mensch, darunter auch folgendes, Schadzauber abwehrendes Rezept: »Wann einem Kalb etwas Böses geschehen ist, das geschieht auch durch Teuffels Künstler, die einem Menschen das seine nicht gönnen. So gebt Teuffels Dreck (Assa fötida) ein und bereuchert.«

*Der christliche Teufel nahm oft islamische Gestalt an*

Teufelsdreck, noch bis in unser Jahrhundert in vielen ländlichen Apotheken erhältlich, ist das gelblich, violette oder bräunliche Harz von asiatischen Doldenblütlern (Ferula-Arten). Es hat einen unangenehmen, an Knoblauch erinnernden Geruch und gilt daher als hexenvertreibend, sozusagen nach dem magischen Lehrsatz »Gleiches mit Gleichem«, denn auch der Teufel stinkt in der christlichen Volkssage nach Pech und Schwefel. Räucherverfahren sind in der ganzen Welt verbreitet, das Zigarettenrauchen ist eine säkularisierte Form davon. Sie sind teilweise medizinisch begründbar und werden in Weihehandlungen mit angenehmen, stark riechenden Substanzen durchgeführt (Weihrauch, Rosmarin, Tannen, Zitrone, Räucherstäbchen). Sie sind auch Teil von Opferritualen.

Der Gestank des Teufels beruht auf Substanzen, die aus dem Erdinnern kommen. Das verweist auf vulkanische und chthonische Traditionen, denen man seit der Eisenzeit durch Bergbau und Schmiedekunst Herr zu werden suchte. Camille Paglia stellt den Symbol-Bezug zwischen flüssiger Materie, Ekel, Schleim, Gestank sowie Frauen- und Naturbildern in der europäischen Tradition her: »Dionysos, der Gott des Flüssigen, herrscht über ein morastiges Niemandsland aus halb verflüssigter Materie. Neumann bemerkt im Deutschen den sprachlichen Zusammenhang von Mutter, Moder, Moor, Marsch und Meer. Ein chthonischer Pesthauch liegt über der Frau... Der Pesthauch ist der Zwang der Fruchtbarkeit, der das Schicksal der Frau ist und sie an den Ursprung kettet... Satres Schleim ist Dionysos Morast, der fleischige Dung der fruchtbaren Gebärmutter. Gesichtssinn gibt es nicht, weil es keine Augen gibt. Apollons Sonnenfackel ist ausgelöscht: das Herz der Schöpfung ist blind. In der weiblichen Schoßwelt der Natur gibt es weder Objekt noch Kunst. Dionysos ist die allumschließende Totalität des Mutterkultes. Nichts erregt seinen Abscheu, weil er alles Seiende in sich enthält. Abscheu ist eine apollinische Reaktion, ein ästhetisches Urteil.« (S. 123). So wäre denn der Gestank des Bösen ein männlich-ästhetisches, apollinisch-christliches Urteil über den im wahrsten Sinne des Wortes zum Teufel verballhornten heidnischen Dionysos als Vertreter der weiblichen Natur.

Nach: Anhäuser, Sagenhafter Hunsrück, S. 144; Handwörterbuch des deutschen Aberglaubens; Paglia, Die Masken der Sexualität.

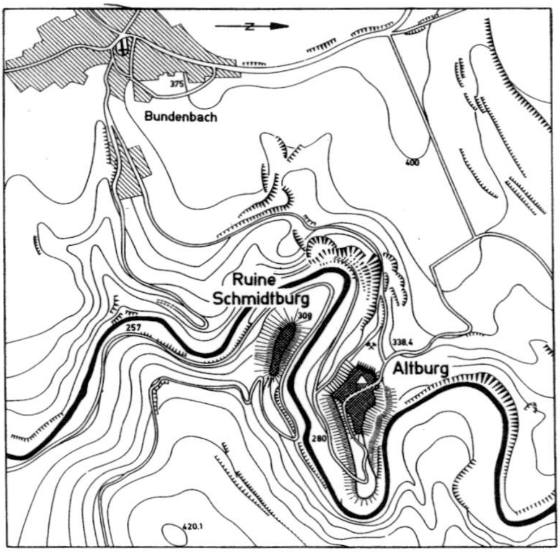


*Altburg, keltishe Höhensiedlung bei Bundenbach*

# Bundenbach
Landkreis Birkenfeld

## Ein Holztempel in der Altburg

Oberhalb der mittelalterlichen Schmidtburg liegt auf einem Sporn im Hahnenbachtal eine vorrömische befestigte Bergsiedlung, die man Altburg genannt hat. Palisaden, Toranlage und einige der durch Pfostenlöcher festgestellten etwa 200 Hausanlagen wurden rekonstruiert und zeigen heute, wie es an diesem Platz im Treverergebiet zwischen 150 und 50 v. Chr. ausgesehen hat. Die Siedlung war von einem 7 m breiten Graben und einem 7 m hohen und 80 m langen Wall umgeben. Ein polygonaler Grundriß weist möglicherweise auf einen Holztempel.

Nach: Römer in Rheinland-Pfalz, S. 352.

# Burgbrohl
Landkreis Ahrweiler

## Vom Schutzgott der Steinbrüche

Herkules Saxanus heißt der gallorömische Schutzgott, der auch in den Tuffsteinbrüchen bei Burgbrohl verehrt wurde, wie mehrere Votivaltäre,

-steine und -inschriften zeigen. Auf einem in fünf Nischen gegliederten Felsrelief bezeugen hier stationierte Legionäre der flavischen Zeit daneben Jupiter ihre Verehrung.

Nach: Römer in Rheinland-Pfalz, S. 354.

## Busenberg
Landkreis Pirmasens

### Der Gott der Vogesen

An einem Felsriff zwischen Tannen- und Langenwald oberhalb des Bärenbrunner Hofes findet sich eine Weiheinschrift für »Vosego Silvano«, den Gott Vosegus Silvanus. Der italische Waldgott Silvanus, meist als bärtiger Mann in kurzer Tunika und mit einem Schlegel dargestellt, gilt als männlicher Aspekt und Kultgefährte der Diana. Er wird hier mit dem einheimischen Gott Vosegus gleichgesetzt, über den ansonsten nichts bekannt ist. Ähnlich wie beim Schwarzwald (Diana Abnoba) und den Ardennen (Diana Arduenna) bezeichnete wohl auch hier ein keltischer Göttername eine ganze Waldregion, die in der Antike allerdings den gesamten Pfälzer Wald und die Vogesen umfaßte. Erhalten hat sich der Göttername Vosegus aber nicht nur in der Bezeichnung »Vogesen«, sondern auch in der Bezeichnung »Wasgau«.

Nach: Römer in Rheinland-Pfalz, S. 355.

## Cochem
Landkreis Cochem-Zell

### Der Kapuzinerpater und die Magie

Seit 1623 gab es ein Kapuzinerkloster in Cochem. Martin Linius, Sohn eines örtlichen Hutmachers, trat 1653 in Köln in den Kapuzinerorden ein und gab sich nach alter Sitte einen neuen Namen aus Taufnamen und Herkunftsort. Als Martin von Cochem (1634–1712) erschrieb er sich alsbald einen überregionalen Ruf als religiöser Volksschriftsteller. In dieser Eigenschaft hat er über 70 Schriften hinterlassen, die bis ins 20. Jh. hohe Auflagen erreicht haben, so z. B. seine »Meßerklärung« von 1695, die bis 1957 insgesamt 398 mal aufgelegt wurde. Sein bekanntestes Buch war das 1677 erstmals erschienene »Leben Christi«, das bis 1933 immerhin 177 Auflagen erlebte.

*Kapuziner-pater Martin von Cochem (1634–1712)*

Seine Historien- und Legendenbücher haben u. a. die Genoveva- und die Griseldislegende populär gemacht, und zwar auch im europäischen Ausland, wofür zahlreiche Übersetzungen sorgten. Seine Kritik an aufgeklärtem Denken gilt als typisch für barocke katholische Erbauungsliteratur. Man hat ihn aber auch als »Vermittler und Fortsetzer der mittelalterlichen Mystik« (Lexikon für Kirche und Theologie VII, S. 116) bezeichnet.

1682 war der streitbare, reiselustige und – wie eine Kritik bei seiner Ablösung in dieser Funktion zeigte – wohl auch trinkfeste Pater Visitator und Missionar im Bistum Mainz. Kurz danach, nämlich 1686, schrieb er in Dieburg mit seinem »Libellus benedictionum et exorcismorum«, das bis 1738 neun Auflagen erlebte, eine Art Anleitung für Missionare zur »Diagnose und Therapie« von volkstümlichem Aberglauben, ganz in der Tradition der großen mittelalterlichen Visitatorenanleiter Regino von Prüm und Burchard von Worms. Das Libellus-Buch zeigt also, daß noch um 1700 die Grenzziehung zwischen Priestern und Laien, zwischen Religion und Magie im Heil- und Abwehrzauber inhaltlich kaum möglich war, sondern nur durch die kirchliche Legitimation, welche den Priester vom Zauberer unterschied und von Verfolgung freisetzte. So enthält der Text z. B. »Formeln gegen infizierte Milch, Mäuseplagen und Spukhäuser (domus infestus)... Die Vorbereitung zur Reinigung des von Dämonen umsessenen Hauses und die hierfür erforderlichen Utensilien, zum Beispiel Weihrauch und Wacholderzweige, erinnern an Rituale zur Dämonenevokation. Daß hier Spuren von magia daemonica und magia naturalis zusammenlaufen, zeigt die Vorschrift, daß der Exorzist abschließend Kapitel 1 des Johannes-Evangeliums zu rezitieren habe.« (Daxelmüller, S. 31). Mit dem »In principo erat Verbum« (Im Anfang war das Wort) wurde im 14. Jh. nachweislich auch Schadzauber verübt.

An der Chorwand der Cochemer Martinskirche findet sich ein Denkmal des Kapuzinerpaters (1934). Zur Erinnerung an den barocken Volksschriftsteller, der im 30jährigen Krieg aufwuchs und das Mainzer Pestjahr von 1666 miterlebte sowie die Zerstörung von Cochem im Pfälzischen Erbfolgekrieg durch die französischen Truppen 1689, trägt das örtliche Gymnasium seinen Namen.

Nach: Daxelmüller, Zauberpraktiken, S. 31; Lexikon für Kirche und Theologie VII, S. 116; Lexikon des gesamten Buchwesens II; Konradin Roth u.a., Vater Martin von Cochem.

## Heinrich der Tolle

»Obgleich im Besitz fast unermeßlicher Reichtümer, hatte er doch wenig Freude daran, denn sein Kopf hatte in früher Jugend durch einen Unglücksfall gelitten und er beging infolgedessen die tollsten Streiche.« So beginnt die Sage von Heinrich dem Tollen (1045–60 Pfalzgraf), dem Besitzer der ezzonischen Burg zu Cochem.

Er heiratete, und dem Einfluß seiner Frau Mathilde wird es zugeschrieben, daß er ein Jahr lang nach der Hochzeit ein normales Leben führte. Schon glaubte man ihn geheilt, heißt es, als er plötzlich erklärt habe, er wolle ins Kloster gehen. Sofort vermachte er der Kirche in einer Schenkungsurkunde einen großen Teil seiner Güter im Fall seines Todes. Sein Schloß Siegeberg übergab er Erzbischof Anno von Köln, der es zum Kloster umgestalten ließ. Heinrich begab sich ins Kloster Echternach. Aber nach kurzer Zeit kehrte er zu seiner Frau zurück und erklärte alle Schenkungen für null und nichtig. Da der Erzbischof sich weigerte, begann ein Krieg, der mit der Niederlage Heinrichs endete. Er kehrte auf die Cochemer Burg zurück. Dort, so heißt es, habe er sich finster brütend tagelang zurückgezogen und dann in einem Anfall von Raserei seine Frau Mathilde ermordet. Dann habe er ihr »mit entsetzlicher Kälte das blondgelockte Haupt vom Rumpfe getrennt« und sei »mit dem haarsträubenden Lachen des Wahnsinns« unter seine Leute getreten, »den blutigen Kopf hoch in die Höhe streckend«. Diese hätten ihn daraufhin entwaffnet und in Ketten gelegt. Der Trierer Erzbischof habe angeordnet, ihn wieder ins Kloster zu stecken, wo er gestorben sei.

Die Mordgeschichte, welche durch ihr ästhetisches Spiel mit dem Schrekken ebenso ins Repertoire der Moritaten- und Bänkelsänger paßt wie in eine moderne Illustrierte, beruht auf geschichtlichen Tatsachen. Die Ezzonen hatten sich als lothringische Pfalzgrafen zu Anfang des 11. Jh. im Moselbereich Einfluß und Besitz erworben, der jedoch ab 1056 Zug um Zug an den Kölner Erzbischof Anno verlorenging. Heinrich der Tolle wurde 1045 als Heinrich I. Pfalzgraf. Seine Kusine Richeza, polnische Königin und Tochter des Stammvaters Ezzo (1015–34), übertrug ihm die Cochemer Burg. Heinrich nahm dort Residenz und ermordete hier 1061 seine Frau im Wahn. Die Ezzonen starben 1085 aus.

Nach: Rheinlands Wunderhorn, Bd. 9, S. 109; Dotzauer, S. 144.

## Daaden
Landkreis Altenkirchen

### Der Ringwall auf dem Hohenseelbachskopf

In der nördlichen Gemarkung von Daaden liegt ein 540 m hoher Basaltkegel, der Hohenseelbachskopf. Auf seinem Plateau findet sich ein Ringwall aus Basaltblöcken, der einen Durchmesser von etwa 450 m hat. Ein Brunnenschacht und eine Trockenmauer, die man im Innern gefunden hat, deuten auf eine Besiedlung im frühen Mittelalter. Möglicherweise steht diese Befestigung in Beziehung zu einer Burg, welche der Trierer Erzbischof Balduin im 14. Jh. hier in der Nähe zerstört haben soll. Vorgeschichtliche Steinfunde deuten auf eine eisenzeitliche Höhensiedlung.

Nach: Führer zu archäologischen Denkmälern (26/Westerwald), S. 108.

## Dahlem
Landkreis Bitburg-Prüm

### Der Werwolf im Wald

In Dahlem soll einst ein Mann gewohnt haben, der einen Gürtel besaß, mit dem er sich in einen Werwolf verwandeln konnte. Während einer Hochzeit in seinem Hause band sich ein Gast, der nichts von dieser Zauberwirkung wußte, den Gürtel um und wurde augenblicklich in einen Wolf verwandelt. Er sprang aus dem Fenster und eilte zum nahen Wald. Dort war ein Holzbauer mit dem Fällen von Bäumen beschäftigt. Der Werwolf sprang ihn an, um ihn zu verschlingen. Der Bauer aber wehrte sich mit seiner Axt und traf mit einem Hieb den Gürtel, der zerschnitten wurde und zu Boden fiel. Augenblicklich war der Werwolf wieder in einen Menschen zurückverwandelt.

Das Bild des Werwolfs hat sich aus der mythologischen Tradition der Slawen und Germanen entwickelt. Der Gürtel ist eine geschrumpfte Version des ursprünglicheren Hemdes, bzw. Felles, das man sich überwarf, sowohl in schamanistischer Tradition und bei Maskenumzügen, die bis in die frühe Neuzeit überliefert sind, als auch im mythologischen Bild, das in der Tierverwandlung den Gestaltcharakter der Seele darstellte. So nutzen z. B. die germanischen Götter Federgewänder (Freyja), Adlergewänder (Odin) und Schwanen- und Krähenhemden (Walküren/siehe die Märchen von den sieben Raben und von den Schwanenjungfrauen). Der Wolf seinerseits steht, wie im Rotkäppchen oder in der Fabel (Isegrimm) und im Disney-Comic, für das Prinzip des Verschlingens. So frißt der Wolf im keltischen und germanischen Mythos die Sonne auf, wenn es Nacht wird. Der Fenriswolf muß gefesselt werden: Wenn er loskommt, steht das Weltende bevor und die Sonne wird aufgefressen. Hier findet sich auch der Ursprung von manchen Teufelssagen sowie des Ausdrucks: Der Teufel ist los. Während der Wolf also für das dionysisch-chthonische Prinzip steht, symbolisiert die Sonne dessen apollinischen Widerpart; Gegensatzpaare wie Unbewußt/Bewußt, Natur/Geist, Frau/Mann etc. lassen sich hier anschließen. Der Werwolf ist andrerseits ein rein männliches Prinzip: Nur Männer können sich in Wölfe verwandeln. Schließlich heißt Werwolf auch Mannwolf. Auch die Geächteten wurden im Germanischen als Wölfe bezeichnet und in den Wald verbannt.

Die Wölfin dagegen steht für das Bild ausgesetzter Menschenkinder, die von der Natur aufgenommen und gesäugt werden, wie die römische Sage von Romulus und Remus, literarische Formen wie das Dschungelbuch oder aber ethnographisch-psychologische Berichte von Wolfskindern seit der Aufklärung zeigen. Im Deutschen wies übrigens erstmals Burchard von Worms auf das Werwolf-Bild hin: »credidisti, ut quandocunque homo ille voluerit, in lupum transformari possit, quod vulgaris stultitia werwolf vocat.« (Golther, S. 101).

Nach: Schlundt, Sagen, S. 188; Golther, Handbuch der germanischen Mythologie, S. 100, 178 und 425; Ginzburg, S. 200.

*Verhas/Frommel und Winkles, Jungfernsprung bei Dahn, Stahlstich von 1840*

# Dahn
Landkreis Pirmasens

## Die vereitelte Vergewaltigung

»Maria war die ärmste Magd von Dahn, aber ihre Schönheit war so licht wie die Morgensonne«, heißt es in der Sage vom Jungfernsprung. Einstmals habe die Mutter sie wieder in den Wald geschickt, um Holz zu suchen. Schon hatte Maria ihr Bündel fertig, da hörte sie den ihr wohlvertrauten Warnruf des Eichelhähers. Erschreckt sprang sie auf und sah den Burgvogt vor sich stehn. »Nur wenn du mein Liebchen sein willst, kommst du heil aus meinem Wald«, sagte er und wollte sie küssen. Maria flüchtete durch das Dickicht und der Mann verfolgte sie. Da lichtete sich der Wald und sie stand plötzlich vor einem Abgrund, der 50 Klafter tief ins Dahner Tal hinabstürzte. Keine Hilfe war weit und breit in Sicht. Und es gab auch kein Entkommen. Da streckte sie die Hände zum Himmel und rief: »Maria, heilige Mutter Gottes, hilf mir!« und sprang in den Abgrund. Und es geschah ein Wunder: Wie von Engelshänden getragen schwebte sie ins Tal und stand am Ende unversehrt auf einer Wiese. An der Stelle, wo sie niederkniete und Maria betend dankte, soll eine Quelle entsprungen sein. Den Fels über dem Tal aber nannte das Volk von da an Jungfernsprung.

Die Sage beschreibt ganz offensichtlich eine versuchte Vergewaltigung. In feudaler Zeit waren hierzu sogar Rechte des Grundherrn institutionalisiert, wie das Recht der ersten Nacht zeigt. Das bürgerliche Volkslied erzählt immer wieder Balladen, bei denen ein Herr, ein Ritter oder ein Jäger einem aus niedrigerem Stand stammenden Mädchen im Wald begegnet und es begehrt. Die Beschreibung dieser Begegnung reicht von verlorener Ehre und Verlassenwerden, bzw. Unbestechlichkeit der Frau über lustvolles und gemeinsames Hintergehen der Eltern bis zu meist verdeckten Beschreibungen von Vergewaltigung. So bittet in dem Volkslied »Der Mädchenräuber« (Heeger/Wüst, Pfälzische Volkslieder, S. 2 und 216)die ver- und entführte Frau: »Ach Ritter, lieber Ritter mein,/ Erlauben Sie mirs drei Schreielein!« und er antwortet: »Drei Schreielein erlaub ich dir gerne,/ s'ist niemand im Walde, ders höret.« Am Ende wird sie von ihrem Bruder befreit, und es heißt: »Er nahm sie bei der rechten Hand/ und führte sie in ihr Vaterland:/ Zu Hause kannst du schaffen und schauen,/ tu nur keinem Ritter mehr trauen!« Der Ort solcher Szenen ist immer der Wald. Daß heute nächtliche Parks oder dunkle Tiefgaragen ähnliche Orte geworden sind, allerdings ohne das parallele Bild der heimlichen Liebe, das vielleicht durch den Autorücksitz oder das Hotelzimmer repräsentiert wird, zeigt sowohl die Veränderung sexueller Bilder als auch die Konstanz sexueller Gewalt.

Nach: Pfälzer Sagen und Balladen, S. 22; Heeger und Wüst, Pfälzische Volkslieder.

# Dannenfels
Donnersbergkreis

## Das spätkeltische Oppidum auf dem Donnersberg

Typisch für die keltische Kultur sind die Höhensiedlungen mit Blütezeiten im 6./5 Jh. und 2./1. Jh. v. Chr. Die spätkeltischen oppida (Name nach Caesar), wurden als Befestigungen gegen die von Süden vordringenden Römer und als Machtsymbole von in der Wanderungszeit (4./3. Jh. v. Chr.) reich gewordenen Heerführern errichtet. Reste eines solchen oppidum, eines der größten in Mitteleuropa, finden sich auf dem 687 m hohen, waldbedeckten Donnersberg (Donar's Berg) in der Nordpfalz. Die Siedlung lag im Grenzbereich zweier Stämme, nämlich der Treverer und der Mediomatriker. Das 8,5 km lange Ringwallsystem (um 150 v. Chr.), das eine Fläche von 240 ha einschließt, kann über einen Rundweg (Keltenweg) begangen werden, der mit Informationstafeln ausgestattet ist. Die Anlage besteht aus dem Ostwerk, wo die von einer 6 m hohen Mauer umgebene eigentliche Siedlung lag, und dem mit einer nur 3 m hohen Mauer umgebenen Westwerk, das vermutlich als Viehpferch und als Rückzugslager für die keltische Bevölkerung des Rheintales diente. In die Siedlung hinein, deren Straßen- und Gebäudestruktur nicht ergraben wurde, führten drei Zangentore. Etwa in der Mitte des Ostwerks liegt eine Viereckschanze, die als Heiligtum genutzt wurde. Innerhalb der Schanze gab es keine Besiedlung, gefunden wurde bei den Ausgrabungen 1974 bis 1984 eine Kulthütte in der Nordostecke. Die Kelten verehrten hier wahrscheinlich Erd- und Quellgottheiten. Das legen die vorhandenen Quellhorizonte jedenfalls nahe. Die Befestigung bestand aus einer Pfostenschlitzmauer (durch Balken verstärkte Trockenmauer) mit einer rampenförmigen Anschüttung im Innern und wurde einmal erneuert, indem man einfach eine neue Mauer vor die alte setzte.

Die Siedlung wurde etwa 10 v. Chr. friedlich geräumt. Zur gleichen Zeit entstand das römische Legionslager in Mainz und damit die heute noch bestehende und von den Städten am Rhein her gedachte Siedlungsstruktur. Der Donnersberg blieb in Folge mehrere Jahrhunderte lang unbewohnt. Sein heutiger Name wird erstmals 869 n. Chr. als »Thonersberg« erwähnt. In dieser Zeit wird auf dem Bergplateau auch wieder gesiedelt. Vom 12. bis 14. Jh. entstehen Burgen am Hang (z. B. Falkenstein/heute Ruine). Von einem Augustinerkloster (14.–16. Jh.) stammen die heute noch vorhandenen Fischteiche. Vom 17. bis zur Mitte des 19. Jh. bestand ein Hofgut. Dann forstete der bayrische Staat, zu dem die Pfalz seit 1816 gehörte, auf. Unter Napoleon gab der Berg als Mont-Tonnerre einem ganzen Departement den Namen. Im 17. Jh. galt der Mons Jovis (Jupiter=Donar), wie er in der Gelehrtensprache genannt wurde, als guter Platz zum Sammeln von »heilsamen Kreutern und Wurtzeln«. (Philipp Erasmus Kramer, 1657).

Der Donnersberg hat seinen Namen vom germanischen Gott Donar (nordisch Thor), dem Feind der Riesen, der mit dem Hammer kämpft (Donner und Blitz). Der ursprüngliche »Gewittergott« war aber auch zuständig für Ackerbau und Viehzucht, das Haus, die Hochzeit und die Familie und wurde so zum »Bauerngott«. Sein Hauptopferfest lag im Winter, sein Baum war die Eiche. Bekannt ist in diesem Zusammenhang die Legende von Bonifatius (Erzbischof von Mainz), der bei Geismar die Donareiche fällte, u. a. weil Donar damals selbst von christlichen Geistlichen noch verehrt worden sein soll. (Wörterbuch der Volkskunde, S. 139). Der Donarglaube erhielt sich jedoch vielfach im Volksglauben, so in der Theorie, der Blitz schlage zwar in Eichen ein, habe aber über Buchen keine Macht. Bilder des Donnerns (das Schleudern des Hammers, das Werfen von Kugeln, die Räder des Götterwagens) wurden auf christliche Heilige übertragen: Petrus hat alle Neune getroffen, wenn's donnert (Westböhmen/Schwaben). Während St. Peter im Süden Deutschlands Donar's Charakterzüge integrierte, war im Norden dafür St. Olaf zuständig. Auch daß sich die Zwerge bei Donner verstecken sollen, beschreibt in verballhornter Form den Kampf Thors gegen die Riesen, später auch gegen die Trolle. Bis ins 17. Jh. hinein galt der Donnerstag (Donar's Tag) als Feiertag. An diesem Tag durfte im Nahetal »Wäsche nicht gebeucht, d. h. mit Holzaschenlauge gebrüht werden, denn das kostet ein Rind oder ein Kind«. (Handwörterbuch des deutschen Aberglaubens, S. 333). Der germanischen Heilighaltung von Donar's Tag wurde von der christlichen Kirche begegnet, indem man neue Feste auf den Donnerstag legte, z. B. Himmelfahrt und Fronleichnam. Wir feiern also heute noch mehrfach im Jahr Donarsfeste, ohne es zu wissen.

Nach: Engels, Die Viereckschanze; Wörterbuch der deutschen Volkskunde, S. 139; Handwörterbuch des deutschen Aberglaubens, S. 333.

*Verhas/Winkles, Daun, Stahlstich von 1839*

# Daun
Landkreis Daun

## Das Schloß im Maar

Da, wo sich jetzt das Weinfelder Maar befindet, soll einstmals ein Schloß gestanden haben. Des Grafen Frau war hartherzig und geizig und trat das Brot lieber mit Füßen, als es den Armen und Hungrigen zu geben. Als der Graf in einem Winter ausritt, vergaß er seine Handschuhe und schickte seinen Diener zurück, sie zu holen. Doch dieser fand das Schloß nicht mehr. Es war in einem tiefen Gewässer verschwunden. Die Gräfin und die Dienerschaft waren ertrunken; nur das Kind der Familie, ein Säugling, schwamm wohlbehalten in seiner Wiege auf dem Maar. Der Diener brachte seinem Herrn die schreckliche Nachricht, doch der Graf wollte es nicht glauben und sagte: »Das ist ebenso unmöglich, wie daß mein Falchert, auf dem ich hier sitze, hier aus dem Boden eine Quelle scharrt.« Augenblicklich scharrte das Pferd, und es trat Wasser an die Oberfläche. Diese Quelle heißt heute noch Falchertsborn. Wenn der Himmel hell ist und kein Wind das Wasser kräuselt, soll man das versunkene Schloß noch in den Tiefen des Maars erkennen können. In der

Kirche, die einsam am Rand des Gewässers steht, will man noch nie eine Spinne oder ein Spinngewebe gefunden haben, weil der Ort als heilig gilt.

In dieser Sage mischen sich Erinnerungen an den vulkanischen Ursprung der Eifelmaare – das Versinken in der hier unsicheren, d. h. zum Flüssigen tendierenden Erde – mit dem Wissen, daß Tiere und Wünschelrutengänger Wasser finden können, und der alten Symbolik des Wassers als Ort von Traum, Erinnerung und Seelenleben. »Im Wasser, Fluß und Bach wohnen die Seelen der Ertrunkenen«, heißt es im Wörterbuch der Volkskunde. Dazu kommen Motive wie die gerechte Strafe für Hartherzigkeit (siehe Sage vom Mäuseturm bei Bingen) und des unschuldigen Kindes, das die Katastrophe überlebt (siehe die alttestamentarische Mosesgeschichte).

Nach: Schlundt, Sagen, S. 192; Wörterbuch der deutschen Volkskunde, S. 938.

## Deidesheim
Landkreis Bad Dürkheim

### Schabernack mit den Wettergläubigen

»Das ist der Deidesheimer Spatzenwein«, heißt es in der Pfalz, wenn einmal ungünstiges Wetter einen schlechten Jahrgang mit saurem Wein hervorbringt. Und das hat seinen Grund. In einem Jahr hatte der Frost in Deidesheim viele Reben geschädigt, und es drohte eine schlechte Ernte. Der Bürgermeister rief die Winzer im größten Gasthaus der Gemeinde zusammen, um zu beraten, wie man der Katastrophe begegnen könnte. An einem Tisch in der Ecke saß ein Kaufmann, der ein rechter Spaßmacher war. Der beschloß, die erregte Stimmung zu seinem Vorteil zu nutzen. So erhob er sich und schlug vor, man solle doch einfach einen der Winzer in die Mannheimer Hofapotheke schicken. Dort gebe es für hundert Taler warmen Wind und Tau zu kaufen. Am Vinzentiustag machte sich dann in der Tat ein Winzer auf den Weg in die Großstadt. Der Hofapotheker roch den Braten, und weil er ebenso ein Spaßvogel war wie der Kaufmann, gab er dem Kunden einen kleinen Kasten mit, in welchem ein Spatz saß.

Zuhause angekommen öffnete der Winzer den Kasten, und der Spatz, der wieder in seine Heimat zurückwollte, flog blitzschnell hinaus. Weil er aber in die falsche Richtung flog, lief der Mann hinter ihm her und rief: »Noch Deidesemm, net noch Mannemm!« Und tatsächlich kehrte der Vogel um. Kurz danach kamen die anderen Winzer herbei und fragten, ob er den warmen Wind habe. Der Mann berichtete die Geschichte und fragte: »Is er noch net aakumm?«

Die Winzer beschlossen zu warten, und schon am nächsten Tag schlug das Wetter um: Es wurde warm und wärmer, aber es regnete auch gleichzeitig tagelang. Das war nun auch nicht das richtige Wetter, und der Wein wurde trotz der Beratungen und Anstrengungen wieder zu sauer. Da beschlossen die Deidesheimer Winzer, das nächste Mal nur für zehn Taler warmen Wind in Mannheim zu kaufen. Das würde genügen. Seitdem heißt ein schlechter Jahrgang nur noch »Deidesheimer Spatzenwein«.

Das ist eine der seltenen aufklärerischen Sagen (siehe auch die Geschichte von den Spiesheimer »Zabbe« aus Rheinhessen), die zeigen soll, wohin abergläubische, d. h. magische Experimente führen. Die Betroffenen werden genarrt, die ganze Geschichte ist ein Betrug, im besten Fall ein belehrender Spaß, wie er im übrigen ganz dem derb-weltlichen Temperament in der Pfalz und Rheinhessen (siehe die Fastnacht) entspricht. Das »Uzen« wird ansonsten ja auch gern geübt, um Neubürger in die regionale Gemeinschaft oder neue Arbeitskollegen in den Berufsstand aufzunehmen. Da schickt man einen Neuling z. B. das »Latwerch-Laadersche« holen (Latwerch-Leiter/Latwerch ist ein Pflaumenmus, das früher in großen Mengen eingekocht wurde) oder »Elwertritsche« (ebenfalls ein »Spaßvogel«) fangen. Ein bißchen steckt in dieser Geschichte aber auch das Lachen der »klugen Städter« über die »dummen Bauern«, ein Schwankmotiv seit dem Mittelalter, mit dem man sich über die Rückständigkeit des Ländlichen lustig machte, ohne die dort zweifellos vorhandenen besonderen Kenntnisse der Natur und ihrer Rhythmen zu würdigen. Die ökologische Debatte holt diese Besserwisser-Position heute Schritt für Schritt ein und zeigt sogar, daß die Literatur aus der Stadt (vom Bauernkalender bis zur Spritz- und Düngeanweisung) immer wieder wertvolles älteres Wissen verdrängt hat, das aus Naturbeobachtung entstanden war und heute mühsam rekonstruiert werden muß. Das beginnt bei so einfachen Dingen wie, daß man in der Bachaue wegen der Überschwemmungsgefahr besser keine Häuser baut.

Im übrigen haben die Deidesheimer natürlich hinreichend bewiesen, daß sie einen guten Wein zu machen verstehen. Insofern hat die Sage natürlich auch etwas von der Schilda-Tradition und gehört damit wahrscheinlich auch in den Bereich der Neidsagen aus unmittelbarer Nachbarschaft.

Nach: Carl, Pfälzer Sagen, S. 97.

# Dhronecken
Landkreis Bernkastel-Wittlich

## Kam Hagen aus Dhronecken?

Die von heute aus als düster empfundene Figur Hagens im Nibelungenlied hat ihre Vorbilder in der burgundischen und fränkischen Geschichte zu merowingischer Zeit. Es kam in der Zeit der Völkerwanderung häufig vor, daß Mitglieder der Königsfamilien im Rahmen von Erbstreitigkeiten und Machtkämpfen ermordet wurden, und zwar auch hinterrücks. Der Dichter des Nibelungenliedes mischte Kenntnisse von Chroniken aus dieser Zeit (5.–7. Jh.) mit dem politischen Geschehen seiner Zeit (11./12. Jh.) und bezog sich dabei stets auf den Raum westlich und östlich von Mittelrhein und nördlichem Oberrhein, dem Kernland des ostfränkischen Reiches. Hagen wird als Freund Volkers von Alzey und Hunolds sowie als Neffe des Ortwin von Metz beschrieben, also als Adliger aus genau diesem Raum. Hagen ist im übrigen auch der Leitname eines lothringischen Geschlechtes, das im 12. Jh. noch urkundlich in verwandtschaftlichen Bezug zu den Vögten von Hunolstein im Hunsrück gesetzt wird. In der Nähe der Dhron liegen sowohl Hunolds Burg Hunolstein als auch – so die Volkssage – Hagens Burg Dhronecken (früher auch Tronek). Aus Tronek soll sich Tronje entwickelt haben. Von der wild- und rheingräflichen Burg des hohen Mittelalters in Dhronecken stehen heute noch Mauerreste und ein Rundturm. In die Ruine wurde im 18. Jh. ein Amtshaus gebaut, das heute als Forstamt dient.

Nach: Anhäuser, Sagenhafter Hunsrück, S. 51; Breuer/Breuer, Mit spaeher Rede, S. 50ff.

# Dierdorf
Landkreis Neuwied

## Werwölfe und Hexen

Zur Zeit der Hexenverfolgungen soll ein Mann aus Dierdorf einmal unter der Folter gestanden haben, er habe sich mit einem Zauberhemd in einen Werwolf verwandelt. So sei er dann über das Vieh auf den Weiden hergefallen und habe das Wild in den Wäldern gejagt, um den Hexen Fleisch für ihre Festtafeln zu liefern, wenn sie alle Vierteljahr im Romholz bei Urbach oder am Kirschbäumchen beim Galgen zusammengekommen seien. Zur Abwehr von Werwölfen heißt es, man könne sie mit keinem Schuß verwunden, es sei denn, daß man silberne Kugeln nehme oder sie an einem gewissen Fleck am Hals treffe, der aber schwer zu finden sei.

Diese Sage stellt die Beziehung der Werwolftradition zum Hexensabbat und zur Tradition des Wild- und Viehdiebstahls her. Auch in Wilderergeschichten, die immer zu Phantasien sozialer Rebellion ausgebaut werden, meist in bezug auf konkrete Streitigkeiten um Jagdrechte zwischen Grundherren und bäuerlichen Untertanen (siehe die berühmten »Zwölf Artikel« des Bauernkriegs), spielen der Teufel und die silbernen Kugeln eine große Rolle. Dianakult und wildes Heer binden auch in anderen europäischen Gegenden oft die schamanistischen Werwolfmotive mit ein und begründen hie und da geheime oder phantasierte Gruppierungen (Volksgesellschaften, Clans, Sekten oder Vereine), wie sie aus außereuropäischen Stammesgesellschaften bis heute bekannt sind.

Nach: Schlundt, Sagen, S. 231; Ginzburg, Hexensabbat.

## Dittelsheim-Heßloch
Landkreis Alzey-Worms

### Die Steinkuppel des Heidenturms

Orientalisch mutet der Turm der evangelischen Kirche in Dittelsheim an. Das hat ihm mit Hinblick auf den Islam den Namen »Heidenturm« eingetragen. Erweckt wird der Eindruck durch die steinerne Kuppel, die sich auch auf anderen Kirchtürmen der Region (Alsheim, Guntersblum, St. Paul in Worms) findet. Nach neueren Untersuchungen stammt der Turm aus der ersten Hälfte des 11. Jahrhunderts und ist somit kein Erinnerungsbau an die Kreuzzüge, welche etwa 50 Jahre später stattfanden. Die kreuzförmige Kuppel hat dennoch byzantinisch-orientalische Vorbilder, die auf den damals populären und oft dargestellten Heilserwartungen an ein himmlisches Jerusalem fußen. Diesen Darstellungen diente die Grabeskirche von Jerusalem als Vorlage, ein runder Zentralbau mit Steinkuppel, der 326 n. Chr. begonnen wurde. Kuppel und Zentralbau unterscheiden den frühchristlichen, byzantinisch beeinflußten Kirchenbaustil, wie er sich in der Ostkirche erhalten hat, von der langgestreckten Basilika der Romanik, wie sie sich in Westeuropa während des frühen Mittelalters durchsetzte. Ein weiterer berühmter Zentral- und Kuppelbau ist die Hagia Sophia (527–65) in Istanbul. »In Syrien und in der Türkei, wo sich zu Beginn der islamischen Herrschaft noch keine eigene Architektur entfaltet, werden christliche Kirchen (byzantinische Kuppelkirchen) zu Moscheen umgestaltet. Dieser Übung verdanken sie auch ihre Erhaltung.

Noch 1492 wird die Hagia Sophia im eroberten Konstantinopel zum islamischen Heiligtum erklärt und zum Vorbild für die großen Moscheen des Sinan, des berühmtesten Baumeisters des Islam (1489–1588).« (Baustilkunde, S. 84).

Nach: Bickel, Notizen über den Dittelsheimer Kirchturm in: Alzeyer Geschichtsblätter 19, S. 132; Koch, Baustilkunde.

## Vom Heßlocher Wechselbalg

In Heßloch soll der Sage nach einmal der Verwalter eines geistlichen Guts gewohnt haben, der mit seiner Köchin heimlich verlobt war, weil er sie wegen seiner Herrschaft nicht heiraten durfte. Als ein Kind zur Welt kam, war es ein Wechselkind, »das weder wachsen noch zunehmen wollte, aber Tag und Nacht geheult und viel gefressen hat«. Man hat der Frau geraten, es im Worms-Neuhausener Cyriakusstift wiegen und aus dem dortigen Brunnen trinken zu lassen. Man glaubte damals, nach einer solchen Prozedur müsse sich das Kind innerhalb von neun Tagen für Tod oder Leben entscheiden. Die unter der Last des Kindes schwitzende Frau traf auf ihrem Weg nach Neuhausen in Westhofen einen fahrenden Schüler, der sie anhielt und sagte: »Es ist nicht Euer Kind, sondern es ist der leibhaftige Teufel. Werft den Schelmen in den Bach!« Nachdem die Frau sich gegen das Ansinnen wehrte, sprach der Mann weiter: »Euer Kind liegt daheim in der Stubenkammer in einer neuen Wiege! Das ist der Teufel, werft den Unflat in den Bach!« Die Frau tat es unter Weinen. Daraufhin entstand unter der Brücke ein solches Geheul und Gemurmel, als ob es ein Haufen Wölfe oder Bären wäre. Als sie nach Hause kam, fand sie in der Tat ihr richtiges Kind frisch und gesund in der Wiege. »Gott der Herr hatte ohne Zweifel das Kindlein die Zeit über erhalten, als sie den leidigen Teufel, das Wechselklind, gepflegt hatte.«

Nun läßt sich in der Deutung der Wechselbalg-Sagen leicht abheben auf elterliche Phantasien zu behinderten Kindern, sowohl was die Normabweichung als auch was die oft überfordernde Pflege angeht, bzw. zu Situationen, in denen Kinder ständig schreien und den Eltern den letzten Nerv rauben, ja sie psychisch aussaugen. Eine andere Quelle ist die Überlieferung, nach der Geister und Menschen gemeinsam Kinder zeugen (wie z. B. in einigen jüdischen Lilithsagen), bzw. von der Geistgeburt der Kinder, die den biologischen Zeugungsakt ignoriert. Die dabei unterstellte nahe Beziehung des Neugeborenen zur geistigen oder himmlischen Welt ist die Grundlage der volkstümlichen Angst, das Kind könne vor der Taufe, die ersten zwei Nächte und drei Tage bis hin zu den ersten sechs Wochen, »von bösen Menschen, elbischen Wesen, Zwergen und Zauberern geraubt und gegen ein eigenes kielkröpfiges, mißgebildetes Kind eingetauscht werden«. (Wörterbuch der Volkskunde, S. 943). Als Schutzmaßnahmen dienen wie gegen Beschreien/Berufen, Vermeiden und bösen Blick »Amulette christlicher und volksgläubischer Art, Salz, Brot, Gerüche, Pflanzen, Metalle, Feuer und die Asylwirkung des Hauses«. Die Wechselbalgsagen beschränken sich auf den Siedlungsraum von Kelten, Germanen und Slawen (teilweise). Zur festen Tradition gehören sie in etwa seit dem Jahre 1000.

Nach: Müller, Rheinhessisches Heimatbuch, S. 113/114; Wörterbuch der deutschen Volkskunde, S. 943.

## Dommershausen
Rhein-Hunsrück-Kreis

### Von den Piesackern bei Kastellaun

In Dommershausen befindet sich heute das Archiv der »Hunsrücker Wundarzt- und Bauernfamilie Pies«, deren Mitglieder seit dem 17. Jahrhundert als Salbenkocher und Knochendoktoren tätig sind. Vermutlich stammt der Ausdruck »piesacken« von dieser weithin bekannten Profession, die bis 1852 sowohl von promovierten Ärzten als auch von Wundärzten, Barbieren und Heilkundigen ausgeübt wurde. Stammväter dieser Tradition waren Diederich Pies (1590–1666), der Begründer der Chiropraktik, und Wilhelm Pies (1611–78), Leibarzt des Fürsten Johann Moritz von Nassau-Siegen und Begründer der Tropenmedizin. Die Familie war berühmt für ihre Pflaster und Salben, die bis heute handschriftlich überliefert sind, für das Einrenken von Gliedern durch geschickte Griffe und die Heilung von manchen Brüchen ohne Gips, was die Versteifung der Glieder verhinderte.

Das Rezept einer Zugsalbe, »um allerhand Sachen, als Kugel, Spreisen, Pfeil, Dorn, Eisen-Stücker und dergleichen aufzuziehen«, lautet: »Nimm Hasen-Schmalz 8 Loth, Magnet-Stein 1 Loth, Krebs-Pulver 1 Loth, Schwarz- oder Wall-Wurz 1 1/2 Loth. Dieses alles auf einem Reibstein gerieben oder in einem Mörser zerstoßen, bis es wie eine Salbe wird. Auf ein Stück Hasenbalg gestrichen und pflasterweis übergelegt, zieht alles heraus.« Schwarz- oder Wall-Wurz ist der einheimische Beinwell, bereits von Hildegard von Bingen und Paracelsus empfohlen. Der rote Magnet-Stein und pulverisierte Krebspanzer wurden ebenfalls traditionell zur Wundheilung verwendet. Tierische Fette dienten als Salben-Grundlage. »Neben Talg, Butter, Hasen- und Schweineschmalz bevorzugten die Wundärzte der damaligen Zeit vor allem Hundefett.«

Nach: Eike Pies, 101 alte und probate Geheim-Rezepte.

# Eckelsheim
Landkreis Alzey-Worms

## Der kopflose Hasselmüller in der Beller Kirche

Nicht weit von Eckelsheim steht an einem Hang die Ruine einer spätgotischen Wallfahrtskirche aus dem 16. Jahrhundert, die sogenannte Beller Kirche, an der zu früheren Zeiten auch ein bekannter Markt abgehalten wurde. Dort soll es nicht geheuer sein. Es wird von unerklärlichen Lichtern erzählt, die ab und an des nachts in der Ruine aufflackerten. Diese Lichter sollen vom Geist des Hasselmüllers stammen, der im Grab keine Ruhe findet. Und das kam so: Der Hasselmüller und ein Bauer aus der Gegend führten lange Jahre Streit um einen Acker. Dieser Streit war endlich in einem Prozeß entschieden worden, und zwar zugunsten des Bauern. Das wurmte den Müller gewaltig, aber er sagte kein Wort. Eines Tages gingen beide in der Beller Kirche zum Abendmahl, und wie es der Teufel will, kamen sie in der langen Reihe der Wartenden hintereinander zu stehen. Um seinen Sieg vollends auszukosten, flüsterte der Bauer dem Müller dabei ins Ohr: »Jetzt ist der Acker mein!« Da packte den Hasselmüller plötzlich eine unbändige Wut, er ergriff das Altarkreuz und erschlug seinen Kontrahenten. Von da an war die Kirche entweiht und zerfiel. Der Müller aber wurde hingerichtet. Doch auch im Grab fand er keine Ruhe. Jedesmal wenn der Jahrestag des Mordes sich nähert, geht er als kopfloser Geist in der Ruine um und sucht nach Blutspuren, um sie wegzuwischen. Dabei macht er sich mit einer Laterne Licht, und das ist es, was man dann im Vorübergehen flackern sieht.

Das Handwörterbuch des deutschen Aberglaubens führt das Motiv des kopflosen Gespenstes auf das Köpfen bei Hinrichtungen zurück und auf Bestattungsbräuche, bei denen der Kopf abgetrennt wird. Kopflose Gespenster sind meist männlichen Geschlechts und gehören zur Gruppe der Wiedergänger. Tote, die keine Ruhe finden, treten bei nicht vollständig durchgeführten Begräbnisriten auf oder aber beim Tod böser Menschen, sozusagen als Fortsetzung des Gewissens über den Tod hinaus. Schon zur Bronzezeit gab es die Angst vor wiederkehrenden Toten. Man schützte sich vor ihnen, indem man den Toten ins Obergewand lange Nadeln steckte, die mit dem spitzen Ende zum Kopf und mit dem stumpfen Ende zu den Füßen wiesen. »Nach der Einführung des Christentums sollten die kirchlichen Riten dem Toten zur Ruhe verhelfen. Wenn diese nun nicht wirkten, so mußte die Rückkehr des Toten als Strafe des Himmels erscheinen; es war eine Art Bußezeit, die der Tote noch auf Erden zubringen mußte, oder man stellte sich vor, daß er zeitweise aus dem Fegefeuer entlassen auf der Erde erscheinen müsse.« (HdA).

Die Wiedergänger erscheinen meist in dem Zustand, in dem sie gestorben sind oder lassen an ihrer Tracht den Beruf erkennen. Ihr Auftreten ist von vielerlei Geräuschen und Lichterscheinungen begleitet. Eine Begegnung mit einem Wiedergänger hat Krankheit zur Folge. Man kann sich schützen durch einen frommen Spruch, durch Kreuzschlagen, durch Flucht an ein Wegkreuz oder ins Petersilienbeet, durch Begießen des Gespenstes mit Wasser oder durch Ausziehen der Schuhe. Aniela Jaffé spricht von den Geistern ohne Kopf und Gesicht als unerlösten Geistern. Das Gesicht sei ein Zeichen der Persönlichkeit und drücke die seelische Gestalt des Menschen aus. Das werde deutlich in der Angst der Chinesen, das Gesicht zu verlieren oder aber in Volksweisheiten wie: Mit zwanzig hat der Mensch das Gesicht, das Gott ihm gab, mit vierzig das Gesicht, das das Leben ihm gab und mit sechzig das Gesicht, das er verdient.

Die kopflosen Gespenster seien meist dunkle Gestalten, ihre Unerlöstheit rühre von einer Untat, welche die Persönlichkeit zerstört habe: »In religiöser Sprache ausgedrückt entspricht die nicht erreichte Individuation dem Nicht-Verwirklichen eines Gotteswillen im Menschen, und dies hat nach unseren Berichten die kopflose Unrast nach dem Tode zur Folge.« (Jaffé, S. 128).

Nach: Müller, Rheinhessisches Heimatbuch, S. 126/127; Handwörterbuch des deutschen Aberglaubens; Jaffé, Geistererscheinungen und Vorzeichen.

## Eisenberg
Donnersbergkreis

### Römische Mauern und ein Altar

Bereits im 18. Jh. waren die Mauerreste des spätantiken »Burgus« bei Eisenberg bekannt. Es handelt sich dabei um eine rechteckige Kleinfestung aus der 2. Hälfte des 4. Jh., die um einen Lichthof mit Brunnen gebaut ist. Bei den Ausgrabungen hat man viele Hinweise auf religiöse Tätigkeiten gefunden: ein Tonplättchen mit Christogramm, den Zwischensockel einer Jupitergigantensäule, einen Weihealtar für Mars und Victoria, eine Weihung an einen Merkur Defensor (Verteidiger/Beiname sonst unbekannt), eine Säule für Mars und einen Altar für Merkur und Rosmerta.

Im gallorömischen Bereich findet man häufig Götterpaare. Und Merkur, der vor allem mit dem keltischen Gott Teutates identifiziert wird, soll nach Caesar in Gallien die größte Verehrung genossen haben. Das bezeugen auch etwa 800 Merkur-Inschriften, die man besonders im Gebiet des heutigen Rheinland-Pfalz gefunden hat, wo die Treverer, Mediomatriker, Triboker und Nemeter siedelten. Merkur galt als Gott des Handels und der Verkehrswege

*Gallorömischer Altar für Merkur und Rosmerta aus Eisenberg*

und wurde bevorzugt auf Anhöhen verehrt (Montmatre/Paris; Merkurberg/Baden-Baden; Donon/Vogesen). In seiner gallorömischen Form steht er in Beziehung zu einem alten Widdergott und damit zum Motiv der gehörnten Schlange. Manchmal findet er sich auch als zwei- oder dreifache Gestalt und hat hierdurch bereits Bezug zum Bereich der im Rheinland oft ebenfalls mehrfach dargestellten Matronen und Muttergöttinnen. Deren zentraler Bereich der Fruchtbarkeit, dargestellt u. a. durch das Füllhorn, gehört auch zu Rosmerta. Man könnte sagen: Sie verschafft den Reichtum der Erde, welchen er verteilt. Der keltische Wortstamm »smer« steht für »Vorsehung und schützende Vorsorge«. Interessant, daß es einen eigenen Gott Smertrios gibt, der im Kampf mit der Keule gegen eine Schlange dargestellt wird, ein vergessener Mythos?

Nach: Römer in Rheinland-Pfalz, S. 360/361; Botheroyd, Lexikon der keltischen Mythologie, S. 224; Maier, Lexikon der keltischen Religion und Kultur, S. 280.

# Elsheim
Landkreis Mainz-Bingen

## Aus elf mach elftausend

Am Selzübergang der alten Straße von Mainz nach Bad Kreuznach, südwestlich von Elsheim, stehen die Reste eines spätmittelalterlichen Zollturmes, den man auch den Elftausendmägdeturm nennt. Zusammen mit der nahen Elftausendmägdemühle stellt er die Beziehung zur Kölner Legende von der hl. Ursula dar, die erstmals im Jahre 975 niedergeschrieben wurde. Ihren Höhepunkt erlebte die Legende ab dem 13. Jh. durch den Aufschwung des Reliquienhandels. »Der Export an Jungfrauenreliquien muß ein solches Maß angenommen haben, daß man in Köln gar erwog, die Abgabe von Häuptern der heiligen Jungfrauen zu untersagen. Allein der Besitz des Zisterzienserklosters Altenberg bei Köln – 1.000 Häupter der Märtyrerinnen – macht eine solche Erwägung verständlich.« (Tümmers, Die schönsten Sagen und Legenden aus Köln, S. 34).

Die britische Prinzessin Ursula, die im 3. oder 5. Jh. n. Chr. gelebt haben soll, wurde der Legende nach von einem heidnischen Fürsten namens Conanus (Conan, der Barbar?) als Braut für seinen Sohn Ätherius ausersehen. Conanus schickte eine Gesandtschaft und drohte, er werde Britannien bei einer Weigerung mit Krieg überziehen. Ursula aber hatte bereits ein Gelübde abgelegt, sich ganz dem Lob Gottes zu weihen und ihre Jungfräulichkeit zu bewahren. Ein Engel erschien ihr im Traum und gebot ihr, die Werbung anzunehmen, aber um eine Frist von drei Jahren zu bitten, in dieser Zeit viele fromme Jungfrauen um sich zu scharen, mit ihnen nach Rom zu pilgern und von ihrem Bräutigam die Bekehrung zum christlichen Glauben zu verlangen. Conanus willigte ein, sein Sohn wurde Christ. Ursula trat zusammen mit 11.000 Jungfrauen ihre Pilgerfahrt an. Man reiste rheinaufwärts und in Köln träumte Ursula, man werde hierher zurückkehren und das Martyrium erleiden. Gemeinsam mit Papst Cyriacus kehrte die Gruppe dann von Rom über Basel nach Köln zurück. Dabei hat sie in Straßburg eine von ihnen wegen Krankheit zurückgelassen: Aurelia liegt dort begraben und steht in enger Beziehung zu den drei Jungfrauen Embede, Warbede und Willebede und damit zum rheinländischen Matronenmotiv. In Mainz wurden Ursula und Ätherius getraut. Bei ihrer Ankunft in Köln wurden Ursula, Ätherius und ihre Begleiterinnen von den Hunnen getötet.

Auf die Märtyrerinnen-Gräber verweist die sogenannte Clematius-Inschrift (um 400) in der südlichen Wand des gotischen Chores von St. Ursula. »In der Legende ihres Martyriums mischen sich Erinnerungen an die Raubzüge der Hunnen mit Lesefehlern bei Zahlzeichen, die ihre Bestätigung im römischen Gräberfeld vor der römischen Stadtmauer rings um das Stift St. Ursula fanden.« (Schäfke, S. 264). Köln wurde in der Tat 355 n. Chr. von den Hunnen zerstört und ein Lesefehler hat aus elf elftausend Märtyrerinnen gemacht. Daß St. Ursula die Schutzfunktionen früherer keltischer (Matronen) und germanischer Göttinnen (Nehalennia) übernommen hat, erweist sich im Volksglauben. Ein Liedtext lautet: »Sanct Ursula, ach steh uns bei,/ du unser Schutz und Schirmfrau sei.../ Mit deinem Mantel uns bedeck,/ uns allesamt darunter steck./ Elf tausend zwar darunter stehn,/ viel tausend mehr darunter gehn.« (HDA V, S. 1584).

Bleibt noch nachzutragen, wie der Jungfrauenzug nach Elsheim gekommen ist. Das hängt wohl damit zusammen, daß das Besitztum des Kölner Erzbistums in Hetenesheim, dem Vorläufer von Stadecken, und in Engelstadt, beides Nachbardörfer, im 14. Jh. in den Besitz der beiden Kölner Stifte St. Andreas und St. Ursula überging. Und mit den Besitzern wanderte auch die Legende an den Selzübergang, der einer Erklärung bedurfte.

Nach: Dehio, S. 249; Müller, Rhh. Heimatbuch II, S. 91; VG Nieder-Olm, S. 78; Handwörterbuch des deutschen Aberglaubens I, S. 724, V, S. 1584 und VI, S. 994; Wörterbuch der deutschen Volkskunde, S. 592; Schäfke, Der Rhein, S. 261ff; Tümmers, Die schönsten Sagen und Legenden aus Köln.

## Eppelsheim
Landkreis Alzey-Worms

### Von der Milchhexe aus der Blaugasse

In den »Stockgärten« soll nachts eine Hexe umgegangen sein. Dabei soll es sich um eine Frau aus der Blaugasse gehandelt haben. Sie soll das Vieh verhext haben, daß es Blut statt Milch gab. Als Gegenzauber hieb der Besitzer mit einer Sichel in die blutige Milch. Daraufhin soll die Hexe erschienen sein. Sie habe unter Tränen gebeten aufzuhören, heißt es. Jedesmal wenn die Sichel in die Milch fahre, erhalte sie einen Schlag zwischen die Augen. Und sie versprach, wieder für reine Milch zu sorgen.

Der Milchzauber gehört zum klassischen Bereich dörflichen Schadzaubers, den es vor und nach den Hexenverfolgungen gegeben hat. Dabei wird nicht mit Strafverfolgung, sondern mit Gegenzauber auf die vermeintliche Hexerei reagiert. Favret-Saada hat für Westfrankreich beschrieben, daß solche Deutungen von nachbarschaftlichen Beziehungen zwischen dörflichen Familien und ihren mit Lebenskraft besetzten »Revieren« nur angestellt werden, wenn das Unglück unerklärbar scheint und in Serie auftritt. Wenn eine Kuh krank wird und keine Milch mehr gibt, versucht man es zuerst mit plausiblen Alltagserklärungen, geht dann zum Arzt, dann zum Priester, und erst wenn das alles nichts hilft zum Zauberbanner. Daß so auch ein großer Teil nachbarschaftlicher Konflikte bereinigt wurde, zeigen die Hexenverfolgungen. Für den kurtrierischen Raum hat Rummel in bezug auf die dörflichen Hexenausschüsse festgestellt: »Das Streben nach Gewinn und Besitzzuwachs war nur ein Element unterschwelliger Prozeßmotivation. Nicht minder stark ausgeprägt war für die Ausschüsse und für einen Teil ihrer Zeugen die Hoffnung auf Verdrängung lästiger Konkurrenten und das Bedürfnis nach Vergeltung oft jahrelang zurückliegender Demütigungen und Streitworte.« (Rummel, S. 303). Dabei wurde oft versucht, über die sozial schwächer gestellte Frau indirekt den Mann als Familienoberhaupt zu treffen.

Im »Hexenhammer« (1487) wird ebenfalls auf Milchzauber verwiesen. Er bildet zusammen mit anderem Schadzauber den Kern der Hexenanschuldigung. Zur massenhaften Verfolgung von vermeintlichen Hexen kam es aber erst, weil kirchliche Inquisitionsschriften wie der »Hexenhammer« das Hexenbild erweiterten in Richtung Hexensekte (Tierverwandlung, Flug, sexueller Verkehr mit dem Teufel, Hexensabatt und Teufelshuldigung) und daran anschließend diese neuen, kaum beweisbaren Merkmale auf Druck aus der Bevölkerung von verschiedenen Landesherren zum Gegenstand der Strafverfolgung erhoben wurden. Im »Hexenhammer« heißt es zum Milchzauber: »So verlor Job, vom Teufel geschlagen, alle Haustiere; so findet man ja schließlich nicht das kleinste Dörfchen, wo die Weiber nicht unaufhörlich gegenseitig die Kühe behexen, sie der Milch(absonderung) berauben und sie sehr oft umbringen.« (Hexenhammer, S. 147). Die Gottesprüfung Hiobs wird in ein vom Teufel verursachtes Unglück umgedeutet. Als Vorgehen wird beschrieben, daß die Hexen ein Messer in die Wand stecken und nach einer Anrufung des Teufels fremde Kühe über den Knauf abmelken. Eine Schilderung dieser Praktiken sei nicht schlimm, heißt es, weil sie nur nach einer Teufelsverschreibung funktionierten und sonst wirkungslos seien. Als Schutz vor diesem Zauber werden Segen, geweihtes Salz und Kerzen, Weihwasser im Stall und Freigiebigkeit gegenüber Armen angegeben. Vor allem der Hinweis auf soziale Umverteilung ist interessant, wenn man die dörfliche Konfliktstruktur bedenkt. Durch Heischebräuche und Festverpflichtungen fand ohnehin ein andauernder und institutionalisierter Versuch sozialen Augleichs statt.

Wichtig ist auch der Hinweis des »Hexenhammers«, daß der Milchzauber deshalb hauptsächlich von Frauen durchgeführt werde, weil Milch von der Natur des Menstruationsblutes sei. Die Frau wurde also als Herrin der Körpersäfte gesehen (siehe Säftelehre). Daß dies auch positiv deutbar war, zeigt die Beziehung der sogenannten Tauzeremonie zu alten Vegetationskulten: »Im Mühlviertel geht die Hexe am 1. Mai vor Sonnenaufgang nackt mit einem Krug aufs Feld und streift Tau ins Gefäß; damit fährt sie den Kühen über den Rücken, und diese geben erstaunlich viel Milch.« (HDA VI, S. 309).

Nach: Müller, Rhh. Heimatbuch II,S. 135/136; Rummel, Bauern, Herren und Hexen; Jeanne Favret-Saada, Die Wörter, der Zauber, der Tod; Hexenhammer; Handwörterbuch des deutschen Aberglaubens VI, S. 308.

## Ernzen
Landkreis Bitburg-Prüm

### Von den Göttern des Waldes

Am westlichen Ortsende von Ernzen wurden ein Altar und ein kleiner Tempel aus dem 2. Jh.n.Chr. gefunden, die laut Weiheinschrift dem einheimisch-treverischen Wald- und Vegetationsgott Intarabus geweiht waren. Sein Bildnis stand ursprünglich wohl lebensgroß im Tempel, dessen Eingang samt Altar man rekonstruiert hat. Die Herkunft des Götternamens ist ungeklärt; er wurde aber auch als Beiname des Mars gebraucht, dessen Bild in Gallien

*Gallorömischer Altar des Intarabus aus Ernzen*

mit vielen lokalen Varianten überliefert ist. Der einheimische Mars wurde meist dargestellt als unbärtiger, unbekleideter jugendlicher Mann mit Helm. Weitere Weiheinschriften stammen aus Belgien.

An einem Stein der Felsgalerie »Schweigestelle«, nordöstlich von Schloß Weilerbach am Steilrand des Ferschweiler Plateaus, findet sich die Inschrift »Artioni Biber« eingeritzt. Sie nimmt Bezug auf die keltische Waldgöttin Artio, die figürlich duch eine Plastik aus Muri bei Bern beschrieben ist: Eine sitzende Muttergöttin mit Früchteschale füttert einen Bären, der vor einer Eiche steht. Daß es sich bei Artio wohl um eine Bärengöttin handelt, die auf ein vielleicht ursprünglich steinzeitliches Kult-oder Clanwesen zurückweist, ergibt sich aus der Etymologie. So existiert z. B. neben Artio der keltische Bärengott Artarius. Bär heißt auf irisch »art« und auf walisisch »arth« und steht damit auch in bezug zur keltischen Artuslegende aus dem frühen Mittelalter, die später von Geoffrey von Monmouth, Chretien de Troyes und Wolfram von Eschenbach christianisiert und in die Gralslegende umgewandelt wurde. In der Grimmschen Mythologie heißt es dazu: »nach der welschen sage wurde könig artus als bär und gott dargestellt.« (S. 556). Dazu galt der Bär in der nordischen Sage als königliches Tier, vergleichbar dem Löwen im Süden. Im sibirischen und russischen Volksglauben galt er daher als großzügig; man glaubte, daß er bei einem Zusammentreffen im Wald die Schwächeren schone, ganz wie es von einem ritterlichen König erwartet wurde. Er stand aber auch in Beziehung zur griechischen Göttin Artemis (siehe den Wortstamm): »Mädchen, die an den Riten der Artemis teilnahmen, wurden Bärinnen genannt, trugen gelbe Gewänder und ahmten Bärinnen nach.« (Cooper, S. 18).

Die Bärenmythologie hatte sowohl solare als auch lunare, d. h. sowohl männliche als auch weibliche Aspekte. Bachofen stellte die Bärin in seiner Schrift »Der Bär in den Religionen des Altertums« (1863) als Symbol für Mutterliebe heraus. »Artio ist sowohl die Göttin der unbestellten bewaldeten Erde und deren menschlichen und tierischen Bewohnern als auch aller gebärfähigen Frauen.« (Botheroyd, S. 24). Nach der Christianisierung wurde der Bär in vielen Sagen oft synonym mit Riesen oder dem Teufel verwendet. Er steht auch in Zusammenhang mit dem Werwolf und mit Korngeistern (Erbsenbär). Der von der Kirche ungeliebte Kaiser Friedrich II. soll 1213 einen Ritterorden vom Bären gegründet haben.

Nach: Römer in Rheinland-Pfalz, S. 362/363; Maier, Lexikon der keltischen Religion und Kultur, S. 27; Wörterbuch der deutschen Volkskunde; Bildlexikon der Symbole, S. 239/240; Botheroyd, Lexikon der keltischen Mythologie, S. 24; Cooper, Lexikon der Symbole, S. 18; Grimm, Deutsche Mythologie, S. 556.

# Ettringen
Landkreis Mayen-Koblenz

## Und wieder eine Matrone

Am Bellberg, einem ehemaligen Vulkan, bei Ettringen, wurden bei einer Grabung im Frühjahr 1917 Reste eines gallorömischen Tempels gefunden. Ein den »matribus domesticis« geweihter Stein und der Teil einer Statue aus gelbem Sandstein, die einen Korb mit Früchten, Äpfeln und Nüssen trägt, weist auf ein Matronenheiligtum, das wahrscheinlich schon im letzten vorchristlichen Jahrhundert bestand.

Nach: Graichen, Kultplatzbuch, S. 281.

# Eußerthal
Landkreis Südliche Weinstraße

## Die goldene Orgel um Mitternacht

Das Dorf Eußerthal hat sich aus einem ehemaligen Zisterzienserkloster entwickelt. Dessen 1148 gegründete Kirche wurde nach der Auflösung des Klosters 1561 teilweise zum Fundament der heutigen kath. Pfarrkirche. 1665 wurden Flüchtlinge aus Piemont in den verlassenen Klostergebäuden angesiedelt. Aus dieser Gemeinschaft entstand das heutige Dorf. Das Kloster war eng mit der nahen Burg Trifels verbunden. Zwei Klosterbrüder hüteten zeitweise sogar die dort untergebrachten Reichskleinodien. Vielleicht ist dies auch der Grund, weshalb man dem verschwundenen Kloster sagenhaften Reichtum nachsagt. Erzählt wird immer wieder von einer goldenen Orgel in der Klosterkirche, die stets zum Gottesdienst gespielt worden sei. Als die Gegend einmal von bewaffneten Feinden des Klosters unsicher gemacht wurde, seien die Zisterzienser geflohen, hätten vorher aber diese goldene Orgel in einem tiefen Sumpf versenkt mit der Absicht, sie später wieder herauszuholen. Die Mönche seien jedoch aus dem Exil nicht mehr zurückgekehrt, und das Kloster sei demzufolge verfallen. Man wisse daher zwar, daß die Orgel in der Nähe liege, aber nicht genau wo. Das Instrument selbst aber wolle offenbar gefunden werden, denn es steige immer wieder nach sieben Jahren aus der Tiefe und lasse um Mitternacht seinen herrlichen Klang erschallen. Da sich aber niemand wage, den Meister dieser Töne anzuschauen, bleibe das Geheimnis ungelöst.

Die Sage sucht den Niedergang des Klosters zu erklären und erinnert gleichzeitig an seine einstige große Bedeutung, die sich auch daran ablesen läßt, daß die spätromanische Pfeilerbasilika von Eußerthal der zweitgrößte Zisterzienserbau in der Pfalz nach Otterberg war. Sowohl die sieben Jahre als auch die Geisterstunde zur Mitternacht sind als magische Zeiten bekannt. Der Siebenersprung wird z. B. in der Waldorfpädagogik der Anthroposophen der menschlichen Entwicklung zugrunde gelegt. Auch im Märchen begegnet man der Planetenzahl öfter, z. B. bei den sieben Raben oder den sieben Zwergen. Die Orgel wurde erst über die Literatur von Romantik und Jugendstil (siehe auch Jules Vernes Kapitän Nemo oder Horrorgeschichten mit genial-wahnsinnigen Wissenschaftlern) zu einem Geisterinstrument.

Nach: Schlundt, Sagen, S. 36; Dehio, S. 269.

# Fell

Landkreis Trier-Saarburg

## Der Gott mit dem Eber

Auf dem Burgkopf bei Fell, im Mündungsgebiet von Saar- und Strunsbach, wurde 1840 eine Silvanus-Statue mit Hund, Bär und Eber gefunden. Bei Grabungen 1980/81 entdeckte man zudem Tempelreste, zum einen Holzpfostenlöcher, die auf die vorrömische Zeit verweisen, zum andern einen gallorömischen Umgangstempel, dessen Cella aus dem 2. Jh. und dessen Umgang aus der zweiten Hälfte des 4. Jh. stammt.

Silvanus war ursprünglich ein italischer Waldgott und galt als männlicher Aspekt der Diana. Dargestellt wurde er als bärtiger Mann in kurzer Tunika mit einem Schlegel. Er war zuständig für die unkultivierte Landschaft, den Wald und die Jagd. In Gallien und Britannien ist er mit vielen anderen Göttern verschmolzen, so mit dem Hammergott Sucellus, mit der Pferdegöttin Epona und dem Hirschgott Cerunnos. Im Nordosten Frankreichs taucht er oft auch parallel zu Vosegus, dem Gott der Vogesen auf. Hier ist er als Jäger dargestellt mit Hund, Köcher, Pfeil und Bogen, der den jungen Stammesgott Teutates-Merkur als Frischling schützend in den Armen hält. Vermutet wird daher eine Kultlegende, nach der Silvanus-Vosegus den kleinen Eber Teutates im Wald gefunden und aufgezogen hat. Der Eber galt bei den Kelten als bedeutendes Kulttier der Krieger, die sich häufig mit Eberhelmen schmückten (siehe den Kessel von Gundestrup). Oft wurde in Zusammenhang mit der als besonders schwierig erachteten Eberjagd von Ebern gesprochen, die aus der Anderswelt stammten, dem keltischen Jenseits, das sich allerdings nicht unter der Erde oder im Himmel befand,

*Gallorömisches Bergheiligtum des Silvanus bei Fell*

sondern mitten in der Gegenwart und stets durch Zugänge wie Höhlen oder Seen mit der diesseitigen Welt verbunden war. Von daher kommen auch die vielen Elfensagen, bei denen Menschen ins Elfen-Jenseits wechseln und wieder zurückkommen. Die Anderswelt wurde auch als Reich der Abgeschiedenen bezeichnet und Silvanus-Vosegus spielte die »Rolle des Herrn der Abgeschiedenen«. (Botheroyd, S. 296)

Nach: Römer in Rheinland-Pfalz, S. 364; Botheroyd, Lexikon der keltischen Mythologie, S. 296.

# Finthen
Stadt Mainz

## Von Merkur und den Nymphen

Im Mainzer Stadtteil Finthen begann die römische Wasserleitung, welche zum Kastell auf dem Kästrich führte. Als Reste stehen heute noch die sogenannten »Römersteine«. Man vermutet, daß sich der Ortsname von »ad fontes« (bei den Quellen) ableitet. Das Wasser stammte aus dem Königsborn und einer Quelle in der Gewann »Kempenich«. Dort hat man auch Inschriften der »Nymphis Laurentibus« gefunden. An der Straße nach Bingen soll ein Merkurheiligtum gestanden haben. Gefunden wurden mehrere Altäre und ein Bronzekopf von Rosmerta, der gallorömischen Kultgefährtin Merkurs. Weitere Merkurtempel im heutigen Rheinhessen gab es in Hechtsheim, Nierstein und Bingen.

Nach: Müller, Rhh. Heimatbuch, S. 23; Führer zu vor- und frühgesch. Denkmälern Nördliches Rheinhessen, S. 48.

# Fischbach
Landkreis Birkenfeld

## In einem bronzezeitlichen Bergbaurevier

Neben dem Fischbacher Schaubergwerk liegt auf einem Felsen eine vorgeschichtliche Ringmauer. Der Wall ist teilweise über 2 m hoch und über 5 m stark. Errichtet ist er in der typisch keltischen Pfostenschlitzbauweise, einer Holz-Stein-Konstruktion. Zwei Kilometer weiter auf dem Bremerberg liegt mit der sogenannten Glasburg eine zweite Ringmauer. Den Namen hat die Befestigung von Steinschlacken aus geschmolzenem Melaphyr, die den Wall wie schwarzes Glas wirken lassen. Die hohen Schmelztemperaturen sind wahrscheinlich bei einem Brand während der Erstürmung der »Burg« entstanden. Die Befestigungen stammen wohl aus der jüngeren Hunsrück-Eifel-Kultur (450–250 v. Chr.). Diese Kultur entwickelte sich als selbständige Einheit am Mittelrhein bereits zur Urnenfelderzeit. Damals lag sie am nordwestlichen Rand des südwestdeutschen Kulturraumes, und es begann eine stärkere Besiedlung der Bergregionen. In keltischer Zeit ging man zur Körperbestattung über, und die Hochwald-Nahe-Gruppe der Latene-Kultur wies in ihren reich ausgestatteten Fürstengräbern dann u. a. etruskische Importware aus Italien auf. Aus dieser Zeit stammen auch die beiden Wallbefestigungen. Zwischen beiden Wällen führt jedoch eine bronzezeitliche Handelsstraße hindurch. Sie zeigte ebenso wie die alten Kupfergruben, daß hier bereits in der Bronzezeit ein Bergbauviertel entstanden sein muß. Bestandteile dieser neuen Zeit, die parallel zum frühgriechischen Mykene entsteht, sind »Prunkwaffen, Einführung einer neuen Kampftechnik mit dem Schwert als neuem Waffentyp, Haltung von Pferden zum Reiten und Fahren, besonders die Durchsetzung der echten Bronzemischung aus Kupfer und Zinn, exzeptionelle Goldfunde, Spiralornamentik, auffällige Grabausstattungen und -anlagen (wie mächtige Hügel) und anderes«. (Bronzezeit in Deutschland, S. 10).

Nach: Anhäuser, Hunsrück und Naheland, S. 66; Joachim, Die Hunsrück-Eifel-Kultur am Mittelrhein, S. 149; Jockenhövel u. a., Bronzezeit in Deutschland.

# Fließem
Landkreis Bitburg-Prüm

## Von der badenden Diana

Von Bitburg aus führte eine alte Römerstraße nach Norden. Nach 5 km zweigt sie nach Fließem ab. Auf diesem Weg führt sie vorbei an einem Gutshof mit kunstvollen Mosaiken, der bereits zu preußischer Zeit der Öffentlichkeit zugänglich gemacht wurde, und an zwei Tempelresten am Gegenhang. Bereits 1843 wurden dort ein gallorömischer Umgangstempel und ein Rechtecktempel mit Säulenvorhalle (Kult-Tradition 1.–4. Jh. n. Chr.) gefunden, dabei Skulpturenreste von Juno und Minerva, ein Marskopf, Bronzefiguren und Terrakotten von Mars und Epona sowie eine Säule mit Reliefdekor, welche Diana im Bade und die Verwandlung des Aktaion zeigt.

Der frühgriechische Mythos von Aktaion erzählt, Artemis (Diana) habe ihn in einen Hirsch verwandelt und mit Hunden zu Tode gehetzt, und zwar bei ihrer jährlichen Wiederkehr. Bei diesem Ritual erneuerte sie stets ihre Jungfräulichkeit durch nacktes Baden in einer heiligen Quelle und nahm sich danach einen neuen Liebhaber. Das Bad durfte nicht von Männern beobachtet werden. Ähnliches berichtet Tacitus auch für die germanische Göttin Hertha. Es handelt sich hier um den Mythos vom alljährlichen geopferten Sakralkönig, wie er auch in vielen anderen Religionen des europäischen und mittelmeerischen Raums überliefert ist. Damit zusammen hängen auch das Bild von der Kreuzigung, das Bild von der verletzbaren Körperstelle (Achilles, Siegfried), das Bild vom im Bade erschlagenen Gatten (Agamemnon) und das Bild vom gehörnten König (Cerunnos). Der gehörnte Hirschkönig, der von der Göttin gejagt wird, hat sich sprachlich überliefert im Bild vom gehörnten, d. h. betrogenen Ehemann. Auch die Jagd eines Läufers mit Hirschmaske findet sich in Volksbräuchen, so z. B. in Staffordshire, Sizilien, Arkadien und Sardinien.

Nach: Römer in Rheinland-Pfalz, S. 367/368; Ranke-Graves, Die weiße Göttin, S. 254/375/488.

## Flomborn
Landkreis Alzey-Worms

### Spiralen und Mäander der Bandkeramiker

1902 wurde in der Nähe des Flomborner Friedhofs Hockergräber aus der Jungsteinzeit (um 5000 v. Chr.) entdeckt. Sie werden der Linearbandkeramik zugeordnet, die als erste Bauernkultur Europas gilt. Am Rhein lag die westliche Grenze dieser Kultur, die sich neben der Landwirtschaft durch ortsfeste Holzhäuser, überschliffene Steingeräte und Keramikproduktion auszeichnet. Die Siedlungen lagen meist an leicht geneigten Hängen von Talauen. Die ältere Linearbandkeramik wird nach dem genannten Fundort als »Flomborner Stil« bezeichnet. Sie »wird durch dreiviertelkugelige Gefäße, die klassischen Kümpfe, durch enghalsige Flaschen usw. gekennzeichnet, bei denen der Standboden bereits weitgehend verschwunden ist. Besonders beliebt waren nun auf Kümpfen und Schalen dreilinige Spiral- und Mäandermuster, oft in Form der sog. Sattelspirale, der liegenden S-Spirale und Hufeisenbänder. Seltener ist ein fortlaufendes Voluten- oder dreiliniges Wellenband.« (Jockenhövel, Die Vorgeschichte Hessens, S. 131). Spiralen und Mäander sind Formen, die aus der Naturbetrachtung abstrahiert werden können. So kommen sie im Pflanzenwachstum und in Bachverläufen vor und werden deutlich, wenn man von der punktuell gegenwärtigen Betrachtung der an Materie und Ursache orientierten modernen Naturwissenschaft abgeht und die formale Entwicklung in Raum und Zeit zugrunde legt. Dazu paßt auch die Zahl drei, die eine dialektische Entwicklung (These-Antithese-Synthese oder Ich-Du-Bewegtes Wir) symbolisiert.

Nach: Jockenhövel, Die Vorgeschichte Hessens; Bischer, Kalendergefäße.

## Frankenthal

### Das Lied vom Räuber Lindenschmidt

Der Lindenschmidtton ist eine Melodie aus Ambraser Liederbuch von 1582, die vor allem im 16. Jh. sehr beliebt war und die man vielen Texten unterlegte. Anfang des 17. Jh. wurde dann eine zweite Melodie bekannt, die bis weit ins 18. Jh. hinein im Volksgesang sehr beliebt war. Sie findet sich in vielen Liederbüchern und fliegenden Blättern; der Buchdruck war es, der viele Lieder, die vorher nur an Höfen und auf Märkten live von Spielleuten zu hören waren, mit einem Schlag populär machte. Goethe hat das Lied vom Lindenschmidt 1771 teilweise aufgezeichnet, und auch Brentano und von Arnim haben es in ihre Sammlung »Des Knaben Wunderhorn« aufgenommen. Das historische Ereignis, auf welches sich das Lied bezieht, ist ein Überfall des kurpfälzischen Dienstmanns Hans Lindenschmidt im Jahre 1490 auf den Sitz eines Dienstmanns des Speyrer Bischofs. Lindenschmidt raubte diesen aus und verkaufte die Beute. Diese und andere Raubrittereien sollten schließlich auf dem Wormser Reichstag von 1495 durch die Ausrufung des ewigen Landfriedens, die erste Polizeigesetzgebung und das vom Reichskammergericht zu garantierende Gewaltmonopol des Staates abgestellt werden. Dagegen opponierten die letzten Ritter wie Franz von Sickingen, Ulrich von Hutten oder Götz von Berlichingen.

So entstanden aus diesem Thema viele andere Raubritterlieder neben dem Lindenschmidt und dazu Volksbücher und Theaterstücke, die den Raubritter in der Tradition des Sozialrebellen, zu der auch Räuber wie Robin Hood oder Schinderhannes gehören, etwa so verklärten wie der Western des 20. Jh.

manchen Gesetzlosen. Die große Verbreitung des Motivs und der Melodie führten dazu, daß das Lied vom Lindenschmidt von Ort zu Ort immer wieder verändert wurde. Einmal wird er in Frankenthal, einmal in Frankfurt von den Soldaten des Markgrafen von Baden gestellt. In einer Fassung aus Schönau (Landkreis Primasens) wird der hingerichtete Raubritter gar zum nächtlichen Wiedergänger, der mit seinem wilden Heer wie der Rodensteiner aus dem Odenwald die Pfalz unsicher macht.

Es ist nit lang, daß es geschah,
daß man den Lindenschmidt reiten sah
auf einem hohen Rosse;
er reit den Rheinstrom auf und ab,
hat sein gar wohl genossen, ja genossen.

Als der Lindenschmidt immer wieder den Landfrieden bricht, schickt ihm der Markgraf von Baden den Junker Casper hinterher. Der engagiert einen Bauern, der den Raubritter aufspüren und verraten soll.

Das Bäuerlein schiffet über Rhein,
er kehret zu Frankenthal ins Wirtshaus ein:
»Wirt! Haben wir nichts zu essen?
Es kommen drei Wagen, seind wohl beladen,
von Frankfurt aus der Messen.«
Der Wirt, der sprach dem Bäurlein zu:
»Ja, Wein und Brot hab ich genug,
im Stall, da stehn drei Rosse,
die seind des edlen Lindenschmidt,
er nährt sich auf freier Straßen.«

Der Bauer berichtet Junker Casper vom Aufenthalt des Raubritters. Der umstellt das Wirtshaus und will ihn gefangennehmen, aber der Gesuchte wehrt sich.

Der Lindenschmidt, der war ein freier Reutersmann,
wie bald er zu der Klingen sprang:
»Wir wöllen erst ritterlich fechten!«
Es waren der Bluthund also viel,
sie schlugen ihn zu der Erden.

Der Lindenschmidt weiß, daß ihn der Tod erwartet, und er bittet um das Leben seinen Sohnes und seines Reiterjungen mit der Begründung, er habe beide zum Mitmachen gezwungen.

Junker Casper sprach nein darzu:
»Das Kalb muß entgelten der Kuh;
es soll dir nicht gelingen,
zu baden in der werten Stadt,
muß ihm sein Haupt abspringen.«
Sie wurden alle drei gen Baden gebracht,
sie saßen nit länger denn eine Nacht,
wohl zu derselbigen Stunde,
da ward der Lindenschmidt gericht,
sein Sohn und der Reutersjunge, ja Junge.

Nach: Strobach, Deutsche Volkslieder I, S. 61 und 375; Pfälzer Sagen und Balladen, S. 34; Stockmann, Liedpraxis, S. 411ff.; Des Knaben Wunderhorn, S. 97.

Es ist nit lang, daß es geschah,
daß man den Lindenschmid reiten sah
auf einem hohen Rosse;
er reit den Rheinstrom auf und ab,
hat sein gar wohl genossen, ja genossen

»Frisch her, ihr lieben G'sellen mein!
Es muß sich nur gewaget sein,
Wagen das tut gewinnen;
wir wöllen reiten Tag und Nacht,
bis wir ein Beut gewinnen.«

Dem Markgrafen von Baden kam neue Mär,
wie man ihm ins G'leit gefallen wär,
das tät ihn sehr verdrießen;
wie bald er Junker Casper schreib:
Er sollt ihm ein Reislein dienen:

*Das bekannte Lindenschmidtlied*

# Fürfeld

Landkreis Bad Kreuznach

## Wo die Hexen tanzen

»Der Schäferplacken im Walde bei Fürfeld hat sich auch bis heute – gleich den Blocksbergen – den Namen eines Hexentummelplatzes bewahrt«, schreibt W. Hofmann 1932 in seiner »Rheinhessischen Volkskunde«. In den Hexenvorstellungen des 16. und 17. Jh., der Zeit der Massenverfolgung also, erweiterte sich der dörfliche Schadzauberbegriff um spätantike und volkstümliche Elemente wie den Hexenflug und den Hexensabbat. Orte der angeblichen Zusammenkünfte waren oft bewaldete Berge. Es mischten sich Überlieferungen von Dianas wilder Jagd mit Angstbildern von Ketzerrebellionen und/oder orgiastischen Festen, wie sie aus den antiken Kulten bekannt sind, mit dem Wissen um das Zusammentreffen dörflicher Geheimbünde und Altersgemeinschaften. Und zu dem Treiben an den Hexenplätzen gehörte in den zeitgenössischen Darstellungen immer auch der Tanz. Es ist bekannt, daß die hier anvisierten »Ausschweifungen«, wie sie auch an Fastnacht traditionell zum Spiel mit verkehrten Welten, also zum zeitlich begrenzten Rollentausch führten, immer wieder von den Regierenden verboten wurden, wenn sie ihrer Meinung nach überhand nahmen. So wurde z. B. das Musikhalten in den Wöllsteiner Wirtshäusern noch 1776 beständig verboten, weil die jungen Leute gerne wie im Jahre 1772 »die ganze Nacht mit Tanzen, Springen und anderer Üppigkeit bis an den hellen Morgen geraset und getobt haben«. (Hofmann, S. 261). Im Katalog zur Hamburger Hexenausstellung von 1979 heißt es: »Die Reigentänze auf dem Hexensabbath sind vielfach in orgiastischer Form gezeigt. Sie wurden anscheinend nackt vollzogen, was eine Verbindung zu alten, vorchristlichen Fruchtbarkeitskulten denken läßt. Nicht umsonst versuchten Kirche und Staat im Mittelalter und früher Neuzeit Tänze, Mummenschanz u. a. sogenannte heidnische Kultrelikte im Volksglauben abzuschaffen und zu verbieten: denn sie waren nicht gesittet und züchtig genug und sprengten den Rahmen kirchlicher Normen.« (S. 12).

Nun gibt es natürlich orgiastische Traditionen in den antiken Religionen, aber deren Deutung oder gar Praxis von heute aus muß sich der Fremdheit der damaligen Kultur immer wieder bewußt werden. Es handelt sich dabei weder um die bessere, unterdrückte Natur, noch um die bedrohliche Welt schwarzer Magie, sondern um alternative Denk-, Fühl- und Körpermuster mit einer eigenen Geschichte, die erst nach ethnographischem Studium (teilnehmender Beobachtung) vergleichend bewertet werden können. Ihre Erneuerung führt grundsätzlich zu neuen Formen. Interessant bleibt allerdings, daß der Tanz, welcher ursprünglich auch im frühchristlichen Ritus seinen Platz hatte, im christlichen Europa mit der Zeit an den Rand gedrängt wurde, ganz im Gegensatz zu anderen, z. B. den afroamerikanischen und asiatischen Kulturen. Die alten europäischen Reigentänze, wie sie in vielen Volkstanztraditionen bewahrt wurden, beruhten auf Urformen wie der Spirale oder der Welle, die sich auch in stein- und bronzezeitlicher Ornamentik wiederfinden. »In den Formen der Kreisreigen und ihren Varianten findet das Auf und Ab des Erscheinens und Vergehens von Mond und Sonne den symbolischen Niederschlag.« (Wosien, S. 13). Die Tanzformen machen dabei die Bildformen im Raum erlebbar.

Nach: W. Hofmann, Rheinhessische Volkskunde, S. 97/261; Ginzburg, Hexensabbat; Hexenkatalog, S. 12; Wosien, Sakraler Tanz; Hoffman, Tanz, Trance. Transformation.

# Gerolstein
Landkreis Daun

## Eiszeitjäger und aktive Vulkane

Die Munterley nördlich von Gerolstein war im Devon-Meer ein Korallenriff. In der Nähe, auf den Triften von Gees, hat bereits Alexander von Humboldt (1769–1859) Trilobiten und andere Überreste aus den Urzeitmeeren gesucht und gefunden. Ebenfalls landschaftsprägend sind die Vulkane wie die Papenkaule, die ihre Tätigkeit teilweise erst vor etwa 10.000 Jahren eingestellt haben. Die Menschen der Jungsteinzeit haben den vulkanischen Charakter der Eifel also noch miterlebt.

Im Buchenloch, einer 18 m langen Karsthöhle, hat man Spuren der Neandertaler und späterer Eiszeitjäger gefunden. Auch in der Folge war die Gegend stets besiedelt. Um 4.000 v. Chr. wurde auf der Dietzenley ein bronzezeitlicher Ringwall errichtet, der bis in die spätrömische Zeit genutzt worden sein soll. Auf der Hustley hat man einen gallorömischen Umgangstempel entdeckt, in dem Herkules und die keltische Göttin Caiva verehrt wurden. Caiva wird den Muttergöttinen des Rheinlandes zugeordnet.

Nach: Naturdenkmale in Rheinland-Pfalz, S. 67; Pippke/Pallhuber, Die Eifel, S. 219.

## Glan-Münchweiler
Landkreis Kusel

Vom Radgott Jupiter-Taranis

Beim Abbruch des gotischen Langhauses im Jahre 1771 hat man neben anderen, eingemauerten römischen Steindenkmälern in der ev. Kirche drei Viergöttersteine gefunden, von denen zwei noch an gleicher Stelle zu sehen sind. Viergöttersteine dienten als Sockelsteine für Jupitergigantensäulen, welche im nördlichen Obergermanien und in der Gallia belgica die Verschmelzung römischer und keltischer Mythen dokumentieren. Über Sockelstein und Säule (als Nachfolgerin des heimischen Baumkultes) wird ein berittener Jupiter über einem am Boden liegenden Riesen gezeigt. Auf dem Sockelstein werden vier Götter gezeigt. In Glan-Münchweiler sind es einmal Jupiter als Radgott, Juno, Minerva und Herkules und zum anderen Juno, Merkur, Minerva und Herkules. Jupiter, der römische Staats- und

*Gallormömische Jupitergigantensäule*

Stadtgott, war ursprünglich ein Himmels- und Wettergott. Davon zeugen noch die Blitzbündel als seine Attribute.

In Gallien wurde er mit dem einheimischen Himmelsgott Taranis gleichgesetzt. Der liegende Riese könnte ein weiterer Hinweis auf lokale Deutungen sein, denn Riesen stehen in der Tradition der nordischen Mythologie oft für eine Urzeit der Elementarwesen oder Naturgeister, so z. B. als Wetterriesen. Der Name »Taranis« kommt von »taran« (Donner). Es handelt sich also um einen »Donnerer und Blitzeschleuderer, der vermutlich auch den die Ernte vernichtenden Hagel schicken konnte, ursprünglich wohl ein Wettergott«. (Botheroyd, S. 322).

Taranis-Jupiter wurde häufig auch als Gott mit Rad dargestellt. Dabei handelt es sich um das Sonnenrad, symbolisiert auch in vielen keltischen Kultwagen als Rad im Wagen des Sonnengottes, der über den Himmel fährt. »Bis auf den heutigen Tag haben sich, gewöhnlich zur Mitfastenzeit, in der Schweiz und in Luxemburg Taranisbräuche wie Scheibenschlagen oder das Rollenlassen brennender Räder erhalten – ehemals gehörten auch Süddeutschland, das Elsaß, das Rheinland, die Moselgegend und das Hunsrück-Eifel-Gebiet dazu.« (Botheroyd, S. 323). In der Grimmschen Mythologie wird ein solcher Brauch aus Konz an der Mosel aus dem Jahre 1823 beschrieben. Ein »mächtiges Rad« wurde »mit Stroh bewunden«, angezündet und den Berg hinuntergerollt: »Gelangt es brennend in die flut, so weissagt man daraus gesegnete weinernte, und die Konzer haben das recht von den umliegenden weinbergen ein fuder weißen weins zu erheben.« (S. 516). Auch die Trierer Metzger sollen »ein feuerrad vom gipfel des Paulsbergs in die Mosel hinabgelassen haben«. Die Kirche suchte dieses heidnische Brauchtum abzustellen, wie in der Vita des hl. Vincent von Agen im 4. Jh. berichtet wird. Der römische Dichter Lukan erzählt, die Gallier hätten Taranis Menschenopfer dargebracht, die in einer hölzernen Wanne verbrannt worden seien. Auch von Stieropfern wird berichtet.

Nach: Römer in Rheinland-Pfalz, S. 374; Botheroyd, Lexikon der keltischen Mythologie, S. 322/323; Grimm, Deutsche Mythologie, S. 515/516.

## Gondelsheim
Landkreis Bitburg-Prüm

### Von den drei heiligen Frauen

Die ehemalige Wallfahrtskirche St.Fides in Gondelsheim (Gemeinde Weinsheim) wurde 1461 als dreischiffiger Bau errichtet und 1523–31 in eine zweischiffige Anlage umgewandelt. »Gondelsheim behauptete, Reliquien der

Drei Jungfrauen aus Rom über Prüm erhalten zu haben, ja diese seien in Gondelsheim begraben.« (Matronen, S. 219). Ähnliche Ansprüche auf Fides, Spes und Caritas erheben auch Swister Berg und Ulflingen. »Fast alle Kultstätten sind erst nach dem 15. Jahrhundert unter lebhafter Mitwirkung des Volkes entstanden, während die Kirche nur zögernd mitging.« (Matronen, S. 219). Das große Echo auf das Motiv der drei Frauen, das zur Kölner Ursula-Legende zählt, erklärt sich aus der rheinischen Tradition des Matronenkultes, dessen Heiligtümer am Ende der gallorömischen Epoche (5. Jh.) von Christen zerstört wurden. Daß es sich dabei um eine regionale Überlieferung Westeuropas handelt, belegt auch, daß sich in Osteuropa statt des Drei-Frauen-Kultes der ostkirchliche Sophia-Kult (siehe die »Hagia Sophia« in Istanbul als Musterbeispiel byzantinischer und Vorbild islamischer Baukunst) durchgesetzt hat, während er im Rheinland bereits früh aufgegeben wurde.

Nach: Matronen und verwandte Gottheiten, S. 213; Pippke/Pallhuber, Die Eifel, S. 298.

## Gondorf
Landkreis Bitburg-Prüm

### Der Mord am mondsüchtigen Geizhals

Ein Steinkreuz mit der Aufschrift »Nickel Aswaldo« hat folgende Geschichte inspiriert: Anstelle des Steinkreuzes oberhalb von Gondorf habe einmal ein Hof gestanden, der einem geizigen, alten Manne gehört habe. Dieser sei aus Trier zugezogen. Nach einiger Zeit ging in der Gegend das Gerücht, es spuke auf der Höhe. Man habe nachts eine weiße Gestalt gesehen. Der Ortspfarrer ging der Sache auf den Grund und fand, daß der alte Geizhals schlafwandelte. Bald war es Ortsgepräch, daß Aswaldo mondsüchtig sei. Das erfuhr auch der Müller im Tal, der schon lange als bösartig und kauzig galt. Er schlich sich nachts zum Hof und stieß Aswaldo in die Tiefe, daß er zerschmetterte. Im Haus fand er nach einigem Suchen ungeheure Schätze. In seiner Gier beachtete er nicht, daß die mitgebrachte Kerze das Haus angezündet hatte. Erst als es lichterloh brannte, bemerkte er es, raffte zusammen, was er konnte und stieg durch die Flammen. Aber das Haus stürzte ein, und ein brennender Balken begrub den Müller unter sich, der bewußtlos wurde. Als er wieder erwachte, standen der Pfarrer und eine Menge Bauern um ihn herum, die das Verbrechen bereits entdeckt hatten. Der Müller gestand die Tat, starb aber bereits nach drei Tagen an seinen Brandwunden, bevor er vor Gericht gestellt werden konnte. Vorher stiftete er aus seinem Eigentum eine jährliche Seelenmesse und das steinere Kreuz zum Gedenken an den Ermordeten.

Die Sage erklärt einmal die Existenz des Kreuzes und eines unbekannten Namens. Zum anderen ist sie eine klassische Kriminalgeschichte, und zum dritten demonstriert sie die im Volksglauben verhaftete Vorstellung von der Mondwirkung. Der Einfluß des Mondes auf Erde und Mensch wurde und wird gesehen bei »Flut, Taufall, Menstruation, Nachtwandeln, Mondsucht«. (Wörterbuch der deutschen Volkskunde). Im bäuerlichen Kalender sind am Mond orientierte Säe- und Pflanzbräuche seit dem 7. Jahrhundert bekannt; sie werden – durch Versuchsreihen untermauert – heute wieder in der biologisch-dynamischen Landwirtschaft angewandt. Wie beim Besprechen von Warzen stehen sie dabei in Verbindung mit der antiken und mittelalterlichen Sympathielehre und nutzen den ab- und zunehmenden Mond im Sinn des Wortes.

Der Mond selbst gilt sowohl als romantisch-empfindsames Symbol als auch als Bild von Kälte und Horror. In der astrologischen Deutung werden mondbeeinflußten Menschen sowohl intensive Gefühle als auch Streben nach materiellem Besitz (Geiz) unterstellt. Mondsymbole sind seit der Steinzeit bekannt. Sie werden meist dem Weiblichen zugeordnet. Das führt in der mittelalterlichen Lehre von der physischen Schwäche der Frau zu Vorstellungen von der Giftigkeit des Menstruationsblutes, welche den Hexenglauben mit begründet haben. So heißt es z. B. in »De occulta philosophia« des Agrippa von Nettesheim: »Als ein größeres Gift wirkt dieses Blut beim abnehmenden Monde, noch stärker ist seine Kraft beim Neumonde, am stärksten aber ist es bei einer Mond- oder Sonnenfinsternis, weil alsdann kein Gegenmittel hilft. Von der größten Wirksamkeit ist namentlich die Reinigung in den ersten Jahren und im zarten Jungfrauenalter. Wenn man mit solchem Blut die Türpfosten eines Hauses berührt, so wird jede Zauberei darin vereitelt... Haare von einem menstruierenden Frauenzimmer, unter den Mist gelegt, erzeugen Schlangen, verbrennt man sie aber, so werden durch ihren Geruch Schlangen vertrieben; eine solche Kraft wohnt diesem Mittel inne, daß es auch für die giftigen Tiere ein Gift ist.« (nach Daxelmüller, S. 212/213). All diese verballhornten Rezepte des Mittelalters gehen im Ursprung auf die dämonologischen Lehren der Spätantike zurück. So wehrt sich z. B. Origenes »sehr entschieden gegen eine rationalistische Erklärung der Mondsucht, wie sie damals gegeben wurde: Nicht der Einfluß des Mondlichts auf den Organismus, sondern die Kraft des Monddämons ist die Ursache.« (Bros, S. 211).

Nach: Rheinlands Wunderhorn Bd. 9, S. 81ff.; Wörterbuch der deutschen Volkskunde, S. 569; Daxelmüller, Zauberpraktiken, S. 196 ff.; Bros, Magie und Aberglaube an den Anfängen des Christentums, in: Moser, Glaube im Abseits, S. 211.

# Großholbach
Westerwaldkreis

## Die kopflosen Reiter und das wütende Heer

An der »Bildcheseiche« im Holbachtal, die in einer Höhle ein Muttergottesbild birgt, soll es der Sage nach spuken. Man könne, so heißt es, hier zu gewissen Zeiten kopflose Reiter im wilden Kampf miteinander erblicken. Die Ursache des Spukes liege in Geschehnissen des dreißigjährigen Krieges begründet. General Graf Anholt von der katholischen Liga habe sich in den ersten Kriegsjahren einmal mit seinen wilden Söldnerscharen der Stadt Montabaur genähert. Diese habe ihre Tore verschlossen und den General dadurch zum Weiterziehen gezwungen. Er habe darauf im Umland fürchterlich gehaust. Als die Bürger von Montabaur des Abzug des Generals und seiner Truppen sicher gewesen seien, sei eine Schar von Jungfrauen zur Wallfahrtskirche Wirzenborn gezogen, um für die Rettung der Stadt zu danken. Dabei seien sie von einem Haufen Anholtischer Reiter überfallen und verschleppt worden. Einige entkamen und alarmierten die Stadt. Die Bürger von Montabaur bewaffneten sich, setzten den Reitern nach, überwältigten sie in einem blutigen Kampf und retteten die Jungfrauen, unter denen sich auch die Tochter des Schultheißen befunden haben soll.

Das Jungfrauenmotiv erinnert an die Kölner Ursulalegende, in welcher 10.000 Jungfrauen von den Hunnen getötet worden sein sollen. Ungewöhnlich ist, daß eine historische Sage eine Spuksage erklärt. Im übrigen weist das Motiv der kopflosen Reiter auf das ältere Motiv des wütenden Heeres hin. Das paßt auch zur Eiche, die z. B. als Baum Donars bei den Germanen verehrt wurde. Baum- und Quellkulte sind aber auch von den Kelten bekannt. Die heidnischen Eichen wurden von den frühen Christen entweder zerstört, wie die heilige Eiche von Geismar, welche Bonifatius 725 fällte, oder christianisiert, z. B. durch Muttergottesbilder. Das wütende Heer wird als Teil der germanischen Mythologie gedeutet – der Begriff »wütend« könnte eine Verballhornung von Wotan sein – und hat sich im Laufe der Zeit mit immer neuen Bedeutungen und Figuren aufgeladen. So gibt es auch einige Hinweise auf ein Heer der Göttin Diana und ihrer Nachfolgerinnen. 1519 wurde z. B. in Bern eine Frau des Landes verwiesen, weil sie »usgeben hat: si fure mit frow Selden und dem Wütis heer«. (Wörterbuch der deutschen Volkskunde, S. 971). In der Regel aber sind es Männer, welche die wilde Jagd anführen: der Rodensteiner, der Schimmelreiter, Rübezahl etc. »Vom 11. Jahrhundert an sprechen eine Reihe lateinischer und volkssprachlicher literarischer Texte aus ganz Europa – Frankreich, Spanien, Italien, Deutschland, England, Skandinavien – von Erscheinungen des Wütenden Heeres (Wütischend Heer,

Mesnie furieuse, Mesnie Hellequin, exercitus antiquus), auch Wilde Jagd (Chasse sauvage, Widl Hunt, Chasse Arthur) genannt. In ihnen wird die Schar der Toten erkannt; manchmal präziser: die Schar der zur Unzeit Gestorbenen – in der Schlacht getötete Soldaten, ungetaufte Kinder. An ihrer Spitze finden sich wechselnde mythische (Herlechinus, Wotan, Odin, Artus usw.) oder mythisierte Gestalten (Dietrich von Bern). Wie schon aus den ältesten Zeugnissen hervorgeht, wurde ein in denkbar weit auseinanderliegenden Kulturen anzutreffendes Thema – die bedrohliche Erscheinung ruheloser Toter – in christlichem und moralisierendem Sinne neu interpretiert, und zwar in enger Entsprechung vom Bild vom Purgatorium (Fegefeuer, der Verf.), das damals in Ausarbeitung begriffen war.« (Ginzburg, S. 117). Bereits Grabbeigaben der Bronzezeit belegen die Angst vor Wiedergänger-Toten.

Nach: Sagen des Westerwaldes, S. 59/60; Wörterbuch der deutschen Volkskunde, S. 971; Ginzburg, Hexensabbat, S. 117.

# Heckenmünster
Landkreis Bernkastel-Wittlich

## Quellengeschichte(n)

Auf dem Weg von Heckenmünster nach Erlenbach liegt ein Sauerbrunnen, aus dem früher unter dem Namen Viktoria-Quelle auch Mineralwasser abgefüllt wurde. Nicht weit davon liegt die Schwefelquelle »Wallenborn«. 1966 wurde hier ein römischer Heil- und Kultbezirk ergraben, der sich mit Gäste- und Pilgerhäusern, einer Badeanlage und einer festen Herberge um die Quellen gruppierte. An der Schwefelquelle fanden sich zwei gallorömische Umgangstempel und ein offener Kultbau mit Theaterbühne sowie ein Gebäude mit Wandelgang, das dem Zugang zum Tempel des Lenus Mars in Trier ähnelte. Brunnen für Trinkkuren und das beheizbare Badegebäude deuten auf eine Nutzung als Heilbad. Die Anlage wurde im 3. Jh. bei Germaneneinfällen zerstört und wohl nicht wieder aufgebaut, weil es in der Umgebung mit Aachen und Bad Bertrich besser ausgestattete und geschützte Bäder gab. Nach der Grabung wurde das Mauerwerk wieder zugeschüttet und abgedeckt.

Fragmente von Terrakottafiguren belegen die Verehrung von Muttergöttinnen und legen eine frühere keltische Nutzung des Quellbezirks nahe. Noch im 17. Jh. berichtet ein Jesuitenpater von der medizinischen Nutzung des Quellwassers trotz »des übermäßigen Schwefelgehaltes und der durch das stete Wallen verursachten Trübung«. Ende des 19. Jh. soll die Bevölkerung die Quellen noch zur Heilung von Kinderkrankheiten aufgesucht haben.

Nach: Römer in Rheinland-Pfalz, S. 381/382; Graichen, S. 273/274.

# Hermeskeil
Landkreis Trier-Saarburg

## Von Diana bis Kybele

Kurz vor dem Ortseingang von Gusenburg (von Hermeskeil kommend) hat man 1891 einen gallorömischen Tempelbezirk gefunden. Von daher stammen neben einer Bronzefigur des Mars – hier vielleicht als der einheimische Mars Lenus wie in Trier verehrt – Terrakotten von Minerva, Merkur, Fortuna, Fruchtbarkeits- und Muttergottheiten, Kybele, Amor und Psyche sowie von Göttinnen mit Mauerkronen (ebenfalls Kybelekult). Kybele wurde in der kleinasiatischen Landschaft Ida (östlich der Dardanellen) verehrt. Dort war ihr ein schwarzer Meteorstein geweiht, der 204 v. Chr. nach Rom transportiert wurde. Die ursprünglich wohl hethitische Göttin, die in Rom als Große Mutter eigene Tempel erhielt, gehört zur mythischen Tradition der matriarchalischen Göttin und ihres Sonnenkönigs (hier Attis genannt). Dabei steht die Göttin für die immer wieder erneuerbare, später als jungfräulich definierte Schöpfungskraft, und der nach der Legende am Ende entmannte Gottkönig, der jährlich neu initiiert und geopfert wird, für Wachstum und Sterben im Jahreslauf.

Im nahen keltischen Ringwall des bereits saarländischen Otzenhausen wurde in einem anderen Tempel eine bronzene Diana gefunden. Im mittelalterlichen »Canon episcopi« wird Diana zur Schutzgöttin der »Hexengläubigen«. Darauf nimmt z. B. auch der Kardinal Nikolaus von Kues in einem Hexenprozeß Bezug, der 1457 in Brixen durchgeführt wurde. Zwei alte Frauen berichteten von nächtlichen Ausfahrten zu einer »bona domina« (guten Herrin) mit Namen Richella, welche Cusanus aus entsprechend kirchlicher Tradition als Diana identifizierte. Die Frauen wurden übrigens zu Buße und Kerkerhaft verurteilt, weil sie hexerischen Phantasien aufgesessen seien; die spätere Hexendoktrin lehnt Cusanus – ganz in mittelalterlicher Tradition – noch ab. Ginzburg interpretiert: »Hinter Diana-Artemis sehen wir die Umrisse Richellas hervortreten, der Wohlstand spendenden, prächtig gekleideten Göttin, die den in Ekstase versunkenen alten Frauen aus dem Fassatal mit ihrer haarigen Tatze über die runzligen Wangen strich. In Richella gewahren wir eine ähnliche Göttin wie Artio, die mehr als tausend Jahre zuvor auf der anderen Seite der Alpen in Zwiegestalt, als Bärin und als Wohlstand spendende Matrone mit einem Schoß voller Früchte, dargestellt wurde. Hinter Artio öffnet sich ein schwindelerregender zeitlicher Abgrund, in dessen Tiefe wiederum Artemis, die Tierherrin vielleicht, erscheint; oder vielleicht wiederum eine Bärin.« (Ginzburg, S. 148).

Nach: Römer in Rheinland-Pfalz, S. 384/85; Ginzburg, Hexensabbat, S. 110ff.; Pronay, Mithras und die geheimen Kulte der Römer, S. 104ff.

## Hilst
Landkreis Pirmasens

### Die Götter im Fels

Etwa 2 km südlich von Hilst befindet sich – kurz hinter der Landesgrenze – ein Relief aus römischer Zeit an einer Felswand, das drei Götter in schwachen Konturen zeigt: Mars mit Umhang und Lanze (links), Diana mit Jagdhund sowie Pfeil und Bogen (Mitte) und Silvanus mit Lanze und Hund (rechts). »Felsbilder dieser Art sind auf den ostgallischen Raum zwischen Sauer, Glan und Vogesen beschränkt, in dem leicht zu bearbeitende Buntsandsteinformationen vorkommen.« (Römer, S. 388). Der Standort des Felsbildes liegt nicht bei einer römischen Siedlung, aber an einem alten Verkehrsweg in den Lothringer Raum.

Mars und Diana sind hinlänglich bekannt. Silvanus ist ursprünglich ein italischer Waldgott, den die Kelten nach dem Prinzip ihrer Götterpaare als männliches Gegenstück zu Diana deuteten. In den Vogesen wurde er oft mit dem Regionalgott Vosegus identifiziert, in Südfrankreich mit dem Hammergott Sucellus. Oft hält er beschützend einen Frischling, den Ebergott Teutates, im Arm. Das verweist darauf, daß aus einer älteren Jägertradition heraus interpretiert wurde, etwa in Nachfolge des gehörnten Hirschgotts Cerunnos. Darauf weist auch seine Deutung als »König der Wälder« oder »Herr der Abgeschiedenheit und Anderswelt« in der Gegend um das britische Colchester hin. Dort wurde in den Überresten eines Viereckempels neben einer Silvanus-Weihetafel auch ein bronzener Hirsch gefunden. Ein weiteres Indiz für seine Beziehung zu den Eiszeitjägern ist, daß er neben Diana als weitere Partnergöttin die Pferdegottheit Epona hatte, die ebenfalls als bereits steinzeitliche Jagd- und Schutzgöttin gelten kann.

Nach: Römer in Rheinland-Pfalz, S. 388/89; Botheroyd, Lexikon der keltischen Mythologie, S. 296/97.

## Hochscheid
Landkreis Bernkastel-Wittlich

### Viele Göttinnen und kaum Götter

Südwestlich von Hochscheid im Hunsrück kennt man eine als heilwirksam bewertete Quelle, die als römischer Brunnen in einer Tempel- und Badean-

*Gallorömischer Tempelbezirk der Sirona von Hochscheid*

lage aus dem 1.–3. Jh. n. Chr. gefaßt war. Im Innern des gallorömischen Vierecktempels hat man u. a. einen Altar gefunden, der dem Götterpaar Apollo Grannus (ein keltischer Heilgott) und »sancta Sirona« geweiht war. Beide sind auf einem Relief dargestellt. Sirona ist fast unzerstört erhalten, wahrscheinlich weil das Heiligtum bereits vor der möglichen Zerstörung durch christliche Eiferer verlassen wurde. Die Göttin ist wie die griechisch-römische Hygieia mit einer langen Tunika und einem Mantelumwurf gekleidet. Im gewellten Haar trägt sie ein Diadem. Eine Schlange am rechten Unterarm züngelt nach drei Eiern in einer Schale der linken Hand. »Bei den Kelten beginnt der Schöpfungsmythos mit dem Schlangenei.« (Lengyel, S. 214). Ihm entstammt in der irischen Mythologie ein schlangenfüßiger Krieger, welcher von dem aus dem Meer kommenden Stammvater Partholon getötet wird, um die Stammesgeschichte einzuleiten.

Auch in der keltischen Ornamentik finden sich häufig Ei- und Schlangenmotive. Das Schlangenei ist bei den Druiden (siehe Cooper, S. 41) Symbol für das noch ungeteilte Lebensprinzip. Die Schlange »begleitet alle weiblichen Gottheiten und die Große Mutter, und häufig ist sie so dargestellt, daß sie sie umwindet«. (Cooper, S. 160). Wie das Ei steht die Schlange für das uranfängliche, undifferenzierte Chaos. Sie umwindet ozeanisch das Welten-Ei. In dieser Tradition ist also auch Sirona zu sehen. Es ist zudem auffällig, daß 22 von 27 in Hochscheid gefundenen Terrakotten Göttinnen und nur drei Götter darstellen. »Die Vielfalt der dargestellten Göttinnen – allesamt der Göttin Sirona geweiht – wirft ein Schlaglicht auf die bei den Galliern nur schwach fixierte bildhafte Vorstellung von den Göttern. Sowohl Matronenstatuetten als auch Kybele-, Fortuna-, Minerva- und Venusstatuetten können eine Sirona darstellen.« (Weisgerber, S. 65). Grund für diese Überzahl ist sicher, daß Hochscheid ein Quellheiligtum war. Hier verehrte man im Nordosten Galliens und am nördlichen Oberrhein häufig Quellgöttinnen (siehe die Xulsigiae in Trier oder Vercana und Meduna in Bad Bertrich).

Den Kult muß man sich so vorstellen, daß die Gläubigen die Zella des Tempels betraten, Wasser aus dem Brunnen schöpften, aus Ton- oder Glasbechern tranken und ihre Terrakotten opferten. Dabei brannten flüssige Duftstoffe in Räucherkelchen.

Nach: Römer in Rheinland-Pfalz, S. 389/90; Weisgerber, Das Pilgerheiligtum des Apollo und der Sirona; Cooper, Illustriertes Lexikon der traditionellen Symbole; Lengyel, Das geheime Wissen der Kelten.

# Horath
Landkreis Bernkastel-Wittlich

## Der Münzschatz im Acker

Neben weiteren Funden (Grabhügel/Hausreste) hat man westlich von Horath in einem Acker beim Pflügen einen Topf mit 3.500 römischen Münzen gefunden. Es sind Prägungen aus der Zeit der Kaiser Gallienus (253–268) bis Diokletian (284–305). Die jüngsten Prägungen stammen aus der Münzstätte Lyon von 289. Der Schatz wurde also wohl kurz nach 290 in der Erde versteckt. Das war eine Zeit innerer Unruhen in der Gegend. Es gab marodierende Truppen im Grenzbereich und Aufstände der Bagauden. Da ging ein örtlicher Gutsbesitzer wohl auf Nummer Sicher.

Nach: Römer in Rheinland-Pfalz, S. 395.

# Hof Iben/Gemeinde Fürfeld
Landkreis Bad Kreuznach

## Vom europäischen Schicksal der Templer

Der Hof Iben im Appelbachtal war einmal eine Wasserburg, die erstmals 1258 urkundlich erwähnt wird. Damals war sie im Besitz des Templerordens (1118–1314). Nach der Ordensauflösung fiel sie an die Raugrafen und nach der französischen Revolution kam das Gelände in bäuerlichen Besitz. Von der ehemaligen Burgkapelle ist noch der um 1240 errichtete Chor erhalten. Gemeinsam mit dem Lettner des Mainzer Domes (1239) werden beide der Schule des Naumburger Meisters zugeschrieben und stellen die frühsten Zeugnisse für den Einfluß der französischen Hochgotik am Mittelrhein dar, und zwar im Stil der Reimser Schule (Kathedrale von Reims/1215). Bemerkenswert ist auch die hohe Qualität der Steinmetzarbeiten.

Der geistliche Ritterorden der Templer, gegründet im Rahmen der Kreuzzüge zur Verteidigung des Grabes Christi in Jerusalem, zum Schutz der Pilger und im 11./12. Jh. eine finanzpolitische und militärische Macht von überstaatlichem Zuschnitt in Europa, hat durch seine gewaltsame Auflösung in der Folge eines Ketzerprozesses Anlaß für eine bis heute andauernde Legendenbildung gegeben. Da wird einmal von seinen Verehrern sein Überleben in freimaurerischen Geheimgesellschaften behauptet; bis heute bestehen Nachfolgesekten und dubiose Neugründungen. Die konservativen Gegner der Aufklärung dagegen strickten folgerichtig daraus eine Verschwörungsgeschichte, die letztlich in antisemitisch-nationalistische Bahnen (siehe

*Darstellung einer Templer-Verbrennung*

die vom russischen Geheimdienst Ende des 19. Jh. erfundenen »Protokolle der Weisen von Zion«) mündet. Und hier ist auch der gedankliche Anknüpfungspunkt zum Mittelalter zu finden. Der französische König Philipp der Schöne betrieb die Vernichtung des Templerordens wohl hauptsächlich wegen dessen internationalem Charakter und um an seinen Besitz zu kommen, den der Orden auch zu Bankiersgeschäften nutzte. Man kann die faschistischen Phantasien von einer internationalen Verschwörung des »jüdisch-freimaurerisch-aufgeklärten Finanzkapitals aus dem angloamerikanischen Raum« beinahe mit Händen greifen, wenn man die Templergeschichte betrachtet. Dazu passen auch die Ketzereivorwürfe, die sich im wesentlichen auf drei Bereiche beziehen: Sexuelle Abweichung (obszöne Praktiken, Homosexualität, Sodomie/siehe Hexenverfolgung), Verleugnung des Kreuzes und Verneinung des Kreuzopfers Christi (siehe Katharer) und Götzenanbetung (magisches Haupt/siehe Islam).

Philipp der Schöne und seine Hofräte betrieben die Vernichtung der Templer wie einen faschistischen oder stalinistischen Hochverratsprozeß mit allen Mitteln des politischen Terrors. Dabei nutzte der König das Verfahren, um die Päpste in dauernde Abhängigkeit von der französischen Krone zu bringen. Die sogenannte babylonische Gefangenschaft der Päpste in Avignon dauerte von 1309 bis 1377; der Prozeß gegen die Templer begann 1307 und endete 1314 mit der Auflösung des Ordens und ab 1310 mit der Verbrennung vieler Templer, denen in der Folter Geständnisse abgepreßt worden waren. Interessant ist in diesem Zusammenhang, daß die Templerverfolgung vom zentralistischsten aller europäischen Staaten, nämlich Frankreich ausging, der sich der ebenfalls zentralistischen römisch-katholischen Kirche bediente, während sich in Deutschland die einzelnen Territorien aufgrund der förderalen Struktur des Reiches ganz unterschiedlich und viel selbständiger verhielten (siehe auch die regionale Differenz bei der Hexenverfolgung). »In Deutschland kam es zu ganz außergewöhnlichen Vorkommnissen. Der gegenüber den Templern sehr feindselig eingestellte Erzbischof von Magdeburg warf sie ins Gefängnis und wollte selbst über sie richten. Er wurde deshalb von seinem Rivalen, dem Bischof von Halberstadt exkommuniziert. In Mainz drangen am 11. Mai 1310 der Präzeptor des Templerhauses von Grumbach und zwanzig Ritter in den Saal ein, in dem die Brüder verhört wurden. Der Präzeptor verteidigte den Orden und sein Mitbruder Friedrich von Salm bot an, seine Unschuld duch ein Gottesurteil zu beweisen. Die 27 anwesenden Templer beteuerten ihre Unschuld.« (Demurger, S. 255/256). In Mainz zeugt das Templergäßchen noch heute von der Existenz des mittelalterlichen Ritterordens in der Region. Der Erzbischof Peter von Aspelt befolgte das 1310 von Papst Clemens V. angeordnete Templerverhör nur zögernd. Der Auftritt des Grumbacher Wild- und Rheingrafen Hugo erzwang eine gerechte Untersuchung, die zum Mißfallen des Papstes 1311 mit einer Unschuldserklärung endete. Dennoch mußte der Konzilsbeschluß von Vienne (1312) zur Aufhebung des Ordens auch in Mainz umgesetzt werden. Die nahe der St. Ignazkirche gelegene Templerkomturei ging wie andernorts auch an den Johanniterorden.

Man könnte also sagen, daß der im 19. und frühen 20. Jh. in Deutschland herbeigeredete Zentralismus und Nationalismus, der am beneideten Vorbild eines scheinbar erfolgreicheren Frankreichs den Mythos von der verspäteten Nation erfand, damit auch das schon seit Jahrhunderten in Europa latente faschistische Gedankengut wiederbelebt und provoziert hat. Der förderalistische Strang des alten Reiches dagegen hätte, verbunden mit dem republikanischen Gedankengut der französischen Revolution, – etwa in einer Mischung aus rheinischem Jakobinismus, weltbürgerlich-kantischem Friedenskonzept sowie Goethescher Kulturpädagogik – wohl beide Weltkriege und den aus ihnen resultierenden Terror verhindert und kann in dieser Mischung auch heute noch zukunftsweisend sein.

Nach: Dehio, S. 393; Demurger, Die Templer; Tegtmaier, Magie und Sternenzauber; Charpentier, Macht und Geheimnis der Templer; Jürgensmeier, Das Bistum Mainz, S. 125; Flensburger Hefte, Sonderheft 12, Schwarze und weiße Magie.

# Idar-Oberstein
Landkreis Birkenfeld

## Kirchenbau aus Reue

In der Felswand über der Stadt findet sich eine Kirche. Der jetzige Bau ist zwischen 1482 und 1484 errichtet, 1742 wiederhergestellt und 1927–29 erneuert worden. Auf dem Hochaltar ist ein Flügelretabel (um 1400) aus dem Mainzer Stilkreis aufgemalt, in der Mitte eine figurenreiche Kreuzigung mit Stifter und auf den Flügeln vier Passionsdarstellungen. Die Felsenkirche soll bereits im 12. Jh. infolge eines Brudermordes gestiftet worden sein. Die Sage erzählt, auf der Burg Oberstein hätten die beiden Brüder Emich und Weirich gewohnt. Der eine habe den andern eines Nachts vom Felsen hinabgestoßen. Dafür werden unterschiedliche Gründe angegeben, einmal Eifersucht und ein andermal Wut. Es heißt, einer der beiden Brüder habe eine Abscheu vor Katzen gehabt. Da habe ihm der andere mutwillig ein solches Tier in den Stiefel gesteckt, um ihn zu ärgern. Eine rasende Wut habe darauf den Katzenfeind (oder war es ein Allergiker?) zum Brudermord getrieben. Doch bald sei die Reue gekommen. Ein Einsiedler habe dem Mörder geraten, sich nach seinen Träumen zu verhalten. Bald danach habe man ihn gesehen, wie er eine Grotte aus der Felswand hämmerte, und als sich eine Quelle gezeigt habe, sei der stille Büßer heiter geworden und habe gelächelt, als habe man ihn erhört. Als dann endlich die Kirche in der Grotte erbaut war und das erste Hochamt abgehalten werden sollte, da habe man ihn tot vor dem Hochaltar gefunden, seligen Frieden über dem bleichen Antlitz.

Nach: Schlundt, Sagen aus Rheinland-Pfalz, S. 96/97; Dehio, S. 394.

# Igel
Landkreis Trier-Saarburg

## Die Mythologie der Tuchhändler

Wer etwas über den gallorömischen Alltag an der Mosel und über das religiöse-mythologische Denken der damaligen Zeit aus erster Hand erfahren

*Das Secundinier-Grabmal in Igel*

will, der muß sich das gut erhaltene Grabmal der Tuchhändler-Familie der Secundinier in Igel (an der alten Römerstraße von Trier nach Luxemburg/heute Bundesstraße) anschauen. Oben auf dem 23m hohen Monument, das offenbar auch zu profanen Werbezwecken errichtet wurde, thront der Jupiter symbolisierende Adler (lat. aquila); nach ihm ist der Ort benannt.

Das Grabmal ist durch Gesimse gegliedert und erzählt in vielen Reliefs Geschichten aus seiner Zeit, darunter auch mythologische Stoffe aus Griechenland und Rom. Da sieht man die Styxtaufe des Helden Achill, die Apotheose des Herakles, der mit einem Vierergespann zum Olymp fährt und dort von Minerva empfangen wird, die Befreiung Andromedas durch Perseus, der Medusa den Kopf abgeschlagen hat, Eros, der zwei Greife bändigt, Hylas und die Nymphen, Luna und Sol, Mars und Rhea Silvia sowie den Jupiteradler, der den Knaben Ganymed entführt, damit er den Göttern im Olymp Wein und Nektar ausschenkt. Es finden sich auch ein kosmischer Tierkreis, Schlangenleiber an den Ecken der Kapitelle und an den Fundamentstufen Tritonen, Seewidder, Drachen, ein männlicher Flußgott und auf Delphinen reitende Putten.

Von all diesen Symbolen soll hier nur die heute noch oder wieder beliebte Figur des Delphins kurz vorgestellt werden. Ihn umranken Legenden als Retter von Schiffbrüchigen und als Freund der Menschen (siehe die Putten). Er geleitet in der griechischen und römischen Mythologie aber auch die Seelen zur Insel der Seligen.

Im Christentum wurde dieses Bild aufgenommen: Christus wird zum Retter der Seelen, der sie über die Wasser des Todes trägt. »Ein Delphin mit einem Schiff oder einem Anker stellt die von Christus geführte Kirche dar.« (Cooper, S. 33). Der Delphin verkörpert also sozusagen das idealistisch-humanistische Prinzip des Fisch-Zeitalters (Fisch als Christuszeichen), was sicher auch damit zusammenhängt, daß er ein Säugetier ist. Er verbindet auch solare und lunare Traditionen in seiner Metaphorik des mit dem Wasser Spielenden. So tritt er mit der schaumgeborenen Aphrodite ebenso auf wie mit Poseidon. »In Verbindung mit Apollon Delphinos ist er das Licht und die Sonne, aber auf Grund des Gleichklangs der Wörter delphis (Delphin) und delphys (Schoß) ist er auch das weibliche Prinzip und der Mutterschoß.« (Cooper, S. 33). Und in der Tat stammen die von Apoll angeführten Musen ja ursprünglich aus der Tradition der Großen Göttin, die in früher Zeit solare und lunare Aspekte in sich vereinigte.

Nach: Römer, S. 398ff.; Cooper, Illustriertes Lexikon der traditionellen Symbole, S. 32/33.

## Ingelheim
Landkreis Mainz-Bingen

### Die Sagenwelt vom guten Kaiser Karl

In Ingelheim finden sich heute noch Reste der unter Karl dem Großen (742–814) erbauten karolingischen Pfalz, in der bis zu ottonischer Zeit viele Reichstage stattfanden. In der Karlsbiografie Einhards heißt es: »Auch herrli-

*In Ingelheim sind viele Karlssagen angesiedelt*

che Paläste erbaute er, einen nicht weit entfernt von der Stadt Mainz bei dem Hofgut Ingelheim.« Kein Wunder, daß hier also auch viele Karlssagen angesiedelt sind, so von der Karlsquelle, der Karlshöhe, vom versunkenen Heer, von der silbernen Glocke oder von Eginhard und Emma. Die literarisch folgenreichste Sage jedoch war die »Wie Kaiser Karl stehlen ging«:

Eines Nachts, als Kaiser Karl in der Ingelheimer Pfalz weilte, erschien ihm ein Engel und sprach: »Steht auf, wappnet Euch und fahret stehlen, es ist Gottes Gebot. Und tut ihr es nicht, so wird es Euch an Euer Leben gehen!« Obwohl das Gebot dem Kaiser eigenartig vorkam, gehorchte er und machte sich auf. Während er in den Wald ritt, dachte er an Elegast, den er wegen einer kleinen Sache mitsamt seinen Leuten von Land und Gut vertrieben hatte und der sein Leben jetzt als Räuber fristen mußte. Dabei war Elegast aber so listig, daß niemand ihn fangen konnte. Im Wald angelangt traf Karl auf einen schwarzen Ritter, der ihn zum Zweikampf herausforderte. Als des schwarzen Ritters Schwert zerbrach, gab er sich als Elegast zu erkennen und sagte, er nehme es bei seinen Räubereien nur von den Reichen. Karl nannte sich Albrecht und gab an, ebenfalls auf Raub aus zu sein. Man solle gemeinsam den Kaiserschatz stehlen gehen. Das lehnte Elegast mit dem Hinweis ab, er werde nie Hand an seines Herren Gut anlegen, der nur durch schlechte Ratgeber gegen ihn aufgebracht worden sei. Man solle besser bei Karls Schwager Eckerich einbrechen. Der habe es mit schlimmen Taten verdient und sei dem Kaiser im übrigen untreu. Gesagt, getan! Dabei erfuhr Elegast durch ein Gespräch zwischen Eckerich und Karls Schwester, das er belauschte, daß der Schwager plante, den Kaiser zu töten. Als die Frau widersprach, schlug Eckerich sie, daß sie blutete. Elegast berichtete Karl/Albrecht davon und der bot sich an, dem Kaiser die Nachricht zu überbringen. So trennten sich die beiden. Zurück in der Pfalz ließ Karl seinen Schwager kommen und nahm ihn gefangen. Dann ließ er Elegast holen, der gegen Eckerich zeugte und sein Wort im Zweikampf erhärtete. Eckerich unterlag und wurde gehenkt. Elegast aber bekam Karls Schwester zur Frau. In Erinnerung an die ungewöhnliche, aber sinnvolle Mahnung des Engels soll Karl seine Pfalz Engelheim genannt haben. Daraus wurde dann im Lauf der Jahre der heutige Stadtname Ingelheim.

Diese Sage taucht erstmals auf in dem mittelniederländischen Epos »Karel ende Elegast« (12./13. Jh.), das Hoffmann von Fallersleben 1836 erstmals kommentiert und übersetzt herausgegeben hat. Es existieren auch mehrere mittelfränkische und mitteldeutsche Fassungen des Stoffes bis hinein ins 15.Jh. Der bekannte Bonner Germanist Karl Simrock (1802–1876) hat den Stoff in einer Ballade verarbeitet. Die darin vorkommende Figur des gerechten Kaisers, der nur von seinen Ratgebern falsch beraten wird, ist ein altes europäisches Sagenmotiv (bis hin zu Stalin und Hitler), das in der sogenannten Kaisersage gipfelt. »Bei vielen Völkern lebt der Glaube, daß Herrscher in Bergen entrückt schlafen, um in Zeiten der Not wiederzuerscheinen.« (Wörterbuch der Volkskunde, S. 423). Dabei wird Kaiser Karl z. B. im Untersberg bei Salzburg vermutet oder im hessischen Oldenberg. In Frage kommen aber auch die beiden Stauferkaiser Friedrich I. und II., die bei der durch die Romantik wiederbelebten Kyffhäusersage Pate gestanden haben. Eine weitere messianische Sagenvariante erzählt, wie der letzte oströmische Kaiser in Jerusalem ein neues Reich gründet und an Gott übergibt, wenn am jüngsten Tag der Antichrist erscheint. Aber daß der »Führer« von den Untaten seiner Ratgeber und Untergebenen nichts weiß und alles wieder gut macht, ist eine trügerische Hoffnung der Gekränkten und Verfolgten, wie Stalins und Hitlers von oben gesteuerter Terror hinlänglich bewiesen hat.

Interessant ist auch, daß um Karl den Großen, den karolinigischen Kaiser des Ost- und Westfrankenreiches, ein historischer Streit entbrannte, ob er denn wohl Gallier (West/Charlemagne) oder Germane (Ost/Karl der Große) sei. Das wird vor allem im elsässischen Reichspatriotismus um 1500 deutlich. Die Humanisten Jakob Wimpfeling und Hieronymus Gebwiler betonen: »Er war ein Deutscher durch und durch, und deutsch soll er bleiben, wenn auch gewisse Verräther ihn zum Gallier machen wollen.« Und: »Der Frage der Abkunft und der Nationalität Pippins und seines berühmten Sohnes wird eine lange Betrachtung gewidmet und das Deutschthum beider mit allen dem Autor zu Gebote stehenden Argumenten bewiesen.« (Knepper, S. 17 und 65).

Aber die Vereinnahmung Karls wird nicht nur defensiv für antifranzösische Propaganda genutzt, sondern aus der mit seiner Person verbundenen römischen Kaiseridee wird sogar die chauvinistische Idee eines »christlich-germanischen Weltreiches« gezimmert. Die 1848er Demokraten in Südwestdeutschland haben sich demgegenüber gern als Nachkommen der Kelten gefühlt und gern an die schweizerische und damit antihabsburgische Tradition angelehnt, welche die elsässischen Humanisten ihrerseits schon bei ihrer Entstehung heftig als separatistisch bekämpft haben. Ob der große Karl heute als europäischer Mythos taugt, muß bezweifelt werden. Eine bessere Figur wäre da wohl sein glückloser Enkel Lothar, der vergessene Herrscher des kurzlebigen Zwischenreiches Lotharingien, das sich durch die abgrenzende und kriegerische Nationwerdung in Ost und West nur als entgrenzende und vermittelnde geistige Region in diffusen Mentalitäten und Verwandtschaften der »Eurobanane« erhalten hat.

Nach: Ingelheim am Rhein, S. 137/231/355; Wörterbuch der deutschen Volkskunde, S. 423; Knepper, Nationaler Gedanke und Kaiseridee bei den elsässischen Humanisten (1900).

# Jettenbach
Landkreis Kusel

## Das Heiligtum auf dem Berg

Bei einer Steinbrucherweiterung im Jahre 1965 hat man auf dem Potschberg ein geostetes römisches Gebäude ausgegraben. In seinem Ost-Teil hat man eine sitzende weibliche Gewandfigur aus Sandstein gefunden. Auch im Schutt am Fuß des Berges wurde der Sandsteinkopf einer weiblichen Figur entdeckt. Keramikfunde deuten auf eine Nutzung des Heiligtums im 2./3. Jh. n. Chr.

Nach: Römer in Rheinland-Pfalz, S. 403.

# Kaiserslautern

## Die pfälzische Kaisersage von Barbarossa

Der legendäre Stauferkaiser Friedrich I., genannt Rotbart oder Barbarossa, wird nicht nur im Kyffhäuser (siehe die Karlssagen/Ingelheim), sondern auch in einer Höhle bei Kaiserslautern vermutet. Es heißt, man habe einmal einen Mann an einem Seil in die Tiefe dieser Felsenhöhle hinabgelassen. Oben am

Ausgang habe man eine Schelle angebracht, damit sich der Abenteurer durch einen Zug am Seil bemerkbar machen konnte, wenn er wieder ans Tageslicht gezogen sein wollte. Der Mann habe drunten den bärtigen Kaiser Friedrich in einem goldenen Sessel sitzen sehen. Dieser habe mit ihm gesprochen und gesagt, er solle mit niemand hier unten reden, dann werde ihm nichts geschehen. Droben aber solle er erzählen, daß er den Kaiser gesehen habe. Darauf habe sich der Mann stumm umgeblickt und viele Leute um Barbarossa herum gesehen. Dann habe er am Seil gezogen, die Schelle habe geläutet und er sei unversehrt an die Erdoberfläche zurückgekehrt, um seine Botschaft auszurichten. Eine andere Sage erzählt, Kaiser Rotbart habe in seinem Kaiserslauterner Burgweiher einmal einen großen Karpfen gefangen. Diesem habe er einen goldenen Ring von seinem Finger an ein Ohr gehängt und ihn zurück ins Wasser geworfen. Der Fisch solle so lange ungefangen im Weiher bleiben, bis der Kaiser zurückkehrt.

Hintergrund der Sagen ist einmal, daß Friedrich I. im alten fränkischen Königsgut von Kaiserslautern vor 1158 einen zweigeschossigen Burg-Palas bauen ließ. Die Sage vom wiederkehrenden Kaiser beruht andrerseits sicher auch auf den seit der Bronzezeit bis hin zu den Merowingern bestehenden Vorstellungen von Wiedergängern, wiederkehrenden Toten, die für ihre Jenseitsreisen ja stets mit nützlichen Grabbeigaben ausgestattet wurden. Ein anderes wichtiges Element dieser Kaisersagen ist der Aufenthalt in Höhlen. Hier sind viele Deutungen möglich, angefangen von Studien zur Geschichte des Bergbaus, der letztendlich für die Menschheitsentwicklung von der Steinzeit bis zur Bronze- und Eisenzeit ausschlaggebend war, über psychologische Metaphern für die vorgeburtliche Zeit im Bauch der Mutter bis hin zur Gegensatzbildung von naturabhängiger, chtonisch-weiblicher Höhle und freigeistigen, solar-männlichen Gipfel- und Himmelsphantasien. Hier soll aber eine anthroposophische Variante wiedergegeben werden, die vom Unterschied nördlicher Berg- und südlicher Höhlen-Mysterien spricht. Diese werden dem Makrokosmos (Norden/ekstatisch) und dem Mikrokosmos (Süden/mystisch) zugeordnet. Zur Erinnerung an alte Initiationsrituale paßt, daß der zu Kaiser Rotbart hinabgelassene Abenteurer schweigen muß. »Hier im Norden verlegt der Mensch seine Kulte nicht in Höhlen, wie im Südraum, im iberischen Mittelmeerkreis und in Malta, sondern auf die dem Kosmos geöffneten Höhen, in über dem Boden aufgerichtete Hügel, in die lichtdurchdrungenen Steinkreise. Auch dies zeigt, daß derartiges nicht etwa vom Klima bestimmt ist, denn dann müßte es gerade umgekehrt sein, sondern der Ausdruck einer Geistesart und Seelenhaltung, die dem Wesen der beiden so verschiedenartigen Menschengruppen des Nordens und Südens entspricht... Wenn sich in späteren Epochen die Druidenkulte des Nordens mit dem von den römischen Heeren aus dem Süden gebrachten Mithraskult an der Donau und anderwärts begegnen, stoßen da zwei Welten zusammen, die durch den Menschen der nördlichen und südlichen Strömung repräsentiert werden: Die zentrifugale Seelenhaltung im Norden, der Blick nach außen, in die Sternenheimat, die Region der kosmischen Sphären, und die zentripetale Seelenhaltung, die im Süden vorherrscht, den Blick nach innen, der sich von diesen Einflüssen immer mehr abzuschließen und auf die eigene Innenwelt zu konzentrieren sucht.« (Wachsmuth, S. 153/154). Da wäre dann auch eine ganz eigene Deutung der alten Italiensehnsucht nördlich der Alpen, der Indienfahrerei und der Orientphantasien seit dem Mittelalter sowie der Irland- und Skandinavienbilder von heute möglich.

Nach: Schlundt, Sagen aus Rheinland-Pfalz, S. 73; Wachsmuth, Werdegang der Menschheit, S. 153/154; Gsänger, Mysteriengeschichte der Menschheit, S. 32ff.

## Kindsbach
Landkreis Kaiserslautern

### Die Matronen am Heidenfelsen

Im Bietenbachtal zwischen Landstuhl und Kindsbach finden sich am Hang über der Quelle zwei Felsen mit Reliefs. Der »Matronenfelsen« zeigt drei sitzende weibliche Figuren mit nicht mehr erkennbaren Attributen auf dem Schoß; wahrscheinlich waren es Früchtekörbe. »Den ubischen Matronen wurden hauptsächlich Baumfrüchte geopfert«, und zwar Apfel, Birne, Quitte, Walnuß. (Matronen, S. 47). Die Frauen tragen allerdings keine Hauben wie bei den Ubiern. Zwischen der zweiten und dritten Matrone ist eine Säule mit Kapitell erkennbar. Säulen und Tempel waren architektonische Übersetzungen von Bäumen und heiligen Hainen. Dementsprechend findet man auf anderen Matronensteinen auch häufig Bäume abgebildet. Weiter sind auf dem Felsen ein Knabe (links) und zwei ander Personen (rechts) mit knielangem Gewand zu sehen. Der zweite Felsen zeigt Figuren in gallischer Tracht (reich gefaltet), darunter eine stehende Matrone und eine Dreiergruppe opfernder Priester. In der Umgebung wurden auch Skulpturen (Merkur und Rosmerta, Jupiter, Mars) gefunden sowie zwei Bronzebleche mit Phallusverzierung, die auf einen Fruchtbarkeitskult deuten. Vom 2. bis 4. Jh. n. Chr. befand sich hier offenbar ein Kultbezirk. Das Quellwasser des Gutenborn wurde noch nach 1945 gegen Augenleiden angewendet und hat tatsächlich einen geringen Borgehalt.

Apfel, Birne und Quitten, die sich vorwiegend in den Fruchtkörben der rheinischen Matronen finden, sind Kernobst und gehören zur Gattung der Rosaceen. Während die Obstproduktion insgesamt ihren Schwerpunkt in den Subtropen hat, also im Mittelmeerraum, lieben diese drei Arten auch das gemäßigtere Klima Mitteleuropas. Den Apfel gibt es hier schon seit der Steinzeit. Die Rodungen der neolithischen Revolution haben ihm sicher ebenso wie dem Haselstrauch zur Ausbreitung verholfen. Mittlerweile steht er für gut ein Fünftel der Obstproduktion in Mitteleuropa. In der Mythologie hat vor allem der Apfel eine große Bedeutung. Er gilt sowohl als Symbol der Unsterblichkeit als auch als Symbol der Liebe. Im ersten Sinn ist er dem Musengott Apoll geweiht, dem Herrscher der neun- und früher dreifältigen Musen (siehe dreifältige Göttin), im zweiten Sinn der Venus/Freya.

Das von Karl dem Großen in Magdeburg zerstörte Freyabild soll eine Freya mit drei Äpfeln und drei Mädchen im Hintergrund gezeigt haben. In der keltischen Tradition gehört er zu den sieben Bäumen des heiligen Hains, die auch für die sieben Wochentage und bestimmte Buchstaben des keltischen Ogham-Alphabets stehen. Er teilt sich mit der Haselnuß die Herrschaft seines Erntemonats August und auf seine rechtswidrige Fällung stand der Tod. Er gilt hier auch als »Unterstand der weißen Hindin«. (Ranke-Graves, S. 297). Das deutet auf den Hirschkult (siehe Cerunnos) und damit auf die steinzeitliche Tradition der Jäger und Sammler. In vorchristlicher Zeit wurden auch Feste für die Muttergöttin Diana-Nemesis im August (13.8.) mit Apfelmost gefeiert. »Apfelzweige sind Attribute von Nemesis und Artemis und werden in Diana-Ritzen benutzt.« (Cooper, S. 13). Auch »nemeton« heißt übrigens übersetzt »heiliger Hain«. All das paßt gut zum sogenannten Heidenfelsen bei Kindsbach. Daß Adam auf Anstiftung durch Eva in den Apfel vom Baum der Erkenntnis beißt, hängt wohl ebenfalls mit der griechisch-indogermanischen Tradition der Bibelübersetzungen zusammen, denn in Palästina war der Apfel ursprünglich nicht heimisch. Andrerseits ist das Apfelessen auch immer ein Symbol für die Liebe. Der Braut-Apfel gilt z. B. im gesamten europäischen Volksbrauch als Symbol ehelicher Fruchtbarkeit. (Aigremont, S. 61).

Ein schweißgetränkter Apfel diente vielerorts auch als Liebeszauber. Auch Birne und Quitte haben mit Fruchtbarkeits- und Liebessymbolik zu tun. Dabei gilt der Birnbaum als männlich und wird dementsprechend der weiblichen Seele und damit dem Bereich der Mädchen (z. B. bei Pflanzungen als Geburtsbaum) zugeordnet; für den Apfelbaum gilt die umgekehrte Zuordnung zu den Jungen. Die Quitte ist in Kleinasien und Griechenland als Baum der Aphrodite verehrt worden.

Nach: Römer, S. 412; Graichen, S. 288; Matronen, S. 47, 49, 57 und 94; Kuckenburg, S. 118; Crosby, S. 33; Rehm/Espig, S. 164 und 203; Ranke-Graves, S. 297; Wö.Bu. d. Volkskunde, S. 31; Cooper, S. 13; Aigremont, S. 59ff.

# Kinheim
Landkreis Bernkastel-Wittlich

## Vom Hammergott Sucellus

Am rechten Moselufer wurde ein römisches Landhaus gefunden und im Zerstörungsschutt eines Raumes eine Steinskulptur des Gottes Sucellus (81 cm hoch und 39 cm breit). Er trägt neben dem Böttcherhammer und zwei Fässern auch eine dicke Traube im Gewandbausch.

Von diesem Hammergott gibt es etwa 200 Darstellungen, hauptsächlich in Ostgallien. Seinen Namen kennt man von einem Altar, der aus Sarrebourg stammt. Er bedeutet »derjenige, der gut zuschlägt«. Heute deutet man Sucellus als »Fürst der Anderswelt, ein Ahnengott, der über die Lebens- und Todeskräfte, die Schätze der Erde und der Fruchtbarkeit verfügt«. (Botheroyd, S. 315). Mancherorts trägt Sucellus auch Züge des Donnergottes Jupiter-Taranis. Die Symbolik des Hammers legt eine solche Verbindung nahe. Aber der Himmelsgott (Donner und Blitz) findet ja auch immer seine unterweltliche Ergänzung im Gott der Schmiede und damit der Unterwelt (Erz und Bergbau), welcher für den technologischen Fortschritt von der Stein- zur Eisenzeit steht. Im Süden vermischt sich Sucellus mit dem Jäger- und Waldgott Silvanus, an der Mosel wird er gern mit einem Faß und damit auch als Patron der Winzer, Bierbrauer und Küfer dargestellt.

Nach: Römer, S. 414/415; Botheroyd, S. 313–315.

# Kirn
Landkreis Bad Kreuznach

## Ein Zauberbuch von der Nahe

Noch im 19. Jahrhundert gab es in vielen Häusern sogenannte Brauchbücher, in denen man handschriftlich Rezepte allerlei Art in der Familie überlieferte, angefangen von der Kräuterarznei über das Schnapsbrennen und die Salben gegen Viehkrankheiten bis hin zu magischen Rezepten. Das »Simberdy-Buch« (Sympathie-Buch) aus Kirn hat sich vor allem den letzteren zugewandt. Die Sympathielehre stammt aus der Spätantike und hat versucht, Entsprechungen zwischen den Dingen und Lebewesen im Kosmos zu beschreiben. Sie »fußt auf dem Glauben geheimer Verbindung und führt die Dinge, Mächte und Personen zu gegenseitiger Einwirkung«. (Wörterbuch, S. 790). Aber so geheimnisvoll wie unser aufgeklärtes Zeitalter tut, sind die Verbindungen zwischen Hexern, Behexten und Zauberbannern im Grunde gar nicht. Das

*Der verkexte Stallknecht*
*Holzschnitt von*
*Hans Baldung Grien*

beschreibt z. B. eine Feldstudie der französischen Ethnologin Favret-Saada aus den 60er und 70er Jahren. Der Zauberbanner wird erst gerufen, wenn Arzt und Priester bei einer Serie von Unglücken nichts ausrichten können. Die Serie bedarf also einer anderen Erklärung und will nicht mit dem nebulosen Wort »Zufall« abgetan werden. Diese Sinngebung, die also außerhalb der anerkannten Sinngebung liegt, bezieht sich darauf, daß Worte, wenn sie sinngebend sind (z. B. im Hexenspruch), Macht und Kraft darstellen und nicht Wissen und Information. Die griechische Rezitationskunst ist ein Beispiel kraftvoll verwendeter Worte, deren Wirkung wir heute noch im Theater erleben können. Dazu kommt ein auratisches Beziehungsgeflecht: Man fühlt sich Menschen und Dingen durch Arbeit, Gefühl und räumliche Nähe verbunden und spürt dies als Kraft. Aus diesen Erfahrungen wird die Beziehung des Schadzaubers konstruiert.

Im Kirner »Simberdy-Buch« findet sich so eine Anweisung, wie man eine Hexe, die Vieh krank gezaubert hat, mit einem Gegenzauber töten kann.

Dabei wird deutlich, wie spätantike und kabbalistische Wort- und Buchstabenmagie im Verlauf der Geschichte immer mehr von der passiven Sinngebung und Welterklärung zum aktiven und damit fragwürdigen Zauber verkommen sind. Die Christianisierung der Zaubersprüche kommt nur noch als Verballhornung von nicht mehr zeitgenössischem Wissen daher. Es heißt: »Sein Kreuz Jesu Christi Milch goß. Sein Kreuz Jesu Christi Wasser goß. Sein Kreuz Jesu Christi haben goß. Diese Worte müssen auf drei Zettel geschrieben seyn, darnach nimm Milch von der kranken Kuh und diese drey Zettel, schabe etwas von der Hirnschale eines armen Sünders, thue alles in einen Hafen, vermache es wohl und siede es recht, so muß die Hexe crepieren.« Die Milch vom kranken Tier muß man nehmen, um die Beziehung zur Hexe herzustellen, die einen Anteil ihrer Kraft quasi im betroffenen Tier deponiert hat. Das ist auch der Grund, warum man zum Verhexen immer einen Gegenstand aus der persönlichen Aura des Behexten braucht: ein Haar, ein Kleidungsstück etc. Dazu kommt, daß viele Wege der Magie über die Körpersäfte (Blut, Schleim, Schweiß, Urin etc.) gehen, was mit ihrer Bedeutung in der medizinischen Säftelehre zusammenhängt.

Das Kirner Buch hat aber auch Sprüche überliefert, in deren Situation wir uns heute weit besser hineinversetzen können als bei Zauber und Gegenzauber, weil uns diese Mächte gegenwärtiger sind. So soll man für einen guten Ausgang von Amts- oder Gerichtsgeschäften vor Betreten des Gebäudes den folgenden »Segen« sprechen: »Ich tret vor des Richters Haus, da schauen drey todte Männer zum Fenster heraus, der eine hat keine Zung, der andre hat keine Lung, der dritte erkrankt, verblind und verstumm.« Das stimme Behörde oder Gericht in eigentlich pessemistisch beurteilten Fällen günstig, heißt es im »Simberdy-Buch«.

Nach: Anhäuser, Sagenhafter Hunsrück, S. 147–150; Wörterbuch der Volkskunde, S. 790; Favret-Saada, Die Wörter, der Zauber, der Tod, S. 9–39.

# Klingenmünster
Landkreis Südliche Weinstraße

## Der zwiespältige Dagobert

Der Sage nach herrschte König Dagobert auf der Burg Landeck bei Klingenmünster. Man nannte ihn wegen seiner Gerechtigkeit den Guten. Er liebte seine Bauern und stiftete viele Kirchen und Klöster. Aber gerade weil er so gut war und verkünden ließ, daß jeder, ob Bauer oder Edelmann vor dem Gesetz gleich sei, sollen sich die Fürsten und Ritter des Reiches gegen ihn erhoben haben. Sie belagerten ihn auf Burg Landeck und hätten ihn dort auch beinahe gefangen, wenn ihm nicht ein alter Bauer zur Flucht verholfen hätte, dem er in der Vergangenheit einmal Recht zugesprochen hatte. Der Bauer brachte seinen König aus der Burg und in die Nähe des Geilweiler Hofes. Dort versteckte sich Dagobert in einem mächtigen Dornbusch. Mittlerweile informierten sich die Bauern im Land gegenseitig von dem Überfall der Fürsten und Ritter, eroberten die Burg zurück und setzten ihren König wieder ein. Die Hecke aber wurde von da an Dagobertshecke genannt, und der König schenkte seinen Bauern das umliegende, große Waldgebiet, die Haingeraiden, zum Lohn und zum ewigen Besitz. Die zum Baum gewachsene Hecke besaß von da ab Wunderkraft. Wer lahmende Pferde dreimal um den Baum herumführte, machte sie wieder gesund. Kranke wurden vom Tau ihrer Blätter geheilt. Und es gilt seitdem der Spruch: »Wer dem Baum einen Ast abschlägt, dem verdorrt der Arm; wer aber die Axt an den Stamm legt, der geht elendiglich zugrunde.«

Zwiespältig muß man die Sagengestalt Dagoberts nennen, wenn man an die Sage von den drei Jungfrauen denkt. Hier verfolgt Bruder Dagobert seine leiblichen Schwestern Irmina, Adela und Chlothildis wegen ihrer Schönheit. Sie können sich nur durch einen beherzten Sprung von einem Felsen bei Auw über die Kyll hinüber retten.

Daher schreibt das Handwörterbuch des deutschen Aberglaubens auch über den in St.Denis (Paris) begrabenen Merowingerkönig Dagobert I. (608–639): »Er verkörpert in der Sage alles Gute der Merowingerzeit und gilt trotz sehr bedenklicher Züge als Staatsordner und Wohltäter der Kirche.« (II, S. 135). Diese Urteile beruhen alle im Grunde auf historischen Überlieferungen. Dagobert wird in der Fredegarschronik als freigebig und gerecht geschildert, solange er zu Lebzeiten seines Vaters Clothar als Unterkönig in Austrien herrschte. Nach der Übernahme der gesamten Macht und der Verdrängung seines Bruders nach Südwestfrankreich in die baskische Mark siedelte er nach Paris über. Dort soll er sich dann zu seinem Nachteil verändert haben. Es heißt in der gleichen Chronik, er habe »alle Gerechtigkeit vergessen, den Königsschatz auf Kosten der Kirche und der leudes rücksichtslos bereichert und sich der luxoria (Ausschweifungen) hingegeben, drei Königinnen und zahllose Konkubinen unterhalten«. (Ewig, S. 129). Da haben wir die Sage von den drei Jungfrauen. Die Urteile der Fredegarschronik müssen allerdings wohl als politische Propaganda oppositioneller Kreise aus Neustrien gewertet werden. Die Sage von der Gerechtigkeit geht wohl in erster Linie auf das unter Dagoberts Regentschaft geschaffene merowingische Gesetzbuch »Lex Ribuaria« zurück, aber auch auf die Verchristlichung der Königsidee zu seiner Zeit. Primäre Aufgabe des »rex christianus« war es danach, »die Gerechtigkeit (iustitia) zu wahren, d. h. durch die ihm zustehende Strafgewalt (districtio) den inneren Frieden zu sichern«. (Ewig,

S. 138). Besonders aktiv war Dagobert in dieser Hinsicht am Hoch- und Oberrhein. So gründete er 629 das bis in die Schweiz hineinreichende elsässische Herzogtum. Er gilt als Stifter des Klosters Weißenburg und der Sage nach auch der Abtei Klingemünster (626), von der noch die um 1100 errichtete romanische Klosterkirche steht. Die staufische Burg Landeck wurde Ende des 12. Jh. als Nachfolgerin des wahrscheinlich 1168 zerstörten »Waldschlößl« (frühsalisch/Sitz des Klostervogts) gebaut. Die Kurpfalz erbt die Burg im 15. Jh. von den Nachkommen der Leininger Grafen, welche nach den Grafen von Saarbrücken als Klostervögte eingesetzt waren. Die 1689 zerstörte Burg gehört heute zu den am besten erhaltenen Burgen der Stauferzeit.

An der Sage läßt sich gut ablesen, wie historische Erinnerungsbruchstücke zum Zimmern regionaler Identität neu zusammengesetzt werden. Die Südpfälzer schmiedeten sich seit dem 19. Jh. aus der großen Vergangenheit des fränkischen und staufischen Königtums eine eigene königlich-bäuerliche Ahnenreihe, in die man auch die durch die französische Revolution weit verbreiteten Gleichheitsgrundsätze gut einbauen konnte, ohne gleichzeitig bei der Zensur der Restauration allzu stark anzuecken. In den 20er Jahren erhielt die Sage dann einen stärkeren Schwerpunkt auf der Treue der Bauern als auf der Gerechtigkeit des Königs, und der Landauer Autor Paul Ginthum betonte die deutsche Herkunft von Dagoberts Gerechtigkeit: »Er hieß der Gute und war ob seiner Weisheit und Gerechtigkeit bis weit ins Welschland hinein berühmt.« (Pfälzer Sagen, S. 16). In der Einleitung zum Faksimiledruck von Ginthums Sagensammlung heißt es erklärend: »Mitte der 20er Jahre herrschte in der Pfalz eine rege geistige Aktivität. Sie war geprägt von der Abwehr drohender kultureller Überfremdung. Angesichts solcher Bemühungen, vor allem aus dem Westen, besannen sich die Pfälzer auf sich selbst.« So wird aus dem zwiespältigen Dagobert ein leicht antifranzösischer, pfälzischer Widerstandskönig, und das Zentrum der bekannten deutschen Sage vom gerechten Kaiser (siehe Karl der Große oder die beiden staufischen Friedriche) wird an die Peripherie des nach dem ersten Weltkrieg französisch besetzten Landes verlagert.

Nach: Ginthum, Pfälzer Sagen und Balladen; Carl, Pfälzer Sagen; Dehio, S. 463ff; HDA II, S. 135; Ewig, Die Merowinger und das Frankenreich, S. 126 ff.

# Koblenz

## Die Brückensage und Brentanos Rheinromantik

Koblenz ist, wie der römische Name der Stadt »Confluentes« bereits sagt, charakterisiert durch die Lage am Zusammenfluß von Mosel und Rhein. Kein Wunder also, daß Brücken in der Stadtgeschichte eine ganz besondere Rolle spielen. Bereits zur Römerzeit existierten sowohl eine Rhein- als auch eine Moselbrücke. Berühmt geworden aber ist die zwischen 1332 und 1363 vom Trierer Erzbischof Balduin von Luxemburg erbaute Steinbrücke über die Mosel, auch Balduinsbrücke genannt. Sie galt im Mittelalter als »der eigentliche Schwerpunkt des öffentlichen Lebens zu Koblenz«. (Schlundt, S. 212). Das läßt sich durch vielerlei Brauchtum belegen. So beschenkten die beiden Bürgermeister der Stadt am Walpurgisabend (Nacht zum 1. Mai/auch Hexennacht) alle ihnen auf der Brücke begegnenden Frauen mit Maiblumen, Maikräutern und Thymian aus der Umgebung. Zu Neujahr verzehrten die Koblenzer Ratsherren auf der Brücke »das holländische Käschen und das Kapaunenpaar, welches die Deutschherren dann spenden mußten, sowie die Kuchen der Klosterfrauen von Oberwerth, nebst einem Viertelhundert gesottener Eier, welche die Mönche von der Kartause als Zins an die Stadt zu entrichten hatten. Während des Essens erlaubten Ratsherren und Schöffen sich den Scherz, einander mit Schneeballen zu werfen... Am Predigerkirchweihfest endlich tanzte das Jungvolk von Koblenz bis zur Dämmerung auf der Brücke, die Brunnenmeister achteten darauf, daß keine Ungebühr vorkäme, wer aber doch welche übte, den schickten sie in den Ochsenturm.« (Schlundt, S. 212).

Der Tanz auf der Brücke findet sich als Motiv immer wieder in europäischen Volkslieder, so in Frankreich (Sur le pont d'Avignon) oder in Deutschland. (Es geht über den Main/ eine Brücke aus Stein/ wer darüber will gehn/ muß im Tanze sich drehn.) Der Bau der Balduinsbrücke mitten hinein ins schwierige Gewässer der Mosel muß die Koblenzer schwer beeindruckt haben, wie die Sage weiß:

Immer wieder habe die Flußgöttin beim Bau die ins Wasser gepflanzten Pfeiler der Brücke mit sich gerissen. Eines Abends, als Erzbischof Balduin auf seiner Burg wieder einmal die Nachricht erhielt, daß die ganze Arbeit der letzten Wochen zunichte gemacht worden sei, und er sich daraufhin grübelnd zurückzog, klopfte ihm der Teufel leise auf die Schulter und sagte: »Ich habe Euch liebgewonnen. Runzelt nicht darüber die Stirn, warum sollte der Teufel nicht auch einmal einem ordentlichen Menschen seine Neigung schenken. Hört mich an: Ich baue Euch die Brücke fertig. Dafür verlange ich nicht den geringsten Lohn.« Das war ein verlockendes Angebot, aber der Erzbischof

*Die Koblenzer Moselbrücke, Stahlstich von 1840*

wollte nicht in der Schuld des Bösen stehen und so rief er: »Weiche von hinnen, ich habe keinen Teil an dir!« Der Teufel verschwand. In der Nacht träumte dem Erzbischof, der Brückenbau sei vollendet, und zwar in schönster Pracht. Aber statt nach den Bauplänen schnurgerade über die Mosel zu führen, traten die Pfeiler, besonders nach der linken Seite zu, mehr seitwärts und bewirkten dadurch eine Krümmung des ganzen Baues, der jedoch fest und sicher stand. Balduin verstand diesen Traum als Eingebung Gottes. Am andern Morgen ließ er die Pfeiler an den im Traum bezeichneten Stellen einsenken, und siehe da, sie blieben stehen und der Fluß konnte ihnen nichts mehr anhaben.

Auf der andern Rheinseite, in Ehrenbreitstein, dem Festungsort, der etwa 100 Jahre lang (von 1676 bis 1786) sogar erzbischöfliche Residenz war, wurde 1778 der Schriftsteller Clemens Brentano geboren. 1784 bis 1791 ging er in Koblenz zur Schule. Die Kindheitserinnerungen dieser Zeit waren es sicher, die ihn später zum Entwurf seiner Rheinromantik inspiriert haben. So hat er die Lorelei erfunden, zwischen 1805 und 1815 seine »bunten und chaotischen« Rheinmärchen verfaßt, bei denen die »Märchenfiguren teilweise ganz schön aus der Rolle fallen« (Boetius, Nachwort zum 2. Band, S. 250), und nach einer gemeinsamen Rheinreise im Jahre 1802 zwischen 1805 und 1808 zusammen mit seinem späteren Schwager Achim von Arnim die Volksliedsammlung »Des Knaben Wunderhorn« herausgegeben. Darin findet sich auch das Lied »Zu Koblenz auf der Brücken«: Zu Koblenz auf der Brücken/ da lag ein tiefer Schnee,/ der Schnee, der ist verschmolzen,/ das Wasser fließt in See./ Es fließt in Liebchens Garten,/ da wohnet niemand drein,/ ich kann da lange warten,/ es wehn zwei Bäumelein./ Die sehen mit den Kronen/ noch aus dem Wasser grün,/ mein Liebchen muß drin wohnen,/ ich kann nicht zu ihr hin./ Wenn Gott mich freundlich grüßet/ aus blauer Luft und Tal,/ aus diesem Flusse grüßet/ mein Liebchen mich zumal./ Sie geht nicht auf der Brücken,/ da gehn viel schöne Frauen,/ sie tun mich viel anblicken,/ ich mag die nicht anschaun.«

Während sich Heine über den späten Brentano lustig machte, er sei »korrespondierendes Mitglied der katholischen Propaganda« und man der Romantik aufgrund ihrer Rückbesinnung auf die mittelalterliche Reichsidee – mit sehr unterschiedlichem Recht – die Geburtshilfe der nationalistischen und antidemokratischen Spießerideologie des 19. Jahrhunderts unterstellte, fanden sich für die frühen, rheinromantischen Werke Brentanos, die aus seiner wilden Jugendphase stammten, immer wieder Liebhaber. Das ist kein Wunder, denn des Dichters Interesse an dem, was aus dem Volk kam, führte keineswegs auf staatserhaltende Pfade. So beruhen viele der Märchen und Lieder auf der Literatur der Flugblätter und Bänkelsänger. Und die war der Regierung stets suspekt, so auch den Preußen, die nach 1815 in Koblenz einzogen und die Festung Ehrenbreitstein wieder aufbauten. Über eine zensurpolitische Verfügung vom 9. 11. 1825 heißt es in der »Allgemeinen Kirchen-Zeitung«: »Durch unsere Vefügungen über den Absatz von kleinen Volksschriften und fliegenden Blättern mittelst Hausirens oder auf Jahrmärkten, an Wallfahrtsorten etc... haben wir den Mißbräuchen vorzubeugen gesucht, welche der Absatz unsittlicher oder abergläubscher Drucksachen verbreitet... Wir sehen uns jedoch veranlaßt, diesen Gegenstand nochmals in Erinnerung zu bringen, und bemerken dabei Folgendes: 1) Alle kleinen Gedichte, Lieder, Pamphlets, Lebensgeschichten, Receptbücher, Bilder etc., welche a) gefährlichen, sittenlosen oder abergläubischen Inhalts sind; b) deren Colporteurs keinen Hausirerschein haben; c) welche ohne den vorgeschriebenen polizeilichen Stempfel verkauft werden, sollen von den Orts- und Polizeibehörden confiscirt und die Colporteurs derselben zur gesetzlichen Verantwortung gezogen werden. 2) Ein gleiches Verfahren soll... eintreten, wenn sie d) nicht die... vorgeschriebene Censur passiert haben... und e) wenn sie, insofern sie katholisch-religiösen Inhalts sind, nicht das Imprimatur des Bischofs oder seines Stellvertreters erhalten haben.« (Feilchenfeldt, Vorwort zu »Des Knaben Wunderhorn«, S. 9).

Nach: Schlundt, Sagen aus Rheinland-Pfalz, S. 209 ff; Dehio, S. 491 ff.; Römer in Rheinland-Pfalz, S. 420ff; Brentano, Rheinmärchen (Nachwort); Arnim/Brentano, Des Knaben Wunderhorn (Vorwort); Brentano, Gedichte (Zeittafel/Nachwort).

# Kottenheim
Landkreis Mayen-Koblenz

## Die Riesenmatrone vom Beller Berg

Auf dem Beller Berg wurde 1923 eine kleine gallorömische Tempelanlage ausgegraben. Man fand zwei Altäre aus Basaltlava. Auf einem stand: »Matronis Domesticis Cassius Fortis V.S.A.M.« Darüber hinaus fand man eine überlebensgroße Hand mit Fruchtkorb, die zu einem ebenso überlebensgroßen steinernen Kultbild gehört haben muß. Inschrift und Fruchtkorb weisen auf Matronenverehrung. Die Größe des Kultbildes jedoch ist ungewöhnlich. Die Hand kann im Eifelmuseum Mayen besichtigt werden.

Nach: Römer in Rheinland-Pfalz, S. 429.

# Kusel
Landkreis Kusel

## Die Wildfrau aus der Höhle

Nach der Niederlage der Hunnen auf den Katalaunischen Feldern im Jahre 451 zogen sie sich nach Ungarn zurück. Dabei sollen sie in einer Höhle auf der Steinalb zwischen Kusel und Rathsweiler eine Hunnenfrau von ungewöhnlicher Größe und Wildheit zurückgelassen haben. Von der Bevölkerung wurde diese Frau nur Wildfrau genannt.

Ihre Waffen sollen ein krummer Hunnendolch und eine Keule gewesen sein. »Beeren, Wurzeln, Kräuter und das rohe Fleisch erlegter Rehe, Hirsche, Eber und Wölfe, das sie zwischen zwei Steinen mürbe klopfte, waren ihre Nahrung.« (Schlundt, S. 78). Nachts soll sie oft die Rauchkammern in den Dörfern am Glan ausgeraubt haben. Wenn sie ertappt wurde, rief sie : »Ho, Ho! Die Wildfrau iss do!« Man schrieb ihr auch viele Unglücksfälle zu, so z. B. wenn ein Weidetier oder ein Kind von Wölfen gerissen wurde. Sie galt nicht nur als Räuberin, sondern auch als Menschenfresserin. Fangen konnten die Männer sie aber auch mit vereinter Kraft nicht, denn im Angriffsfall verschloß sie ihre Höhle mit einem solch schweren Felsblock, daß ihn niemand bewegen konnte. Es soll heute noch Männer geben, die glauben, daß ihre Frauen von dieser Wildfrau abstammen.

Hinter dieser Sage steckt mehr als nur die Erinnerung an die Hunnenüberfälle auf die gallorömischen Siedlungen am Rhein. So sind Märchen von einer Wildfrau, die in einer Berghöhle lebt und einen Hirten oder Bauern heiratet, den sie bei einer Tabuverletzung wieder verläßt, in der ganzen Welt verbreitet.

Sie beziehen sich auf die schamanistische Mythologie, wie sie in Sibirien und bei den Indianern bis in unsre Zeit überlebt hat. Darin spielt nämlich die »Herrin der Tiere« eine große Rolle.

In Höhlen verwahrte sie »die Seelen der Tiere, und die Aufgabe des Schamanen bestand darin, entweder leiblich oder in der ekstatischen Unterweltreise in die Höhle vorzudringen und aus ihr insbesondere das Jagdwild zu holen. Die Höhlen galten als weiblich und wurden mit der Vagina der Frau verglichen.« (Duerr, S. 35).

Die Angst vor der Wildfrau und den sie verehrenden Völkern aus den östlichen Steppen ist im Grunde die Angst der seßhaften Bauern vor der Wildheit der Jäger und Sammler. Auch in der Mythologie der Eiszeitjäger nämlich spielen die Höhlenmalereien von Jagdtieren und die sogenannten Venusfiguren (stark stilisierte Frauendarstellungen) die entscheidende Rolle.

Nach: Schlundt, Sagen aus Rheinland-Pfalz, S. 78; Duerr, Sedna oder die Liebe zum Leben, S. 34ff.

## Lahnstein
Landkreis Rhein-Lahn

### Die Templer als Freiheitsapostel

Die vom französischen König Philipp dem Schönen betriebene und von Papst Clemens V. befohlene Vernichtung des Templerordens Anfang des 14. Jahrhunderts wurde nicht überall gleichermaßen verfolgt. So wurden die Templer im Erzbistum Mainz nach einer Untersuchung von Erzbischof Peter von Aspelt im Juli 1311 freigesprochen (siehe Hof Iben). Dennoch mußte auch hier die Auflösung des Ordens gemäß dem Konzil von Vienne durchgeführt werden. Daraus ist im nördlichsten Zipfel des früheren Erzbistums eine Sage entstanden, die sich um die ehemals mainzische Burg Lahneck rankt. Hier sollen sich zwölf Tempelritter verschanzt haben, als die mainzischen Truppen anrückten, um den Konzilsbeschluß auszuführen.

»Allein die Ritter, denen das Schicksal ihrer hingerichteten Brüder vor Augen schwebte, rüsteten sich zur tapfersten Gegenwehr, entschlossen, ihr Leben so teuer wie möglich zu verkaufen.« (Schlundt, S. 252). Die Belagerung dauerte Monate und brachte nichts ein. Da beschlossen die mainzischen Truppen einen allgemeinen und letzten Sturm. Die Mauern der Burg wurden von allen Seiten erstiegen, und obwohl sich die Templer erbittert wehrten, war ihre Zahl doch zu gering, um die Angreifer zurückzuschlagen. So fielen sie einer nach dem anderen. Am Ende blieb noch einer von ihnen übrig. Ihm wurden aus Achtung vor dem Mut der

Verteidiger Freiheit und Leben angeboten, wenn er um Gnade bitten würde. Der Ritter aber stürzte sich erneut in die Schlacht und starb. In einem Gedicht aus der Sagensammlung »Rheinlands Wunderhorn« heißt es dazu: »Doch der Templer will von Gnade nichts, nur von der Ehre wissen./ Sterben wie die andern alle heißt ihn freudig sein Gewissen./ Seht, es mäht sein Schwert aufs neue nieder, bis, bedeckt von Wunden,/ Gnade auf der höchsten Zinne er vor seinem Gott gefunden.« In diesen Versen werden die »zwölf Apostel der Freiheit« auch mit den Nibelungen, also dem legendären Untergang der Burgunder am Hof Etzels, verglichen. Diese mit dem ritterlichen Mittelalter verbundene Todesmystik ist typisch für den nekrophilen deutschen Nationalismus und seine Blut-und-Boden-Mentalität von den antinapoleonischen Kriegen bis zum Ende des Nationalsozialismus, wo Göring noch die Niederlage bei Stalingrad mit der Nibelungensage verglich. Den Ruf »Freiheit oder Tod« gibt es allerdings auch in der französischen Revolution auf Seiten der Sansculotten. Nur verbindet sich hier der blutgeborene Nationalismus mit einer republikanischen Verfassung und nicht mit einem wiederbelebten mittelalterlichen Feudalismus samt seinen überholten Führeridealen. Im übrigen ist das Bild des todgeweihten Männerbundes ein alter Topos der Mythologie, der sowohl für die Geschichte des Widerstandes als auch für die der Herrschaft nutzbar gemacht werden kann. Männerbünde gibt es weltweit in allen Regionen. Immer haben sie mit Aggressivität und Härte zu tun. Entstanden sind sie aber »im Schoße archaischer, mutterzentrierter Gesellschaften. Sie antworteten auf eine zunächst unklare, gegenüber den Funktionen der gebärenden Frau wenig profilierte soziale Geschlechterrolle des Mannes, begründeten sich als Schuld- und Opfergemeinschaft (›Vatermord‹, ›Entsagung von Frauen‹; hier wird an die Theorie Sigmund Freuds erinnert) und nahmen teils ›asketische‹, teils ›charismatische‹ Züge (Max Weber) an. Männerbünde wurden so zum Motor neuer, oft revolutionärer sozikultureller Entwicklungen (›Freiheit‹, ›Brüderlichkeit‹, bei gleichzeitig tendenziellem Ausschluß von Frauen); sie sprengten eng gewordene ältere Prinzipien sozialstruktureller Gliederung (Männerhaus, Herrschaft, Staat versus Familie, Verwandtschaft, Sippe) und stellten Gesellschaft und Kultur auf stratifikatorische, dann funktionale Differenzierung um.« (Lipp, S. 31).

Nach: Schlundt, Sagen aus Rheinland-Pfalz, S. 252; Rheinlands Wunderhorn, Bd. 9, S. 15; Dehio, S. 527; Jürgensmeier, Das Bistum Mainz, S. 125; Lipp, in: Männerbande – Männerbünde, Bd. 1, S. 31ff.

# Landau

## Zweimal ein Viergötterstein

Auf dem Kaffenberg ist eine Besiedlung von der Urnenfelderzeit bis ins 3. Jh. n. Chr. durch Grabfunde nachzuweisen. Kultische Hinweise erhielt man hier wie andernorts durch gallorömische Steindenkmäler, die in Kirchen eingemauert waren. Das hat einerseits praktische Gründe, wenn man an die kriegerische Umbruchzeit der Völkerwanderung denkt, nach der man aus alten Materialien einen schnellen Wiederaufbau bewerkstelligen wollte.

Es hat aber auch religiöse Gründe, denn die Christen zerstörten bewußt heidnische Tempelanlagen und setzten häufig an die heiligen Orte Kirchen, um in der Mission »Kraftfelder« der alten Traditionen auf die neuen Riten umzuleiten. Sowohl in Godramstein als auch in Nußdorf hat man Viergöttersteine gefunden, jeweils mit Abbildungen von Juni, Merkur, Herkules und Minerva. Diese Steine dienten als Sockel für die in Gallien beliebten Jupitergigantensäulen, bei denen ein reitender Jupiter über einem am Boden liegenden Riesen gezeigt wird. Der besonders auf dem Gebiet des heutigen Rheinland-Pfalz häufig dargestellte einheimische Merkur findet sich auch noch einmal in einem ebenfalls in Godramstein gefundenen Relief, und zwar mit Heroldsstab, Ziegenbock – Merkur ist ein Widdergott –, Traube und Bacchus als Kind. Auch ein Weihestein für Taranis, den keltischen Donnergott und Himmelsherrscher (vergleichbar Jupiter) wurde hier gefunden. In der Inschrift heißt er Taranucnus (Sohn des Taranis). Ihm sollen Menschenopfer dargebracht worden sein, und zwar durch Verbrennungen in einem hölzernen Trog. Auch der keltische Kopfkult und das Symbol des Rades stehen in Beziehung zu Taranis.

Nach: Römer in Rheinland-Pfalz, S. 433/434.

# Landstuhl

Landkreis Kaiserslautern

## Der Ritter als tragischer Sozialrebell

Um den Tod des Ritters Franz von Sickingen (1481–1523) in seiner Burg Nannstein bei Landstuhl rankt sich eine Sage, die beinahe historisch sein könnte. Sie erzählt, wie der Ritter auf seiner Burg im Jahre 1523 von den Kurfürsten aus Trier und der Pfalz sowie vom hessichen Landgrafen belagert wird, sie erzählt allerdings nur vage warum. Dann berichtet sie, wie Sickingen

*Meisner, Burg Landstuhl, Kupferstich von 1627*

durch einen Schuß verwundet wird, an dem er schließlich stirbt. Auch das ist authentisch. Sagenhaft ist dagegen die Sterbeszene, die aus einem historischen Drama des 18. oder 19. Jh. stammen könnte:

»Danach kamen die zwei Kurfürsten und Landgraf Philipp von Hessen in das Schloß und wollten Franz sprechen. Als sie in das Gewölbe traten, reichte Franz dem Pfalzgrafen Ludwig (Ludwig V., genannt ›der Friedfertige‹, regierte von 1508–1544, der Verf.) die Hand, der ergriff sie und fragte ihn: ›Warum beschuldigst du mich?‹ Darauf antwortete Franz: ›Gnädigster Herr, sollt ich das Leben haben, nur durch diesen Schaden und wegen eines größeren Ruhmes?‹ Da sagte der Erzbischof von Trier zu ihm: ›Franz, wessen beschuldigst du mich, daß du mich und mein Land bekriegst und so schwer beschädigt hast?‹ Da antwortete Franz männlich: ›Nichts ohne Ursach; hab jetzt mit einem höheren Herrn zu reden.‹ Da sagte Landgraf Philipp: ›Franz, was hab ich dir getan, daß du mich in meinen jungen Jahren so mit Krieg überzogen hast?‹ Da sagte Pfalzgraf Ludwig zu ihnen allen: ›Seht ihr denn nicht, wie es um ihn steht? Was wollt ihr denn noch machen?‹ Als er dann den Kaplan Nikolaus gefragt hatte, ob Franz gebeichtet habe und mit dem Sakrament versehen worden sei, antwortete der Sickinger, er habe Gott selbst in seinem Herzen gebeichtet, wolle jetzt aber die Absolution und das Sakrament. Nachdem der Kaplan dies gesprochen und ihm das Sakrament gezeigt hatte, näherte sich die Stunde des Todes; da knieten alle drei Fürsten nieder, und als sie auf ihre Knie gefallen waren, da verschied der teure Held und starb in Gott am 7. Mai, um die zwölfte Stunde im Jahre 1523.« (Schlundt, S. 84/85).

Franz von Sickingen führte den Aufstand der Reichsritter von 1522/23 an, in dem er auf Anraten des »Humanistenritters« Ulrich von Hutten im Namen der »Deutschen evangelischen Freiheit« den sogenannten »Pfaffenkrieg« gegen den Erzbischof von Trier begann. Die Ritter suchten dabei das rebellische Potential der Reformation und die Unzufriedenheit der Bauern, die schließlich 1525 zum Bauernkrieg führte, zu nutzen, um ihren sozialen Abstieg zu verhindern. In dieser Einschätzung konnten sie sich bestärkt fühlen durch Kaiser Maximilian, den »letzten Ritter«, der mehrfach mit dem Gedanken spielte, gemeinsam mit den Rittern das Reich gegen die Territorialfürsten von oben zu revolutionieren.

Aus politischer Klugheit aber packte der Kaiser diesen Plan nie wirklich an. Als Sickingen losschlug, ächtete er ihn sogar und gab damit den Fürsten die Rechtfertigung zum Gegenschlag. Auch die anderen Reichsritter eilten dem kurpfälzischen Lehensmann in Landstuhl nicht zur Hilfe, sondern suchten sich neue Positionen in den Söldnerarmeen oder im Hofdienst der Residenzen zu sichern. Die Reformation führte sogar – nicht zuletzt durch Luthers Politik – zur Stärkung der Fürsten gegenüber dem Reich. Und während die Städte sich wenigstens einen Platz in den Reichsständen sicherten, verteidigten die Reichsritter blind ihre alten und überholten Positionen als direkte Untergebene des Kaisers ohne Verankerung in den Reichsständen. Das war der historische Rahmen von Sickingens tragischem Untergang.

Aber bereits vor dem Aufstand haben die Ritter ihr Fehderecht in Form von Raubrittertum und Söldnerdiensten gegen das 1495 erstmals auf dem Wormser Reichstag beschlossene Gewaltmonopol des Staates verteidigt. Aus dieser Haltung, die kein Gesetz über sich duldet, sind später die antibürgerlichen und antifeudalen, kurz antistaatlichen Figuren des »Lindenschmidt« (siehe Frankenthal) oder des Goetheschen Götz von Berlichingen entstanden, Sozialrebellen (bis hin zu Western und Kostümfilmen), die tragisch scheitern, weil sie nur scheinbar soziale Bewegungen, in Wahrheit dagegen ihre eigenen, persönlichen Interessen vertreten. Dieses anarchistische Heldenbild übt als Antithese zum Bild des angepaßten Bürgers und Höflings (wo bleibt der engagierte Bürger, der citoyen?) bis heute eine große Faszination auf den modernen Menschen aus. Aber wie war es wirklich? »In Gebieten schwächerer landesfürstlicher Macht und größerer Rechtsunsicherheit machten sich vereinzelt rittermäßige Abenteurer breit, die auf eigene Weise reich und mächtig werden wollten. Sie verdingten sich gegen hohes Entgelt an wohlhabende Leute – Fürsten, aber auch Handelsunternehmer – als ›Rechtswahrer‹ und besorgten durch Überfälle, Menschenraub, Mord und Erpressung deren dunkle Geschäfte, ohne sich dabei um Kaiser und Reich zu kümmern. Sie gaben vor, Unterdrückten zu helfen und ihr Schwert für Recht und Freiheit zu führen. ›Herberge der Gerechtigkeit‹ nannte Franz von Sickingen sein

Raubnest. Tatsächlich war dieses Raubrittertum aber Gewerbe: Zweck waren Beute und Lösegelder; Rechtsschutz und Hilfe dagegen meist nur Vorwand.« (Wiesflecker, S. 58).

Die trotz des Bündnisses von Bauern, Bürgern und Arbeitern verlorene Revolution von 1848/49 führte bei ihren Führern zu Reflexionen, die sich für ihre Erklärungen des vergleichbaren Vor-Bildes von Bauernkrieg (Friedrich Engels/1850) und Reichsritteraufstand (Ferdinand Lasalle/1859) bedienten. Marx und Engels kritisierten an Lasalles Drama »Franz von Sickingen« vor allem, daß die plebejisch-münzerischen Strömungen der damaligen Zeit zu kurz kämen gegenüber dem lutherisch-ritterlichen Strang einer nationalen Adelsbewegung. Als interessant bewerteten sie dagegen den Ansatz von Sickingens Kampfgefährten Balthasar im Dramentext, der die Niederlage auf das Fehlen einer antikaiserlichen, also wohl republikanischen Perspektive des Aufstandes zurückführte. Kurz und marxistisch also: Seine Klasseninteressen hinderten Sickingen an der Wahrnehmung gesamtgesellschaftlicher Chancen und Entwicklungen und machten ihn zwangsläufig zum tragischen Individualisten. Es ist dagegen kein Wunder, daß gerade der 1864 im ritterlichen Duell umgekommene Lasalle die Sickingenfigur und nicht etwa Thomas Münzer zu seinem Helden machte. In einem Brief, den Hugo Ball in seinem Buch »Zur Kritik der deutschen Intelligenz« zitiert, schrieb Lasalle: »Ich weiß nicht, trotzdem ich jetzt revolutionär-demokratisch-republikanische Gesinnungen habe wie Einer, so fühle ich doch, daß ich an der Stelle des Grafen Lavagna (in Schillers Fiesko) ebenso gehandelt und mich nicht damit begnügt hätte, Genuas erster Bürger zu sein, sondern nach dem Diadem meine Hand ausgestreckt hätte. Daraus ergibt sich, wenn ich die Sache bei Licht besehe, daß ich bloß Egoist bin. Wäre ich als Prinz oder Fürst geboren, ich würde mit Leib und Seele Aristokrat sein.« (Ball, S. 192/193). Es zeigt sich, wie schwer es ist, eine Position zwischen der Diktatur des Sozialen (Marx und Engels) und der Diktatur des Individuellen (Lasalle) zu finden, eine Position also, die Freiheit, Gleichheit und Brüderlichkeit miteinander verbindet.

Die Figur des tragischen Helden – davon gibt es feudale (z. B. bei Lasalle, Goethe, Schiller) und bürgerliche (z. B. bei Lessing, Hauptmann) Fassungen – wird aber nicht nur von der Sozialgeschichte gespeist, sondern auch von der Familiengeschichte, und zwar im ödipalen Bild des verstoßenen Sohnes (siehe z. B. Schillers Räuber). Insofern ist sie eine primär männliche Phantasie. Franz von Sickingen hat unbewußt dazu eine biografische Vorlage geliefert.

Nach: Schlundt, Sagen in Rheinland-Pfalz, S. 83; Dehio, S. 542; dtv-Atlas der Geschichte, Bd. 1, S. 212; Haas, Die Pfalz am Rhein, S. 34; Wiesflecker, Kaiser Maximilian, Bd.V., S. 54ff.; Knilli, Frühes deutsches Arbeitertheater, S. 62ff.; Ball, Zur Kritik der deutschen Intelligenz, S. 190 ff.; Hobsbawn, Sozialrebellen, S. 13ff.

# Laubach

Rhein-Hunsrück-Kreis

## Von Reußen Käth und Geiße Hans

Auch im Hunsrück finden sich im 18./19. Jh. zahlreiche Brauchbücher (Zauber- und Kräuterbücher). Bei Peter Paul Roos (1811) aus Laubach kann man lesen: »Es ist hier aufgeschrieben, was gut zu brauchen ist, wenn man ein Geschwür am Halss hat. Erstlich vor zwei Kreuzer Safarran, zweitens etwas Hauswurzel oder Donnerkraut, drittens einen Eßlöffel voll Honig, viertens einen Eßlöffel voll Weißmehl, fünftens das Weiss von einem Ei. Dies fünf Stück macht man kalt unterenander, und auf Zuckerhutpapier schmieren und damit aufgelegt.« (Hunsrücker Volkskunde, S. 104). Hauswurz oder Donnerkraut (Sempervivum tectorum) stammt ursprünglich aus dem Gebiet der Pyrenäen, Alpen, Mittel- und Südfrankreich. Laut Dioskurides und Plinius wurde die Pflanze bereits zu römischer Zeit als Schutz vor Auswaschung auf Lehmdächer gepflanzt (daher später als Schutzmittel gegen Donnerschlag in Gebrauch) als auch gegen vielerlei Hautverletzungen, u. a. bei bösartigen Geschwüren angewendet. Diese Tradition hat sich im Mittelalter, u. a. bei Hildegard von Bingen fortgesetzt. Auch als Potenzmittel wurden Hauswurzgetränke eingesetzt. In einem anderen Hunsrücker Rezept werden dagegen für diesen Zweck (allerdings bei Frauen) Petersilie und Sellerie verwendet, außerdem Tausendgüldenkraut, Holunderblüten und Kerbel. Die Brauchtraditionen wurden in den Familien von einer Generation zur nächsten weitergegeben, die Rezepte waren allerdings häufig aus gedruckter Literatur (Kräuterbücher, Bauernkalender oder magische Literatur wie das Romanusbüchlein) irgendwann einmal abgeschrieben worden. Und wenn das Buch nichts mehr half, dann mußten brauchkundige Leute her. »Einige dieser Leute waren auf dem ganzen Hunsrück bekannt: Reußen Käth brauchte gegen den Brand, Geiße Hans für den Wurm. Der Kesselflicker von Hahnenbach und der Beschwörer von Briedel waren gesuchte Helfer. Krämer Clas von Hundheim ging mit Zaubersegen um. Der Teufelsbeschwörer von Dillendorf kam bis nach Gebroth und Gossen Henn aus Sohren wurde auf dem ganzen Hunsrück wegen seiner Kunst begehrt.« (Hunsrücker Volkskunde, S. 105).

Nach: Diener/Born, Hunsrücker Volkskunde, S. 103 ff.; Müller, Die pflanzlichen Heilmittel bei Hildegard von Bingen, S. 107/108.

# Linz
Landkreis Neuwied

## Pate heiratet Patenkind

Während einer Fehde im mittelalterlichen Linz verlor auch ein erst mehrere Tage altes Judenmädchen seine Eltern. Das Kind wurde getauft und der Ritter von Renneberg übernahm die Patenschaft. Er nahm die Waise in seiner Burg auf und erzog sie mit aller Sorgfalt. Als das Mädchen zu einer schönen jungen Frau herangewachsen war, verliebte sich der Ritter in sein Patenkind, und seine Liebe wurde erwidert, auch wenn er bedeutend älter war als sie. Nach den bestehenden Kirchengesetzen aber konnte ein Pate sein Patenkind nicht heiraten, und so mußte sich das Paar auf Befehl des Kölner Erzbischofs trennen. Die junge Frau kam ins Kloster St.Katharina. Nur der Papst konnte das Heiratsverbot aufheben und darum bemühte sich jetzt der Ritter. Da er dem Erzbischof bisher treu gedient und auch das Katharinenkloster reich beschenkt hatte, wurde ihm in Aussicht gestellt, daß der Dispens erteilt werde, noch bevor die junge Frau nach einem Jahr unwiderruflich Nonne werden mußte. Die Zeit verging. Es waren nur noch acht Tage bis zu dem gefürchteten Augenblick. Der Ritter eilte nach der Köln, aber der Erzbischof sprach nur: »Entsaget!« Das Lächeln aber, daß dabei um seine Lippen spielte, nahm der sich grämende Ritter nicht wahr. Der Dispens war nämlich längst erteilt, und es war Befehl gegeben, die junge Frau für die Hochzeit vorzubreiten, der Kirchenfürst aber wollte den Ritter bis zur letzten Minute warten lassen, um seine Beständigkeit zu prüfen. Am letzten Tag des Noviziats ging der Ritter schweren Herzens erneut zum Erzbischof. Dieser nahm ihn an der Hand und geleitete ihn zur Kapelle. Vor dem Altar wartete bereits seine Braut auf ihn, und der Erzbischof verkündete den päpstlichen Dispens. Dann traute er das schwergeprüfte Paar.

Kein Wunder, daß man heutzutage Bedenken hat, einer Geschichte zu trauen, bei der ein Pate sein emotional und materiell abhängiges Patenkind heiratet. Welche Alternative hätte das jüdische Mädchen denn gehabt, dem zudem eine fremde Religion aufgezwungen wurde? Kloster (aber nur wenn der Pate zahlt), Beginenhaus, Betteln oder Prostitution – keine wünschenswerten Aussichten. Zudem macht einen auch die kirchliche Prüfung skeptisch, wenn man dem gegenüberstellt, wie grundsätzlich und gewissenlos z. B. die Renaissancepäpste ihre eigenen zölibatären Askeseregeln gebrochen haben. Andrerseits aber freut man sich natürlich, daß eine tragische Geschichte auch einmal gut ausgeht. In der Mehrzahl der Fälle beschreiben europäische Sagen und Lieder das umgekehrte Ende: Trauer, Wahnsinn, Selbstmord oder Gewalt stehen meist am Schluß solcher Verstrickungsgeschichten, die bis ins 19. Jahrhundert das Raster der Erzählungen über die sich gegenüber den sozialen Regeln zur Selbständigkeit entfaltende individuelle Liebe in der bürgerlichen Gesellschaft bestimmen.

Nach: Schlundt, Sagen aus Rheinland-Pfalz, S. 223–225.

## Lochum
Westerwaldkreis

### Der napoleonische Schimmelreiter

Nach der Niederlage Napoleons 1813 in Rußland, suchten sich viele seiner Soldaten alleine oder in kleinen Gruppen nach Frankreich durchzuschlagen. Dabei kamen sie auch durch abgelegene Dörfer des Westerwaldes. Oft raubten sie sich dabei zusammen, was sie zum Überleben brauchten. Die Bauern waren daher nicht gut auf sie zu sprechen. Das war auch der Grund, warum ein Einwohner aus Rotenhain einen wehrlosen Franzosen im Wald erschlug. Dessen letztes Wort war: »Mon Dieu!« Diese Worte gingen dem Mörder nicht mehr aus dem Kopf. Und als er im Sterben lag, stieß er immer wieder die Worte »Mon Dieu! Mon Dieu!« aus. Seine Angehörigen baten den Pfarrer um Hilfe, und der ging mit ihnen zu der Stelle im Wald, wo der Fanzose erschlagen worden war und beteten für den Mörder und sein Opfer. Erst daraufhin konnte der Bauer ruhig sterben. Im Lochumer Wald aber gewahrt man nach wie vor nachts zwischen 12 und 1 Uhr einen Reiter auf einem Schimmel durchs Gebüsch hetzen, der fortgesetzt »Mon Dieu! Mon Dieu!« ausruft. Der Tote hat also noch immer keine Ruhe gefunden.

Der Schimmelreiter ist eine alte mythologische Figur, aber man hat bei dieser Sage fast das Gefühl, daß sie erst nach dem literarischen Vorbild von Theodor Storms (1817–1888) Novelle »Der Schimmelreiter« entstanden ist. Die Unruhe der Toten, besonders wenn sie nicht auf natürliche Weise gestorben sind, ist ein Motiv, das bereits in der Jungsteinzeit bekannt war, wie Grabbeigaben und Bestattungsrituale beweisen. Der Schimmel wird sowohl Wodan-Odin als auch Mithras oder Apoll zugeordnet. Er zieht den Sonnenwagen oder trägt den Sonnengott und hat damit Teil an der Lichtmetaphorik des Tages- und Jahreslaufs. Daher findet sich im Volksbrauchtum die Figur des Schimmelreiters auch an vielen Jahresfesten wie an Fastnacht, Ostern, Pfingsten, Herbst, Advent oder Weihnachten. Negativ wird das Schimmelmotiv immer dann, wenn es entweder heidnischen Riten zugeordnet (wilde Jagd etc.) oder mit dem Tod in Verbindung gebracht wird. Schließlich wird der Tod selbst als Schimmelreiter bezeichnet. Eine Zwischenposition nimmt der Feuerreiter (siehe das Mörikegedicht) ein, der dreimal um einen Brand reitet, um einen Schutzkreis zu ziehen. Der Begriff »Amtsschimmel« soll entstanden sein, weil reitende Boten in der Schweiz früher mit Schimmeln ausgerüstet waren, die sich in staatlichem Besitz befanden. Schließlich gilt der Schimmel auch als Pferd von Königen und Feldherren (siehe Napoleon). Das hat die Verbindung in der Westerwaldsage sicher letztendlich hergestellt.

Nach: Schlundt, Sagen aus Rheinland-Pfalz, S. 239; Handwörterbuch des deutschen Aberglaubens, Bd. 9, S. 164ff.

# Ludwigshafen

## Wenn der Detektiv die Sehnsucht verfolgt

Der 1885 in Ludwigshafen geborene Philosoph Ernst Bloch hat sich in seinem 1935 in der Schweiz erschienenen Buch »Erbschaft dieser Zeit« eingehend mit den Themen Romantik und Okkultismus und ihrer Beziehung zum Nationalsozialismus beschäftigt. Im Vorwort weist er darauf hin, daß die Veränderung zum Neuen – hier setzt er seine gestrige Hoffnung auf eine proletarische Revolution – nicht in klaren Vorwärts-Schritten, sondern in verschlungenen Bewegungen erfolgt und dadurch bei der sozial absinkenden Mitte, sprich Bauern und Kleinbürger, Unruhe erzeugt. In dieser Unruhe wird »ein Stück älteren und romantischen Widerspruchs zum Kapitalismus, mit Vermissungen am gegenwärtigen Leben, mit Sehnsucht nach einem unklaren anderen« (S. 16) deutlich, das ernst genommen werden müsse, und zwar sowohl in seiner rückwärtsgewandten Zerstörungskraft als auch in seinem noch zu erledigendem Potential an Sehnsucht. Er kritisiert die aufklärerische Linke, die alles Irrationale nur als Blödsinn abtut und damit einmal der Rechten überläßt und zum andern auch einem eher mechanistisch-bürgerlichen Weltbild frönt. Demgegenüber beschreibt er diesen Bereich als ungleichzeitig und formuliert: »Der subjektiv ungleichzeitige Widerspruch ist gestaute Wut, der objektiv ungleichzeitige unerledigte Vergangenheit; der subjektiv gleichzeitige die freie revolutionäre Tat des Proletariats, der objektiv gleichzeitige die verhinderte, im Jetzt enthaltene Zukunft.« (S. 122). Das Schema ist wie meistens brüchiger als die phänomenologischen Beobachtungen und aufs Konkrete bezogenen Urteile des Autors: Die »freie revolutionäre Tat des Proletariats« ist heute zur geistigen Leerstelle geworden; sie könnte vielleicht wiederaufgefrischt werden durch Streichungen zur »freien Tat« des einzelnen Menschen.

Dann beschreibt Bloch sehr treffend die Bilderwelten des Selbstverständnisses, wie sie in den 20er und 30er Jahre herrschten und uns auch heute wieder sehr vertraut vorkommen. An die Zeit der Zerstreuung (1924–29) schließt er die Zeit der Berauschung (1924–33) an. Dem folgte aus heutiger Sicht die Ernüchterung durch Terror. Bloch beschreibt die für Faschismus anfällige Mentalität der Mittelklasse als dunkel: »Diese neue Art Mitte kehrt sich schief ab, kehrt trübe in sich ein, aber beides aggressiv. Sie läßt sich durchaus noch ablenken, aber nicht mehr zu etwas, sondern gegen etwas und selbstverständlich wieder ins Falsche.« (S. 45). Dann folgt eine Skizzierung des nationalistisch-rassistischen Stolzes: Der Haß wird lohnend. Es heißt »Juden raus, nämlich aus dem andern Laden«. (S. 49). Und für die Angestellten der Ladenbesitzer: Viele »verbessern sich jetzt, blonden Haares, auch innerlich. Der kleine Mann fühlt sich gerne adlig, das ersetzt den Aufstrich aufs Brot. Er fühlt sich hinter Pult und Ladentisch bedeutend besser, seit er ein Norde ist.« (S. 49). Dann zeigt Bloch, daß die Deutschen ein typisches Mischvolk sind – ähnlich wie Zuckmayers berühmtes Bild vom Rhein als der Völkermühle Europas in »Des Teufels General« – und weit weniger nordisch als Engländer, Skandinavier und Nordfranzosen.

Als nächsten Bereich betrachtet er das Ländliche, das vor dem ersten Weltkrieg, z. B. bei Hebel, noch als friedliche Idylle und noch früher, bei Beethoven oder Rousseau, als utopisch gewendetes Sinnbild für edle Wildheit dahergekommen sei, jetzt werde es in seiner Untergangsstimmung ebenfalls dunkel und aggressiv, ein »Pastorale militans«. »Antiquitäten des Landes werden nicht mehr als ein Stück heimisches Tahiti gesehen, sondern sie sind bestenfalls Dekorationen eines finsteren Spuks.« (S. 53). Eine frühe Wurzel für diesen gegenwärtigen Spuk der Krisensituation sieht er in der heidnisch-mystischen Bodenverfallenheit des Alemannisch-Bayrischen. Ob das eine Anspielung auf Heidegger ist? Diese gegen die Christianisierung widerständige Bauernmentalität sei gegen die Stadt, gegen Proletariat und Bankkapital gerichtet, und dennoch gleichzeitig von letzterem her ideologisch nutzbar zu machen. Sie werde leicht atavistisch-aggressiv, also nach rückwärts gerichtet, und falle dann heraus aus dem Wachstumspotential der Utopie. Und Bloch beschreibt, was passiert, wenn man aus der Moderne fliehen will: »Die Frage ist, ob Wildes, das Leere verstopft, sie nicht ebenso weiter aufreißt.« (S. 60). Das ist gegen die Romantiker aller Couleur gerichtet. An die Adresse der Aufklärer aber schreibt er warnend: »Die Romantik hat zwar keine andere Zukunft als bestenfalls diejenige unerledigter Vergangenheit. Doch diese Art Zukunft hat sie, und sie müßte ihr, im genauen dialektischen Mehrsinn des Begriffs, ›aufgehoben‹ werden.« (S. 61).

Weiter analysiert Bloch die Verhunzung des ursprünglich utopischen Reichsbegriffs und damit z. B. auch der Kaisersage durch die Nazis. Was hochgespült werde sei das finstre Mittelalter mit Veitstanz und Judenpogromen und nicht der Minnesang oder die Renaissance mit ihren Zukunftsentwürfen. Im übrigen habe es in Deutschland, anders als in Frankreich, bei solchen mythenbildenden, historisierenden Vorhaben immer am Einfluß der Frauen gemangelt. Das benutzte Urbild sei dagegen der im Blutrausch irre gewordene Berserker der Männerbünde gewesen.

Bloch geht auch auf die ungleichzeitigen »romantischen Haken« im einzelnen ein, und zwar bei den Märchen, den Sagen, der Unterhaltung, dem Lebensmythos und dem Okkultismus. Letzteren kritisiert er vor allem am Beispiel der Anthroposophie Rudolf Steiners. »Steiners Mysterien sind jedes Orts atavistischer Spuk, trivial gewordener Astralmythos, travestierte Naturwissenschaft.« (S. 193). Es handle sich dabei lediglich um eine Art esoterischen Supermarkt. Und doch versteckt sich nach Blochs Meinung auch hier etwas von der »wirklichen organischen Weltnatur« (S. 194), die nur sichtbar werden kann, wenn »die Zeit gekommen« ist, im Raum einer unverdächtigen Sozialwelt« hinzusehen. Der Blick auf das Wahre ist im Falschen also nicht möglich. Man muß offenbar mit Aussagen bis auf die Zeit nach der Revolution warten. Was aber ist diese wahre Natur, die erst noch entfaltet werden muß und die – so Bloch später in »Das Prinzip Hoffnung« – als zukünftige Heimat »allen in die Kindheit scheint und worin noch niemand war«? Dazu äußert der Philosoph in gut gnostisch-messianischer Tradition nur Ahnungen. Das Ziel der Bewegung in der Einheit bleibt Geheimnis, um es vor der zur Sünde abfallenden Bosheit des Vielfältigen zu schützen. Bloch schreibt gegen Engels und Steiner, »daß auch im Naturbegriff noch nicht aller Tage organischer Abend ist. Er enthält mehr als Druck und Stoß, mehr als mechanische Erdschollen, die um Feuerkessel schwingen; er enthält auch verborgene und zu vermittelnde Qualitäten, die dem Automatismus des bürgerlichen Verstandes paraphysisch sich entgegensetzen: Grauen etwa, panischen Schrecken, panisches Glück, Naturschönheit und was diese, noch immer unverstanden anzeigt.« (S. 197).

Nach: Bloch, Erbschaft dieser Zeit; Das Prinzip Hoffnung.

## Mainz

Die Landeshauptstadt bietet natürlich sehr viele Anlässe für »Geheimnis-Forschungen«, sowohl aus keltischer und römischer Zeit (Jupitersäule, diverse Altäre und Skulpturen sowie Funde im Rhein) als auch im Sagenbereich (Kinder aus Pankratiusbrünnchen, Pest in Goldener-Luft-Gasse etc.). Auch Kirchenheilige wie Bonifatius und der fränkische Staatsheilige Martin haben hier Tradition. Dazu kommt die Bedeutung als Druckort. Hier ließen z. B. Trithemius und Martin von Cochem drucken; es erschienen populäre Kalender und Bücher wie Johannes Colers »Oeconomica ruralis et domestica« (1645) oder die sechsbändige Zauberbibliothek von Horst (1821–26).Im folgenden wurde eine kleine Auswahl getroffen:

## Die Venus vom Linsenberg

Auf dem Linsenberg ist der Rastplatz einer Gruppe von Eiszeitjägern (vor etwa 20.000 Jahren) ergraben worden, die zur selben Zeit wie die bekannteren Höhlenmaler Frankreichs und Spaniens gelebt haben. »Die wertvollsten Fundstücke sind die Reste zweier etwa 7cm hohen und schön proportionierten weiblichen nackten Figürchen aus feinkörnigem grauem Sandstein.« (2000 Jahre Mainz, S. 9). Auch an anderen Fundorten dieser Zeit, so z. B. in Gönnersdorf und Andernach (Neuwieder Becken) hat man neben Tierdarstellungen auf Schieferplatten über 400 gravierte Frauenfiguren gefunden. »Eindeutige Männergestalten sind auf den Schieferplatten sehr selten. Auch dies ist in Übereinstimmung mit der gesamten Eiszeitkunst, in der häufig Frauen, aber nur selten Männer dargestellt sind.« (Bosinski, S. 25). Während ein Teil der Forscher diese Tatsache als Fruchtbarkeitssymbolik deutet, geht ein anderer Teil weiter und spricht von einer matriarchalen Wiedergeburtsreligion, die bereits Mond- und Dreiheitsmotive verwende. »Frauenstatuetten sind nicht, wie man lange annahm, plötzlich und wie aus dem Nichts entstanden. Sie setzen die Orientierung im Räumlichen und Zeitlichen voraus. Denn sie veranschaulichen (bildlich) die Rundung der Welt, mit dem Nabel als Mittelpunkt und der Vulva als Symbol für die Wiedergeburt. Damit stand die Frau im Mittelpunkt des Kultes, ihr Bild wurde verehrt.« (Marie König, nach Göttner-Abendroth, S. 114). Die Eiszeitjäger hätten geglaubt, daß bei der Wiedergeburt ein Vorfahre durch die Geburt aus dem Leib der Frau wieder ins Diesseits zurückkehre. Kultzentrum sei die Frau deshalb gewesen, weil sie dadurch habe Tod in Leben verwandeln können, während der Mann als Jäger nur Leben in Tod verwandelte. »Die Erde mit ihren Höhlen und Spalten wurde als Ur-Mutter gesehen.« (Göttner-Abendroth, S. 115). Der Schamanismus mit seiner Tiersymbolik kann diese Sicht durchaus ergänzen, wenn man weiß, daß der Schamane die Jagdtiere auf einer ekstatischen Reise aus der Höhle der Wildfrau, der Herrin der Tiere, holen muß.

Nach: Zweitausend Jahre Mainz, S. 8–10.; Bosinski, in: Vor-Zeiten IV, S. 9–30; Göttner-Abendroth, Das Matriarchat I, S. 110ff.; Duerr, Sedna oder die Liebe zum Leben, S. 34 ff.

## Der gehörnte Buddha von Hechtsheim

In Mainz-Hechtsheim hat man eine kopflose Statue des keltischen Gottes Cerunnos gefunden. Zu erkennen ist dieser Gott an dem Hirschgeweih auf dem Kopf (hier nicht möglich) und dem Schneider- oder Buddhasitz, den die Fundfigur aufweist. Die bekannteste Darstellung des Hirschgottes findet man auf dem keltischen Silberkessel von Gundestrup. Dort hält er in der linken

*Das Benediktinerkloster in Sponheim wurde durch seinen Abt Trithemius bekannt, einen in den Geheimwissenschaften erfahrenen Humanisten*

*Heines singende Loreley ist das berühmteste Symbol der Rheinromantik, hier mit Burg Katz im Vordergrund*

*Drachenfels und Rolandsage markieren den Übergang vom Mittel- zum Niederrhein*

*Von Wölfen erzählt man am Großen Wolfstein bei Bad Marienberg*

*Das Totenmaar bei dem mit der Pest untergegangenen Dorf Weinfeld hat die Sage von einem versunkenen Schloß herausgefordert*

*Die Genovevaburg in Mayen*

*Ahrwahl-Portzheim, Felsformation »Bunte Kuh«*

*Aus dem Dahner Felsenland stammt die Sage vom Jungfernsprung*

*Der Abt Regino von Prüm und Bischof Burchhard von Worms haben die kirchliche Aberglaubendefinition des Mittelalters geprägt*

Hand eine gehörnte Schlange als Symbol der Weiblichkeit. Gehörnte Götter gibt es seit der Steinzeit in Europa. Ab dem 4. Jh. v. Chr. lassen sich entsprechende Abbildungen von Irland bis Rumänien feststellen. »Dieser Cerunnos ist der Gott der in seinem Falle unter der Erde angesiedelten Anderswelt , der die im Tode gefangenen, gehorteten Lebensimpulse wieder freisetzt und mit Hilfe der Muttergöttin Gestalt annehmen läßt. Er ist es, der die Säfte in den Pflanzen hochtreibt, der die Reproduktionskräfte in Mensch und Tier anregt.« (Botheroyd, S. 56). Bis heute hat Cerunnos in drei Bildern überlebt: im gehörnten Teufel (z. B. auf dem Marktkreuz im irischen Kells), im gehörnten Ehemann (als Fortsetzung des Bildes von der Göttin und ihrem Heros/siehe Ranke-Graves) und im Hubertushirsch, der das Kreuz mitten im Geweih trägt. Der Bischof von Lüttich (gest. 727) galt seit dem 9. Jh. in den Ardennen und am Niederrhein als Schutzherr der Jagd; die erste Beute wurde ihm, wie früher der Jagdgöttin Diana, geopfert. In der Sage steht er in Beziehung zum Motiv vom wilden Jäger.

Nach: Römer in Rheinland-Pfalz, S. 221; Botheroyd, Lexikon der keltischen Mythologie, S. 56–59; Wörterbuch der deutschen Volkskunde, S. 389.

## Drei Jahre nervtötendes Klopfen

Um das Jahr 860 soll in Mainz ein böser Geist drei Jahre lang die Stadt in Angst und Schrecken versetzt haben. Er warf aus den Fenstern Steine auf Passanten und polterte des Nachts, daß die Wände bebten. Außerdem habe er an Haustüren geklopft, geschrien, geredet und die Leute aus dem Schlaf geweckt. Besonders auf einen Bürger soll er es abgesehen haben. Gegen ihn hetzte er die Nachbarschaft auf und ließ ihm Scheune und Haus samt frischer Ernte abbrennen, daß der Mann zuletzt nur noch auf dem freien Feld vor der Stadt sicher gewesen ist. Mehrere Bannversuche mit Beten und Weihrauch halfen nichts. Der Geist schrie und heulte fürchterlich und behauptete, er sei jetzt in einen Priester gefahren und verführe ihn zu den abscheulichsten Sünden. Schließlich aber hatten die Prozeduren Erfolg und der Geist verschwand aus der Stadt.

Fast hört sich diese Sage wie der Ablenkungsversuch aus einem gewalttätigen Nachbarschaftskonflikt an. Solche Konflikte sind ja noch heute den Ordnungsämtern und Verwaltungsgerichten bestens bekannt. Im Mittelalter und der frühen Neuzeit bildeten sie oft den Kern von lokalen Hexenverfolgungen. Im übrigen gilt Klopfen als Sprache der Geister. Es kann sowohl Unheil ankündigen (oft den Tod), bzw. davor warnen, als auch Fruchtbarkeit, Gesundheit und Reichtum herbeiführen. Infolge dieser Tradition sind in Süd- und Mitteldeutschland sogar die sogenannten »Klopfnächte« entstanden. Das sind die drei letzten Donnerstage im Advent. »In diesen Nächten, auch schon am Abend ziehen junge Leute, Frauen und Kinder umher, klopfen an die Häuser, singen und erhalten dafür Obst, Schinken und Würste.« (HdA, Bd. 4, S. 1543). Vielleicht sind diese Umzüge sogar älter als die Vorstellung von Klopfgeistern. Sie haben sich aus einem Brauchtum entwickelt, das noch heute in vielen Stammesgesellschaften (z. B. bei den Indianern Nordwestamerikas) zur Umverteilung von Reichtum und damit zu einer Art sozialem Chancenausgleichs dient. Wer sich dem Anklopfenden verweigert, den verfolgt das Klopfen eben geisterhaft.

Nach: Schlundt, Sagen in Rheinland-Pfalz, S. 105; Handwörterbuch des deutschen Aberglaubens, Bd. 4, S. 1534ff.

## Gutenberg, die Sterne und der Aderlaß

Zu den populären Schriften des frühen Buchdrucks gehören allerlei Kalender, Einblattdrucke und Ablaßbriefe. Neben Prophezeiungen (z. B. die Sybillenweissagung vom Weltuntergang/um 1360), dem schon im 14. Jh. wichtigen Türkenthema und astronomischen Tabellen fanden vor allem sogenannte Aderlaßkalender große Verbreitung. 1456 druckte Gutenberg mit seiner ältesten, der sogenannten Donat- und Kalendertype einen solchen »Laxierkalender« in Latein für das kommende Jahr 1457. Von diesem Kalender ist nur ein in Paris aufbewahrtes Bruchstück erhalten. Ein Jahr nach dem Druck der berühmten 42zeiligen Bibel steigt er damit in die Herstellung von Volksliteratur ein, wie sie im 16. bis 18. Jh. durch Kräuterbücher, Volks- und Bauernka-

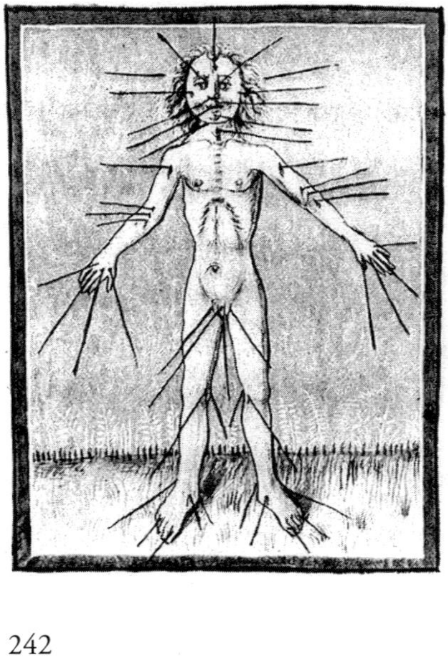

*Aderlassmännchen*

lender den Buchmarkt mengenmäßig dominieren wird. Auch heute noch macht die Ratgeberliteratur einen großen Teil der Verlagsumsätze aus.

Der Aderlaß entwickelte sich auf der Grundlage der spätantiken Humoralpathologie (Säftelehre), wie sie im 12. Jh. an medizinischen Universitäten wie Salerno wiederentdeckt wurde. Wie das Schröpfen und Brennen war auch der Aderlaß topografisch am Körper durch sogenannte »Laßstellen« – ähnlich der Akupunktur – festgelegt. Entsprechende Körperschemata wurden durch »Laßmännchen« bildlich dargestellt. »Die Laßstellen waren auf Organe oder Regionen bezogen und wurden – eingebunden in das System der Humoralpathologie – lunaren, zodiakalen und jahreszeitlichen Rhythmen bei der Indikationsstellung zugeordnet.« (Lexikon des Mittelalters Bd.I, S. 151). Dazu kamen Listen »verworfener Tage« und die Lebensalterlehre. Um ein solch komplexes System zu beherrschen, benutzte man Aderlaßkalender, mit denen man die richtigen »Laßtage« schnell und zuverlässig errechnen konnte. Der Aderlaß kam bei vielen Krankheiten bis hin zur Pest zur Anwendung. Der Arzt, Wundarzt oder Bader öffnete die Vene mit einem »Laßeisen« (auch »Fliete« genannt) und fing das Blut in einem »Laßbecken« auf. In einer Blutschau (Hämatoskopie) wurden Konsistenz, Farbe, Geschmack, Geruch und Temperatur des Aderlaßblutes ausgewertet. »Praktiker des späten Mittelalters konzentrierten die ausufernde Lehre in einer Reihe von Kurztraktaten (Ortulf-Blutschau, Katalog A und B, Sonderformen), die mit Vorliebe in chirurgisch (›Ketham‹), diätetisch (›Ordnung der Gesundheit‹, ›Regel der Gesundheit‹) oder astrologisch (›Iatromathematisches Hausbuch‹) ausgerichtete Sammelwerke aufgenommen wurden.« (Lexikon des Mittelalters, Bd II, S. 291).

Literatur: Lexikon des Mittelalters; Lexikon des gesamten Buchwesens; Gesamtkatalog der Wiegendrucke Bd 2, Vom Einfluß der Gestirne.

## Mayen

Landkreis Mayen-Koblenz

### Die Genovevalegende

Die Genovevaburg in Mayen wurde 1280 vom Trierer Erzbischof errichtet. Nach der legendären Pfalzgräfin Genoveva wird die Burg aber erstmals 1828 in einer Stadtgeschichte benannt, also zur Zeit der Romantik. Johannes Seinus von Laach will die Geschichte 1448 aus einer älteren Niederschrift übertragen haben. Noch einmal bearbeitet hat sie der Mönch Johannes von Andernach um 1500. Verbreitet aber hat sie der volkstümliche Barockschriftsteller und Kapuzinerpater Martin von Cochem über sein »Auserlesenes Historybuch« (1687), das bis ins 18. Jahrhundert fast 20 Auflagen erlebte. Aus der religiösen Erbauungsliteratur wanderte die Legende in den Bänkelgesang. Gassen- und

Marktsänger machten sie über Bilderbogen, Flugblätter und ihre Jahrmarktsauftritte bekannt, bei denen sie Genovevalieder sangen und mit dem Zeigestock dazu auf große Bildtafeln mit den Stationen der Legende deuteten. In der Legende selbst wird als Pfalzgrafensitz ein Schloß Simmern im Mayengau angegeben. Ein solcher Ort ist bisher nicht bekannt.

Ein Pfalzgraf Siegfried (1095–1113) ist allerdings als Nachfolger des Klostergründers Heinrich von Laach belegt. Seine Frau hieß jedoch Gertrud. Die Pfalzgrafschaft hatte ihren Schwerpunkt ursprünglich im Eifel-Mosel-Gebiet und wanderte erst nach Auseinandersetzungen mit dem Kölner Erzbistum im 12. Jahrhundert ins später kurpfälzische Gebiet zwischen Nahe und Neckar. Zeitlich ortet sich die Legende im 8. Jahrhundert, als ein Bischof Hydolf in Ochtendung residierte. Eine spätere Variante orientiert sich dann an der Kreuzzugszeit. Die Legende erzählt:

Als Pfalzgraf Siegfried zu einem Kriegszug aufbrechen mußte, vertraute er seine Burg und seine Gemahlin Genoveva dem Ritter Golo an. Dieser verliebte sich in die Pfalzgräfin und bedrängte sie, die Ehe zu brechen. Aber Genoveva weigerte sich standhaft. Da entzog Golo ihr alle Diener und Mägde und machte ihr das Leben schwer. Das hielt auch an, als die Pfalzgräfin einen Sohn gebar. Als einige Zeit später die Rückkehr des Pfalzgrafen angekündigt wurde, ängstigte sich Golo und holte sich Rat bei einer alten Frau, die am Fuße der Burg wohnte. Die empfahl ihm, er solle dem Pfalzgrafen sagen, das Kind stamme von einem Koch. Golo ritt dem Heimkehrer entgegen, überzeugte ihn von der Lügengeschichte und bot sich an, Mutter und Sohn in einem See zu ertränken. Der Pfalzgraf stimmte dem Vorhaben zu. Golo ritt zur Burg zurück und befahl seinen Soldaten, den Befehl auszuführen. Diese aber wußten, daß Genoveva unschuldig war, und so setzten sie die Mutter und ihren Sohn lediglich im Walde aus. Als Beweis für den Mord aber schnitten sie einem Hund die Zunge heraus und brachten sie Golo mit. In ihrer Not rief Genoveva die Jungfrau Maria um Hilfe an. Diese schickte eine Hirschkuh, mit deren Milch der Knabe gesäugt wurde. Die Mutter ernährte sich von Kräutern und schlief auf einem Haufen Reiser zwischen Brombeerbüschen. So ging es sechs Jahre und drei Monate. Da veranstaltete der Pfalzgraf eine Jagd und traf dabei auf die besagte Hirschkuh, die er bis zu Genovevas Lager hin verfolgte. Nach einiger Zeit erkannte er seine Ehefrau, die ihm die ganze Geschichte aufdeckte. Daraufhin nahm er Mutter und Sohn wieder auf und ließ Golo vierteilen. Genoveva starb jedoch bald darauf in Folge der erlittenen Entbehrungen. Da ließ der Pfalzgraf an der Stelle, wo sie in der Wildnis gelebt hatte, eine Kapelle errichten und von Bischof Hydulf weihen. Dort begrub er sie auch. Bereits am Tag der Weihe geschah das erste Wunder in der Kapelle: Ein Blinder erhielt sein Augenlicht zurück und ein Stummer seine Sprache.

Nach: Fridolin Hörter, Genoveva.

# Medard
Landkreis Kusel

## Wie Medea in die Westpfalz kam

In der evangelischen Kirche oberhalb des Ortes finden sich verschiedene römische Quader mit figürlicher Verzierung. Neben einem Stein, auf dem Früchtekorb oder Füllhorn abgebildet sind (ein Hinweis auf den Matronenkult), gibt es in einer Wand links im Seitenschiff auch einen Stein, der eine in Gallien seltene mythologische Szene aus dem Medeazyklus darstellt. Der Auftraggeber des Reliefs, das zu einem größeren Grabmal aus dem frühen 3. Jh. gehört, muß das Medea-Epos von Euripides gekannt haben. »Medea steht links mit gezücktem Schwert in der rechten und der Schwertscheide in der linken Hand, im Begriff, ihre Söhne aus Rache für die Untreue ihres Gatten Jason zu töten. Einer der Knaben steht links von Medea. Das Mittelfeld wird von dem schlangengezogenen Wagen mit Medea eingenommen. Mit der nackten männlichen Figur rechts dürfte Jason dargestellt sein.« (Römer, S. 475). Medea war eine Priesterin der thrakischen Mondgöttin Hekate und gilt als Stammutter der Meder. Sie wird als größte Zauberin der griechischen Mythologie bezeichnet, welche die heilenden und vergiftenden Wirkungen der Kräuter kennt, aber auch als Urbild von Kindsmord und Rache aus gekränkter Liebe. »Nach Ranke-Graves war in der nicht unblutigen Spätphase des Matriarchats das Opfern männlicher Nachkommen weit verbreitet.« (Bildlexikon, S. 169). Somit wäre die Deutung des Kindsmords aus Rache eine spätere Erklärung der griechischen Klassik, welche ja schließlich die Liebesgeschichte in ihrer heutigen Form erfunden hat. Die Tötung der Söhne wäre dagegen das Ritual eines heruntergekommenen, schwarzmagischen Mutterkultes, etwa so, wie wenn heutzutage in manchen Ländern Mädchen mehr abgetrieben werden als Jungen, weil sie nicht in die patriarchale Erbfolge passen. In der griechischen Sage heiratet Medea den Argonauten Jason, der mit seinem Männerbund auf der Suche nach dem Goldenen Vlies von Kolchis ist. Sie gibt ihm eine Wundersalbe gegen die Drachenkrieger mit und zudem einige gute, zaubererische Ratschläge. Nach der Rückkehr von der erfolgreichen Mission leben beide samt ihren Kindern in Korinth. Aber Jason verläßt Medea wegen einer anderen Frau, vielleicht aus politischen Gründen. Daraufhin tötet Medea die beiden Söhne und die neue Geliebte ihres Mannes. Die Argonauten sollen in Verbindung stehen mit dem extrem patriarchalischen Kult der Kabiren von Samothrake. Das Scheitern der Ehe könnte also auch gedeutet werden als das unvermittelbare Aufeinandertreffen eines aggressiv-männlichen und eines aggressiv-weiblichen Kultes. Wie dem auch sei, das Thema des Kindsmords jedenfalls, insbesondere in Verbindung mit gescheiterten Liebesbeziehungen, hat sowohl literarisch als auch in der Realität bis heute nichts von seiner Brisanz und Aktualität verloren.

Nach: Römer in Rheinland-Pfalz, S. 475; Bildlexikon der Symbole, S. 166 und 169.

## Meudt
Westerwaldkreis

### Der Gangolfsbrunnen und die Windelwäsche

In Meudt soll einmal ein Ritter oder Bürger namens Gangolf gelebt haben, der sich zu einer Pilgerfahrt ins Heilige Land entschloß. Auf dieser Reise, heißt es, sei er auch nach Frankreich gekommen, wo er in einem Garten einen wunderschönen Brunnen gefunden habe. Als er den Eigentümer nach dem Brunnen fragte, sagte dieser, er könne ihn ruhig mitnehmen. Gangolf stieß seinen Pilgerstab hinein und der Brunnen verschwand darin. Wieder zuhause in Meudt angekommen stieß er den Stab dort in die Erde, wo heute die ihm geweihte Kirche steht, und der Brunnen ließ sich genau an dieser Stelle nieder. Sein Wasser war heilwirksam, und so kamen viele Kranke von nah und fern, um in Meudt zu gesunden. Aber eines Tages, an einem Pfingstmontag, soll eine jüdische Frau während des Gottesdienstes Windeln im Brunnenwasser gewaschen haben. Dies habe der Brunnen als Entweihung aufgefaßt und habe sich entrüstet und unter Donnengrollen von der Stelle erhoben und Meudt schnurstracks verlassen. Die aufgeschreckte Gemeinde aber sei hinter ihm hergelaufen, und es sei ihr durch Bitten und Flehen gelungen, den Brunnen zur Umkehr zu bewegen. Er kehrte aber nicht ganz an die alte Stelle zurück, sondern ließ sich diesmal etwas weiter unterhalb des ersten Standorts nieder. Aus Freude über diese Rückkehr, so heißt es, veranstalte man in Meudt noch heute immer zum Jahrestag des Geschehens eine feierliche Prozession um den blumengeschmückten Brunnen des mittlerweile heilig gesprochenen Gangolf.

St. Gangolf war ein Ritter aus Burgund, der um 760 gestorben ist und in Toul begraben liegen soll. Der Legende nach wurde er vom Liebhaber seiner Frau getötet, als er sich in eine Einsiedelei zurückgezogen hatte. Gangolf ist der Patron vieler heilkräftiger und Kindersegen bringender Quellen. Seine Verehrung hat sich von Burgund aus im 9. Jh. an den Rhein verbreitet, und zwar vor allem nach Mainz, Speyer, Trier und Konstanz, aber auch nach Antwerpen und Bamberg. Hrosvitha von Gandersheim hat seine Legende im 10. Jh. literarisch bearbeitet. Gangolf ist die Drehung des Namens Wolfgang. Der Tag des Heiligen liegt meist auf dem 11. Mai.

Daß Windelnwaschen den Brunnen eines Heiligen entweiht, der für Kindersegen sorgt, ist schon ein dicker Hund. Die Herkunft von Kindern aus Brunnen ist im übrigen ein weitverbreiteter Volksglaube, der an keltisch-germanische Traditionen anknüpft. Erklärbar ist die eigenartige Brunnenentrüstung nur, wenn man antisemitische Traditionen unterstellt. Es war wohl nicht die Windel, sondern die Tatsache, daß die Wäscherin Jüdin war, welche zum Eklat geführt hat. Den Juden nämlich warf man immer wieder im Mittelalter Brunnenvergiftung vor, wenn man einen Vorwand für Pogrome suchte. Dieser Vorwurf wog um so schwerer, als es damals noch keine Wasserleitungen gab und sich die auf sauberes Brunnenwasser angewiesenen Bürger zum Schutz vor Seuchen und zur Unterhaltung der Brunnen zu sogenannten Brunnengenossenschaften zusammenschlossen. Die Brunnenvergiftung war also eine Nachbarschaftssünde gegen Leib und Leben, wie sie auch bei Hexenverfolgungen gern unterstellt wurde. Sowohl die jüdische Volkskunde von Rheinland-Pfalz als auch die Geschichte antisemitischer Überlieferungen müßte noch weiter erforscht werden, wie diese Sage zeigt. Während man nach 1945 das deutlich antisemitische Brauchtum, ob in Sage, Spiel, Kinderreim oder Tanz meist einfach wegließ, wurde sein Bestand nach 1933 bewußt zusammengesucht, so z. B. in dem Aufsatz »Der Jude im Tanz der Landschaft Rheinfranken« (Volk und Scholle/1938) des bekannten Volkstanzforschers Hans von der Au.

Nach: Schlundt, Sagen aus Rheinland-Pfalz, S. 235; Wörterbuch der deutschen Volkskunde, S. 249; Handwörterbuch des deutschen Aberglaubens, Bd. 3, S. 289.

## Monsheim
Landkreis Alzey-Worms

### Obelix an der Pfrimm?

Den Hinkelstein kennt mittlerweile jedes Kind in Europa als Attribut des wildschwein- und römerfressenden Galliers Obelix, der als Kind einmal in den druidischen Zaubertrank gefallen ist. Da haben sich alle romantischen Zerrbilder der Keltenideologie versammelt: »Von weitreichendem Einfluß erwies sich dabei die irrtümliche Zuweisung stein- und bronzezeitlicher Grabanlagen und Kultstätten (Dolmen, Menhire, Stonehenge) an die keltischen Druiden, wie sie im 17./18. Jh. vor allem von John Aubrey, Henry

Rowlands und William Stuckeley vertreten wurde. Maßgeblich für das populäre Bild der keltischen Literatur und Mentalität wurden in der 2. Hälfte des 18. Jh. die von James Macpherson verfaßten Werke Ossians, die mit authentischer keltischer Dichtung wenig gemein haben.« (Maier, S. 188). Die Menhire – bei uns Hinkelsteine genannt; vielleicht als Verballhornung von Hünenstein/Riesenstein – stammen aus Kulturen, die um mehrere tausend Jahre älter sind als die keltische (ab 750 v. Chr.); als Grabstelen hat es sie aber noch bis in die frühkeltische Hallstattzeit gegeben. Bis ins vergangene Jahrhundert rankten sich um die großen Steine, die in keltischen Regionen auch als Sitz der Feen bekannt sind, immer wieder Schatzgräbergerüchte und andere Sagen, so auch in Rheinhessen. (Müller II, S. 87).

Ein solcher Hinkelstein (ein Kalksteinblock von fast drei Meter Höhe) stand bis in die 2. Hälfte des 19. Jh. an der Straße von Monsheim nach Niederflörsheim. Er gab der umliegenden Gemarkung den Namen. Und in dieser Gegend wurde 1866 ein Feld von 152 Gräbern entdeckt, das anhand seiner Keramiken eine eigenständige Untergruppe der bandkeramischen Kultur (5500–4800 v. Chr.) in ihrer Spätzeit auswies. Diese Gruppe wurde nach dem Menhir, der nicht zu dem Gräberfeld gehörte, Hinkelsteingruppe genannt. Typisch sind ihre Stichmuster auf den Tongefäßen: »Als Hauptornamente kommen jetzt Winkelbandmuster aus Ritz- und Furchenstichlinien vor, die die Gefäßwandung umlaufen und oft durch ›Bäumchen‹ oder ›siebenarmige Leuchter‹-Motive getrennt sind. Eine weitere Gruppe weist als überwiegendes Hauptmuster Bänder aus auseinanderstehenden oder hängenden parallelschraffierten Dreiecken auf. Gegenüber der Linearbandkeramik fällt der völlige Verzicht auf kurvolineare Muster auf.« (Jockhövel, S. 137). Noch in der vorhergehenden bandkeramischen Kultur, die man nach einem nahegelegenen weiteren Gräberfeld Flomborner Stil nennt, fanden sich »realistische Darstellungen wie Gesicht und Widder sowie Spiralen und Mäander«. (Bischer, S. 24). Die Idee des Dreiecks hat Karl H. Bischer anhand der Bestattungs- und Hausform der Hinkelsteiner zu deuten versucht. Beide sind von Südosten (Kopf) nach Nordwesten (Füße) ausgerichtet. Der Kopf der Toten ist zudem rechts zur Seite gedreht, so daß das Gesicht nach Nordosten schaut. »Der Kopf des Toten ist zum Sonnenaufgang und zum Wintersonnenwendepunkt am 21. Dezember hin gerichtet. Dieser Punkt ist gleichzeitig auch Anfang eines neuen Jahres. Die Füße zeigen zum Sonnenuntergang am 21. Juni und signalisieren das Ende des ersten Halbjahres. Ab jetzt beginnt die Rückwanderung der Sonne an ihre Anfangsposition und damit die zweite Hälfte eines Jahres. Das Gesicht ist zum Sonnenaufgang am 21. Juni, dem Sommersonnenwendepunkt fixiert. An diesem Tag des Jahres erreicht die Sonne ihren höchsten Mittagsstand.

Sie steht im Zenit. Dieses Dreipunktsymbol ist eines der Grundmotive in der Ornamentik der Hinkelstein-Keramiken.« (Bischer, S. 25).

Nach: Nördliches Rheinhessen, S. 19; Jockhövel, Die Vorgeschichte Hessens, S. 137; Bischer, Kalendergefäße aus Worms und Umgebung, S. 23 ff.; Müller, Rheinhessisches Heimatbuch II, S. 87; Maier, Lexikon der keltischen Religion und Kultur, S. 188.

## Mühlheim-Kärlich
Landkreis Mayen-Koblenz

### Der älteste Rheinland-Pfälzer

In einer Tongrube bei Kärlich wurde der älteste Hinweis auf die Existenz des Homo erectus in Mitteleuropa gefunden, und zwar ein Geröllgerät, welches etwa 900.000 Jahre alt ist. »Bei dem Werkzeug handelt es sich um ein Flußgeröll aus Quarzit, an dem der Mensch mit wenigen Schlägen eine Schneidekante angebracht hat.« (Vor-Zeiten I, S. 11) Der Fund eines Flußpferd-Zahnfragments in der gleichen Schicht deutet auf eine Warmzeit. Weitere Stein-Artefakte (Kerne, Abschläge und retuschierte Werkzeuge) am gleichen Fundort stammen aus der Zeit vor 700.000 Jahren. Der älteste Knochenfund dieser Menschengruppe ist der in Mauer bei Heidelberg gefundene Unterkiefer (600.000 Jahre alt). Die frühesten Funde des Homo erectus stammen aus Ost- und Südafrika und sind etwa 1,5 Mio. Jahre alt. Das entwicklungsgeschichtliche Kennzeichen des Altpaläolithikums ist die Entdeckung der Feuernutzung.

Der Homo erectus war 1,50 bis 1,60 m groß und sah uns heutigen Menschen nur wenig ähnlich. Über seinen Augen wölbte sich ein Knochenwulst. Die Stirn war flach und das Hinterhaupt eckig abgeknickt. Der Mund und die breite Nase sprangen nach vorne, während das Kinn zurückwich. Das Schädelvolumen war mit 1.000 Kubikzentimeter um ein Drittel kleiner als unseres heute.

Die meisten Fundstätten deuten auf Warmzeiten und Laubwälder. In späterer Zeit (vor 300.000 Jahren) muß der Homo erectus aber auch das Leben in den Steppen der Kaltzeiten mit festen Behausungen und warmer Kleidung gemeistert haben, wie ebenfalls Funde aus Kärlich (Knochen von Steppenelefanten und Gräser) nahelegen. Der Wald an den älter datierten Fundschichten in Kärlich bestand aus Hainbuchen und Haselnußsträuchern, aber auch aus heutigen Mittelmeerpflanzen wie Zürgelbaum, Flügelnuß und Weinrebe.

Die kleine Gruppe von Jägern und Sammlern lebte an einem kleinen See. Im Wald sammelte man Pflanzen, Früchte, Vogeleier und Kleintiere. Gejagt wurden Großtiere wie Waldelefant, Nashorn, Rind, Hirsch, Reh und Pferd, und zwar mit hölzernen Lanzen, von denen Bruchstücke gefunden wurden. Um mit solch einfachen Waffen so große Tiere jagen zu können, mußten die damaligen Menschen gute Kenntisse des Tierverhaltens haben und viel Mut und Geschicklichkeit beweisen. Vom Waldelefant stammende Röhrenknochen, die zerschlagen wurden, deuten darauf hin, daß man das Knochenmark als Speise geschätzt hat. Und da man das Feuer und die unterschiedlichsten Kräuter kannte, wäre vielleicht sogar denkbar, daß man sich eine Markklößchensuppe in einem heißen Stein zubereitet hat.

Weil die damals wahrscheinlich benutzten Materialien aus Holz, Leder oder Pflanzenfasern verrottet sind, muß man die Kultur des Homo erectus weitgehend aus den Stein- und Knochenfunden erschließen. Zu seiner Zeit »gab es nur eine sehr einfache Steinbearbeitungstechnik, die heute mit etwas Übung leicht nachgemacht werden kann. Oft wurden vom Rohstück – dem Kern – ohne Regel Stücke abgeschlagen. Die scharfen Kanten dieser Abschläge dienten dann zum Schneiden und Schnitzen. Für spezielle Arbeiten wurden die Kanten der Abschläge besonders zugerichtet. Neben solchen Abschlagwerkzeugen waren weiterhin Geröllgeräte mit einer groben Arbeitskante im Gebrauch.« (Vor-Zeiten I, S. 19). Später wurde dann der noch stärker bearbeitete Faustkeil entwickelt, der mit seiner oft sorgfältig bearbeiteten Spitze auch beilartig eingesetzt werden konnte.

Nach: Vor-Zeiten I, S. 9–30; Bosinski, Eiszeitjäger im Neuwieder Becken, S. 26–35.

## Münster-Sarmsheim
Landkreis Mainz-Bingen

### Der Sonnengott mit dem Vierergespann

1895 hat man im Herrenhaus eines römischen Gutshofes in Münster ein farbiges Sol-Mosaik in einem quadratischen Fußbodenfeld von 2,80 m gefunden. Es zeigt den Sonnengott auf der Quadriga, dem Pferde-Vierergespann, das für die vier Elemente (Temperamente) steht, das Haupt in einem Strahlenkranz, rechts eine Peitsche, links den Zügel. Drumherum sind die zwölf Tierkreiszeichen angeordnet, allerdings nicht in der üblichen Reihenfolge. In den vier Ecken ist jeweils eine Vase zwischen zwei Fischen abgebildet. Außen herum finden sich schwarzweiße Quadrate mit geometrischen Figuren innerhalb eines Rankenfrieses. Eine vergleichbare Abbil-

*Römisches Sol-Mosaik aus Münster-Sarmsheim*

dung findet sich sonst nicht in Deutschland; verwandte Mosaiken kennt man aus dem Rhone-Gebiet.

Nun gibt es eine lange Tradition von Sonnengöttern in Europa. Meist werden sie mit Pferd oder Wagen in Verbindung gebracht (siehe die keltischen Kultwagen), einmal wegen der Radgestalt der Sonne und zum anderen wegen des Sonnenlaufs über den als Kuppel vorgestellten Himmel, der als Ritt oder Fahrt des Sonnengotts beschrieben wird. In dieses geozentrische Weltbild paßt dann auch der Tierkreis. Der Sonnengott – die Sonne ist nicht bei allen Kulturen und zu allen Zeiten männlich definiert – hat seit der griechischen Mythologie als Apoll auch die Herrschaft über die Musen, die Töchter der Großen Göttin, angetreten. Auch im Mittelpunkt der Mithrasmysterien steht die Sonne, welche sowohl Mithras selbst als auch dem sechsten Einweihungsgrad, dem Heliodromus oder Sonnenläufer, welcher dem Sonnengott bei seiner Himmelsfahrt vorwegläuft, zugeordnet wurde. Im speziellen Fall des Sol-Mosaiks von Münster-Sarmsheim muß allerdings wegen der zentralen Sol-Gestalt an eine andere Deutung gedacht werden, die zudem zu seiner Entstehung im 3. Jh. n. Chr. paßt. Das römische Kaiserhaus der Severer (193–235 n. Chr.) hat enge Beziehungen zu syrischen Sonnenkulten. Die Frau des in Nordafrika geborenen Gründers Septimius Severus (193–211), Julia Domna, stammte aus einem angesehenen Priestergeschlecht der syrischen Stadt Emesa. Ihr beider Sohn, Kaiser Caracalla (211–217), gab sich bereits den Beinamen Sol und begründete damit eine lange Tradition, in der sich römische Kaiser als Sonnengötter verehren ließen. Der Nachfolger von Caracalla, sein Neffe Elagabal (218–222), war sogar Priester des Sonnengottes von Emesa und nannte sich nach ihm. Als Provinzler dehnten die severischen Kaiser das römische Bürgerrecht auf alle Freigeborenen im Reich aus und sorgten gleichzeitig für einen umfangreichen Religionsimport aus den östlichen und südlichen Provinzen in die Hauptstadt. Ihr ansonsten diktatorisches und gewalttätiges Regime mit seinem starken Anspruch auf Alleinherrschaft – Caracalla ließ seinen Bruder und Mitkaiser Geta samt seinen Anhängern ermorden – spiegelt sich im dominanten Bild des Sonnengottes wider, der ja auch schon früher in der ägyptischen Herrschaftsgeschichte (siehe Echnaton) zu heftigen Auseinandersetzungen um die barbarische Modernisierung der antiken Kulturen geführt hat.

Nach: Römer in Rheinland-Pfalz, S. 230 und 487; Nördliches Rheinhessen, S. 137; Ranke-Graves, Die weiße Göttin, S. 230; Merkelbach, Mithras, S. 77 und 118; Vogt, Der Niedergang Roms, S. 29, 77 und 548.

## Neuleiningen
Landkreis Bad Dürkheim

### Die Geisterschlacht überm gespaltenen Berg

Im 12. Jh. soll sich der Berg bei Neuleiningen in mondhellen Nächten unter großem Getöse gespalten haben, um ein wütendes Geisterheer in die Ebene zu entlassen, das dort miteinander kämpfte. Man hörte das Klirren der Waffen, das Schnauben der Pferde und das Wehklagen der Verwundeten. Mit der neunten Stunde sollen sich die Geisterkämpfer wieder in den Berg zurückgezogen haben. Oft wurde die Geisterschlacht von Einheimischen beobachtet. Das hörte auch der Abt Ruppert vom nahen Kloster Limburg. Eines Nachts trat er dem im Rückzug befindlichen Heer vor der Bergspalte entgegen und sprach: »Im Namen unseres Herrn Jesu Christ, steht!« Da wurde es totenstill. Der Abt fragte weiter: »Wer seid ihr?« Und erhielt die Antwort: »Wir sind die Geister erschlagener Landsleute. Wir haben die Waffen gegen den eigenen Herrn erhoben und fielen im Bruderkampf. Unbegraben blieben wir an diesem Berge liegen und wurden verdammt, Streit und Aufruhr allnächtlich gegen uns selber zu richten.« Milde Gaben und Gebete, so die Geister, könnten sie von ihrem Wiedergängerschicksal erlösen. Dann verschwand das Heer im Berg. Der Abt aber betete dreißig Tage lang und opferte zusammen mit den Bürgern der Gegend für die Armen im Land. Dann zog er wieder zum Berg, aber das Heer erschien nicht mehr. Statt des Schlachtenlärms soll sogar Jubelgesang zu hören gewesen sein.

Der Begriff »wuotigez Heer« ist erstmals im 12. Jh. belegt. Das paßt zu einer Sage, die entweder im Mittelalter oder aber erst nach Kenntnis der volkskundlichen Forschungen Ende des 19. Jh. entstanden ist. »Die Vorstellung des durch die Lüfte jagenden Totenheeres oder nächtlicher Geisterkämpfer ist religionsgeschichtlich sehr alt. Ursprünglich waren es die in der Schlacht gefallenen Kämpfer, die, wie es in der Snorra-Edda heißt, immer wieder aufgeweckt wurden, um weiterzukämpfen.« (Petzoldt, S. 106). Der Mythos vom wütenden Heer oder der wilden Jagd ist aber keineswegs nur germanisch, sondern ebenso bei den Römern bekannt und speist sich aus bronzezeitlichen Vorstellungen von Wiedergänger-Toten, die durch Grabbeigaben belegt sind. Die Totensagen sind insgesamt gesehen die umfangreichste Gruppe in der Sagentradition. Sie zeigen, »wie der archaische Totenkult aus der Angst vor den Toten erwachsen ist und spiegeln die ganze Ambivalenz des Verhältnisses des Menschen zu seinen Toten als verehrungswürdiger Ahnen und bösartiger Dämonen wider.« (Petzoldt, S. 164). Die Totenwelt wurde in vorchristlicher Zeit wie ein verlängertes Diesseits wahrgenommen, was die Grabbeigaben zeigen. Erst die jüdisch-christliche und später die islamische Religion haben einen Jenseitsbegriff geschaffen, der allerdings ebenfalls meist mit diesseitigen Bildern beschrieben und vorgestellt wird.

Angesichts des Todes stellen sich heute wie in der Steinzeit die Fragen nach Sinn, Ziel und eigenständiger Kraft des Lebens, nach der Sterblichkeit oder Unsterblichkeit der Seele und Formen der Wiedergeburt. Aus solchen Sinnzusammenhängen heraus ist es auch erst zu verstehen, daß vor allem solche Tote zu Wiedergängern gemacht werden, die ihr als Ganzes gedachtes Leben nicht voll zu Ende gelebt haben, also z. B. durch Gewalt (Unfall oder Mord) gestorben sind.

Nach: Pfälzer Sagen und Balladen, S. 10; Wörterbuch der deutschen Volkskunde, S. 970 ff.; Petzoldt, Dämonenfurcht und Gottvertrauen, S. 106 und 164.

# Neustadt

## Der Mithrastempel von Gimmeldingen

Zwischen den Neustädter Ortsteilen Gimmeldingen und Mußbach hat man 1926 an einem steilen Südhang Reste eines Mithrastempels entdeckt. Der Kultraum war wie andernorts auch als Höhle in den Hang eingetieft. Da die Wände wohl aus Holz waren, hat man keine Mauerreste gefunden, aber Reste der Kultbilder. An der Rückwand des Tempels befand sich auf einem dreiteiligen Steinsockel das zentrale Kultbild mit dem Stieropfer. »Das Opfer des Mithrasstieres bedeutete und wiederholte die Entstehung der Welt.« (Merkelbach, S. 199). Dabei steht Mithras für den Sonnengott und der Stier für die Mondgöttin. Links und rechts vom sogenannten Großen Kultbild befanden sich Flachreliefs mit Cautes und Merkur. Der Fackelträger Cautes entspricht dem fünften Einweihungsgrad der Mithrasmysterien und wird auch Perser genannt; Merkur ist der Planetengott des ersten Einweihungsgrades, der Corax (Rabe) hieß.

Die Weiheinschriften des Stifters, eines Gutsbesitzers namens Materninius Faustinus, weisen auf ein relativ spätes Weihedatum, nämlich den 23.2.325 hin. Bereits kurz nach dem Tod Kaiser Konstantins (337–361), der das Christentum zur Staatsreligion erhoben hatte, zerstörten die Christen allerorts die Mithrashöhlen. Solche Aktionen sind im rheinland-pfälzischen Raum z. B. vom Präfekten Gracchus aus dem Jahr 377 bekannt. Aus besser erhaltenen Mithraeen wie Heddernheim bei Wiesbaden oder Carnutum bei Wien kann man auch das Gimmeldinger Heiligtum vorstellbar machen. Die meisten Räume faßten nur etwa 100 Personen und waren dementsprechend klein (20 mal 5m). In einer Vorhalle führten sieben Stufen (entsprechend den sieben an der Planetenzahl orientierten Einweihungsgraden) in das unterirdische Heiligtum. Dort befanden sich links und rechts vom Mittelgang Podeste, auf denen die Mitglieder des Geheimbundes ihre Kultmahle abhielten. Manchmal fanden sich dort auch Statuen von Cautes und Cautopates, der beiden Fackelträger Lucifer (Sonnenaufgang) und Hesperus (Sonnenuntergang). Überwölbt wurde der Kultraum durch hölzerne Tonnendecken. An der Stirnseite befand sich dann das Große Kultbild mit dem Stieropfer. Die Mithraeen lagen meist direkt über oder in der Nähe von Quellen, deren Wasser über Röhren in das Heiligtum geführt wurde. Die Beleuchtung geschah durch Löcher im Gewölbe und durch künstliches Licht. An den Wänden und auf den Fußböden sah man Bilddarstellungen aus der Mithras-Mythologie. An der Fundstelle bei Gimmeldingen ist eine Nachbildung des Kultbildes in die Wand eingelassen. Die Originalfunde befinden sich in den Museen von Speyer und Bad Dürkheim.

Nach: Römer in Rheinland-Pfalz, S. 496/497; Koepf, Mithras oder Christus, S. 81; Merkelbach, Mithras.

## Neuwied
Landkreis Neuwied

Ein Besuch im »Museum für die Archäologie des Eiszeitalters« in Schloß Monrepos bei Neuwied (Niederbieber-Segendorf) erschließt dem Besucher die »rheinland-pfälzische« Geschichte von der Altsteinzeit bis zu den Eiszeitjägern an der Schwelle der neolithischen Revolution, sozusagen unsere Vorgeschichte als Jäger und Sammler. Mit »Halbgöttern, Riesen und Recken« und anderen biblischen Traditionen hat sich auch der 1888 in Neuwied geborene und 1953 in Lehnitz (DDR) gestorbene Arzt und Schriftsteller Friedrich Wolf in seinem »Heldenepos des Alten Bundes« beschäftigt. Beispielhaft für die Geschichte des Geheimnisses in Neuwied aber soll eine Begebenheit aus der Zeit der französischen Revolution dargestellt werden.

### Ein politischer Machtkampf als Verschwörungsspektakel

Neuwied ist eine barocke Gründung, die erst 1662 ihr Stadtrechtsprivileg erhielt. Um Siedler anzuziehen, wurde darin die religöse Toleranz festgeschrieben. Das brachte u. a. Mennoniten und Herrnhuter nach Neuwied, die für den wirtschaftlichen Aufschwung im Manufakturbereich sorgten. Fürst Friedrich Alexander (1737–91), seine Hofbeamten und die Kaufleute gingen eine Interessengemeinschaft ein, die sich in der Gründung und den Aktivitäten einer Freimaurerloge (1753/»Karoline zu den drei Pfauen«) ausdrückte. Ins Hintertreffen gerieten dabei die Zünfte und die Bauern, die ihre Waldrechte an die neue Industrie abtreten mußten. Dies ist das Szenario, in dem erstmals in Deutschland die später so beliebte Theorie von der freimaurerischen Verschwörung zur Erlangung der Weltregierung praktisch zelebriert wurde.

Friedrich Carl (1792–95 Fürst) nämlich, der Nachfolger Friedrich Alexanders, kündigte die alte Interessengemeinschaft auf und wollte mit Zünften und Bauern paktieren, durchaus in ebenfalls aufgeklärtem Sinne. Dem widersetzten sich seine Mutter (sozusagen in Vertretung des verstorbenen Vaters, der seinem Sohn bereits 1788 schriftlich die Nachfolge zu verweigern gesucht hatte) sowie die Beamten des Hofes und die Mehrheit der Kaufmannschaft. Letztere waren größtenteils in der Pfauenloge organisiert, die sich 1782 nach einem Besuch des Freiherrn von Knigge dessen Illuminatenorden angeschlossen hatte. Die Opposition suchte den Fürsten seines Amtes durch eine »Imbecillitätsklage« beim Reichskammergericht in Wetzlar zu entheben. Man wollte ihn wegen Schwachsinnigkeit entmündigen und warf ihm exzentrisches Verhalten und Verschwendung vor, eine Anklage, die in begründeten Fällen wie beim Gau-Grehweiler Rheingrafen Carl Magnus tatsächlich zum Erfolg führen konnte. Friedrich Carl seinerseits sprach von einer Verschwörung der Illuminaten und Jakobiner gegen seine Person und damit gegen den Adelsstand überhaupt, drei Jahre nach der französischen Revolution von 1789 ein hochpolitisches Thema.

Nun war aber der Illuminatenorden, der eine Art aufklärerische Reform von oben über seine Stellenpolitik im Hofbeamtentum anstrebte, eine für den Verschwörungsvorwurf geradezu prädestinierte Politik, bereits 1784 verboten worden. Die persönlichen Beziehungen seiner Mitglieder bestanden aber noch, und zwar auch im Fall Neuwied, in dem sich die teilweise am Wetzlaer Reichskammergericht (RKG) tätigen ehemaligen Illuminaten wie Assessor Ditfurth für ihre durch Friedrich Carl von Entlassung bedrohten Kollegen am Neuwieder Hof einsetzten, die sie unter Friedrich Alexanders Regentschaft mit Einwilligung des Fürsten gerade erst günstig positioniert hatten. Andere von Friedrich Carl für seine Verschwörungsthese zitierten Belege sind dünn. So war der führende Neuwieder Illuminat Körber bereits vor dem Prozeß ins Hessische umgezogen, der spätere Jakobiner Simon aus Straßburg, der das Neuwieder Philanthropin, eine Internatschule nach aufgeklärter Pädagogik, geleitet hatte, war bereits 1787 nach Schließung der Anstalt ins Elsaß zurückgekehrt, und die beiden Jakobiner Metternich und Eulogius Schneider statteten Neuwied nur sehr kurze und wenig folgenreiche Besuche ab, da die Pfauenloge sich schon frühzeitig in alter Tradition gegen den revolutionären »Freiheitsschwindel« und für eine Reform von oben ausgesprochen hatte. Man sieht also, von einer politischen Verschwörung mit beinahe globalem Vorbildcharakter bleibt letztlich ein lokaler Interessenkonflikt, der nach allen Regeln des uralt politischen Machtpokers ausgetragen wurde.

Die kritisch-reformerische Position der nach dem Vorbild ihrer jesuitischen Gegenspieler organisierten Illuminaten zum Feudalstaat wird deutlich in der »Anrede an die neu aufzunehmenden Illuminatos dirigentes« des Ordensgründers Adam Weishaupt aus Ingolstadt: »Nunmehr sahe man Fürsten ohne Einsicht und sorgenlos über das Schicksal ihrer Unterthanen in Wollüsten ersäuft. Einen Hof ohne Sitten und voll vom Verderbnisse... das Laster in der Höhe, die Tugend in Ketten; Schmeicheley, Niederträchtigkeit an ihren (!) Platz... die wichtigsten Ämter des Staats den Meistbietenden, der Gunst der Höflinge und unzüchtigen Buhldirnen feilgeboten.« ( Troßbach, S. 392) .Kein Wunder, daß sowohl Goethe als auch Karl August von Sachsen-Weimar Mitglieder bei den Illuminaten waren. Goethe versuchte in Weimar schließlich ebenfalls eine nicht-revolutionäre Reform durch Pädagogik und Kultur. In seinen Schriften und Werken zur französischen Revolution sieht er als Ursache des Aufstandes die sittlichen Verfehlungen des Adels, so z. B. im »Groß-Cophta« die vieldiskutierte Halsbandaffäre. Die Sympathien mancher Illuminaten wie des RKG-Assessors Ditfurth in Wetzlar für die Sansculotten hielten meist nicht lange an. Und wer Jakobiner wurde, der mußte schließlich den Weg vom Geheimbund zur Partei der Öffentlichkeit nehmen. Daß die aufgeklärte Position andrerseits immer dann zu Terror und geheimdienstlicher Männerbündelei neigt, wenn sie die Menschheit zu ihrem Glück glaubt zwingen zu müssen, ist z. B. aus dem Stalinismus mittlerweile zur Genüge bekannt. Darin steht sie ihren in Bevormundung verliebten Gegnern in nichts nach. Aber es ist eben eher das Verschwörerische im Denken, das gefährlich ist; die politische Praxis kennt ganz andere Koalitionen der Unmenschlichkeit als propagandistisch leicht auszunutzende Geheimbünde.

Sozialpsychologisch interessant bleiben also als Topoi der bürgerlichen Gesellschaft die Geschichte der Verschwörungsthesen und -phantasien sowie die Geschichte des Wahnsinns von der ersten humanistischen Definition der saturnischen Melancholie als der Eigenschaft moderner Intellektueller und Heroen um 1500 bis zu den kranken Seelen von Lenz, Hölderlin oder Nietzsche. Werner Troßbach schreibt: »Fürst Friedrich Carl, als angeblich Schwachsinniger das prominenteste Opfer des ›aufgeklärten Publicums‹, war selbst ein genuiner Aufklärer. Mit dem Stigma des Wahnsinns behaftet war freilich nicht nur er: auch so aufgeklärte Gestalten wie Stadtschultheiß Greyß und Pastor Winz, erbitterte Gegner des Fürsten, fielen (allerdings ›nur‹ vorübergehend) in geistige Umnachtung. Selbst der Charakter Friedrich Alexanders, so wie ihn Johann Nikolaus Becker darstellt, scheint von Anwandlungen dieses unaufgeklärten Zustandes nicht sicher gewesen zu sein.« (S. 422).

Nach: Troßbach, Der Schatten der Aufklärung; Bieberstein, Die These von der Verschwörung, S. 48–54; Die Mainzer Republik, S. 213 ff.

## Ober-Olm
Landkreis Mainz-Bingen

### Ein Tempel für Mars und Nemetona?

An der Grenze zur Ebersheimer Gemarkung hat man immer wieder Funde mit Votivcharakter gemacht, die auf einen Tempelbezirk für Mars Leucetius und Nemtona deuten. So gibt es z. B. die Weihetafel des Konsul A. Didius Gallus. Darauf ist zu lesen: »Aulus Didius Gallus Fabricius Veiento, Konsul zum dritten Male, Mitglied des Quindecimviralkollegiums sowie (der Priesterschaften) der sodales Augustales und der sodales Flaviales Titiales, hat mit seiner Gemahlin Attica der Nemetona sein Gelübde eingelöst gerne und verdientermaßen.« Der angesehene Senator Fabricius Veiento war unter Titus (80 n. Chr.) und unter Domitian (83 n. Chr.) Konsul. Er begleitete Domitian beim ersten Chattenkrieg nach Mainz und besuchte während dieser Zeit offenbar das Heiligtum. Die Inschrift nennt auch drei Priesterwürden des Senators. »Als sodalis Augustalis und sodalis Flavialis Titialis gehörte er den senatorischen Kultgemeinschaften für die vergöttlichten Kaiser der Julisch-Claudischen und der Flavischen Dynastie an, die quindecimviri waren als eine der vier hohen römischen Priesterschaften (amplissima collegia) mit kultischen Belangen des ritus Graecus, insbesondere mit der Interpretation der Sibyllinischen Orakelbücher, befaßt.« (Schuhmacher, in: Nieder-Olm, S. 50). Weitere Inschriften, die von Treverern der keltischen Göttin Nemetona gestiftet wurden, weisen darauf hin, daß der Kultbezirk wohl schon in vorrömischer Zeit bestand. Zur Kaiserzeit lag der Tempel dann auf dem Gebiet der keltischen Aresaces, die dem Kultgefährten der Nemetona, dem Mars Leucetius, einen Quellbrunnen mit Inschrift gestiftet haben. Auch eine Mars-Statuette aus Klein-Winternheim und die in Goldblech getriebene Büste einer Frauenfigur weisen auf den Tempel hin.

Die römische Religionsausübung ähnelte einem in strengen Regeln festgelegten Geschäftsverkehr. Fehler im rituellen Umgang mit den Göttern Ritus konnten negative Folgen haben. »Bereits ein falscher Text oder ein unbeabsichtigter Versprecher machen den ganzen Vorgang ungültig und zwingen zur Wiederholung, während die korrekte Abwicklung dieser Rituale sozusagen den Erfolg garantiert. Äußeres Kennzeichen, das auch heute noch am leichtesten faßbar ist, ist das Wesen der Gelübde (vota), die der Mensch als einzelner oder die Gemeinschaft als ganzes ablegt und nach der Erfüllung der Bedingung durch die Gottheit einlöst in Form eines Opfers, der Stiftung eines Altars, eines Götterbildes oder in anderer festgelegter Form.« (Römer, S. 213). Die sibyllinischen Orakelbücher, für deren Auslegung Fabricius Veiento zuständig war, sind in 5.000 Versen abgefaßte Weissagungen, die im 5. Jh. v. Chr. unter Verwendung älterer Dichtungen zusammengestellt wurden. Der Legende nach hat Tarquinius Superbus diese Texte erworben, im römischen Kapitol niedergelegt, ein Kollegium von zwei Männern eingesetzt und gleichzeitig die Festspiele des Jupiter begründet. Die Sprüche sollen von einer apollonischen Priesterin aus Kyme, der cumäischen Sybille, stammen, und sind in Hexametern verfaßt. »Sie wurden in Zeiten eines großen Unglücks oder einer drohenden Gefahr nach vorausgegangener Einwilligung des Senats von den duoviri aufgeschlagen und befragt. Die Antwort war die Weisung, ein Fest zu feiern, ein Opfer darzubringen, den oder jenen Gott zu verehren.« (Lexikon der Esoterik, S. 617/618).

Nemetona ist als Göttin nicht genauer zu definieren, da sich ihr Name von »nemeton« (heiliger Hain) ableitet. Sie wäre also – ganz allgemein gesprochen – die im heiligen Hain verehrte Göttin. Man hält sie auch für die Stammesgöttin der bei Speyer siedelnden Nemeter. Drei Weiheinschriften aus Altrip und eine aus Trier deuten neben dem Ober-Olmer Fund auf solch lokale Bezüge. Wesentlich öfter ist der von den Römern als Mars gedeutete keltische Gott Leucetius bezeugt, allerdings ebenfalls hauptsächlich am nördlichen Oberrhein mit Schwerpunkt im Stammesgebiet der Treverer.

Nach: Römer in Rheinland-Pfalz, S. 435; Nördliches Rheinhessen, S. 44; Nieder-Olm, S. 32 ff.; Botheroyd, Lexikon der keltischen Mythologie, S. 250/251; Maier, Lexikon der keltischen Religion und Kultur, S. 206 und 249; Lexikon der Esoterik, S. 617/618.

## Ötzingen
Westerwaldkreis

### Gold aus Ziegenmist

Ein Hirte weidete einmal an einem grauen Herbsttag am Fuße des Malbergs seine Herde. Als der Abend kam und er die Tiere ins Dorf zurücktreiben wollte, stellte er erschrocken fest, daß eines der besten Tiere fehlte. Es gehörte dem reichsten Bauern im Dorf, und dem Hirten wurde angst und bang. Wenn er ohne das Tier zurückkehrte, würde er sein Amt verlieren. Das war ihm klar. Und so begann er, das Tier zu suchen. Dabei kam er auch an einen Felsen, den man Wildweiberhaus nannte. Als er gerade klagend vorübereilen wollte, winkte ihn eine der Bewohnerinnen zu sich und fragte nach seinem Kummer. Er erzählte ihr von seinem Dilemma und sie tröstete ihn. Sie wolle ihm für den Verlust etwas viel Besseres und Wertvolleres geben, davon er sich zehn Kühe kaufen könnte. Und sie gab ihm einen Sack, den er heimtragen sollte. Er dürfe ihn aber nicht öffnen, bis er zuhause sei, mahnte das wilde Weib. Zweifelnd nahm der Hirte den Sack und machte sich auf den Weg. Als er fast schon am Dorfrand angekommen war, begann ihn die Neugier zu packen. Der Sack kam ihm so leicht vor. Und er überlegte, ob ihn das wilde Weib vielleicht genarrt haben sollte.

Ja, hinter den Baumstämmen glaubte er plötzlich sogar ein hämisches Gelächter zu hören. Da hob er den Sack von der Schulter, öffnete ihn und fand – nichts als Ziegenmist. Er sah sich in seinem Mißtrauen bestätigt, schüttete den Mist an den Wegesrand und ging mit dem leeren Sack zu seinem Haus. Am andern Morgen trat er beim Aufstehen zufällig gegen den Sack, und da rollten ein paar Goldstücke heraus. Da dämmerte ihm, daß er einen großen

*Der Hirte von Ötzingen*

Fehler gemacht hatte, und er rannte zu dem Ort, an dem er am Abend zuvor den Sack geleert hatte. Aber er fand weder Gold noch Ziegenmist. Und als er zurück nach Hause kam, weil er sich von der Richtigkeit der gefundenen Stücke überzeugen wollte, da waren auch diese fort.

Die Geschichte vom Hirten und den wilden Weibern ist ein Märchen. Das Motiv ist bekannt: Ein Mensch tritt in einer Extremsituation in Kontakt mit dem Geister- oder Feenreich und gewinnt einen Schatz, auf dem jedoch ein Tabu lastet, das er nicht brechen darf. Psychologisch gesehen hilft dem Hirten das Erzählen seiner Not. Daraus gewinnt er Selbstvertrauen. Neugier und Zweifel aber zerstören es wieder. Das Gold steht nach der Deutung der Tiefenpsychologie stets für die Selbstwerdung des Menschen. Dazu gehört das Handeln im richtigen Augenblick, ein Handeln nach der wahren inneren Stimme, der ureigenen Intuition, die – so zufällig sie anmutet – in Beziehung zum Schicksal insgesamt steht. In der Spätantike gab es dafür sogar einen Gott namens Kairos, den Gott des richtigen Augenblicks, der rechten Zeit, der mit der Schicksalsgöttin Fortuna im Bunde war. Gold ist zudem immer die Erinnerung an die Menschheitsentwicklung durch Bergbau und Erzverarbeitung. Oft wird Stein in Gold verwandelt, was dem Übergang von der Stein- zur Kupferzeit entspricht. Dieses Bild setzt sich in der Alchemie mit der Suche nach dem Stein der Weisen, bzw. dem Goldmachen fort. In diesem Fall ist es aber nicht Stein, der verwandelt wird, sondern Mist. Das deutet auf den noch früheren, jungsteinzeitlichen Übergang von der Nomaden- zur Bauernkultur hin. Der Hirte (Nomade) wäre reicher als der Bauer geworden, wenn er die Gesetze der Wildnis beachtet hätte. Aber er traut seinem Element nicht.

Nach: Sagen des Westerwaldes, S. 55/56; Jaffé, Geistererscheinungen und Vorzeichen, S. 127; Vonessen, in: Die Zeit im Märchen, S. 35 ff.

## Oppenheim
Landkreis Mainz-Bingen

### Von den »Zwölf Sibyllen Weissagungen«

Die sibyllinischen Weissagungen waren ein fester Bestandteil der römischen Staatsreligion. Tarquinius Superbus soll die aus dem 5. Jh. v. Chr. stammenden Orakelsprüche einer griechischen Priesterin des Apoll, der sogenannten cumäischen Sibylle, nach Rom gebracht und auf dem Kapitol ein mit zwei Männern besetztes Orakelgremium ins Leben gerufen haben. Im Mittelalter wurden aus der antiken Sibylle die zwölf heidnischen Sibyllen, welche den Propheten gegenübergestellt werden. Im 15. Jh. wurde dieses Zwölferbild von Filippo Barbieri in seinem »Opusculum de vaticiniis Sibillarum« standardisiert. Bereits im 14. Jh. war aus der Sibylla Tiburtina ein deutsches Sibyllengedicht entstanden. Eine weitere Weissagung der Sibylle zu Salerno wurde Ende des 15. Jh. im Hinblick auf die Regierungszeit Friedrichs III. (1440–93) von Gutenberg als einer der ersten Texte gedruckt. Das zeigt die Popularität dieser Prophezeiung, die vom Weltuntergang und der Ankunft des Antichristen handelt und wahrscheinlich um 1360 in Basel entstanden ist. 1516 bastelte der Oppenheimer Drucker Johann Köbel aus dieser Tradition das Volksbuch »Zwölf Sibyllen Weissagungen«. Er vereinte darin Barbieris Text und eine Predigt Jost Eychmans aus der kurpfälzischen Residenz Heidelberg. Nach Übernahme des Buches durch die Frankfurter Firma Egenolph, die den Text mit einem Anhang versah, wurde das Volksbuch dann zum Renner und erfuhr bis ins 19. Jh. hinein viele Auflagen. Anfang des letzten Jahrhunderts wurde der Stoff dann von einem unbekannten tschechischen Dichter bearbeitet und erhielt neue Verbreitung in Mitteleuropa und Österreich.

Aus diesen Weissagungen ist auch seit dem Ende des 17. Jh. die Volksfigur »Sibylle Weiß« entstanden. Das ist »die zukunftswissende Frau an oder unter einem Baume, die die Endschlacht weissagt, wenn dies und das Vorzeichen geschehen ist«. (HdA, S. 1658). Ihre Vorläuferin hatte diese Figur aber bereits im Italien der frühen Neuzeit (15/16. Jh.). »In Ferrara ließen einige angebliche Hexen wissen, sie hätten, um nicht getötet zu werden, das Antlitz der weisen Sibylle (der Göttin, der sie folgten) fliehen müssen.« (Ginzburg, S. 150). Sibylle wird dadurch eingereiht in die Schar der Diana-Nachfolgerinnen, die auch als späte Abbilder der matriarchalen Großen Göttin gelten.

Nach: Handwörterbuch des deutschen Aberglaubens, Bd. 7, S. 1655–1659; Lexikon der Esoterik, S. 618/619; Zedler, Gutenberg älteste Type und die mit ihr hergestellten Drucke, S. 31/32; Ginzburg, Hexensabbat, S. 150.

# Odernheim

Landkreis Bad Kreuznach

## Irofränkische Mission auf dem Disibodenberg

Die Zisterzienserabtei auf dem Bergrücken zwischen Nahe und Glan, von der heute nur noch Ruinen erhalten sind, hat sich aus einer irofränkischen Klerikergemeinschaft um 600 entwickelt. Über den Gründer Disibod, dessen Vita die hier über 30 Jahre als Nonne lebende Hildegard von Bingen (1098–1179) geschrieben hat, ist kaum etwas bekannt. Dem Namen nach war er Franke. Von den biografischen Daten her und der Art seiner Klause gehörte er zur irofränkischen Mission des merowingischen Frankenreichs. Dazu paßt auch, daß das nahe Sobernheim seit dieser Zeit (7. Jh.) als grundherrschaftlicher Mittelpunkt der fränkischen Neubesiedlung an der Nahe gilt. (Dotzauer, S. 68). Und die Klerikergemeinschaft des von Trier aus missionierenden Disibod verhielt sich ganz so, wie es der Initiator der irischen Mission auf dem Festland, Columban aus dem Kloster Bangor (540–615) vorgeschrieben hatte: »Er gab ihnen eine Ordensregel, die an den Bedürfnissen seiner irischen Heimat orientiert war. Neben strenger Askese gehörte als wichtiger Bestandteil des Klosterwesens die Übernahme der Seelsorge dazu. Denn anders als die übrige episkopal strukturierte Christenheit war die keltisch-insulare Kirche der Iren und Schotten in Anlehnung an das bestehende Clansystem organisiert, mit je einem Stammkloster und dem Abt als Leiter und Oberhaupt. Von Columban und den iroschottischen Wandermönchen insgesamt gingen starke religiös-sittliche Impulse aus. Ihre völlig unpolitische und gewaltlose Missionsarbeit und ihr gelebtes streng christliches Ideal gaben ihnen enorme Wirkkraft.« (Jürgensmeier, S. 27).

Das erste Stammkloster vom Columbans Mission, der 581 über die Bretagne ins Frankenreich gekommen war, wurde Luxeuil. Von dort wurde er aber bereits im Jahre 610 vertrieben, weil er mit den angelsächsischen Bischöfen in Konflikt kam und ebenso mit Brunichildis und König Theuderich II., deren sittliches Verhalten er kritisiert hatte. Er gelangte dann über den alemannischen Bodenseeraum nach Norditalien, wo er 615 im Kloster Bobbio starb. Auf diesem Weg soll er auch in Mainz gewesen sein. Das ist zwar unwahrscheinlich, deutet aber zumindest auf die Anwesenheit irofränkischer Mönche am Rhein vor der Gründung des Benediktinerklosters St.Alban und dem Wirken des Angelsachsen Bonifatius etwa 100 Jahre nach Columban.

Die irische Mission war mit den Merowingern (482–681), die angelsächsische Mission mit den auf sie folgenden Karolingern verbunden. »Man erkennt, welch reiches, vielfältiges Erbe in der fränkischen Klosterkultur des 7. Jahrhunderts zusammenfloß oder, um ein anderes Bild zu gebrauchen, der merowingische Staat und das irische Mönchtum wirkten wie zwei magnetische Pole eines Kraftfeldes; sie ordneten und integrierten ältere Bestandteile in neue Zusammenhänge. Auf dem Boden des Mönchtums fanden sich Germanen und Romanen erstmalig geistig zusammen. Der Katalysator dieser Verschmelzung war das Irentum, äußere Voraussetzung die neue germanisch-romanische Führungsschicht, die der merowingische Staat geschaffen hatte. Damit waren die Lebensbedingungen für eine wesentliche Grundlage abendländischer Kultur gegeben.« (Prinz, S. 164).

Die Klosterregel des Columban, die unter den Karolingern und angelsächsischen Bischöfen schrittweise von der Benediktinerregel abgelöst wurde, muß als besonders asketisch bezeichnet werden. Ihre Kennzeichen sind »strenges Fasten und grausame Strafen«. (Kleines Lexikon des Mönchtums, S. 81). Damit ist sie in der äußeren Form durchaus verwandt mit den gnostischen und ketzerischen Bewegungen der spätantiken und mittelalterlichen Kirche.

Die irofränkische Tradition führt auch konsequent zu mystischen Anschauungen wie bei Hildegard von Bingen. Sie verlangte ebenfalls mehr Askese vom Klerus ihrer Zeit und eine Trennung geistlicher und weltlicher Gewalt. Zudem bestand sie auf der Selbständigkeit der Klöster. Ihre kosmische Weltsicht von einer harmonischen Schöpfungsordnung war andrerseits alles andere als dualistisch. An den Klerus von Köln schrieb sie in den Jahren nach 1160: »Ihr müßtet die starken Eckpfeiler sein, die die Kirche stützen, wie die Eckpfeiler, die die Grenzen der Erde tragen. Allein ihr seid zu Boden geworfen und seid kein Halt für die Kirche, sondern ihr flieht in die Höhle eurer Lust. Und wegen eures ekelhaften Reichtums und Geizes sowie anderer Eitelkeiten unterweist ihr eure Untergebenen nicht und gestattet nicht, daß sie bei euch Belehrung suchen.« (Haverkamp, S. 61).

Nach: Dehio, S. 216; Dotzauer, S. 68; Jürgensmeier, S. 26; Prinz, S. 164; Kleines Lexikon des Mönchtums; Haverkamp, in: Vor-Zeiten III, S. 61.

## Pelm
Landkreis Daun

### Die unbekannte Göttin

Nicht weit von Gerolstein findet man auf dem sogenannten »Judenfriedhof« eine römerzeitliche Kultstätte mit Tempelbezirk und Kulttheater. Grabungen im 18. und 19. Jh. haben gezeigt, daß hier einmal neben dem Tempel ein Priesterhaus und zwei weitere Gebäude gestanden haben. Die als Opfergaben üblichen Terrakotten, die man auf dem Gelände gefunden hat, sind meist weiblichen Gottheiten gewidmet. Das paßt in die damalige religiöse Landschaft der Region. Eine Inschrift aus dem Jahr 124 n. Chr. bezeichnet eine Göttin namens Caiva, die als Fruchtbarkeitsgöttin in Zusammenhang mit den bekannten Quellgottheiten und den dreifaltigen Matronen gedeutet worden ist. Ansonsten taucht ihr Name nirgends auf.

Nach: Römer in Rheinland-Pfalz, S. 519.

## Pfalzfeld
Rhein-Hunsrück-Kreis

### Vom Kopfkult der Kelten

Von der Kunst der frühkeltischen Hallstattzeit, in der geometrische Ornamente auf Stein, Ton und Metall überwiegen, setzt sich die Latenezeit deutlich ab durch das Benutzen von mittelmeerisch inspirierten floralen Ornamenten und die Darstellung von meist maskenartig verfremdeten Tierfiguren und Menschenköpfen. Ein Beispiel für diesen Entwicklungssprung, der im jähen Abbruch der Fürstensitz-Kultur seine Parallele hat, ist die Säule von Pfalzfeld (um 400 v. Chr.). Noch im 17. Jh. hat sie am Fundort gestanden, etwa 2,20m hoch und mit einem steinernen Kopf oben auf dem Obelisken. Der 1938 ins Bonner Landesmuseum abgegebene Rest ist nur noch 1,48 m groß und das Kopfteil fehlt. Auf einem halbkugeligen Fußteil sitzt ein Obeliskenstumpf, der auf vier Seiten mit spiralförmigen Ornamenten und maskenartigen Köpfen verziert ist. Der Fundort ist wohl nicht der ursprüngliche Aufstellungsort. Eine Deutung als Grabstele ist unwahrscheinlich, wenn man den Kopf genauer betrachtet. Auffällig sind seine blattartigen Auswüchse, die als

Mistelblätter gedeutet worden sind. »Wegen dieser Blattkronen ist wohl anzunehmen, daß die Steine keine Abbilder von Toten sind, sondern solche göttlicher Wesen.« (Das keltische Jahrtausend, S. 155). Im übrigen kennt man Totendarstellungen mit geschlossenen Augen erst ab dem 3. Jh. v. Chr. Man vermutet wegen der Ähnlichkeit zu vorrömischen Triadendarstellungen, daß es sich dabei um den Gott Esus handelt, der für Wachstumkräfte zuständig war. »Die allmähliche Umbildung der Mistelblätter zu einem Hirschgeweih beweist, daß Cerunnos und Esus auswechselbar geworden waren.« (Botheroyd, S. 108). Der Hirschgott Cerunnos erinnert an die Herkunft der Kelten aus der Zeit der schamanistisch-steinzeitlichen Eiszeitjäger. Die Auswachsungen am Kopf sind prinzipiell vergleichbar mit dem Strahlenkranz der Sonnengötter oder dem Heiligenschein der christlichen Kultur. Sie stehen für seelisch-geistige Bilder, die im Keltischen allerdings weniger an den Gestirnen als an der Natur orientiert sind. Man könnte sagen, daß Geweih und Blattwerk – am Bild des Baums orientiert – als Darstellung spiritueller Wurzeln verstanden werden können, beim Baum in der Erde und beim Menschen in der Luft.

Der Kopfkult der Kelten wird weiterhin dadurch deutlich, daß man sie wohl als Kopfjäger bezeichnen muß, wie z. B. die Darstellung des Reiters von Kärlich zeigt, an dessen Zügel ein runder Gegenstand baumelt. Auch die inselkeltische Mythologie und antike Autoren belegen, daß man Köpfe als Trophäen sammelte (siehe heute die Geweihsammlungen der Jäger), aber auch die Köpfe von Vorfahren einbalsamiert aufbewahrte. Dahinter steht die Vorstellung vom Kopf als Sitz der unsterblichen Seele (siehe spirituelle Wurzeln). »Die Kelten glaubten, daß der Kopf, gleich einer Nuß (vgl. Bäume), vom Körper getrennt, des Menschen Fähigkeiten und Stärke, seine Lebensessenz bewahre, die seinem Besieger als Schutz und zur Unheilabwehr zur Verfügung stand.« (Botheroyd, S. 183). Bei Ausgrabungen, z. B. im spätkeltischen Oppidum von Manching hat man Schädel gefunden, »die ursprünglich als Trophäen an Pfählen oder dergleichen aufgehängt waren«. (Das keltische Jahrtausend, S. 157). Ebenfalls aus Manching stammt ein mit Goldblech überzogenes »Kultbäumchen«. »In mehreren der bis zu 32 m tiefen, kunstvoll gegrabenen Schächte im Innern von Viereckschanzen haben sich Standspuren und Stammreste von an ihrer Basis eingesetzten Kultbäumen erhalten. Man erinnert sich dabei an die bekannte Szene auf dem Silberkessel von Gundestrup (Jütland), wo eine Prozession, an ihrer Spitze eine Gruppe von Kriegern, einen sorgfältig mit Blättern geschmückten Kultbaum zu dem ein Menschenopfer vollziehenden druidischen Priester heranträgt.« (Das keltische Jahrtausend, S. 173). Das könnten auch erste Hinweise auf den ursprünglichen Aufstellungsort der Säule von Pfalzfeld sein. Zusammengenommen mit Funden wie am hallstattzeitlichen Goloring, wo man ebenfalls Pfostenspuren entdeckt hat, entstehen daraus Andeutungen über das ansonsten unbekannte Aussehen keltischer Kultplätze. Die zentrale Darstellung des Kopfes in der Latenezeit ist aber noch in einer weiteren Hinsicht bemerkenswert. Sie ist sicher eine archaisch-mythische Kunstform der Menschendarstellung und vereinfacht auf das Wesentliche, ähnlich wie die heute von Drei- und Vierjährigen regelmäßig gezeichneten Kopffüßler mit großen Köpfen und dünnen Gliedmaßen ohne Rumpf. Kunstgeschichtlich macht es Sinn, die oft schnurrbärtigen und geweih- oder blatttragenden Männerköpfe als Schwerpunkt der Latenekunst den steinzeitlichen Darstellungen der meist kopflosen Frauen mit vergrößertem Unterleib als Schwerpunkt der Kunst der Eiszeitjäger gegenüberzustellen. Der Wandel im Menschenbild vom Weiblichen (Vulva) zum Männlichen (Kopf) wird so überdeutlich.

Nach: Maier, Lexikon der keltischen Religion und Kultur, S. 266/267; Botheroyd, Lexikon der keltischen Mythologie, S. 183 ff., 236 ff. und 108; Das keltische Jahrtausend, S. 149/155/157/173.

## Pirmasens

### Die Fahrt durch die Luft

Der hessische Landgraf Ludwig IX. soll seine Soldaten insgesamt streng gehalten haben. Einmal bat ihn ein Grenadier namens Schubkehl um einen Abendurlaub, damit er seinen Schatz in Gersbach besuchen könne. Am nächsten Morgen wolle er wieder zurück sein. Weil der Landgraf an diesem Tag guter Laune war, willigte er ein. Auf der Straße begegnete der Grenadier einem Wagen, in dem zwei feine Herren saßen. Diese luden ihn ein, nach Gersbach mitzufahren. Kaum aber saß Schubkehl drinnen, fuhr der Wagen immer schneller und schneller, schließlich flog er hoch über Dörfer und Kirchturmspitzen hinweg. Der erschrockene Soldat rief: »Ach Gott, wo sind wir?« Da ertönte ein satanisches Gelächter, und er fiel urplötzlich durch Bäume hindurch auf den Waldboden. Nachdem er sich berappelt hatte, ging er los und traf bald auf einen Schäfer. Den fragte er nach dem Weg, aber der gute Mann hatte von Pirmasens noch nie etwas gehört und verwies Schubkehl auf den Pfarrer im nächsten Dorf. Pirmasens sei vierzig Stunden entfernt, meinte der und mutmaßte, man habe ihn zum Hexentanz mitnehmen wollen. Als der Soldat zurückkehrte, fuhr ihn der Landgraf anfangs zwar hart an, verzieh ihm dann aber, weil er so viel Angst ausgestanden hatte.

Nun paßt diese Geschichte natürlich gut als Ausrede für eine Schlamperei. Darüber hinaus hat sie märchenhafte Elemente, wie die Auflösung von Raum und Zeit in einer Art Seelenreise, und dokumentiert den alten Traum des Menschen vom Fliegen. Direkt abgeleitet ist sie aber wohl aus den Hexenvorstellungen der frühen Neuzeit. Ende des 15. Jh. waren diese beisammen: Der Schadzauber stammte aus der Volksüberlieferung, Teufelspakt und Succubus aus der Ketzerverfolgung und Luftfahrt sowie Tierverwandlung aus spätantiken Traditionen. ( Augustinus/Daxelmüller, S. 88). Die Luftfahrt wird immer wieder in Protokollen von Hexenprozessen in Verbindung gebracht mit der wilden Jagd oder dem wütenden Heere, also einer abgeleiteten Totenreise oder Reise ins Jenseits, bei der auch die Göttin Diana/Artemis stets eine Rolle spielt. Carlo Ginzburg setzt diese Deutung fort und bezieht sie auf schamanistische Traditionen der Jägerkulturen. »Der volkstümliche Kern des Sabbat – magischer Flug und Verwandlung – scheint aus einem fernen eurasischen Substrat zu stammen.« (Ginzburg, S. 157). Bei seiner ekstatischen Reise zur Herrin der Tiere, die in einer Höhle wohnt, verläßt der Schamane seinen Körper. Das erklärt die märchenhafte Aufhebung von Raum und Zeit, welche die Tiefenpsychologie auch für den archetypischen Bereich der Seele festgestellt haben will. Solche Luftfahrten können andererseits auch durch Drogen-Halluzinationen erzeugt werden, wie sie bei der Nutzung von einheimischen Pflanzen entstehen, die als Bestandteile der sogenannten Hexensalben bekannt sind.

Nach: Schlundt, Sagen aus Rheinland-Pfalz, S. 79; Wörterbuch der deutschen Volkskunde, S. 356; Ginzburg, Hexensabbat, S. 104/118/157/160; Daxelmüller, Zauberpraktiken, S. 88.

## Tenderenda sucht Freiheit und Heiligung

»Wir sind Phantasten. Wir glauben nicht mehr an die Intelligenz.« Das schreibt der in Pirmasens geborene Schriftsteller Hugo Ball (1886–1927) in seinem dadaistischen Roman »Tenderenda der Phantast«. 1916 hatte er mit Freunden in der Züricher Spiegelgasse das »Cabaret Voltaire« eröffnet und protestierte mit den Mitteln künstlerischer Groteske gegen den Weltkrieg, für den er »den völlig verrohten Knuten- und Schinderstaat Preußen« (Zur Kritik, S. 222) verantwortlich machte. Künstler sind für ihn »Gnostiker, die Dinge praktizieren, die die Priester längst vergessen wähnen«. (Zur Kritik, S. 21). 1918 erschien sein Buch »Zur Kritik der deutschen Intelligenz«, das aus einer Artikelserie für das pazifistische Berner Emigrantenblatt »Die Freie Zeitung« auf Anregung des elsässischen Expressionisten Rene Schickele hin geschrieben worden war. Dieses Buch ist »eine Retrospektive auf die abendländische Genese als eine der Unvernunft, nicht der Vernunft, so daß das vernünftig-Befreiende als verborgene Ausnahme, als Geheimgeschichte, die erst wieder dechiffriert werden muß, erscheint; das Eintreten schließlich für das Vergessene, Erniedrigte, für die ›freundliche, höfliche Einstellung zu den Dingen‹, ›die küssende Verbrüderung von Mensch, Tier und Pflanze‹«. (Zur Kritik, Buchdeckel). Ins Visier seiner Kritik nimmt Ball die verhängnisvolle Verbindung von Religion und Staat, einmal in der katholischen Tradition, ob römisch (seit Konstantin im 4. Jh. und erneuert im 9. Jh. mit den fränkischen Kaisern) oder orthodox (in Rußland), und zum anderen in der protestantischen Tradition, für die Luther, Hegel und Bismarck stehen. In letztere reiht er auch die staatsfixierten Theoretiker der Linken wie Marx und Lasalle ein und beschreibt das seiner Meinung nach hinter all dem wirksame System als »jüdisch-germanische Staatsidee des Preußentums«. (Zur Kritik, S. 209). Dem setzt er die Gnostiker, Mystiker, Thomas Münzer, die französische Revolution vor Napoleon, Dichter wie Hölderlin, Goethe und Heine, Philosophen wie Franz von Baader, Nietzsche und Schopenhauer, Kritiker wie Karl Kraus, die utopischen Sozialisten von Weitling bis Bakunin sowie die religiösen Anarchisten Rußlands von Tolstoi bis Solowjew entgegen, die alle verstanden hätten, Freiheit und Heiligung miteinander zu verbinden. Er sieht eine große christliche Bewegung gegen den Staat, für die der Freiheitsbegriff der französischen Revolution etwa, der soziale Aufstand der Arbeiter und die Idee eines christlichen Europa keine Widersprüche sind. Er zitiert z. B. den bayrischen Philosophen Franz von Baader (1765–1841) mit der Aussage, es sei ein Wahn, »daß man das Christentum aufgeben müsse, um die intellektuelle und soziale Freiheit zu gewinnen, oder letztere aufgeben, um das Christentum aufrecht zu erhalten«. (Zur Kritik, S. 164). Der von der Mystik Jakob Böhmes beeinflußte Baader dachte eine lebendige Gedankenwelt vor dem nachdenklichen Erwachen zum Subjekt. Für ihn gehen »das Reich der Natur und der Gnade parallel« (Erdmann, S. 30), Philosophie und Theosophie sind untrennbar miteinander verbunden. Die gleiche geistige Verwandtschaft wie Baader sieht später der Anthroposoph Rudolf Steiner (1861–1926) zwischen der mittelalterlichen Mystik und der Epoche von Klassik, Romantik und Idealismus um 1800 in Deutschland, von Herder über Goethe bis Novalis. Und ähnlich wie Baader faßt Steiner in seiner »Philosophie der Freiheit« das Denken als geistige Wahrnehmung auf, die zusammen mit der sinnlichen Wahrnehmung erst das Gesamtbild der Wirklichkeit ergibt. Und auch die beiden Zeitgenossen Steiner und Ball ähneln sich in vielen Aussagen. Am Ende von Balls »Kritik der deutschen Intelligenz« steht als Ausblick: »Eine Syntax freier Gottes- und Menschenrechte aber wird die demokratische Kirche der Intelligenz konstituieren, an die die Verwaltung der Heiligtümer und des Gewissens übergeht.« (S. 252).

Sein letztes Buch (»Byzantinisches Christentum«) schreibt Ball 1923 über den Lichtmystiker und Vater der gnostischen Hierarchien Dionysius Areopagita.

Nach: Hugo Ball, Zur Kritik der deutschen Intelligenz, 1970 hrsg. von Gerd-Klaus Kaltenbrunner; Herders kleines philosophisches Wörterbuch, S. 25; Erdmann, Philosophie der Neuzeit, Bd. 7, S. 30ff.; Rudolf Steiner, Rätsel der Philosophie, Bd. 1, S. 220 ff.; ders., Philosophie und Anthroposophie, S. 44 ff.

## Pommern
Landkreis Cochem-Zell

### Der friedfertige Mars – ein Irrtum?

Auf dem Plateau des Martberg hat man 1885–90 eine große gallorömische Tempelanlage mit über zehn verschiedenen Gebäuden ergraben, die bis in die spätrömische Zeit hinein bestand. Von 140 bis 20 v. Chr. gab es hier bereits ein spätkeltisches Oppidum mit 70 ha Innenfläche und einer 5 km langen Stein-Erde-Mauer drumherum. Keltische Münzen mit Einhieb (Beschädigung) und goldene Rädchenanhänger weisen als Opfergaben auf ein damaliges Heiligtum.

»Analog zum Siedlungsverlauf anderer Oppida darf angenommen werden, daß die Siedlung mit der Gründung des nahegelegenen frührömischen vicus Karden an Bedeutung verloren hat und daß lediglich die schon bestehende Kultstätte zu einem regelrechten Tempelbezirk des treverischen Hauptgottes Lenus-Mars ausgebaut worden ist.« (Die Kelten am Mittelrhein, S. 20). Der Grieche Tychikos bedankt sich in einer auf dem Martberg gefundenen Weiheinschrift bei Lenus-Mars für die Heilung von einer schweren Krankheit. »Dies ist eine einheimische keltische Gottheit, die in römischer Zeit in einer sicher falschen Interpretation mit dem Kriegsgott Mars in Zusammenhang gebracht wurde.« (Römer, S. 527).

Der Haupttempel des Lenus befand sich am Hang des Trierer Markusberges, und zwar neben einem Tempel der Mutter- und Quellgottheiten der Xulsigiae. Die gleiche Götter-Kombination findet man auch in den nahen Tempelbezirken von Möhn, Gusenburg und Dhronecken. Für Lenus gibt es insgesamt acht Weiheinschriften im Trevererergebiet, dazu eine Bronzestatuette und Bruchstücke eines überlebensgroßen Kultbildes aus Stein, das vom Trierer Markusberg stammt. Weitere Inschriften finden sich außerhalb des Trevererergebiets nur noch in Südostwales und im englischen Gloucestershire. Dort ist Lenus mit einer Axt in der linken und einem Speer in der rechten

Hand abgebildet. Eine weitere Mars-Interpretation auf Treverergebiet findet sich bei Ober-Olm. Der Unterstamm der Aresaces hat dort dem Leucetius-Mars Opfergaben geweiht. »Im allgemeinen ist dieser gallische Mars erstaunlich friedfertig; er ähnelt dem altitalischen Schützer der Fluren oder dem frührömischen Vater von Romulus und Remus.« (Botheroyd, S. 217).

Lenus und Leucetius stehen also in der Tradition des Heros, bzw. Sakralkönigs, der in Verbindung mit der Großen Göttin steht. Von daher hat er wohl mehr Gemeinsamkeit mit den keltischen Göttern Cerunnos oder Esus als mit dem römischen Mars.

Nach: Römer in Rheinland-Pfalz, S. 525; Die Kelten am Mittelrhein, S. 19/20; Maier, Lexikon der keltischen Religion und Kultur, S. 204/205; Botheroyd, Lexikon der keltischen Mythologie, S. 217.

# Prüm
Landkreis Bitburg-Prüm

## Die magische Kontrolliste der Bischöfe

Die Benediktinerabtei Prüm, um die sich die gleichnamige Eifelstadt entwickelt hat, wurde im Jahre 721 von der mit den Karolingern verwandten fränkischen Adligen Bertrada als Missionszentrum der Nordeifel gegründet, wahrscheinlich mit Hilfe der Mönche von Echternach. 30 Jahre später fand eine Neugründung durch ihre gleichnamige Enkelin statt, welche mit König Pippin verheiratet war. Zu diesem Zeitpunkt wurde die irofränkische Kolumbanregel durch die Benediktinerregel ersetzt und das Kloster durch Benediktiner aus St.Faron bei Meaux personell aufgefrischt.

Während die irofränkischen Mönche bei den Merowingern (590–690) dominierten, bevorzugten die Karolinger (690–768) die angelsächsische Mission. Aus letzterem entwickelte sich später durch die Verbindung fränkischer und römischer Rechtstraditionen das ottonische Reichsbischofssystem, während die irofränkische Orientierung an der stärker gnostisch interessierten Klostertradition politisch ins Hintertreffen geriet.

Die Abtei Prüm wurde von den Karolingern als eine Art vornehmes Gefängnis für die Verlierer ihrer dynastischen Kämpfe benutzt. So wurden z. B. Pippin der Bucklige (792) und Karl der Kahle (833) hier festgehalten. Im Jahre 855 verzichtete Kaiser Lothar I., Enkel Karls des Großen und Regent des fränkischen Mittelreiches, auf die Krone und zog sich als Mönch nach Prüm zurück, wo er auch begraben wurde. 1575 wurde die Abtei dem Erzbistum Trier einverleibt und 1802 aufgehoben. Berühmt geworden ist das

Kloster vor allem durch seinen Abt Regino (892–99), der danach bis zu seinem Tod 915 Abt in Trier war. In dieser Zeit (906) verfaßte er auf Geheiß des Trierer Erzbischofs Radbod die zwei Bücher »De synodalibus causis et disciplines ecclesiasticis«. Sie wurden benutzt als »Handbuch der bischöflichen Visitationspraxis« (HdA, Bd 7,S. 615), bzw. als »Liste abergläubischer Vorstellungen und Praktiken, die in den Pfarreien ausgemerzt werden sollten«. (Ginzburg, S. 103). Interessant ist dabei vor allem das zweite Buch, das in 89 Fragen und 454 Verweisen auf kirchliche Synodalbeschlüsse strafwürdige magische und religiöse Praktiken aufzählt. Diese Liste hat ein Jahrhundert später der Wormser Bischof Burchard in seinem »Canon episcopi« weiter bearbeitet.

Es heißt darin z. B.: »Es darf nicht übergangen werden, daß es gewisse verbrecherische Frauen gibt, die Satan gefolgt sind (1 Tim. 5,15) und, durch Blendwerk und Vorspiegelungen der Dämonen verführt, glauben und bekennen, des Nachts zusammen mit der heidnischen Göttin Diana und einer unzählbaren Menge von Frauen auf gewissen Tieren zu reiten, in der Stille der Nacht große Entfernungen zurückzulegen, die Weisungen der Göttin zu befolgen, als wäre sie ihre Herrin, und in bestimmten Nächten zu ihrem Dienst gerufen zu werden.« (Ginzburg, S. 104). Hier findet man also bereits viele Bestandteile des späteren Hexenglaubens; allerdings wird der Glaube an den Hexenflug für dämonische Verführung erklärt und den vermeintlichen Hexen selbst jegliche magische Macht abgesprochen. Daxelmüller meint in einem ähnlichen Fall, bei solchen Beschreibungen handle es sich »um eine Liste von Möglichkeiten, nicht von kulturellen Wirklichkeiten«. (S. 107).

Die Listen bezögen sich auf spätantike Überlieferungen innerhalb von Kirche und Wissenschaft und nicht auf heidnische Praktiken im Frankenreich. Letztere seien mindestens unbekannt. Demgegenüber zeigt Ginzburg, daß heidnische Vorstellungen von schamanistischen Reisen »im Gefolge der Göttin« bis in die frühe Neuzeit überdauert hätten und von den kirchlichen Visitatoren und Inquisitoren dann im spätantiken Schema identifiziert worden seien, so z. B. zahlreiche lokale Göttinen/Herrinnen als Diana.

Nach: Dehio, S. 831; Vor-Zeiten Bd. IV., S. 47 ff.; Prinz, Frühes Mönchtum, S. 185ff. und 541; Gsänger, Irland, S. 301; Daxelmüller, Zauberpraktiken, S. 102; Ginzburg, Hexensabbat, S. 103 ff.; Handwörterbuch des deutschen Aberglaubens, Bd. 7, S. 615/616.

*Mithrasheiligtum zwischen Reichweiler und Schwarzerden*

# Reichweiler
Landkreis Kusel

## Noch mal Mithras

An einem Steilhang unterhalb einer Böschung der Straße zwischen Reichweiler und Schwarzerden findet sich der Rest eines Mithräums.

Der erstmals 1588 als »heydnischer Tempel« erwähnte Bau erhielt schon im 19. Jh. ein Schutzdach. An der Felswand erkennt man noch das ursprüngliche Kultbild mit dem Stieropfer. Aus Resten des hölzernen Saches (Balkenlöcher etc.) hat man die Gestalt des unterirdischen Baus rekonstruieren können. Wie andernorts auch (siehe Neustadt-Gimmeldingen) führte ein Mittelgang zwischen zwei Podien zum Großen Kultbild. Das zeigt unter dem sterbenden Stier die Figuren von Skorpion, Schlange und Löwe sowie links und rechts die beiden Fackelträger und oben Sol und Luna, die zu Mithras und dem Stier passenden Himmelsgötter. Münzfunde weisen eine Nutzung des Tempels im 3./4. Jh. n. Chr. nach.

Nach: Römer in Rheinland-Pfalz, S. 527.

*Kloster Nonnenwerth und Ruine Rolandseck*
*Stahlstich von 1840*

# Remagen
Landkreis Ahrweiler

## Wie Apollinaris per Wunder nach Remagen kam

Die folgende Sage soll erklären, wie Remagen zu den Reliquien des hl.Apollinaris und zu der dazugehörigen Wallfahrt kam. Um 1110 stand auf dem heutigen Apollinarisberg eine fränkische Martinskirche, die zur Propstei der Benediktinerabtei Siegburg gehörte. Die Kirche erhielt 1162 die Reliquien des hl.Apollinaris vom Kölner Erzbischof Rainald von Dassel zum Geschenk. Das war der Beginn der Wallfahrt. In der Krypta des Neubaus von 1839–43 findet sich ein Hochgrab des Heiligen aus dem 14. Jh. So weit die Historie! Wieso aber schenkte der Kölner Erzbischof die kostbaren Gebeine des Heiligen dieser Kirche? Das, so glaubt die Sage, kann nur durch ein Wunder zustande gekommen sein:

Erzbischof Rainald wallfahrtete nach Rom und erbat vom Papst Reliquien für die Kölner Kirchen aus den römischen Märtyrergräbern. Der gewährte die Überreste der hl. drei Könige und der Heiligen Apollinaris, Felix und Nabor. Beglückt machte sich der Erzbischof über Basel und Straßburg auf den Heimweg. Auch in Koblenz hielt er nur kurz an, um so bald als möglich mit seiner kostbaren Fracht nach Köln zu kommen. Auf der Höhe von Remagen aber stand das Schiff plötzlich still. Es war weder auf eine Sandbank noch auf einen Felsen aufgelaufen, und dennoch konnten es die Ruderer keinen Zentimeter mehr vom Platz bewegen. Da sagte Rainald: »Das ist Gottes Finger und ein Wunder vor unseren Augen!« Er warf sich auf die Knie und betete zu Gott, er möge ihm doch die Absicht dieses Wunders eröffnen. Und er fragte. »Ist es dein heiliger Wille, daß auch andere Kirchen dieser Schätze teilhaftig werden sollen? Wenn dem so ist, gib mir ein Zeichen!«

Gesagt, getan: Das Schiff wandte sich mit seinem Kiel dem Berg mit der Martinskirche zu und dort oben begannen alle Glocken zu läuten. Der Erzbischof ergriff, einer inneren Stimme folgend, die Gebeine des hl. Apollinaris und alle Glocken schwiegen augenblicklich. Und so kamen denn die Reliquien nach Remagen und die Stadt zu einer Wallfahrt. Mit den übrigen Kostbarkeiten erreichte Erzbischof Rainald unversehrt die Domstadt Köln.

Nach: Rheinlands Wunderhorn, Bd. 10, S. 76 ff.; Dehio, S. 854.

## Der romantische Roland

Die Burg Rolandseck wurde vom Kölner Erzbischof Friedrich I. (1099–1131) errichtet. Zerstört wurde sie 1475 im burgundischen Krieg Karls des Kühnen und endgültig im Dreißigjährigen Krieg 1632/33 von dem Schweizer General Baudissin. Anfang des 19. Jh. war nur ein Fensterbogen übriggeblieben, der 1839 einstürzte. Da zu dieser Zeit aber (siehe später auch Bahnhof Rolandseck) das Gebiet um die Ruine bereits als beliebtes Wanderziel der Rheinromantiker diente, kam es zum Wiederaufbau, für den sich besonders der Dichter Ferdinand von Freiligrath einsetzte. Und zu einem Efeu bewachsenen Mauerbogen, der aus dem damals vielbeschworenen »deutsch-christlich-europäischen« Mittelalter stammt, gehörte in der Romantik nun mal auch eine Sage. Und da kam als Figur Roland, der treue Gefolgsmann Karls des Großen, der laut Konrads Rolandslied (um 1170) im Kampf gegen den maurischen Islam Spaniens gefallen war, gerade recht, zumal es eine vielschichtige Volksüberlieferung dieser Ritter- und Riesenfigur gab. Andrerseits hielt man den Sagenstoff aber biedermeierlich privat. Politik kam nur ganz allgemein als Erinnerung an große Zeiten vor, in denen das karolingische Frankenreich sich selbst als gleichbedeutend mit dem christlichen Abendland verstand. Die Geschichte selbst wurde zu einer modernen bürgerlichen Liebesgeschichte, deren Tragik durch den doppelten Irrtum männlicher Abenteurerei und weiblichen Rückzugs von der Welt zementiert wird:

Gegenüber des Siebengebirges blicken von einem Felsen die Ruinen der im Krieg zerstörten Burg Rolandseck düster in die Fluten des Rheins. Die Festung soll einst von Roland, dem Neffen Karls des Großen erbaut worden sein, um seiner Geliebten nahe zu sein, die als Nonne in dem Kloster lebte, das unten im Tal lag. Die traurige Geschichte begann, als Roland eines Tages von der Kaiserpfalz Ingelheim aus am Rhein entlangstreifte. Gegen Abend kam er zur Burg Drachenfels im Siebengebirge und bat um ein Nachtlager. Das wurde gewährt, und er lernte an diesem Abend Hildegunde, die Tochter des Burgherrn kennen und lieben. Und seine Gefühle wurden erwidert. Es war sozusagen Liebe auf den ersten Blick. Dennoch mußte Roland sich andern Tags verabschieden, denn er mußte mit Kaiser Karl zu einem Feldzug gegen die »Ungläubigen« aufbrechen.

Anfangs hörte man am Rhein von seinen ruhmvollen Siegen, dann aber berichtete ein zurückkehrender Ritter, Roland sei neben ihm auf dem Schlachtfeld gefallen. Daraufhin beschloß Hildegunde in stummem Schmerz, den Schleier zu nehmen und Nonne zu werden. Roland aber, der zuerst wie tot auf dem Schlachtfeld liegen geblieben war, war nach Stunden wieder zu sich gekommen, hatte Hilfe gefunden und war durch sorgsame Pflege seiner Wunden wieder genesen. So kehrte er einige Monate später nach Burg Drachenfels zurück, um seine Braut zu heiraten. Als er hörte, daß sie ins Kloster gegangen war, warf er alle Waffen von sich und ließ sich auf dem Berg über dem Kloster eine Klause erbauen. Dort saß er Tag für Tag und blickte hinab zur unerreichbar gewordenen Geliebten.

Nach zwei Jahren starb Hildegunde. Roland nahm Abschied, doch »der Schmerz überwältigte in kurzer Zeit seine noch übrige Lebenskraft, man fand ihn vor seiner Klause sitzen, starr und tot, und die Augen nach dem Kloster gewendet«. (Schlundt, S. 227).

Um die Burg Drachenfels übrigens, ebenfalls eine Kölner Burg (aus dem 12. Jh.), rankt sich ebenfalls eine Sage. Dort soll eine christliche Jungfrau, die von Heiden einem Drachen geopfert werden sollte, das Ungeheuer durch Hochhalten des Kreuzes besiegt haben. Die Wagnerianer haben hier den Ort von Siegfrieds Drachenkampf vermutet.

Nach: Schlundt, Sagen aus Rheinland-Pfalz, S. 225; Dehio, S. 873; Schäfke, Der Rhein, S. 208 und 409; Wörterbuch der deutschen Volkskunde, S. 679; de Boor, Geschichte der deutschen Literatur, Bd. 1, S. 240.

# Ober-Flörsheim

Landkreis Alzey-Worms

## Die Reise nach Venedig

Zu einem Müller in Ober-Flörsheim kam alljährlich ein Mann mit einem grauen Esel, der zwei Fäßchen trug. Sein Erscheinen war jedesmal ein Freudentag, denn er beschenkte das Dienstpersonal, als ob er ein Prinz wäre. Aus seinen Erzählungen konnte man entnehmen, daß er in Venedig zu Hause war. Das erweckte in dem jungen Müllersohn den Wunsch, die schöne Stadt auch einmal zu besuchen. Als der alte Müller gestorben und sein Sohn herangewachsen war, stellte sich eines Tages der Mann mit dem Esel und den beiden Fäßchen wieder ein. Da die Sehnsucht des Müllers nach der schönen Stadt noch nicht erloschen war, sagte der Fremde: »Die Reise dorthin soll Euch gar nichts kosten und Ihr logiert bei mir!« Nicht lange danach ging der Fremde fort, während der Müller Mehl nach Alzey zu fahren hatte. Dabei mußte er über einen Kreuzweg, an dem ein Birnbaum stand. Plötzlich erhob sich an dieser Stelle ein Wind und führte ihn durch die Luft fort, weit über die Berge und Täler. Ehe sich der Müller noch versah, stand er in Venedig. Von einem freundlichen Herrn begrüßt, erkannte er anfänglich gar nicht, daß dies derselbe Mann war, der alljährlich mit dem grauen Esel nach der väterlichen Mühle zu kommen pflegte. Vier Wochen lang lebte er in dem Palast des Venezianers, der ihm die ganze Stadt und die Umgebung zeigte. Der Venezianer sagte auch, er werde nun nicht mehr nach Deutschland kommen, denn er habe genug Gold geholt. Und als der Müller fragte, wo denn das Gold liegen würde, antwortete jener, das sei ein Geheimnis, aber es stecke noch mehr davon in der Erde, als man denke. Er sei es nicht allein, der dort seine Reichtümer geholt habe. Nachdem der Venezianer den Müller reichlich beschenkt hatte, führte er ihn auf den Marktplatz und warf ihm einen Sack über den Kopf. Das hatte zur Folge, daß sich wiederum ein heftiger Sturmwind erhob und der Müller etwa dreiviertel Stunden später wieder unter dem Birnbaum stand, von dem aus er nach Süden fortgetragen worden war. Lange rieb er sich die Augen, bis ihm die Sinne wieder kamen. Als er aber in die Taschen griff, waren sie voller Gold. Ganz bestürzt von dem Wunder eilte er Hals über Kopf nach Hause, wo ihn seine Frau froh und voll Erstaunen empfing. Sie hatte ihn nämlich schon tot geglaubt und sagte ihm, er sei nicht vier Wochen, sondern vier Monate unterwegs gewesen. Von dem Gold, das er mitgebracht hatte, baute der Müller die alte Mühle neu auf und behielt dennoch eine solch hohe Summe übrig, daß er seitdem als der reichste Mann in der ganzen Gegend galt.

»Als oft zwergenhafte Schatzgräber und Goldsucher, Goldwäscher weit bekannt sind die jährlich wiederkehrenden Venediger-Mandl der Alpenländer, die neben anderen Künsten sich wie Zwerge unsichtbar machen können«, heißt es im »Handwörterbuch des Deutschen Aberglaubens« (S. 1056) und weiter: »Ebenso fliegen die mit den Zwergen verwandten Venediger durch die Luft oder lassen Leute mit Hilfe ihrer Zauberkunst nach Venedig und wieder in die Heimat fliegen.« (S. 1667). Im 15. Jh. bestimmen, so Hartmut Böhme (Geheime Macht im Schoß der Erde, in: Natur und Subjekt, S. 67–144), »revierfernes Kapital und Fürstenhäuser die Montanwirtschaft. Der Metallhandel internationalisiert sich über die europäischen Seehandelszentren wie Antwerpen, Venedig, Danzig und Hamburg.« (S. 71). Da hätten wir also die Verbindung des Venedigers zum Bergbau. Vor allem in der romantischen Literatur (Novalis, Heinrich von Ofterdingen; E.T.A. Hofmann, Das Bergwerk von Falun) wird das doppelte Symbolfeld des Bergbaus deutlich, das einmal die Verletzung der Natur und ihrer Muttergottheiten und zum anderen die Wiedergewinnung des Paradieses durch die Naturbeherrschung beschreibt. Die Technik wird noch ambivalent gesehen. Die Alchemie faßt all das und damit die Suche nach den Ursprüngen in der Herstellung des Goldes zusammen: »Die alchemistische Vervollkommnung der Natur zielt auf die Entbindung von der Zeit, zielt auf Unsterblichkeit und Unendlichkeit, auf die metallisierte, goldene Existenzform, die den Tod durchschritten und Teil am Göttlichen hat.« (Böhme, S. 93). Um 1900, in der Psychoanalyse, wird aus all dem dann die Reise ins Innere; Naturgeschichte wird vollends zur Subjektgeschichte. In der archetypischen Welt, in die man reist, um das Gold zu finden, d. h. sein Selbst ganz zu machen, besteht, so C.G. Jungs Tiefenpsychologie, Raum-Zeitlosigkeit, was die märchenhafte Zeitverschiebung der »Reise nach Venedig« erklärt.

Aniela Jaffé (Geistererscheinungen und Vorzeichen): »Das Gold symbolisiert, wie z. B. auch der Stein oder die berühmte medicina, die Persönlichkeit oder das Selbst des Menschen. Persönlichkeit erlangt derjenige, der Zugang zum Unbewußten hat und dem es überdies gelungen ist, die komplexhaften Inhalte bewußt zu machen und zu integrieren.« (S. 127). Der Müller wird also zum reichsten Mann der Umgebung, weil er sich selbst gefunden hat. Dazu ist er ins Unbewußte gereist, repräsentiert durch den Venedigerkomplex. Der Venediger kehrt später nicht mehr zurück, denn er ist durch die Reise in die Persönlichkeit des Müllers integriert. Der Reisebeginn wurde erst durch den Tod des Vaters möglich: das Erwachsenwerden stand auf der Tagesordnung.

Das Märchen benutzt weitere magisch besetzte Motive, so den Kreuzweg, der älter als das christliche Symbol als Ort von Beschwörung, Orakel, Heilung und Rechtshandlungen galt. Der Birnbaum ist eher eine Seltenheit und deutet auf Lokalkolorit.

Mühlen dagegen haben häufig erotische und mythische Bedeutung, vielleicht wegen ihrer oft einsamen Lage und ihrem engen Kontakt mit dem Wasser. Der Esel tritt als Begleiter auf, so beim Nikolaus, dessen Figur, ebenso wie die des Venedigers, teilweise Charakterzüge des germanischen Windgotts Odin aufgenommen hat. Es sollte nicht unerwähnt bleiben, daß das Flug- und Reisemotiv natürlich auch beim rituellen Gebrauch von Drogen eine Rolle spielt. So ist es z. B. bei der Verwendung von sogenannten Hexensalben nachgewiesen, die überwiegend aus einheimischen Solanazeen (Bilsenkraut, Stechapfel, Tollkirsche) hergestellt wurden.

Nach: Müller, Rheinhessisches Heimatbuch, S. 103/104; Handwörterbuch des deutschen Aberglaubens, Bd. 8, S. 1056/1667; Böhme, Natur und Subjekt, S. 67ff.; Jaffé, Geistererscheinungen und Vorzeichen.

## Rennerod
Westerwaldkreis

### Der gute Gast aus dem Berg

In einem Hügel am Wegesrand zwischen Rennerod und Waldmühlen soll es eine geräumige Höhle geben, in der vor alter Zeit ein Heinzelmännchen wohnte. Er war klein wie ein dreijähriges Kind, aber steinreich und immer prächtig gekleidet. Oft kam er abends nach Rennerod und brachte den Armen Brot und Mehl, zuweilen auch Geld, so daß er bald den Beinamen »der gute Gast« erhielt. Er belohnte aber nur arbeitsame und rechtschaffene Leute. Wer faul und unordentlich war, bekam nichts.

Wie alle Zwerge konnte sich das Heinzelmännchen auch unsichtbar machen. Diese Eigenschaft benutzte es gerne dazu, den Menschen allerhand Streiche zu spielen. Auch hier arbeitete der Zwerg auf moralischer Grundlage. So ohrfeigte er z. B. Wirtshausbesucher, die zu tief und zu lang ins Glas geschaut hatten. Oder er machte hochmütige und stolze Mädchen in der Spinnstube oder beim Tanz ganz schwarz und schlug Burschen, die sich aufs Lügen verlegten, auch einfach mal aufs unverschämte Maul.

Besonders gerne hatte es das Heinzelmännchen mit Brautpaaren zu tun. Wenn sie in die Kirche zur Trauung gingen, schenkte er ihnen einen Ring aus Gold, der so lange blank blieb, wie sie sich einig waren. Wenn sie sich zankten, wurde der Ring rostig, und wenn sie sich trennten, verschwand er und war nicht mehr zu finden. Das führte dazu, daß sich die Eheleute vor öffentlicher Kontrolle in acht nahmen. So kam die Ordnung nach Rennerod.

Die Heinzelmännchen gehören zur Gattung der Hausgeister. Luther erwähnt z. B. ein Heinzlein. Erstmals sind sie 1540 genannt. Bekannt wurden sie nach 1836 durch Kopischs Lesebuchgedicht von den hilfreichen Heinzelmännchen von Köln. »Germanisch ist auch schon die Unterscheidung von guten und bösen Geistern (freundlichem Hausgeist: drückender Alp), Holden: Unholden, Geheuer: Ungeheuer.« (Wörterbuch, S. 266). Die Hausgeister, die ursprünglich Haus und Stall beschützten und erst mit der Zeit auch zu Neck- und Poltergeistern wurden, mischen sich in christlicher Zeit mit den Elementargeistern, von denen die bekannteste Gattung, die Zwerge oder Erdgeister, im Berg wohnen.

Schon in der Edda werden die Zwerge als kunstfertige Schmiede mit schwarzem Aussehen mit dem Bergbau in Verbindung gebracht. Auch hier muß man wieder eine Erinnerung an die technischen Umwälzungen zwischen der Steinzeit und den folgenden Metallzeiten (Kupfer, Bronze, Eisen) sehen. Das macht auch die Bedeutung des Schmiedes in der Mythologie aus. »teuflische eigenheiten haben im grund alle elbe, selbst die lichten, z.b. ihre lust menschen zu necken: aber teufel sind darum auch die schwarzen nicht, sondern oft gutmütige wesen. Es scheint sogar, daß man gerade den schwarzelben, d. h. den berggeistern, die in manigfalte beziehung zu den menschen traten, eine bestimmte verehrung, eine art von cultus erwies, dessen spuren noch in später zeit fortdauern.« (Grimm, S. 370). In späteren Sagen sind auch die Feenreiche in Bergen angesiedelt. Dorthin werden auch immer wieder Schatzgräber geführt. Die Zwerge haben einen König, Oberon oder Alberich (siehe Nibelungenlied) genannt, oder auch eine Königin, die sich Frau Venus nennt. Wenn man jetzt noch dazu nimmt, daß sich sowohl die Romantiker (vor allem Novalis) und Klassiker (vor allem Goethe) sowohl dichterisch als auch beruflich viel mit dem Bergbau auseinandergesetzt haben, wird das literarische Aufleben der Zwergensagen und Zwergenmärchen im frühen 19. Jh. erklärbar.

Nach: Schlundt, Sagen aus Rheinland-Pfalz, S. 238; Wörterbuch der deutschen Volkskunde, S. 349 und 266; Grimm, Deutsche Mythologie, S. 363ff.

## Rodenbach
Landkreis Kaiserslautern

### Der Widdergott auf dem Goldblech

1874 hat man bei Rodenbach ein frühlatenezeitliches Adelsgrab aus der Zeit um 400 v. Chr. ergraben. Darin hat man neben Ton- und Bronzegefäßen aus Griechenland und Italien auch Goldschmuck gefunden. Ein stark plastisch verzierter Armreif aus Goldblech zeigt menschliche Masken und Paare von Widdern mit zurückgewandtem Kopf. Ein Goldfingerring zeigt zwei voneinander abgewandte bärtige Maskenköpfe. Auf den Kopfkult der Kelten wurde bereits an anderer Stelle ausführlich hingewiesen (siehe Pfalzfeld). Was hier interessiert, ist das Bild des Widders, das in erster Linie dem keltischen Gott Teutates zugeordnet wird. »Der prächtige goldene Armreif von Rodenbach (Historisches Museum der Pfalz, Speyer) zeigt die großäugige Maske des Gottes mit dem als Augenbrauen getarnten V, deutlichen Widderhörnern, flankiert von zwei hochmütig dreinblickenden, ruhenden Böcken. Beim dazugehörigen Fingerring sitzt das V der beiden gegenüberliegenden Masken über der Nasenwurzel, und die liegenden S werden zu Augenbrauen.« (Botheroyd, S. 326). V und S (stehend und liegend) sind häufige ornamentale Figuren der Latènekunst. Der Widdergott ist bereits aus der vorkeltischen Urnenfelderzeit bekannt. Zu dieser Zeit sollen der Widder für männliche und der Stier für weibliche Zeugungskräfte gestanden haben. Seit dem Frühlatene (siehe Waldalgesheim) heißt er Teutates. Zu Beginn des 3. vorchristlichen Jahrhunderts wird der Widder bei Teutates durch den Eber ersetzt und wandelt sich gleichzeitig zum Bild der gehörnten Schlange. Damit verschwimmen die Bilder der »Horntiere« Widder, Stier und Hirsch miteinander. Klar ist jedenfalls die Beziehung zwischen dem Hornsymbol mit den zwei Spitzen und der liegenden Mondsichel: Das lunare Horntier (der Stier) steht auch für die Zahl zwei. Damit ist auch der Bezug zum Januskopf, den zwei voneinander abgewandten Masken des Goldfingerrings von Rodenbach geschaffen. Lengyel hat durch vergleichende Studien keltischer Ornamente zudem entdeckt, daß der Januskopf oft zusätzlich als Symbol für die Vereinigung der Gestirne Mond (Zweizahl) und Sonne (Dreizahl) benutzt wurde, indem man z. B. den Mund des einen Kopfes mit zwei und den des anderen Kopfes mit drei Kugeln skizzierte.

Nach: Salzburgkatalog, S. 210; Botheroyd, Lexikon der keltischen Mythologie, S. 165/284/300/326/363; Lengyel, Das geheime Wissen der Kelten; S. 69/94/173.

## Rheinzabern
Landkreis Germersheim

### Die erste Industriestadt am Rhein

Dreihundert Jahre lang, von etwa 50–350 n. Chr war Rheinzabern (römisch: Tabernae) ein Zentrum der Herstellung von Tonwaren, von Zierkeramik bis zu Ziegeln. »Aus der Zeit zwischen 150 und 260 n. Chr. sind in Rheinzabern bislang mehr als 300 Töpfernamen durch ihre Stempel bekannt.« (Römer, S. 536). Die Tone wurden in großen Schlämmbecken aufbereitet, die Gefäße in großen Hallen hergestellt. Der Manufakturbetrieb kann als Frühform industrieller Arbeitstechniken gelten. Die meisten Weiheinschriften auf Denkmälern beziehen sich auf Merkur, der auch Schutzgott der Händler war. Aber auch Jupiter und Silvanus sind vertreten. »Bildliche Darstellungen zeigen eine Matrone, Epona, Minerva, Juno, Herkules und Vulkan. Von guter Qualität sind 2 Fünfgöttersteine mit Darstellung von Apollo, Fortuna, Vulkan, Minerva und Merkur.« (Römer, S. 537). Damit ist so ziemlich der gesamte galloromische Götterhimmel in Rheinzabern versammelt: die Mutter- und Fruchtbarkeitsgöttinnen (Matrone, Fortuna), die Pferdegöttin Epona, der Waldgott Silvanus, der Sonnengott Apoll, der Schmied Vulkan, der Halbgott und Heros Herkules, der in Gallien beliebte ehemalige Widdergott Merkur-Teutates und die kapitolinischen Himmelsgötter Jupiter, Juno und Minerva.

Nach: Römer in Rheinland-Pfalz, S. 533–539.

## Schifferstadt
Landkreis Ludwigshafen

### Der Goldhut aus der Bronzezeit

Es gibt drei Goldfunde im bronzezeitlichen Europa, die den Wissenschaftlern nach wie vor Rätsel aufgeben: Das sind die drei goldnen Hüte von Schifferstadt, Avanton in Westfrankreich und Ezelsdorf in Mittelfranken. Sie stammen aus dem Zeitraum der mittleren Bronzezeit/Hügelgräberkultur (Schifferstadt/1600–1250 v. Chr.), dem Übergang zur jüngeren Bronzezeit (Avanton/um1250 v. Chr.) und der jüngeren Bronzezeit/Urnenfelderkultur (Ezelsdorf/1250–800 v. Chr.). Der Bruch zwischen Hügelgräber- und Urnenfelderkultur ist vor allem im Bestattungritus deutlich. Während die Hügelgräber teilweise innerhalb von Steinkreisen lagen und vielleicht schon wie später in der frühkeltischen Hallstattzeit mit Grabstelen versehen gewesen sein könnten, bevorzugten die Urnenfelderleute Flachgräber in größeren Grabfeldern. Man könnte sich die sogenannten goldenen Hüte nämlich durchaus als Bekrönungen von Pfählen, Stämmen oder Stelen vorstellen. Das aber paßt kaum zu Gräbern der Urnenfelderleute. Sie scheinen also wohl eher zu kultischen Zwecken an heiligen Plätzen als auf Grabfeldern gebraucht worden zu sein. Dann aber muß zwischen den beiden bronzezeitlichen Kulturen eine gewisse Kontinuität in kultischen Belangen angenommen werden. Dem entsprechen auch neuere Forschungsansätze, die beim Übergang der Kulturen nicht mehr von einer großen Wanderungsbewegung aus dem Südosten ausgehen, sondern von einer kontinuierlichen Entwicklung der Urnenfelder- aus der Hügelgräberkultur sprechen. »Ebenso wie die Goldscheiben und

-schalen werden auch die Kegel aufgrund ihres Materials und der Ziermotive mit dem Sonnenkult verbunden. Möglicherweise waren sie in einem Heiligtum aufgestellt oder fanden Verwendung auf einem Kultwagen, der bei besonderen Anlässen gezeigt wurde. Die eigentliche Funktion der Goldgegenstände wie auch die Gründe, die zu ihrer Verbergung führten, bleiben jedoch im dunkeln.« (Bronzezeit, S. 95). Auflösung kann vielleicht das bronzezeitliche Grab in Kivik (Südschweden) geben. Dort hat man an der Wand der Grabkammer eine in acht Szenen aufgeteilte Darstellung der Bestattungzeremonie gefunden. »Auf einer dieser Platten ist – von großen Bronzeäxten eingerahmt – ein langer, spitzer Kegel mit dargestellt, der mit seiner abstehenden Krempe an der Basis sofort an den ›goldenen Hut von Schifferstadt‹ erinnert.« (Bayerlein). Man kann daraus schließen, daß »die Goldkegel mit großer Wahrscheinlichkeit als Überzug, bzw. Bekrönung von Pfählen benutzt wurden, die als ›Toten‹- oder ›Sonnenkultsäulen‹ gedient haben.« (Bayerlein). Insgesamt weisen die Grabbeigaben der Hügelgräberzeit auf eine wohlhabende Kultur. Den goldnen Hut von Schifferstadt hat man in geringer Bodentiefe aufrecht stehend zusammen mit drei an ihn gelehnten Bronzebeilen gefunden. Das deutet auf eine Deponierung wie man sie von späteren Schatz- und Münzfunden kennt, z. B. als Versteck in unsicheren Zeiten von Krieg. Der goldene Hut ist im Speyrer Museum zu sehen.

Nach: Bronzezeit in Deutschland, S. 95; Jockhövel, Die Vorgeschichte Hessens, S. 195 ff.; Bayerlein, Rätselhafte Symbole, in: AZ 13.7.94.

## Simmern
Rhein-Hunsrück-Kreis

### Der Aufhocker vom Bürgerstück

Vor mehr als 300 Jahren soll einmal ein Mann namens Rickes in der Gemarkung von Simmern am Weg nach Mutterschied einen Grenzstein entfernt haben, um den Nachbaracker als seinen zu beanspruchen. Den folgenden Gerichtsprozeß gewann Rickes durch den Meineid, er habe nichts verändert. Aber die Untat veränderte ihn. Er wurde menschenscheu und verschlossen, behandelte seine Familie schlecht, fing an zu trinken und ging in keine Kirche mehr. Als seine Frau eines Abends in der Bibel las, schaute er ihr über die Schultern und fand einen Vers aus dem Propheten Zacharias aufgeschlagen: »So spricht der Herr, daß es soll kommen über das Haus derer, die bei meinem Namen fälschlich schwören.« Rickes schrie laut auf und stürzte hinaus in die Nacht. Am andern Tag fand man ihn erhängt an einem Baum. Seitdem ist es in dem betreffenden Waldstück nicht mehr geheuer. Wer

# Speyer

## Neujahrs- und Christtagsprognosen

»Eine eigene Gattung bilden die Neujahrsprognosen, die für jeweils ein Jahr erstellt wurden und nicht nur den Stand der Gestirne, sondern auch das Wetter und vor allem jenen Wochentag berücksichtigten, auf den Neujahr fiel.« (Daxelmüller, S. 130).

Die älteste deutsche Prognose dieser Art stammt aus einem 1321 in Speyer geschriebenen Codex. Als Urheber solcher Prognosen galt Beda Venerabilis, d. h. der Ehrwürdige (gest. 735), der auch die ersten Verzeichnisse von Gücks- und Unglückstagen erstellt hat. Dabei berief er sich auf den griechischen Autor Johannes Laurentius Lydus (490–565). Obwohl Augustinus und andere Kirchenväter diese Methode stets abgelehnt hatten, wurde sie ab dem 13. Jahrhundert äußerst populär und fand durch den Buchdruck noch weitere Verbreitung durch alle Arten von Kalendern. Unter den üblicherweise 42 Unglückstagen waren auch der 1. April (Geburt des Judas), der 1. August (Verstoß Lucifers aus dem Himmel) und der 1. Dezember (Untergang von Sodom und Gomorra). Beda wurde später ersetzt durch den biblischen Propheten Esdras und durch Nostradamus (1503–66). Mit zunehmender Bedeutung des Weihnachtsfestes kamen zu den Neujahrsprognosen auch Christtagsprognosen: »Ist der christ tag an einem montag, so wirt der wintter gemain, der lentz vnd der summer drucken. Vnd vil vngemach wirt man haben vnd gelust wirt zu vrleugen. Die ritter werdent sich zwayen vnd die fursten vnd die frawen werdent wetrubt, vnd die chunig werdent erschlagen jn eczleichen landen. Vnd groß sterben wirt vnter den leuten. Jn eczleichen lannden wirt weins wenig vnd ols vil.«

Nach: Daxelmüller, Zauberpraktiken, S. 130/131; Handwörterbuch des deutschen Aberglaubens, Bd. 8, S. 651/1430/1435.

## Vom Golem der rheinischen Chassidim

Bekannt ist die Figur des Golem heute als Vorläufer von Frankenstein aus dem phantastischen Prager Roman Gustav Meyrinks. Ursprünglich jedoch ist der durch magische Kunst geschaffene Mensch eine Gestalt der jüdisch-kabbalistischen Volkssage. Jakob Grimm berichtete im Jahre 1808: »Die polnischen Juden machen nach gewissen gesprochenen Gebeten und gehaltenen Fasttagen die Gestalt eines Menschen aus Ton oder Leimen, und wenn sie das wundertätige Schemhamphoras (den Gottesnamen) darüber sprechen, so muß er lebendig werden. Reden kann er zwar nicht, versteth aber ziemlich, was man spricht oder befiehlt. Sie heißen ihn Golem und brauchen ihn zu einem Aufwärter, allerlei Hausarbeit zu verrichten. Allein er darf nimmer aus dem Haus gehen. An seiner Stirn steht geschrieben emeth (Wahrheit), er nimmt aber täglich zu und wird leicht größer und stärker als alle Hausgenossen, so klein er anfangs gewesen ist.« Wenn da die Magie nicht wäre, könnte man diesen Golem der Sage fast als riesenhaften Zeitgenossen der Heinzelmännchen bezeichnen.

Seiner Herkunft nach ist er aber eine mystische und keine mythologische oder magische Gestalt. Das Bild des Golem sucht die Frage nach dem Verhältnis der schöpferischen Gewalt von Gott und dem Menschen zu beantworten. Insofern beginnt seine Geschichte bei Adam. »Adam ist das von der Erde genommene und ihr wiederum verfallende Wesen, dem durch einen Anhauch von Gott das Leben und die Sprache verliehen wurden.« (Scholem, S. 211). In seiner zweiten Entstehungsstufe, die in der Talmudtradition als formlose Verdichtung von Materie gesehen wird, heißt Adam Golem. Von dieser Stufe leitet sich auch seine Riesenhaftigkeit ab. Unter gnostischem Einfluß deutet das spätantike Judentum Adam und die Erde (Edem) als gleichberechtigte Komponenten der Schöpfung. Davon berichtet das Buch Jezira (Buch der Schöpfung), das zwischen dem 3. und 6. Jh. von einem jüdischen Neupythagoreer verfaßt wurde. Es systematisiert die 32 Wege der Weisheit, welche sich aus den 10 Urzahlen (Sefiroth) und den 22 Konsonanten des hebräischen Alphabets ableiten. Für die Golemtradition sind nur die Buchstaben entscheidend, die in der jüdischen Tradition schaffende Gewalt haben. »Diese Buchstaben sind die eigentlichen Aufbauelemente, die Steine, aus denen der Bau der Schöpfung errichtet wurde.« (Scholem, S. 221). Jeder Buchstabe herrscht über ein Glied des Menschen und einen Bezirk der äußeren Welt. Der Grund dafür ist die Bedeutung des als Wort verkörperten Geistes in der Schöpfungsgeschichte. Der Talmud berichtet nun, daß berühmte Rabbis des 3. und 4. Jh. mit dieser erlaubten Sprach- bzw. Buchstabenmagie einen Golem erschaffen konnten. Dieser konnte nicht sprechen. Das unterschied ihn von Adam und der göttlichen Schöpfung, die für die Kraft der Buchstaben verantwortlich war.

Aber bereits im Talmud heißt es: »Wenn die Gerechten wollten, so könnten sie eine Welt schaffen.« (Scholem, S. 218). Frommsein führt also zur Gottgleichheit, eine durch und durch »ketzerische« Auffassung. Im 12./13. Jh. werden diese Legenden von den rheinischen und nordfranzösischen Chassidim aufgegriffen. Erst später gelangen sie nach Spanien und zu den Kabbalisten, die sich mit dem Buch Sohar und der bereits dämonisierten menschlichen Magie nach der Vertreibung aus dem Paradies beschäftigen. Die Mystiker interessieren sich dagegen für das ursprüngliche magische Vermögen des Menschen, das aus der Schöpfungsgeschichte stammt. Schließlich werden die Legenden praktisch umgesetzt als »Gegenstand eines offensichtlich tatsächlich vollzogenen mystischen Initiationsritus« (Scholem, S. 227), sozusagen als Abschluß des Jezira-Studiums. Der Ritus dient der Einweihung in das Geheimnis der Schöpfung. In einem Text des 12. Jh. ist die Geschichte der Golemschöpfung bis zu dieser chassidischen Anschauung als mystisches Ritual zusammengefaßt: »Als Gott seine Welt schuf, schuf er zuerst das Buch der Schöpfung und schaute hinein und schuf daraus seine Welt. Als er sein Werk beendet hatte, legte er es (das Buch Jezira) in die Tora hinein und zeigte es dem Abraham, der aber nichts darin verstand. Da erging eine himmlische Stimme und sagte: Willst du etwa deine Erkenntnis mit meiner vergleichen? Du kannst ja allein nichts darin verstehen. Da ging er zu Eber und ging zu Sem, seinem Lehrer, und sie stellten drei Jahre Betrachtungen darüber an, bis sie eine Welt zu erschaffen wußten. So auch befaßten sich Rabha und Rabbi Zera mit dem Buch Jezira, und es wurde ihnen ein Kalb erschaffen, das sie schlachteten, und auch Jeremia und Ben Sira beschäftigten sich drei Jahre damit, und es wurde ihnen ein Mensch erschaffen.« (Scholem, S. 231/232). Von der hier erwähnten Golemschöpfung Ben Siras handelt ein Bericht, den Schüler Judas des Frommen aus Speyer (gest. 1217) aufgezeichnet haben: »Nach drei Jahren wurde ihnen ein Mensch erschaffen, auf dessen Stirn emeth stand, wie auf der Stirn Adams. Da sagte der Mensch, den sie erschaffen hatten, zu ihnen: Gott allein hat Adam erschaffen, und als er den Adam sterben lassen wollte, löschte er das aleph von emeth weg, und er blieb meth, tot. So sollt ihr auch an mir tun und nicht nochmals einen Menschen schaffen, damit die Welt dadurch nicht wie in den Tagen des Enosch in Götzendienst abirrt.« Ben Sira und sein Vater Jermia taten wie geheißen und der Golem zerfiel zu Staub. Ein weiterer Schritt in der Aneignung der Schöpferkraft durch den Menschen ist, daß dieser Golem jetzt sprechen kann. Gefahren sehen die Chassidim darin, daß sich die Hybris des Golemschöpfers gegen Gott kehren könnte, wenn man den Bereich des Symbolischen, des mystischen Ritus verläßt. So ging es Enosch, der eine Figur aus Lehm formte und ihr wie Gott Lebensodem einblies: Aber Satan schlüpfte in die Figur und spiegelte nur den Anschein des Lebens vor, was jedoch genügte, damit Enosch die Götzenfigur anzubeten begann. Erst in der Renaissance (um 1500) wird aus dem Ritus daher das Motiv des magischen Knechts oder Homunculus (siehe Paracelsus). Naturwissenschaft (von der Mechanik bis zu Gentechnik) und Alchemie/Magie entstehen als praktische Nutzungen ursprünglich mystischer Erfahrung.

Nach: Scholem, Zur Kabbala und ihrer Symbolik, S. 209–260.

Der Speyrer Dom wurde im 11. Jh. von den salischen Kaisern Konrad II., Heinrich III. und Heinrich IV. (dem Canossa-Gänger) erbaut und auch als Grablege genutzt. Wie es dazu kam, erklärt eine Sage:

Graf Leopold von Calw war der Übertretung eines kaiserlichen Gesetzes angeklagt. Daher floh er mit seiner schwangeren Frau in eine Hütte im Schwarzwald. Konrad II. kam zufällig auf einer Jagd dorthin und übernachtete in der Hütte, als der Graf gerade abwesend war. In dieser Nacht gebar die Gräfin einen Sohn. Konrad aber hörte Stimmen, die riefen: »O Kaiser! Dieses Kind wirst du zu deinem Tochtermann und Erben haben.« Darüber erschrak er und befahl seinen Dienern am andern Morgen, das Kind zu töten. Diese aber erbarmten sich, legten das Kind unter einen Baum und brachten dem Kaiser als Beweis für den Mord ein Hasenherz. Herzog Hermann von Schwaben fand den Knaben und zog ihn als seinen Sohn auf. Als der Kaiser diesen als Jüngling kennenlernte, kam ihm der Verdacht, das könne der vorhergesagte Erbe sein, der damals doch mit dem Leben davongekommen sei. Und er schickte ihn zu seiner Frau mit einem Brief, in dem stand: »Laß den Überbringer dieses Briefes töten!« Der junge Mann kam nach Speyer zum Domdechanten, der den Brief öffnete und die Mordtat verhinderte, indem er einen neuen Brief schrieb mit den Worten: »Gib ihm unsere Prinzessin zur Frau!« Dies geschah, und wie der Kaiser merkte, daß er dem Schicksal nicht entrinnen konnte, nahm er Heinrich an Sohnes Statt an und machte ihn zum Mitregenten. Zum Dank an den Speyrer Domdechanten verordnete er, daß alle zukünftigen deutschen Könige und Kaiser in dem von ihm gestifteten Dom zu Speyer begraben werden sollten.

Mit diesem neurotischen Familienroman, wie Freud die Sage wohl mit Blick auf die ödipalen Phantasien deuten würde, soll die Bedeutung des Kaiserdoms erklärt werden. Im 19. Jh. ging man einen Schritt weiter: Die seit der Renaissance beliebten Kaisersagen, in denen ein im Berg sitzender Kaiser das in Not befindliche Reich durch seine Wiederkunft rettet, wurden konstitutiv für die nationale Romantik einer zweiten Reichsgründung (1870/71). Das zeigt sich z. B. in einer antinapoleonischen Sage, die aus dem Pfälzer Sagenbuch von Friedrich Hebel (1912) stammt:

Im Oktober des Jahres 1813 saß ein Schiffer in Speyer am Rhein. Da stand um Mitternacht auf einmal vor ihm eine hohe, verhüllte Gestalt und begehrte, übergesetzt zu werden. Als er seinen Kahn losmachte, folgte eine Reihe weiterer dunkler Gestalten. Am andern Ufer versprach die Gruppe, den Schiffer bei ihrer Rückkehr zu belohnen. In der vierten darauffolgenden Nacht rief es vom jenseitigen Ufer: »Hol über!« Wieder war es die düstere

Schar, aber diesmal wurde der Schiffer bezahlt. Dabei sah er unter den Mänteln Schwerter, Panzer und Schilde blitzen, den Glanz von Samt und Seide und das Funkeln von Gold und Edelsteinen. Dann verschwand die Gruppe im Dom. Als er am Tag darauf die erhaltenen Münzen betrachtete, da waren es Goldmünzen mit den Bildern der alten Kaiser darauf. Nach der Schlacht bei Leipzig verstand der Schiffer die Erscheinung: »Die im Dom ruhenden Kaiser waren aus dem Grabe gestiegen und halfen Deutschland frei zu machen von fremder Herrschaft.« (Schlundt, S. 70).

Dazu paßt die im 19. Jh. beliebte, kunsthistorische Antithese von deutscher Romanik und französischer Gotik. Die Kaiserdome in Speyer, Worms und Mainz wurden als »Zeugen einer großen deutschen Vergangenheit gefeiert« (Clemens, S. 77) und zu Nationaldenkmälern erklärt. Man sieht die ideologische Absicht deutlich, wenn man weiß, daß in Speyer und Mainz lombardische Steinmetze viele Skulpturen und Ornamente nach antiken Vorbildern geschaffen haben und der Wormser Westchor von einem Elsässer Meister stammt, der die französische Gotik bereits gekannt und verarbeitet hat (siehe die Fensterrose). Als zum nationalen Konzept passenden Kaiser griff man sich den Papstgegner Heinrich IV. heraus und umgab ihn bis in die 20er Jahre des 20. Jahrhunderts mit einem immer stärkeren Personenkult. Daran knüpften die Nazis an. 1937 beschloß der aus der Pfalz stammende Reichsinnenminister Wilhelm Frick (1877–1946), dem Speyrer Dom Kaiserstandbilder aus der Werkstatt des Kreuznacher Bildhauers Cauer zu stiften. Erste Entwürfe dafür waren bereits auf einer Salierausstellung im Jahre 1930 präsentiert worden. Um die Figur Heinrichs IV. entspann sich eine heftige Auseinandersetzung zwischen dem Stifter und dem Domkapitel. Schließlich gelangten die Standbilder 1941 nach Speyer, um in der Domvorhalle aufgestellt zu werden. Dazu kam es aber nicht mehr. Sie wurden dann 1964 im Domgarten plaziert. Die Bedeutung des Kaiserdoms für die NS-Propaganda wird u. a. in einer Rede von Ministerpräsident Siebert zur Einweihung der neuen Rheinbrücke im Jahre 1938 deutlich: »So grüßt ein stolzes Werk des neuen Deutschland, so grüßt unser Blick von der neuen Speyrer Rheinbrücke eines der ehrwürdigsten Bauwerke des alten Deutschland, den Kaiserdom, und stellt dabei eine Synthese zwischen dem Ersten und dem Dritten Reich am deutschen Schicksalsstrom dar.« (nach Clemens, S. 92).

Nach: Schlundt, Sagen aus Rheinland-Pfalz, S. 14 und 70; Dehio, S. 975ff.; Clemens, in: Kunst auf Befehl?, S. 77 ff.

# Sponheim
Landkreis Bad Kreuznach

## Ein Grenzgänger der Wissenschaft

Johannes Trithemius wurde am 1. 2. 1462 in Trittenheim an der Mosel als Sohn eines Winzers geboren. Er starb am 13. 12. 1516 in Würzburg. Nach Studien in Trier, Köln und Heidelberg trat er 1482 ins Benediktinerkloster Sponheim ein. Bereits ein Jahr später wurde er zum Abt gewählt. Bis 1506 baute er in Sponheim eine damals in ganz Europa berühmte Bibliothek von etwa 2000 Bänden auf, unter denen sich auch zahlreiche Zauberbücher wie Claviculae Salomonis, Picatrix, Hermes, Geber, Thebit, Ptolemäus, Arnaldus de Villanova und Petrus von Abano befunden haben müssen, wie seine gegen die schwarze Magie gerichtete Schrift »Antipalus maleficiorum« (1598) nahelegt. Sowohl durch Besuche als auch durch Korrespondenzen sind seine engen Kontakte zum Heidelberger Humanistenkreis um den Wormser Bischof Johann von Dalberg belegt. Zu diesem Kreis gehörten auch Rudolf Agricola, Konrad Celtis und Johann Reuchlin, dessen frühe Schrift zur jüdischen Kabbala »De verbo mirifico« (1494) Trithemius sicher zu seinen Forschungen über Geheimschriften mit angeregt hat. 1506 wird der Abt von seinen im Bündnis mit dem Landesherren befindlichen Mönchen aus Sponheim vertrieben. Nach kurzer Wanderschaft wird er Abt des Schottenklosters St.Jakob in Würzburg, wo er 1516 stirbt.

Von Trithemius stammt mit »De scriptoribus ecclesiasticis« (1494) die erste gedruckte Literaturgeschichte, die gern als Nachschlagewerk genutzt wurde. Umstritten wegen Fälschungen sind seine historischen Werke wie die Sponheimer Chronik oder die Hirsauer Annalen. Einen Ruf als Magier haben ihm seine beiden von der Kabbala inspirierten Arbeiten über Geheimschriften »Polygraphia« und »Steganographia« eingetragen. Sie standen bis ins 19. Jh. als Zauberbücher auf dem Index der katholischen Kirche. Gleichzeitig wurden sie vom 16. Jh. bis zum ersten Weltkrieg als Codiersysteme im diplomatischen und militärischen Bereich immer wieder genutzt, und da gehören sie schließlich wohl auch hin.

Daß Trithemius in den Geruch der Magie kam, hängt aber auch damit zusammen, daß sich sowohl Paracelsus als auch Agrippa von Nettesheim als seine Schüler betrachteten. Agrippa, der Autor von »De occulta philosophia« besuchte Trithemius im Jahre 1510 in Würzburg und diskutierte mit ihm die Grundfragen seiner Weltanschauung. Er hat auch ein Manuskript seines erst 1533 erschienenen Buches zurückgelassen. Aus all dem entstehen Gerüchte und schließlich Sagen von den magischen Fähigkeiten des Benediktinerabtes. Das bekannteste Gerücht kolportiert Luther in seinen Tischreden (1539):

*Der Sponheimer Abt Johannes Trithemius*

»Gleich wie ein Zäuberer und Schwarzkunstiger, der Abt von Spanheim, hatte zu Wegen bracht, daß Kaiser Maximilian alle verstorbenen Kaiser und große Helden, die Neuen Besten, so man also heißet, in seinem Gemach nach einander gehend gesehen hatte, wie ein jeglicher gestalt und bekleidet war gewest, da er gelebet, unter welchen auch gewest war der große Alexander, Julius Cäsar, item des kaisers Maximilians Braut, welche der König von Frankreich Carolus Gibbosus ihme genommen hatte.« ( Arnold, S. 180). Ganz ähnlich wird die Geschichte noch 1882 in einem Buch über den Abt (W. Schneegans, Abt Trithemius und Kloster Sponheim, Bad Kreuznach, 1882) berichtet: »Maria kommt hereingegangen, wie der gestorbene Samuel zu Saul, spaziert fein säuberlich für ihnen über. In Anerkennung der Gleichheit wird der Kaiser eingedenk, daß sie ein schwarz Fleck hinten am Hals gehabt; auf das hat er Acht und befindets auch also, da sie zum andermal vorüber ging. Da ist dem Kaiser ein Grauen ankommen, hat dem Abt gewinkt, er solle das Gespenst wegtun, und darnach mit Zittern und Zorn zu ihm gesprochen: Mönch, mache mir der Possen keine mehr!« (Schlundt, S. 90). Daß es sich dabei um eine lutherische Propagandasage handelt, beweist nicht nur die Herkunft aus Luthers Tischreden, sondern auch die Tatsache, daß Maximilian den Rat von Johannes Trithemius gerade in Fragen von Hexerei und Zauberei schätzte und nutzte. So traf er sich z. B. im Jahre 1508 mit dem Abt auf Schloß Boppard und stellte ihm acht weltanschauliche Fragen, die ihn bewegten. Die Antworten wurden 1515 in Oppenheim unter dem Titel »Das Buch von den acht Fragen« gedruckt veröffentlicht. Die fünfte Frage lautete, warum böse Menschen wie Hexen den bösen Geistern, gute Menschen dagegen weder den guten noch den bösen Geistern befehlen könnten? Zur Beantwortung bemüht Trithemius, der die Hexenverfolgung befürwortet, die Sympathielehre. Der Mensch habe einen freien Willen, zum Guten wie zum Bösen. »Und wie die Vervollkommnung des aufs Gute gerichteten Willens die guten Menschen den Engelwesen gleichmacht, so macht die Verworfenheit der bösen Menschen dieselben den bösen Geistern ähnlich.« (Trillitzsch, S. 209/210).

Je böser die Menschen, desto ähnlicher würden sie den bösen Geistern. Schließlich stelle sich zwischen den beiden Welten eine Art Vertrauen her. Dann führt Trithemius aus, auch bei den Dämonen gebe es unterschiedliche Intelligenzen. Die einfältigeren lebten auf der Erde und seien leicht zu vertreiben, die klügeren aber seien feinstofflich und mit diesen könnten besonders böse Menschen in Kontakt treten. Zum Schein würden sich diese Geister den bösen Menschen unterwerfen und ihnen zu Gefallen sein. Damit bekämen sie diese umgekehrt immer mehr in ihre Gewalt. Die bösen Geister besiegelten das durch einen Pakt, und zwar mit den Hexen und mit den Nekromanten oder Schwarzmagiern. Über die Hexen schreibt der Abt: »Wieviel Unheil dieser verderbliche Menschenschlag in deinem Reich anrichtet, hochweiser Kaiser, das vermöchte niemand zu schildern. Denn indem sie vor allem Gott und den Glauben an Christus und die heilige Taufe verleugnen, verschreiben sie sich mit Leib und Seele den bösen Geistern und treffen, beschädigen und töten mit ihren Zaubereien Menschen und Tiere. Es gib keine Krankheit, die sie – wenn Gott es gestattet – nicht hervorrufen könnten; denn da sie sich den bösen Geistern bei Einhaltung des geschlossenen Paktes dienstbar erweisen, erdreisten sie sich durch deren Beistand zu allem, was sie wollen. Daher sind sie nirgends zu dulden, sondern vielmehr allerorts vollständig auszurotten, da Gott, der Schöpfer aller Dinge, es so befiehlt: Die Zauberer sollst du nicht leben lassen.« (nach Trillitzsch, S. 212). Dann kommt er zu den guten Menschen und führt aus, sowohl die vom Bischof eingesetzten Exorzisten als auch Menschen mit einem guten Lebenswandel könnten den bösen Geistern gebieten. Daß gute Menschen andererseits den Engeln nicht gebieten könnten, hänge damit zusammen, daß die wirklich guten Menschen seit den Tagen des Urchristentums immer seltener geworden seien. Hier blieb der Abt vorsichtig, der doch an anderer Stelle die »magia naturalis« zu den erlaubten Künsten zählte. »Von der auf einem Vertrag oder Pakt beruhenden und daher verbotenen magia daemonica (magia illicita) ist die magia naturalis als erlaubte (licita) Handhabung der in der Natur durch den Schöpfungsakt immanenten Kräfte (qualitates occultae) zu trennen; die Grenzen zwischen beiden Bereichen waren dennoch stets umstritten.« (Daxelmüller, S. 26). Und die Grenzen wechselten im Lauf der Geschichte, sowohl im christlichen als auch im jüdischen Lager (siehe die Golemlegende/Speyer). Zur magia naturalis gehören vor allem Schutzhandlungen gegen Krankheit, Unglück und Bezauberung, vom Segen bis zu exorzistischen Praktiken, die als Heil- und Abwehrzauber dem schwarzmagischen Schadzauber durchaus ähneln.

Es gehört aber auch dazu die Nutzung verborgener Naturkäfte, wie sie z. B. Hildegard von Bingen in ihrer kosmologisch-mystischen Weltanschauung wahrgenommen hat. Auch die Astrologie war erlaubt. Sie gehörte ebenfalls zu dem Bereich »präscientistischer Naturwissenschaften« (Daxelmüller, S. 127). Nekromantie, d. h. schwarze Magie oder magia daemonica lehnte Johannes Trithemius ab, wie seine Beurteilung des selbsternannten Schwarzmagiers Faust zeigt, dem er im Jahre 1507 in Kreuznach begegnet ist. Zudem unterschieden er und seine Zeit sehr wohl, was als Zauberei und was als Betrug zu gelten hatte: »Jener Mann, von dem du mir schriebst, Georg Sabellicus, der sich einen Fürsten der Schwarzmagier zu nennen wagt, ist ein Umhertreiber, Gaukler und Scharlatan, den man mit Schlägen züchtigen sollte.« (Trillitzsch, S. 207). Weiter sagt Trithemius, Faust sei all der »schönen Künste unkundig«, deren er sich rühme. Er habe die Lehrerstelle in Kreuznach, welche er von Franz von Sickingen nach alchemistischen Versprechungen erhalten habe, alsbald verloren, weil man ihn »einer sehr schändlichen Unzucht – nämlich mit Knaben« überführt habe.

Nach: Schlundt, Sagen aus Rheinland-Pfalz, S. 90; Auernheimer/Baron, Johannes Trithemius; Arnold, Johannes Trithemius; Trillitzsch, Der deutsche Renaissancehumanismus, S. 207 ff./S. 586/587.

## St. Goarshausen
Landkreis Rhein-Lahn

### Lore Lay und Loreley

Blondinenwitze haben auch etwas mit der Rheinromantik zu tun. Das zeigt die Geschichte des Loreleymythos. Sie beginnt mit dem bekannten Felsen, der in den Rhein ragt, und noch gar nichts von Blondinen weiß. Bereits im 10. Jh. taucht der Name »mons Lurlaberch« auf. Und im 13. Jh. wird davon berichtet, daß Rheinschiffer das Echo des Ortes als Orakel benutzen. Sie rufen ihre Fragen dem Felsen zu und von dort antworten ihnen Zwerge.

»Hinsichtlich der Wasserwirbel hielt sich bei den Schiffern lange der Glaube, es sei dort eine endlose Tiefe. Von der Strömung und dem einzigartigen Widerhall berichten etwa seit dem 16. Jahrhundert Reiseschilderungen in Poesie und Prosa.« (Naturdenkmale, S. 26). Auch für Fischer war der steile Felsen früh ein Begriff. »Die Salmfangstellen an der Loreley dürften die ältesten des Mittelrheins sein.« (Naturdenkmale, S. 28). Bereits 876 wird der Abtei Prüm das Fischereirecht zwischen St.Goar und Bacharach verliehen. »Die steil aufragende Felswand bot den aufsteigenden Lachsen tiefe und überschattete Ruheplätze auf ihrem Weg zu den Laichplätzen. Mit 94 Fuß tiefem Wasser brachte die Fangstelle das ganze Jahr hindurch gute Fänge.« (Naturdenkmale, S. 28).

Zur weiblichen Figur wurde der Felsenname erst um 1800 durch den in Koblenz geborenen Dichter Clemens Brentano. Er schilderte in seiner Ballade »Zu Bacharach am Rheine« eine Frau namens Lore Lay, die durch ihre Schönheit ins Unglück gerät. Sie liebt einen Ritter, der in den Krieg ziehen muß. In seiner Abwesenheit muß sie sich vieler zudringlicher und liebestoller Männer erwehren. Diese denunzieren sie schließlich beim Bischof als Hexe. Der durchschaut die Anklage und rät der verzweifelten Frau, ins Kloster zu gehen. Auf dem Weg dorthin besteigt sie den bekannten Felsen und sieht unten im Tal auf einem Schiff ihren Geliebten zurückkommen. Sie will ihm entgegeneilen, stürzt dabei in die Tiefe und kommt um.

Dieser »romantisch-katholische Liebestod« (Mythos Rhein, S. 268) führt die erste Komponente des Lorele ymythos ein: die zauberhafte Schönheit. Die späteren Varianten der Figur in Brentanos Rheinmärchen (1846), wo Frau Lureley zu einer Melusine/Undine wird, welche ihre Kinder durch das wässrige Seelenreich des Märchenhaften führt, hat sich leider nicht durchgesetzt und ist bis heute ziemlich unbekannt geblieben.

Die zweite Komponente, nämlich die des medea-artigen Racheengels, erhält die rheinische Blondine um 1812 von Joseph von Eichendorff in seiner Ballade »Waldgespräch«. Dort verdirbt sie den Ritter, der ihre Liebe verraten hat. Der Rhein spielt dabei allerdings keine Rolle. Die dritte Komponente, das Motiv der singenden Sirene, wird erstmals 1821 von Otto Graf von Loeben in der Ballade »Der Loreleyfels« hinzugefügt. »Loreley, die sich aus Liebe umbrachte, war zur todbringenden Spukgestalt geworden.« (Mythos Rhein, S. 270). In der ersten Hälfte des 19. Jh. entstehen dann auch die heute noch bekannten Prosafassungen der Sage, wie z. B. in Schreibers »Handbuch für Reisende am Rhein« (1818) oder seiner Sammlung »Sagen aus den Rheingegenden, dem Schwarzwald und den Vogesen« (1839). Alle drei Komponenten fügt schließlich Heinrich Heine 1824 in seinem berühmten »Märchen aus uralten Zeiten« zusammen. Es scheint aber, als ob hier die Jungfrau, welche die Fischer durch ihr magisch-trauriges Lied in den Tod zieht, gar nicht bemerkt, welche fatalen Auswirkungen ihre melancholische Schönheit hat. Das kommt wohl daher, daß sie in einem Traumreich zwischen Menschen und Nixen zuhause ist.

Nach der verlorenen Revolution 1848/49 flacht der Loreleymythos immer mehr ab und zerlegt sich in drei Traditionsstränge: die femme fatale, die nationale Walküre und das kitschige Dummchen.

Die unnahbare, schöne Blondine, welche die Männer aus Spaß an der Freud anzieht und dann ins Verderben stürzt (also ohne die triftigen Gründe der rachsüchtigen Medea) taucht erstmals in Gemälden auf, wie 1857 bei Karl-Friedrich Fries. Das Bild entwickelt sich weiter über die Jugendbewegung und Wedekinds Lulu bis zu Marlene Dietrich in »Der blaue Engel« (1924/nach Heinrich Manns »Professor Unrat«). Aber die »feme fatale« und die Loreley gehen da schon verschiedene Wege. National gedeutet wird die Figur nach 1871, so im »Deutschen Kommersbuch«: »Die deutscheste Jungfrau sitzet/ auf hohem felsigem Stein,/ ihr leuchtender Harnisch blitzet,-/ so hält sie die Wacht am Rhein.« (Mythos Rhein, S. 276). Dazu kommt dann noch die touristische Postkarten-Blondine aus der Kitschfabrikation der Souvenirindustrie. In »Blondinen bevorzugt« (1953) greift Marilyn Monroe diese Rolle (sexy und dumm) auf und nennt sich Lorelei Lee. Die Nähe zu den Blondinenwitzen liegt auf der Hand. Das hat natürlich auch zu vielerlei Persiflagen geführt. Bereits 1850 zeichnet Philipp Veit die biedere Jungfrau, wie sie ihre blonde Perücke kämmt. Karl Valentin schildert 1916 den eintönigen Alltag der stets sich kämmenden und singenden Nixe. Und Erich Kästner nimmt schließlich 1932 die nationale Rheinromantik der Turnerbewegung in seinem Gedicht »Der Handstand auf der Loreley« aufs Korn: »Er stand, verkehrt, im Abendsonnenscheine./ Da trübte Wehmut seinen Turnerblick./ Er dachte an die Loreley von Heine./ Und stürzte ab. Und brach sich das Genick./ Er starb als Held. Man muß ihn nicht beweinen./ Sein Handstand war vom Schicksal überstrahlt./ Ein Augenblick mit zwei gehobenen Beinen/ ist nicht zu teuer mit dem Tod bezahlt./ P.S. Eins wäre allerdings noch nachzutragen:/ Der Turner hinterließ uns Frau und Kind./ Hinwiederum, man soll sie nicht beklagen./ Weil im Bezirk der Helden und der Sagen/ die Überlebenden nicht wichtig sind.«

Nach: Schlundt, Sagen aus Rheinland-Pfalz, S. 136; Mythos Rhein, S. 267 ff.; Naturdenkmale in Rheinland-Pfalz, S. 26–28; Brentano, Rheinmärchen.

# Strüth
Landkreis Rhein-Lahn

## Erste Polemik gegen die Katharer

Das Benediktinerkloster Schönau wurde 1125 oder 1126 von einem nassauischen Grafen gegründet. Kurze Zeit später kam es zum Mainzer Erzstift. 1141 entstand der dazugehörige Nonnenkonvent.

Hier lebte die Mystikerin Elisabeth von Schönau (1141–1164/65), deren Visionen und Vita ihr Bruder Ekbert, der spätere Abt von Kloster Schönau, aufgezeichnet hat. Eine spätgotische Elisabethenkapelle an der Nordwand der im Kern romanischen Klosterkirche St. Florin wurde 1723 abgerissen.

Ekbert von Schönau (gest. 1185) veröffentlichte 1163 mit den »Sermones adversus Catharorum errores« die erste Polemik gegen die auch am Rhein aufkommende dualistische Reformbewegung. Bereits 1143 waren Katharer nach Köln gekommen. Ekbert und andere hatten also die Gelegenheit, mit ihnen zu diskutieren. 1163, als Ekbert sein Werk veröffentlicht, geht es in Köln bereits los mit der Verfolgung der Katharer als Ketzer. »Am 5. August werden einige von ihnen im Dom verhört und draußen vor dem Judenfriedhof verbrannt.« (Borst, S. 78). Ekbert schuf erstmals ein System der Ketzerei, das so, z. B. als Katharerkirche (erst ab 1215 in Südfrankreich), gar nicht bestand. Er »schuf, durch Vergleich der Ketzerlehren mit Augustins Schriften, die erste wissenschaftlich begründete Hypothese über das Wesen der Katharer – sie seien, sagt er, bei allen Abweichungen im einzelnen, doch im ganzen Manichäer.« (Borst, S. 21).

Damit stellt er sie in die Tradition des spätantik-gnostischen Dualismus. »Dualismus ist der Glaube, daß das Wesentliche und Bleibende im Menschen nicht aus dieser irdischen Welt stammt.« (Borst, S. 56). Daraus folgen asketisches Leben, Ablehnung weltlicher Hierarchien innerhalb und außerhalb der Kirche und eine Tendenz zur Selbsterlösung im eigenen, reinen Leben. Verbunden mit dem gnostischen Gedanken universeller Religion entstanden daraus immer wieder christliche Reformbewegungen, die schon in der Zeit der Kirchenväter zu heftigen Kämpfen um die richtige Lehre führten. So hatte sich z. B. bereits Augustinus (354–430) mit dem in Renaissance und Humanismus (um 1500) wiederbelebten Neuplatonismus und dem Manichäismus auseinanderzusetzen. Von der chistlich-gnostischen Geheimlehre des iranischen Propheten Mani (gest. 227) war er gut zehn Jahre lang fasziniert, bevor er sich davon löste. Mani lehrte: »Da es mit dem Guten und dem Bösen zwei Prinzipien des Seins gab und alles, was im Kosmos existierte, einer unheilvollen, dennoch nur provisorischen Mischung guter und böser Elemente entsprang, zielte das Ideal eines heiligen Lebens darauf, die Teile des

Lichts zusammenzuziehen und von den Schlacken der Finsternis zu befreien. Das erforderte sexuelle Enthaltsamkeit, Untätigkeit und strenge Fastenvorschriften sowie den Verzicht auf die dunklen Lebensmittel Fleisch, Blut und Wein. Die lichten Nahrungsmittel wie Obst, Melonen, Kürbisse und Früchte aber vereinigten ihre Lichtteile mit der leuchtenden Substanz dessen, der sie verzehrte.« (Daxelmüller, S. 81/82).

Die Verbindung des Christentums mit dem römischen (unter Konstantin im 4. Jh.) und dem fränkischen Staat (unter den Karolingern im 8./9. Jh.) ging deutlich in die entgegengesetzte Richtung der dualistischen Strömung. Einen Mittelweg im Gedanken der Urkirche fand vor allem die gewaltfreie und auf klösterliche Unabhängigkeit bedachte irofränkische Mission, die zwischen Konstantin und Karl dem Großen ihren Höhepunkt im merowingischen Franken hatte. Die dualistischen Gedanken kamen dann zur Jahrtausendwende um 1000 erneut an die Oberfläche, und zwar hauptsächlich durch die Bogomilen in Bulgarien, die nach ihrer Vertreibung 1143 auch nach Westeuropa kamen. Die aus ihrer Mission entstandenen Katharer konnten sich aber auch auf heimische Kirchenkritiker wie Arnold von Brescia (gest. 1155) berufen, welcher ebenfalls eine arme, wandernde Mönchskirche forderte und die Städtebewegung in Oberitalien unterstützte. Der Albigenserkreuzzug (1209–29) beendete den religiösen und zunehmend auch politischen Eigenweg der Katharer und gleichzeitig damit auch die politische Selbständigkeit Südfrankreichs von Paris. Im deutschen Reich ließ der Stauferkaiser Friedrich II., selbst unter Ketzereiverdacht stehend und vom Papst gebannt, die Katharer verfolgen, weil ihr Denken seine politischen Herrschaftsbestrebungen ebenso störte wie die seines Gegners, des Papstes in Rom. Die oberitalienischen Städte wie Mailand folgten seinem kaiserlichen Befehl nur zögernd. Wie die alten Städte am Rhein – von Straßburg und Basel bis Köln – sollten sie noch lange als Hochburgen der Ketzerei und Rebellion fungieren.

Nach: Borst, Die Katharer; dtv-Atlas zur Weltgeschichte, Bd. 1, S. 149 und 159; Jürgensmeier, Das Bistum Mainz, S. 26; Daxelmüller, Zauberpraktiken, S. 74 ff.

# Thür

Landkreis Mayen-Koblenz

## Genoveva-Diana in der Wildnis

Die Kapelle, welche laut der Legende an dem Ort errichtet worden sein soll, an dem Genoveva mit ihrem Sohn sechs Jahre und drei Monate lang in der Wildnis gelebt hat, könnte die Fraukirch bei Thür sein. Der früher bedeutende Wallfahrtsort wurde erstmals 1279 urkundlich erwähnt. Der romanische Bau stammt aus dem 13. Jahrhundert. In den frühkarolingischen Fundamenten hat man 1828 Gräber gefunden, darunter auch das einer Frau aus dem Jahre 737/740, der Zeit also, in welche die Genovevalegende sich selbst datiert. Die Fraukirch beherbergt einen kostbaren Hochaltar aus Tuffstein von 1664, der im Stil der Eifler Volkskunst die Stationen der Legende darstellt.

Wenn man sich fragt, wieso gerade im Mayengau die Legende von der standhaften Frau in der Wildnis entstehen konnte, findet man schnell, daß der Boden hier durch gallorömische und frühere Traditionen bereitet war. So gibt es eine ganze Reihe von europäischen Göttinnen wie Artemis, Diana, Nemetona, Sadb und Flidais, die in Beziehungen zum Hirschkult stehen. Der frühgriechische Mythos von Aktaion faßt die alten Traditionen aus der Zeit der Eiszeitjäger zusammen: Artemis verwandelt Aktaion in einen Hirsch, den sie zu Tode hetzt. Dies geschieht am Tag ihrer jährlichen Wiederkehr, wenn sie in einer heiligen Quelle ihre Jungfräulichkeit erneuert. Hier haben wir also einmal das Jägermotiv, wenn auch umgekehrt, nämlich als Heros-König der Muttergöttin, der in jedem Jahr getötet und durch einen Nachfolger ersetzt wird, und das Jungfrauenmotiv, das für spirituelle Integrität, für die Sophia (Weisheit) steht, welche in der christlichen Kirche die Nachfolge der Mutterkulte (siehe Matronenkult im Rheinland) angetreten hat. Daher erklärt sich also auch die Verbindung Genoveva und Maria. Die Tradition des keltischen Hirschgottes Cerunnos zeugt von der Funktion des gehörnten Königs und ist wie der Artemis-Diana-Mythos bereits in die männliche Perspektive gewendet. Einen Bezug zu noch älteren, steinzeitlichen und mehr mutterrechtlichen Traditionen haben irische Mythen und Märchen, in denen Feen (Irland, Oisinmythos), schöne Frauen und Mädchen immer wieder Hirschgestalt annehmen und den Helden in die Anderswelt, das diesseitige Jenseits, locken. »Das Thema der Wildfrau, die in abgelegenen Felsschluchten und Berghöhlen lebt, einen Hirten oder Bauern heiratet, diesem in die Menschenwelt folgt, ihn dann aber aus irgendeinem Grund wieder verläßt, war auch in Europa weit verbreitet.« (Duerr, Sedna, S. 34). Als »Herrin der Tiere« nimmt diese Wildfrau oft Tiergestalt an, z. B. als Hirschkuh. Bekannt ist sie vor allem in schamanistischen Gesellschaften Sibiriens und Amerikas. Auch in den Bauernkulturen nach der neolithischen Revolution erinnert dieses Motiv an die Zeit der Jäger und Wildbeuter und speist vielleicht auch in tieferem Sinn die Angst der Seßhaften vor den umherziehenden Jägern, später bezogen auf die Hunnen, Mongolen und Türken im Osten Europas. Der Wald ist im übrigen als Ort der Wildnis auch die Stelle, in die sich Frauen während der Menstruation auf Geheiß der Männer zurückziehen müssen, weil sie in dieser Zeit als unrein gelten.

Der psychische Reflex einer Angst vor Unreinheit, vor Blut und Schleim (in der alten Säftelehre der Spätantike und des Mittelalters gesprochen) ist also gekoppelt an die vom männlichen Sonnengott Apoll inspirierte Vorstellung von Reinheit und Helligkeit, dem aufklärerischen Licht der Vernunft. Schwarzwald (Abnoba) und Ardennen (Arduinna) haben zu gallorömischer Zeit weibliche Schutzgottheiten. Der Boden für die Genovevalegende war also sowohl in den europäischen Bewußtseinsstrukturen als auch in regionalen Kulttraditionen des Rheinlands aus vorchristlicher Zeit bestens vorbereitet.

Nach: Duerr, Sedna, S. 34/83/278/410; Ranke-Graves, Die weiße Göttin, S. 254/289/301/302; Botheroyd, Lexikon der keltischen Mytholgie, S. 163/257.

## Trier

Die römische Residenzstadt der Spätantike (ab 284 n. Chr.) bietet eine Fülle von Geheimnissen: Von keltischen und gallorömischen Heiligtümern über spätantike Magie und frühmittelalterliche Segen bis zu Klostersagen, den Hexenprozessen und vielerlei Volksbräuchen reicht das wundersame Angebot, aus dem drei Geschichte(n) herausgegriffen werden sollen.

### Machten die Römer aus Göttinnen Götter?

Trier ist eine Fundgrube für den, der sich mit der Religion zu gallorömischer Zeit beschäftigen will. »Die größte Sammlung von Kultdenkmälern aus einem geschlossenen Bezirk der römischen Welt« (Römer, S. 588) stellt die Tempelanlage im Altbachtal unterhalb des Amphitheaters dar. Dort hat man mehr als 70 Tempel, Kapellen und heilige Bezirke gefunden. Der monumentale Tempel oberhalb davon, am Herrenbrünnchen, gehörte vermutlich zu einem Quellheiligtum. Und schon hier stellt sich die Frage, ob es bei einem solchen Ort nicht besser Frauenbrünnchen heißen müßte, wenn man bedenkt, daß die Quellkulte im Gebiet der Treverer und Ubier meist in enger Verbindung mit dem Matronenkult stehen. Das wird noch deutlicher beim zweiten großen Trierer Tempelbezirk unterhalb des Markusberges auf der anderen Moselseite. Hier wurde der treverische Stammesgott Lenus Mars verehrt. Aber Lenus Mars war kein kriegerischer Gott, wie die »interpretatio romana«, die Deutung des keltischen Gotts durch den römischen Mars glauben machte könnte. Lenus Mars war eher ein Gesundheits- und Heilgott.

Das zeigen auch die in seinem Tempel gefundenen Weihegeschenke. Knaben- und Mädchenstatuetten mit Vogel oder Früchten weisen auf den alten Glauben, daß Kinder aus den Quellen kommen. Sie tragen zudem die Attribute (Früchte) der Muttergottheiten, von denen ebenfalls jede Menge (sitzend oder stehend) gefunden wurden. Dazu kommen Terrakotten von Venus und Epona sowie vom sogenannten Kapuzenmann oder cucullatus, einem Heildämon, der als Helfer von Asklepios und Hygieia auftritt und »die uralte Eigenschaft der Zwerge« hat, »den Menschen hilfreich zu sein«. (Gose, S. 53).

Noch deutlicher wird die Herkunft des gallorömischen Heilgottes aus vielleicht schon keltischen Quellkulten der ursprünglich dreifachen Göttin, wenn man den benachbarten Tempel der Xulsigiae oder Suleviae ins Spiel bringt. Das sind Gesundheitsgöttinnen (vor allem Schutz der Augen), die mit den ubischen Matronen verwandt sind. Letztere setzen die Tradition der dreifachen Göttin (siehe Ranke-Graves/Einleitung) fort, die bis in die wahrscheinlich matriarchalen Kulte der Steinzeit zurückreicht. Ob der Stadtname Trier, bzw. der Stammesname Treverer (die Stadt als Augusta Treverorum) – ähnlich wie der von Worms (keltisch: Borbeto-magus; Borbeto=Borbeth/Warbede) – von »Trebeta« (so heißt der mythische Stadtgründer im 15. Jh.), d. h. »Tre/Drei Bethen« abgeleitet ist, muß vorerst Spekulation bleiben. Die »Drei Bethen« ihrerseits sind mittelalterliche Heilige (Einbet, Warbet, Wilbet), die oft als Teil der Kölner Ursulalegende auftreten und denen im Wormser Dom ein Steindenkmal als drei heilige Jungfrauen gewidmet ist. Die Übereinstimmungen der Bilder von der dreifachen Göttin in der Region an Rhein und Mosel frappieren jedenfalls. Und wenn die Quellkulte der mütterlichen Gottheiten älter sind als das gallorömische Stammesheiligtum des Lenus Mars, der inhaltlich mit ihnen ohnehin verwandt ist, dann kann davon gesprochen werden, daß unter den Römern aus Göttinnen Götter gemacht wurden. Man müßte dann auch die zu dieser Zeit häufig auftretenden Götterpaare in der Reihenfolge umdrehen: Es müßte dann nicht »Mars und Ancamna«, sondern »Ancamna und Mars« heißen. (Liederschmitt, S. 6). Zu einem typisch treverisch-ubischen Heiligtum gehören jedenfalls fast immer folgende Bestandteile: Fruchtbarkeit (Darstellungen von Früchten oder Kindern), Quellen und Bäder (Wasser) und Gesundheit (Heilen durch Wasser). In der regionalen Latènekultur finden sich dann aber anders als bei den gallorömischen Heiligtümern so gut wie keine Frauendarstellungen. Es dominieren die männlichen Masken des Kopfkultes, ganz anders z. B. als in der Zeit der Jäger und Sammler (Jungsteinzeit) mit ihren stilisierten Venusfiguren. Einen Schlüssel für dieses Geheimnis könnte die Tatsache sein, daß die Matronen häufig mit einem Baumsymbol dargestellt wurden. Baum- und Quellkulte hängen möglicherweise in keltischer Zeit zusammen. »Wahrscheinlich erklärt sich das scheinbare Fehlen einer urgeschichtlichen Wurzel der M/M-Vorstellungen (Matronen/Matres, der Verf.) daraus, daß ihre noch erkennbare Urform ein Baum-Numen war. Hiermit ist eine Verbindung wenigstens in die La-Tene-Zeit gegeben.« Aus Latène-Heiligtümern kennt man sogenannte Opferschächte, »die mit Opfergaben gefüllt wurden und in die auch Pfähle oder Bäume eingesetzt wurden«. (Matronen, S. 249). Auf solchen baumähnlichen Stelen (siehe die Säule von Pfalzfeld) finden sich dann oft die männlichen Masken des keltischen Kopfkultes abgebildet.

Nach: Römer in Rheinland-Pfalz, S. 588 und 593; Gose, Der Tempelbezirk des Lenus Mars; Liederschmitt, Kelten; Matronen, S. 3/5/82/249.

## Das Sonnen- und das Mondpferd

Aus Trier und Umgebung kennt man auch mehrere Funde, welche die gallorömische Pferdegöttin Epona darstellen, zwei davon im Bereich des Lenus-Mars-Tempels am Markusberg, eine aus dem Tempelbezirk im Altbachtal und eine von einer Fundstelle in der Deutschherrenstraße. Die ursprünglich keltische Göttin, die meist auf einem Pferd sitzend und mit einer Früchteschale oder einem Füllhorn dargestellt wurde, ist von den Römern übernommen und zur Schutzgöttin der Pferde reduziert worden. Darüber mokiert sich z. B. der Satiriker Juvenal im 2. Jh. n. Chr. Es finden sich von Spanien, Italien und dem Balkan über Gallien bis nach Britannien über 60 Weihungen an und 250 bildliche Darstellungen von Epona. Ihr

*Gallorömische Pferdegöttin Epona aus Kastel bei Mainz*

*Gallorömischer Tempel des Lenus Mars in Trier*

Name ist abgeleitet von altkeltisch »epos« (Pferd). Ihr naher Bezug zu den Muttergottheiten läßt sich nicht nur an den Attributen (Früchten) erkennen, sondern auch daran, daß sie gern an Quellen mitverehrt wurde und Pferdefiguren beliebte Votivgaben waren. (Botheroyd, S. 104). Das Pferd ist insgesamt ein ambivalentes Symbol, »da es einerseits die Macht der Sonne ist, wenn die weißen, goldenen oder feurigen Pferde mit Sonnengöttern erscheinen und ihre Kampfwagen ziehen; andererseits aber die Macht des Mondes, wenn sie als das feuchte Element, das Meer und das Chaos erscheinen und als die Rosse der Ozeangötter«. (Cooper, S. 138). Und für beides gibt es in der Tat Belege. Das Sonnenpferd ist ja heute noch bekannt in der Quadriga, dem Vierergespann des Sonnengottes. Das Mondpferd hat z. B. Lengyel nachgewiesen, einmal stilisiert auf Münzen als trächtige Stute und zum anderen als Tier des übers Wasser her kommenden Partholon, des ersten mythischen Eroberes Irlands. Dieser steht andrerseits auch mit dem mittelmeerischen Stierkult in Verbindung. Pferd und Stier gelten daher als verwandte Symbole, vor allem in der stilisierten Form der Mondsichel (Stierhörner und Pferdebauch). Im übrigen findet man in keltischen Gräbern öfter Pferdeskelette als Opfer- und Grabbeigaben. Die Erklärung für diese Ambivalenz deutet sich mehrfach in der irischen Mythologie an. Dort gibt es z. B. einen Inthronisierungsmythos, nach dem der König die heilige Hochzeit mit einer weißen Stute (Symbol der Muttergottheit, bzw. der Erde) vollzieht. (Botheroyd, S. 105). In einem anderen irischen Mythos muß der neue König aus einem Pferdebauch kriechen, d. h. geboren werden. (Ranke-Graves, S. 460). Das Pferd ist also »die Inkarnation des Sonnenjahrgeistes als Sohn der Stuten-Göttin«. (Ranke-Graves, S. 461). In der heiligen Hochzeit der Göttin und ihres Heros-Königs treffen die Sonnen- und Mondattribute des Pferdesymbols also zusammen. Die Stuten-Göttin (Demeter-Rhiannon) ist übrigens eine weiße Stute. Das erklärt die weiblichen Gespenster der weißen Frau in Mittelalter und Neuzeit, aber auch viele Komponenten des Jungfrauen- und Engelkults mit seinen Attributen von Reinheit, die sich stets bildlich in der Farbe weiß darstellen. Die weiße Göttin ist solar (weiß) und lunar zugleich. Lengyel hat an der Analyse keltischer Münzen und ihrer Symbole gezeigt, daß Sonne (drei) und Mond (zwei) von den Kelten gern ineinander verwoben wurden. Zu keltischer Zeit mischten sich demnach wahrscheinlich einerseits patriarchale und matriarchale Traditionen, die ursprünglich einmal zeitlich aufeinander folgten, zum anderen gab es möglicherweise noch eine Erinnerung an die Große Göttin der Steinzeit, die Sonne und Mond in ihrem Mythos und ihren Ritualen miteinander vereinigte.

Nach: Gose, Der Tempelbezirk des Lenus Mars, S. 56; Liederschmitt, Kelten, S. 7; Binsfeld, Ein neues Epona-Heiligtum in Trier?; Maier, Lexikon der keltischen Religion und Kultur, S. 115; Botheroyd, Lexikon der keltischen Mythologie, S. 104ff und S. 268ff; Lengyel, Das geheime Wissen der Kelten, S. 140/212/216/218; Gsänger, Irland, S. 74; Ranke-Graves, Die Weiße Göttin, S. 75/460 ff; Cooper, Lexikon der Smybole, S. 138.

## Die Magie des Heiligen Rocks

»Im Christentum ist der Reliquienkult bis heute eines der Gebiete, wo sich Volksglaube und kirchliche Lehre am stärksten durchdringen.« (Wörterbuch, S. 671). Man sieht es an den Grabbeigaben, die den Toten bis in die fränkische Zeit mitgegeben wurden. Sie gehörten zum Lebensumfeld und Gestaltungsspielraum des Toten und galten daher als aufgeladen von seiner Lebenskraft. Dieselbe magische Vorstellung findet sich im keltischen Kopfkult, nach dem der abgetrennte Kopf des Feindes dessen Lebenskraft auf den Sieger überträgt, und im bis heute praktizierten Schadzauber (z. B. in afroamerikanischen Kulten Brasiliens), wo man zur Behexung wie zum Gegenzauber Gegenstände aus dem Besitz oder vom Körper des Opfers, bzw. der Hexe benötigt. Kurz und gut: Der Reliquienkult ist durch und durch heidnisch. Die Kirche hat hier den alten Traditionen im Volksglauben nachgegeben. Immer wieder hat sie versucht das zu unterbinden, z. B. durch ein Verbot des Reliquienhandels (9.–11. Jh.), aber es hat nichts genützt. In der Zeit um das Jahr 1000 stand der Reliquienkult in seiner schönsten Blüte. Und aus dieser Zeit stammen auch die ersten Legenden vom Heiligen Rock von Trier. Ursprünglich nämlich war nur die Auffindung des heiligen Kreuzes durch Helena, die Mutter des römischen Kaisers Konstantin, überliefert, so bei Gregor von Tours im 6. Jh. (Buch I, Kapitel 36). Helena hat von 306 bis 316 mit ihrem Sohn Konstantin in Trier gewohnt. Daher rührt auch die weitere Legende, daß sie ihre Stadtvilla gestiftet hat, um den Bau einer Kirche an Stelle des heutigen Doms zu ermöglichen. Kein Wunder also, daß man annahm, daß Helena bei ihrer starken Beziehung zur spätantiken Kaiserresidenz Trier die von ihr erworbenen Reliquien auch hier deponiert habe. Der heilige Rock allerdings kam erst im 11. Jh. ins Gerede, vorher ging es lediglich um das heilige Kreuz, seine Splitter und Nägel. Eine zweite Variante der Rock-Legende ist die Orendelsage aus dem 12. Jh., in welcher der Held Orendel, Sohn eines sagenhaften Trierer Königs, die Reliquie auf einer Pilgerfahrt nach Jerusalem erwirbt. Der Mantel macht ihn unverwundbar wie Siegfried das Drachenblut, und er wird sogar König von Jerusalem. Bei einem Heimatbesuch an der Mosel flüstert ihm eine Stimme ein, er solle den Rock hier lassen.

Öffentlich gezeigt aber wurde der heilige Rock erstmals beim Maximilians-Reichstag 1512. Und da erregte er bereits genauso großes Aufsehen wie im Jahre 1844, aber dazu später. »Kaum war der Bericht über die Auffindung der Heiligtümer zur Kenntnis der Fürsten, Herren und des gemeinen Volkes gekommen, da wollte das Rufen und Bitten der Versammelten, man möchte den Hl. Rock zeigen, nicht mehr aufhören... Der Rock ist wunderlich geblümt mit gar seltsamen Figuren von solcher Arbeit, daß, wenn man ihn an einem Orte auftrennte, er mit keiner Nadel wieder zusammenzuheften wäre. Das hat manchen Menschen zum Weinen gerührt. In den 14 Tagen, dieweilen man den Hl.Rock zeigte, waren oft über 100.000 Menschen gegenwärtig.« (Trier, S. 108/109). Daß der Rock ungenäht aus einem Teil gemacht war, hat die Kirche oft als Aufruf zur Einheit gedeutet und genutzt. Das erklärt auch die Zeitpunkte, zu denen die Reliquie öffentlich gezeigt wurde. Den nächsten großen Auftritt hatte der Rock nämlich im Jahre 1844, kurz vor der demokratischen Revolution von 1848/49. Er wurde von den rheinisch-katholischen Romantikern heftig begrüßt. So schreibt Joseph von Görres, über eine Million Menschen wären zum Rock nach Trier gewallfahrtet: »Von vier Uhr in der Frühe bis elf Uhr in der Nacht zogen die Scharen am Heiligtum vorüber, das so viele Jahrhunderte überdauert.« (Trier, S. 157). Und Ricarda Huch resümierte dazu: »Die Ausstellung des Jahres 1844, als schon die Schauer der Revolution durch Deutschland gingen, hatte die Gründung der deutsch-katholischen Kirche zur Folge.« (Trier, S. 194). Aber es gab auch andere Stimmen. So dichtete Rudolf Löwenstein, Redakteur der satirischen Zeitschrift »Kladderadatsch« ebenfalls 1844 das Lied von der »Freifrau von Droste-Fischering«, die durch die Wallfahrt von all ihren Krankheiten geheilt wurde: »Sie sprach, als sie zum Rocke kam:/ Ich bin auf allen Vieren lahm./ Du Rock bist ganz unnähtig,/ und ganz entsetzlich gnädig,/ zeig mir dein Gnadenlichte!/ Ich bin des Bischofs Nichte./ Da gab der Rock in seinem Schrein/ auf einmal einen hellen Schein,/ das fuhr ihr in die Glieder,/ sie kriegt das Laufen wieder,/ sie ließ die Krücken drinnen,/ und ging vergnügt von hinnen./ Freifrau von Droste-Fischering/ noch selbgen Tag zum Kuschwof ging./ Dies Wunder göttlich grausend/ geschah im Jahre Tausend-/ achthundert-vierundvierzig,/ und wer's nicht glaubt, der irrt sich./ Ach herrje ojemine, ach herrje ojemine, ach herrje ojemine, Josef und Maria!« (Steinitz, S. 226). Weitere öffentliche Ausstellungen fanden auch in den Jahren 1891 und 1933 statt. (HdA, Bd. 7, S. 749). Die jüngste Wallfahrt wurde im April 1996 durchgeführt.

Nach: Liederschmitt, Kelten, S. 13; Steinitz, Deutsche Volkslieder demokratischen Charakters, S. 226; Gregor von Tours, Historiarum, I/36; Handwörterbuch des deutschen Aberglaubens, Bd. 4, S. 1463/1464 und Bd. 7, S. 749; Wörterbuch der deutschen Volkskunde, S. 671; Schroeder, Trier, S. 84/89/97/107/108/119/155/194.

## Waldalgesheim

Landkreis Mainz-Bingen

### Die Dreigötterkanne aus dem Fürstengrab

Bereits 1869 hat man nördlich von Waldalgesheim in Richtung einer Eisenerzgrube ein keltisches Fürstengrab aus der Mitte des 4. Jh. v. Chr. ausgegraben. Darin fanden sich neben Goldschmuck die metallenen Reste eines zweirädrigen Streitwagens mit dazugehörigem Pferdegeschirr und eine figural verzierte Bronzeröhrenkanne. Oben auf dem Kannendeckel findet sich ein Pferd, der Henkel endet oben in einem Widderkopf und unten in einer bärtigen Maske. Dabei handelt es sich wahrscheinlich um die Darstellung der drei von Lukan erwähnten keltischen Göttergestalten: Taranis als Pferd, Teutates als Widder und Esus als Mensch. Der Wagenkult – in der Hallstattzeit vierrädrig, in der Latènezeit zweirädrig – hängt wahrscheinlich eng zusammen mit dem Sonnenkult, denn der Sonnengott wird in vorchristlicher Zeit häufig dargestellt, wie er mit Pferd und/oder Wagen über den Himmel reitet/fährt.

Nach: Maier, Lexikon der keltischen Religion und Kultur, S. 334/335; Botheroyd, Lexikon der keltischen Mythologie, S. 90/268/322/361/363; Salzburgkatalog, S. 225–227; Nördliches Rheinhessen, S. 26/31.

# Weiler
Landkreis Mainz-Bingen

## Arbeitsgeräte aus der Altsteinzeit

Bei Weiler hat man grobe Schab- und Schlaggeräte aus der Altsteinzeit gefunden, die etwa 500.000 Jahre alt sind. Sie stammen von einer Jägergruppe, die der Entwicklungsstufe des Homo heidelbergensis zugeordnet wird, und zwar entweder in der Günz-Mindel-Zwischeneiszeit oder am Beginn der Mindeleiszeit. Die Menschen damals waren mit Steinwerkzeugen und -waffen ausgestattet und jagten die großen Tiere der trockenwarmen Steppenlandschaft. An anderen Fundorten im Neuwieder Becken hat man Knochen von Hirsch, Reh, Elefant, Nashorn, Pferd, Rind, Bär und Wolf gefunden.

Aus dieser Lebensweise wird die Bedeutung klar, welche die Steizeitjäger den Wildtieren zukommen ließen. Ihre enge Beziehung zu diesen Tieren dokumentiert sich dann später in den Höhlen- und Felszeichnungen der Tiere und schließlich auch in den keltischen Tiergöttern wie dem Hirschgott Cerunnos, dem Pferdegott Taranis oder den mittelmeerischen Stiergöttern, die bis in die Mithrasmysterien der Spätantike ihre Bedeutung entfalten.

Nach: Nördliches Rheinhessen, S. 14; Bosinksi, Eiszeitjäger, S. 28ff.

# Wendelsheim
Landkreis Alzey-Worms

## Der Pfarrer, die Aufklärung und das Goldmachen

In den Lebenserinnerungen des Abenteurers und Schriftstellers Friedrich Christian Laukhard (1757–1822) gibt es auch eine biografische Erinnerung an seinen Vater, den lutherischen Pfarrer von Wendelsheim, Philipp Burkhard Laukhard (1722–1789), die sich mit dessen philosophischen und alchemistischen Privatstudien beschäftigte. Und mit dieser Kombination von Aufklärung und Alchemie war er durchaus auf der Höhe seiner Zeit. Als Anhänger des Philosophen Christian Wolff (1679–1754), dem Hauptvertreter der deutschen Aufklärung, teilte er dessen »Vertrauen auf die Erkenntniskraft der menschlichen Vernunft und deren Bedeutung für das praktische Leben«. (Kl. Phil.Wörterbuch, S. 199). Als Leser des niederländischen Philosophen Spinoza (1632–1677) kannte er dessen Mischung von Rationalismus und pantheistischem Neuplatonismus, die später einen vehementen Einfluß auf Klassik und Romantik (Lessing, Herder, Goethe, Schelling, Schleiermacher,

Hegel) ausgeübt hat. (Kl.Phil.Wörterbuch, S. 165) Auch Spinoza beschäftigte sich übrigens bereits in der Fortsetzung der Renaissance-Tradition mit der Alchemie. Das alles geschieht vor dem Hintergrund einer ökonomischen und technischen Modernisierung im Bergbau, der schon einmal den menschlichen Entwicklungssprung von der Stein- zur Metallzeit zu verantworten hatte. »Der Bergbau wird zu einem Deutungsfeld, auf welchem neben den rationalen Einstellungen alte Formen mimetischer Allianztechnik und hermetischer Wissenschaften überleben und von dort ausgehend eine Arkantradition bilden, die in der Romantik wieder auflebt.« (Böhme, S. 73). Nicht umsonst sucht man in der Alchemie ganz bergbautechnisch den Stein der Weisen oder profaner die Technik des Goldmachens. Damit einher geht die Vorstellung, der Mensch müsse die Natur verbessern und beherrschen. Laukhard erzählt von seinem Vater:

»Er hatte in seiner Jugend sehr fleißig studiert und hatte besonders die Wolffische Philosophie zu seinem Lieblingsstudium gemacht. Er bekannte mir oft, daß ihn die Grundsätze der Wolffischen Metaphysik dahin gebracht hätten, daß er an den Hauptdogmen der lutherischen Lehre gezweifelt hätte. In der Folge, da er sein Studium nicht nach Art so vieler geistlicher Herren an den Nagel hängte, untersuchte er alle Dogmen seines Kompendiums und verwarf sie alle, da er sie mit den Sätzen seiner lieben Metaphysik unvereinbar fand. Endlich fiel er gar auf die Bücher des berüchtigten Spinoza, wodurch er ein vollkommener Pantheist ward... Dabei hatte mein Vater indes auch seine großen Schwachheiten, aber doch auch nur Schwachheiten und keine Laster. Er war – daß ich nur etwas davon anführe – ein großer Kenner der Alchimie und wollte durchaus Gold machen. Ein gewisser Musjeh Fuchs, welcher um das Jahr 1760 wegen Geldmünzerei und anderer Halunkenstreiche in Schwaben gehangen worden, hatte ihn mit den Geheimnissen dieser edlen Kunst bekannt gemacht. Er fing an zu laborieren und las dabei die herrlichen Bücher des Basilius Valentinus, Baptist Helmontius und seines noch tollern Sohns, Meister Merkurius Helmontius, Paracelsus, Becher, Sendivogius, den er besonders hochhielt, und anderer theosophischer, alchimistischer Narren und Spitzbuben. Die Lektüre dieser Skarteken verwirrte ihm den Kopf und machte, daß er jahraus, jahrein den Stein der Weisen suchte und beträchtliche Summen bei dieser unseligen Bemühung verschwendete.

Meine Mutter machte dem verblendeten Mann die triftigsten Vorstellungen, welche nicht selten in Zank und Spektakel ausarteten, aber alles umsonst. Er laborierte frisch weg und versicherte mehr als einmal, daß er das große Magisterium nunmehr gefunden hätte und nächstens Proben davon geben würde. Der Apotheker Eschenbach in Flonheim war meines Vaters treuer Gehilfe. Dieser war bankrott geworden, zwar nicht durch

Alchimie, sondern durch sein Saufen und durch Spitzbübereien eines Abschaums aller Spitzbuben, des verstorbenen Rats Stutz in Flonheim. Eschenbach, welcher arm war und keinen Unterhalt wußte, war froh, daß ihn mein Vater zu seinem Kalfaktor oder, wie sie es nannten, Kollaboranten und Symphilosophen aufnahm. Er half nicht nur treulich laborieren, sondern schaffte noch alle alten, vermoderten Bücher herbei, welche die Kunst, Gold zu machen, lehren sollten. Hätte mein ehrlicher Vater statt der Wolffischen Metaphysik die physischen Werke dieses Philosophen studiert, so würde viel Geld erspart und manches Nachgerede unterblieben sein. Er hat einige Jahre vor seinem Tod aufgehört zu laborieren, aber noch 1787, als ich ihn zum letztenmal besuchte, behauptete er, daß die Goldkocherei allerdings eine ausführbare Kunst sei.« (Laukhard, S. 13/14).

Die Alchemie teilt sich in zwei Hauptbereiche, die beide in erster Linie mit der Verbesserung der Natur im Labor zu tun haben, die Verwandlung unedler Metalle in Gold oder Silber und die Herstellung eines Allheilmittels für die Medizin, beides durch die Suche nach dem Stein der Weisen. Bis um 1800 war die Alchemie die akzeptierte Form der Naturerkenntnis. Bis dahin wurden die analytischen Methoden der heutigen Naturwissenschaft und die magisch-synthetischen Methoden der älteren Naturphilosophie von den gleichen Männern angewendet. »Die Zergliederung der Körper in immer kleinere Teilchen liegt nicht im Interesse der Alchemisten. Ihr synthetisch ausgerichtetes Interesse richtet sich auf die Vervollkommnung der Stoffe.« (Gebelein, S. 15/16). Beide Methoden gehörten zum wissenschaftlichen Grenzgebiet der erlaubten »magia naturalis«, die sich seit der Spätantike mit den Schöpfungskräften der Natur beschäftigte. »Bis zum 18. Jahrhundert war die Alchemie als eine ganzheitliche Wissenschaft akzeptiert. Die hermetische Philosophie und ihre praktische Seite, die Laborarbeit, bedingten sich gegenseitig.« (Gebelein, S. 19). Immerhin ist auch die moderne Naturwissenschaft ohne im Grunde philosophische Hypothesen wie der Suche nach dem kleinsten Teilchen oder der Vorstellung kausaler Wirkungsketten in der Schöpfung nicht denkbar. Um 1800 trennten sich beide Richtungen, die eine wanderte ab in den Bereich okkulter Spekulation, die andere wurde zur Grundlage der Industrialisierung. Die Verbindung beider Methoden läßt sich schön an Autoren zeigen, die auch Pfarrer Laukhard aus Wendelsheim gelesen hat. Basilius Valentinus z. B. soll ein Erfurter Benediktinermönch gewesen sein, der möglicherweise 1394 in Mainz geboren wurde. Eine andere These behauptet, der Name sei nur das Pseudonym des Herausgebers Johannes Thölde (um 1600). Dagegen spricht allerdings, daß bereits Kaiser Maximilian 1515 versucht haben soll, das biografische Geheimnis des Valentinus zu enthüllen. Während sich sein Buch »Das Azoth der Weisen oder geheime Vorschriften über die Substanz des Steines« mit der Goldmacherei beschäftigt, gibt er in dem Buch »Triumphwagen des Antomonii« Rezepte für medizinwirksame Tintkuren mit Antimon, einem damals in Mode gekommenen Heilmittel. Überliefert ist von ihm aber auch eine sehr pragmatische Beschreibung des Bierbrauens.

Ähnliches gilt für Paracelsus (1493–1541), der als Arzt große Erfolge verzeichnen konnte. Nach seiner Meinung müssen »sowohl Pflanzen als auch Mineralien aufbereitet werden, damit sie als Heilmittel wirken, dies gilt nicht nur für giftige Substanzen, sondern auch für andere«. (Gebelein, S. 214). Da ist sie wieder, die alchemistische Vorstellung von einer zu verbessernden Natur, und zwar auf ihrem zweiten Feld neben der Chemie, dem der Medizin.

Der in Bingen geborene Dichter Stefan George hat zu all dem einmal treffend zusammengefaßt: »Alchimie, Astrologie sind nur die falschen, weil zu raschen Konsequenzen erfühlter wahrheit, irrige übertreibungen des Einheitsdrangs. Nicht altgewordener Aberglaube, sondern frühreife (vorlaute) erkenntnis. Sie gehöre nicht zum absterbenden mittelalter, sondern zur erwachenden Neuzeit. Alchimie glaubt an die Einheit der Stoffe indem sie ihre wandlungen – astrologie an die Einheit der Kräfte indem sie ihren zusammenhang übertreibt. Sie glauben und übertreiben nur was auch die moderne Wissenschaft glaubt und sucht.« (Gebelein, S. 382).

Nach: Laukhard, Leben und Schicksale, S. 13/14; Kleines Phil. Wörterbuch, S. 165/199; Wörterbuch der deutschen Volkskunde, S. 11; Böhme, Natur und Subjekt, S. 67ff.; Gebelein, Alchemie.

## Winningen
Landkreis Mayen-Koblenz

### Das weiße Weibchen vom Moselufer

Als im Jahre 1593 in Winningen die Pest ausbrach, sollen die katholischen Gegenreformatoren die Gunst der Stunde genutzt haben, um gegen die »Abtrünnigkeit« zu predigen. Das hatte bei einer jungen Frau Erfolg. Sie trat wieder zur katholischen Kirche über. Dafür wurde sie von ihren ehemaligen Glaubensgenossen ausgestoßen und soll ihr Leben in einer kärglichen Hütte vor den Toren des Städtchens gefristet haben. Als sie starb, fand ihr Geist keine Ruhe, und man sah sie nachts als weißes Weibchen vom Moselufer aus den vorbeifahrenden Schiffern zuwinken. Die Geisterbanner wurden vergeblich gerufen, stets an ihrem Todestag erschien der Geist wieder am Ufer. »Endlich in der aufgeklärten Periode des 18. Jahrhunderts schien er Ruhe gefunden zu haben.« (Schlundt, S. 152).

Aber nach Jahren wurde wieder vom Auftreten der weißen Frau berichtet. Da machten sich ein paar furchtlose Burschen aus Winningen, die dem Spuk nicht glaubten, auf, um die Sache aufzuklären. Sie versteckten sich hinter einer Mauer und sahen tatsächlich die weiße Gestalt kommen. Schon wollten sie doch lieber die Flucht ergreifen, als der Geist plötzlich von sich aus sein Gewand fallen ließ. Da sahen die Detektive, daß es Hans Felden war, ein in der Gegend bekannter Spaßvogel. Er wurde schnurstracks gepackt und mußte gestehen, daß er die Wiederkehr des Geistes inszeniert hatte.

Diese Sage von einer weißen Frau (siehe Sinzig) ist insofern interessant, als sie ihre möglichen Deutungen bereits mitliefert. Da ist einmal der mit aller Härte ausgefochtene Konfessionsstreit. Es kommt einem so vor, als sei die Sage von katholischer Seite in die Welt gesetzt worden, um den Protestanten Herzenskälte vorwerfen zu können. Und dann wird der Spuk durch die Aufklärung beendet: die Geister verschwinden in dem Maß, wie der moderne Rationalismus wächst, eine durchaus optimistische Weltanschauung. Als er wiederkehrt, läßt er sich leicht als Betrug, bzw. Schabernack entlarven.

Nach: Schlundt, Sagen aus Rheinland-Pfalz, S. 151/152.

## Winnweiler

Donnersbergkreis

### Die Rache des schwarzen Ritters

Bei einem großen Turnier in Worms warf der schwäbische Ritter von Wolfseck alle Gegner spielend aus dem Sattel und düpierte damit die gesamte anwesende rheinische Ritterschaft. Niemand mehr wollte mit ihm stechen. Da verhöhnte er die Ritter auf dem Turnierplatz. Das wurmte Kolb von Wartenberg, der eigentlich nur zufällig in der Nähe war, so sehr, daß er den Schwaben zum Kampf forderte. Die beiden Ritter sprengten mit Lanzen bewaffnet aufeinander los, und der Wolfsecker lag schließlich am Boden. »Der hat mich mit höllischer List besiegt und steht mit dem Teufel im Bunde«, schrie der gekränkte Schwabe. »Das lügst du«, antwortete der Wartenberger ruhig und weiter: »Ein Zweikampf mit scharfen Lanzen soll beweisen, wer von uns beiden im Recht ist.« Und das Gottesurteil wurde für den anderen Morgen angesetzt. Am nächsten Morgen fand sich der Wolfsecker auf dem Turnierplatz ein, nicht aber der Wartenberger. Schon verhöhnte der Schwabe die Feigheit seines Herausforderers, als ein schwarzer Ritter mit heruntergeklapptem Visier auf den Platz ritt, der das Wartenberger Wappen trug. Der Zweikampf begann und der Schwabe sank in den Staub. Der Schwarze aber fegte wie der Sturmwind davon. Als man dem sterbenden

Wolfsecker die Rüstung öffnete, sagte er mit leiser Stimme: »Wartenberg gab mir den verdienten Lohn. Gestern nacht haben ihn meine Knechte hinterrücks überfallen und erschlagen.«

Die Farbe schwarz paßt zum rächenden Geisterritter, der unerkannt kommt und wieder geht, ein häufiges Motiv des Ritterromans. Schwarz ist nämlich auch die Farbe von Dämonen und Gespenstern (zusammen mit weiß), aber auch von Teufel und Tod. »Schwärzung des Gesichts ist die einfachste und zugleich ursprünglichste Art der Maske, die den Träger ins Totenheer hinüberführt.« (Wörterbuch, S. 725). Die Schwärzung des Gesichts ist aber auch eine beliebte Tarnmethode bei räuberischen Überfällen. Unklar ist, wann die Angst vor dem schwarzen Mann (siehe das bekannte Kinderspiel) sich mit rassistischen Vorstellungen aufgeladen hat. Vermutlich ist das erst im 19. Jahrhundert geschehen.

Nach: Pfälzer Sagen und Balladen, S. 7/8; Wörterbuch der deutschen Volkskunde, S. 724; Farbe bekennen, S. 19ff.

## Wörrstadt
Landkreis Alzey-Worms

### Wehe wer das Kutschar verhöhnt!

An der Straße zwischen Ensheim und Wörrstadt liegt in der Gewann Wachwendel eine kleine Talsenke, in der es nicht geheuer sein soll. Wer um Mitternacht oder am Mittag zwischen 12 und 13 Uhr dort vorüberkommt, der muß sich hüten, einen Diebstahl oder sonstigen Feldfrevel zu begehen. Die Strafe folgt hier nämlich unmittelbar auf die böse Tat. Der Frevler hört zuerst einen leisen Warnruf aus der Luft und wenn er nicht von seinem Vorhaben abläßt, dann kommt ein unförmiges Etwas ohne Kopf, springt ihm auf den Rücken und bleibt dort sitzen, bis der Missetäter wieder in die Nähe menschlicher Behausungen gelangt. Schlimmer noch ergeht es denen, die eine freche Antwort auf den Warnruf geben oder das Kutschar sogar herausfordern. In solchen Fällen konnte es passieren, daß der Geist dem Frechdachs kurzerhand den Hals rumdrehte.

In der Figur des Kutschar mischen sich das Mittagsgespenst, das Dorftier und der Aufhocker. Mittagsgespenster sorgen u. a. dafür, daß kein Feldfrevel verübt wird, auch dann nicht, wenn der Eigentümer oder der Feldschütz weit weg sind, nämlich beim Mittagessen. Dorftiere gibt es in vielgestaltiger Art. Sie sind eine Art Schutzgeister von Dörfern. »Charakteristisch ist es, daß die Geister dieser Art die bösen Bewohner des Ortes strafen, indem sie sie zwingen, sie auf den Rücken zu nehmen und so eine lange Strecke Wegs zu tragen.« (Wolf, Beiträge zur deutschen Mythologie, 1852, S. 349). Sind die Aufhocker auch Mittagsgespenster, endet ihr Machtbereich dort, wo die Siedlung anfängt. Das hängt zusammen der alten Vorstellung von der Grenze zwischen menschlicher Aura, also bearbeiteter Natur und Wildnis, also unbearbeiteter Natur, die sich im Zuge der neolithischen Revolution, auf dem Sprung vom Jäger zum Bauern, gebildet hat. Sie findet sich auch in der germanischen Wortbedeutung von geheuer/ungeheuer. Geheuer heißt »zur gleichen Siedlung zählend«, später auch »traut, angenehm«. (Wörterbuch, S. 845). Während die Kopflosigkeit häufig bei Wiedergängern vorkommt, die nicht zur Ruhe kommen, teilweise in Zusammenhang mit der Strafe des Köpfens wegen Mordes, also ein bildlich verstandenes Strafen – Der hat den Kopf verloren! –, ist die Unförmigkeit des Geisterkörpers eher eine Seltenheit, die allerdings den Schrecken eindeutig erhöht.

Nach: Müller, II, S. 58; Gallé, Geistererscheinungen im Kreis Alzey-Worms, S. 33 ; Wolf, Beiträge zu deutschen Mythologie, S. 349.

## Wörth

Landkreis Germersheim

### Von der Schlange im Apfelbaumwald

»Der Bienwald liegt im Süden der pfälzischen Rheinebene an der Grenze zum Elsaß. Er ist ein typischer Rheinniederungswald mit außergewöhnlich vielen stehenden und fließenden Gewässern.« (Naturdenkmale, S. 216). Dort wo der Heilbach bei Wörth den Bienwald verläßt und die Rheinaue erreicht, liegt das »Affelderle«. »Auf dieser etwa 3 km langen Strecke können seine Wasser ihren Lauf frei gestalten, Musterbeispiele von Prall- und Gleithängen, von neu geschaffenen Wasserarmen und verlandenden Altwassern hinterlassend.« (Naturdenkmale, S. 216.) Um einen kleinen Hügel, das eigentliche Affelderle, rankt sich folgende Sage:

Vor etwa 150 Jahren habe es hier noch eine tiefe Öffnung im Hügel gegeben, die den Eingang zum Verlies einer kleinen Burg gebildet haben soll. Damals soll einmal ein Knabe, der in der Nähe zusammen mit Freunden Vieh hütete, in die Öffnung hinabgestiegen sein, um einen Schatz zu suchen. Seine Freunde ließen ihn an einem langen Seil hinab, doch bald schrie er, man solle ihn wieder nach oben ziehen, weil eine große Schlange um seinen Leib züngele. Er kam unverletzt davon. Aber die Schlange wurde immer wieder in der Umgebung gesehen. Sie soll um den Hals einen goldenen Schlüssel getragen haben.

Die Sage erinnert an keltische Elfensagen, nach denen die Feen in Bergen oder noch häufiger in auffälligen Hügeln inmitten der Landschaft wohnen. Der Zugang zu ihnen und damit auch zum Totenreich liegt also im Diesseits, auf der Erde, direkt neben den Lebenden. Auch hier leuchtet wieder die enge Beziehung zum Bergbau ein, der die Grenze von Stein- und Metallzeit markiert. Aus all dem wurden später Schatzgräbersagen, nicht zuletzt wegen der tatsächlichen Räuberei an keltischen Münzdepots und Hügelgräbern, in denen ja oft genug Gold als Grabbeigabe zu finden war. Die Schlange gehört in der keltischen Mythologie in ein frühes Stadium der Schöpfung. Sie »vereint das männliche und das weibliche Prinzip, ist Muttergöttin und schöpferischer Gott der Anderswelt zugleich, denn sie steht für die Vereinigung der beiden und letztlich für die Energie, die den Kosmos fortwährend erneuert, Pflanzen wachsen läßt und sich im Geschlechtstrieb von Mensch und Tier ausdrückt«. (Botheroyd, S. 289). Sie findet sich auch mit Widderhörnern als gehörnte Schlange oder stilisiert als Spirale in vielen keltischen Ornamenten. Der Name »Affelderle« stammt von althochdeutsch »Aphaldarloh«, d. h. Apfelbaum und Loh (Gehölz). Der Apfelbaum gehörte zu den sieben heiligen Bäumen der Kelten. Und die geheimnisvolle Insel Avalon, zu der König Arthur fuhr, um Heilung von seinen schweren Wunden zu finden, war die »Insel der Apfelbäume«. (Ranke-Graves, S. 299). Damit steht der Apfel auch in Beziehung zur Weißen Göttin.

Nach: Naturdenkmale, S. 216ff; Botheroyd, Lexikon der keltischen Mythologie, S. 289; Ranke-Graves, Die Weiße Göttin, S. 289 ff.

## Wolken
Landkreis Mayen-Koblenz

### Was ist eigentlich der Goloring?

In der Nähe von Wolken liegt auf militärischem Gelände eine kreisförmige Graben- und Wallanlage von 190 m Durchmesser, die wahrscheinlich aus der frühkeltischen Hallstattzeit (750–450 v. Chr.) stammt. Der Name leitet sich möglicherweise vom Ritter Golo der Genovevasage ab; damit wäre der Goloring in der Volksüberlieferung eine wegen der Untaten ihres Besitzers untergegangene Burg. Im Innern des Walles findet sich eine 1,50 m hohe, künstlich aufgeschüttete, kreisrunde Erdplattform, in deren Zentrum man die Spuren eines einmal etwa 12 m hohen Pfostens gefunden hat. In der Nähe gibt es mehrere Felder mit Grabhügeln (Bassenheim, Wolken, Kobern), die man in Verbindung mit der Wallanlage bringt, obwohl sie in die spätere Frühlatènezeit (ab 450 v. Chr.) gehören.

Die Hallstattzeit oder regional die jüngere Hunsrück-Eifel-Kultur war gekennzeichnet durch Fürstensitze wie die Heuneburg an der Donau und Nekropolen, die sich um große, fürstliche Hügelgräber gruppierten. Als besondere Kultstätten sind bisher lediglich Brandopferplätze von bis zu 9 m Durchmesser archäologisch nachgewiesen. Sie liegen meist auf Bergvorsprüngen und Felskuppen.

»Ob es darüber hinaus Kultanlagen gegeben hat, die archäologisch vorerst nicht zu erkennen sind (heilige Haine) wissen wir nicht.« (Spindler, S. 372). Insofern ist die Deutung des Golorings als frühkeltische Kultstätte mehr als vorläufig. Grabungen könnten auch zeigen, daß hier ein Fürstensitz bestand oder eine Nekropole, die teilweise abgetragen wurde. Vergleiche mit Dolmenkreisen der britischen Megalithkultur wie Avebury oder Woodhenge stehen auf wackligem Fuß, weil diese Anlagen aus der Jungsteinzeit stammen, also wesentlich älter sind als der Goloring. Vergleichbar wären höchstens die Einfriedungen von Hügelgräbern, in deren Mitte Grabstelen standen. Die einzigen Hinweise auf Kultstätten mit einem Pfosten/Baum in der Mitte stammen aus spätkeltischer Zeit, wie z. B. das »Kultbäumchen« von Manching. Der kulturelle Bruch zwischen Hallstatt- und Latènekultur läßt hier jedoch eine Beweiskette ohne ergrabene Nachweise nicht zu.

Nach: Graichen, Das Kultplatzbuch S. 282; Die Kelten am Mittelrhein und in der Pellenz, S. 11/32/34; Maier, Lexikon der keltischen Religion und Kultur, S. 149; Spindler, Die frühen Kelten; S. 60/92/372; Pennick, Die alte Wissenschaft der Geomantie, S. 127.

## Worms

Das Nibelungenlied, die Geschichte der Reichstage (vor allem Luthers Auftritt 1521) und die jüdische Tradition haben die Stadt Worms bekannt gemacht. Mit Blick auf die Neuheidenszene der Gegenwart muß hier zudem ein Szenenzentrum seit den 70er Jahren festgestellt werden. Das drückt sich z. B. in der Existenz eines kleinen Wicca-Covens aus, der allerdings weniger in der englischen Tradition des 19. Jh. steht, sondern im Zug der Alternativbewegung keltische und indianische Mythen mit solchen mischte, die aus der Tradition der als weise Frauen gedeuteten Hexen stammen sollen. Die Anhänger versuchen damit die Wiederbelebung eines Kultes um die Große Göttin. In der Okkultszene insgesamt gibt es ein breites politisches Spektrum von links bis rechts: Man kennt sich untereinander. Die Wormser sind dabei multikulturell und wohl eher anarchistisch ausgerichtet.

## Eine Anleitung zum Untergang

Die Geschichte des Nibelungenliedes dokumentiert gleichzeitig die Geschichte deutscher Identität. Deswegen ist vor allem die Rezeption dieses um 1200 entstandenen Textes von großem Interesse. Dabei ergeben sich fünf historische Eckpunkte: das kurzlebige Burgunderreich am Rhein im 5. Jh, die Konflikte im merowingisch-fränkischen Königshaus um 600, die Zeit des Dichters um 1200, die erste Wiederentdeckung durch die Humanisten um 1500 und die zweite Wiederentdeckung durch die nationale Romantik und ihre Epigonen im 19. und 20. Jh. Genauer beleuchtet werden müßten dabei in Zukunft vor allem einmal die Zeit des Humanismus mit seinen nationalen Phantasien und die fränkische Vorlage des Dichters. Letzteres könnte die Bedeutung der Burgunder im Nibelungenstoff erklären. Schließlich sind sie am Rhein kaum nachgewiesen und zudem nur knapp 50 Jahre zuhause. Eine bleibende historische Wirkung haben sie erst in ihrem nächsten Siedlungsgebiet, dem heutigen Burgund entfaltet.

Und aus dem frankoburgundischen Teil des Merowingerreiches stammt auch die Köngin Brunichild, eine ursprünglich westgotische Prinzessin, die den Dreh- und Angelpunkt der dynastischen Familienmorde um 600 darstellt. Sie wurde schließlich 613 von ihrem Neffen Clothar II. als Verantwortliche für das Familiengemetzel seit 575 auf grausame Art und Weise ermordet, nämlich gevierteilt. Zuvor hatte z. B. ihr Enkel Theuderich, der Frankoburgund regierte, seinen Bruder Theudebert, der Austrasien regierte, und dessen Söhne nach einem Krieg um die Macht im fränkischen Reich ermordet. Das war für die späteren Generationen natürlich ein Thema, das mindestens so viel spannende Fragen aufwarf wie die Niederlage der Burgunder gegen die Hunnen. Und dieses Thema beschäftigte sich mit Burgund, einem Teil des karolingischen Zwischenreiches Lotharingien, einer Landschaft, die mehrfach in der abendländischen Geschichte ihre Selbständigkeit fand und wieder verlor, einem uralten Zankapfel zwischen den später Frankreich und Deutschland genannten Staaten. Erst im Jahre 1033 hatten die Salierkaiser die Krone Burgunds erworben. Der Stauferkaiser Friedrich I. Barbarossa hatte 1156 die burgundische Prinzessin Beatrix geheiratet und war 1178 zum König von Burgund gekrönt worden. Im 14. Jh. dann waren die Herzöge von Burgund sowohl deutsche als auch französische Lehensträger. Nach einer kurzen Blüte der Selbständigkeit im 15. Jh. unter Karl dem Kühnen wird Burgund 1477 durch Heirat habsburgisch. Es beginnt eine Auseinandersetzung mit Frankreich. Sie endet 1544 mit der Rückgabe Burgunds an den französischen König Franz I., der Karl V. militärische Hilfe gegen die protestantischen Reichsstände verspricht.

Das Nibelungenlied hat also wohl in staufischer Zeit vor allem interessiert als ein Krisenvorbild, das zeigen sollte, wie man es nicht machen sollte, sozusagen eine Anleitung zum Untergang mit heimlich erhobenem Zeigefinger. Das hat man dann bei der Wiederentdeckung im 19. Jh. völlig ignoriert. Die Warnung wurde durch Selbstberauschung ersetzt. Man konnte das unglücklich endende Nibelungenlied als Nationalepos und Zukunftsmodell verstehen, weil man sich aus einer Position der Kränkung zu einem eigenen Entwurf nationaler Identität aufmachte. Und die Kränkung ist schließlich die Gemütshaltung des Opfers, das größenwahnsinnig Rache phantasiert. Während Frankreich, von dem man sich bereits seit der Zeit des Humanismus (um 1500) und erst recht seit dem dreißigjährigen Krieg gekränkt und gedemütigt fühlte, in seiner Revolution gleichzeitig nationale und universale Zukunftsentwürfe ins Spiel brachte, mußten die Deutschen für ihren Gegenentwurf auf die Vergangenheit zurückgreifen und holten die mittelalterliche Verbindung von christlicher Einheitskirche und Kaiseridee aus der historischen Schublade. Sie lehnten sich also an das Vergangene, das Untergegangene an und fanden keinen inhaltlich neuen und selbständigen Gesellschaftsentwurf für ihre nationale Sehnsucht.

Dazu paßte dann natürlich das vorprogrammierte Scheitern der Burgunder im Nibelungenlied: Die Warnung wurde in Trotz umgedeutet. »Die Anlage der national definierten Feindschaft stand in Deutschland schon während der Befreiungskriege unter einem hohen Beweisdruck: Es mußte schwerfallen, die besondere Qualität der eigenen Nation im Gegensatz zu anderen Nationen glaubhaft darzulegen und zugleich zum politischen Programm der Selbstfindung zu machen. Hier liegt auch der Grund für die immer wiederkehrende Frage nach dem, was eigentlich ›den Deutschen‹ ausmache. Die ständige Suche nach der Identität der Deutschen ist nicht das Zeichen eines besonders ausgeprägten Hanges zu Grübelei und Selbstreflexion, sondern ergab sich aus dem Zwang, eine politisch instrumentalisierbare nationale Andersartigkeit als Grundlage des eigenen Selbstverständnisses begreiflich zu machen.

Das führte zur permanenten Selbstbefragung. Dagegen war es für die französischen Revolutionäre bedeutend leichter, nicht die eigene nationale Wertigkeit, sondern die mit der Aufklärung allgemein – und das heißt eben auch: übernational – verbreiteten ›vernünftigen‹ Prinzipien menschlichen Zusammenlebens wie ›Gleichheit‹, ›Freiheit‹ und ›Menschenrechte‹ zur Grundlage der Selbstdefinition Frankreichs und der Feinddistinktion zu nehmen.« (Jeismann, Das Vaterland der Feinde, S. 142). Der Untergang wurde schließlich zum Ziel nationalsozialistischer Nekrophilie, die als Begleitmusik aber auch schon im wilhelminischen Größenwahn des zweiten Reiches zu hören war. Statt der demokratischen Utopien, die von den Ideen der französischen Revolution inspiriert waren, setzte sich im Deutschland des 19. Jh. nach der Niederlage gegen die Fürsten von 1848/49 das Untergangspathos der preußischen Befreiungskriege gegen Napoleon durch. Aus dem warnenden Bild vom Untergang der machthungrig-gekränkten Burgunder/Franken im Nibelungenlied wurde ein verhängnisvolles Handlungsmodell: Treue bis in den Tod, aber wofür? Für ein Wahnbild rebellischen Hasses.

## Töchter der Großen Göttin im Dom

Worms soll in keltischer Zeit Borbetomagus geheißen haben. »Magus« kommt von keltisch »Mag« und heißt Feld oder Ebene. Borbeto könnte ein Eigenname sein. Darauf stützt sich die Theorie, Borbetomagus heiße Feld der Borbet. Und Borbet wird identifiziert mit der mittelalterlichen Heiligenfigur der Warbet/Warbede, die in Worms eine gewisse Rolle spielt. In der Nikolauskapelle des Doms findet sich der aus dem Bergkloster stammende Dreijungfernstein. Die hier dargestellten drei Frauen heißen Embede, Warbede und Willebede. Das Bergkloster lag seit dem 9. Jh. im Westen der Stadt (heute Festhaus und EWR-Gebäude). 1224 kam es in den Besitz der Reuerinnen, eines etwa 20 Jahre zuvor von Rudolf von Worms gegründeten Frauenordens. Der Dreijungfernstein (um1430/spätgotisch) stammt also aus einem Frauenkloster. Dieses hatte zudem engen Kontakt zum Straßburger Konvent. Und Straßburg ist eine der Stationen, wo sich die Legende von den drei Jungfrauen und die Kölner Ursulalegende treffen. Es heißt, die drei hätten Ursula bis zum Oberrhein begleitet, seien dann aber zurückgeblieben, um eine erkrankte Gefährtin namens Aurelia zu pflegen. Hintergrund der Legende ist die Tatsache, daß sich die Verehrung der drei Jungfrauen vom Rheinland über Straßburg nach Bayern und Südtirol verbreitet hat. Die Kultstätten wurden im 15. Jh. auf Druck der Bevölkerung von der Kirche eingerichtet, und zwar widerwillig, wie die Parallele mit den drei Frauen Fides, Spes und Caritas im Rheinland zeigt. (Matronen, S. 219). In der Bevölkerung gab es eine Vorstellung davon, daß die drei Frauen einer älteren Tradition entstammten. So berichtet eine Wormser Legende, das Bergkloster sei beim Stadtbrand 1689 verschont worden, weil die Franzosen in den drei Jungfrauen fränkische Prinzessinen erblickt hätten. Von einer heidnischen Frauen-Triade berichtet auch der Wormser Bischof Burchard, und zwar von den Parzen als Schicksalsgöttinnen. Im Bonner und Trierer Raum bestand in gallorömischer Zeit (2.–4. Jh. n. Chr.) der Matronenkult. Auf den Weihesteinen finden sich drei Frauen, davon zwei mit Haube (verheiratet) und eine ohne Haube (unverheiratet). Als Attribute kommen Früchte und ein Baum dazu. Beides deutet auf keltische Fruchtbarkeitskulte, die meist in Zusammenhang mit Quellheiligtümern standen. Die Verehrung von Muttergottheiten und anderen weiblichen Gottheiten (Diana, Epona etc.) war im Rhein-Mosel-Raum zu vorchristlicher Zeit weit verbreitet. So finden sich z. B. auch einzelne Matronenfiguren in Mainz und Worms. Diana-Artemis wiederum verkörpert ebenso wie die Musen den Rest eines vermutlich steinzeitlichen Kultes um die Große Göttin in der im Kern bereits patriarchalen Eisenzeit. Diana gilt noch im Mittelalter (siehe wieder Burchard von Worms) als Anführerin der nächtlichen wilden Jagd und wurde so auch Vor-Bild für die Hexenvorstellungen der frühen Neuzeit. Interessant ist in diesem Zusammenhang auch, daß im Rhein-Mosel-Raum eine ganze Reihe von Sagen existieren, in denen drei Frauen eine Rolle spielen, so die Stifterinnensage (z. B. zur Udenheimer Bergkirche) oder die Sage vom Jungfernsprung (in Auw).

Nach: Kranzbühler, Verschwundene Wormser Bauten; Matronen, S. 98/217; Ginzburg, Hexensabbat; Weckerling, Die römische Abteilung des Paulusmuseums; Ranke-Graves, Die weiße Göttin, S. 467; Göttner-Abendroth, Das Matriarchat I, S. 97.

## Von Liebeszauber, Losorakeln und bösem Blick

Als Bußbuch, das den Priester zu Beichtfragen anleitet, verstand der Wormser Bischof Burchard sein »Corrector et Medicus« (Anfang des 11. Jh.). Vorläufer des Werkes waren Aufzeichnungen des Beda Venerabilis und Regino von Prüms. Bis heute ist es unklar, inwieweit Burchard sich in dieser Aberglaubensammlung auf die spätantiken Kirchenväter beruft und inwieweit er den Volksglauben seiner Zeit abbildet. Er beschreibt u. a. das Wettermachen, ein Losorakel, die Benutzung von Amuletten und Liebeszauber, und ordnet ihnen dann jeweils Bußen und Strafen zu. Für ein Orakel, so heißt es, fege man die Feuerstelle sauber und lege Gerstenkörner auf die heiße Stelle. Wenn die Körner springen, droht dem geplanten Unternehmen Gefahr, bleiben sie liegen, geht alles gut aus. Amulette würden als Abwehrmittel gegen den bösen Blick (»fascinationes«) gebraucht: »Hast du teuflische Amulette gemacht, seien es teuflische Ritztäfelchen, die inige auf Satans Rat hin zu machen pflegen, oder Kräuter- und Bernstein-Amulette?« (Hain, S. 43). Auch ein Regenzauber wird geschildert. Er steht in Zusammenhang mit dem auch als Rauschmittel in sogenannten Hexensalben enthaltenen Bilsenkraut. Auch Hexen werden beschrieben. Es sind »Frauen, die mit einer weiblich aussehenden Dämonenschar in gewissen Nächten auf Tieren daherreiten müssen«. (Hain, S. 45). Dann geht es um Milchzauber. Auch der Werwolf wird dargestellt sowie das Umgehen mit wiedergängerischen Toten, den Urformen der späteren Gespenster. Burchhard beschreibt auch Liebeszauber und den Gebrauch magischer Gifte: »Gewisse Frauen pflegen ihre Kleider abzulegen, bestreichen den ganzen nackten Körper mit Honig, streuen Weizenkörner auf ein am Boden ausgebreitetes Tuch und wälzen sich mehrmals darin. Alle Weizenkörner, die an dem feuchten Körper hängenbleiben, sammeln sie vorsichtig und mahlen sie in einer Mühle, aber in umgekehrter Richtung zum Sonnenlauf. Aus diesem Mehl backen sie Brot und geben es ihren Gatten zu essen, damit sie nach dem Genuß des Brotes kraftlos werden und dahinsiechen.« (Hain, S. 49). Darin tauchen dann auch wie bei den Wiedergängergeschichten die bekannten keltischen Vorstellungen von Lebenskraft und deren magischem Nutzen auf. Burchard geißelt all diese Methoden als heidnisch und belegt sie nach einer Art Bußgeldkatalog mit Strafen: »Weissager, welche zukünftige Dinge zu wissen vorgeben, sollen gepeitscht und dann aus dem Bezirk ausgewiesen werden, und jeden soll der Bann treffen, der Wahrsager und Zauberer zu Rate gezogen hat; aus der Kirchengemeinschaft sollen ausgeschlossen werden Zauberer, Wettermacher oder solche, welche durch Anrufung von Dämonen die Gemüter der Menschen verändern zu können glauben; Weiber, welche solches tun und vorgeben, sie könnten die Gesinnung der Menschen, den Haß in Liebe, die Liebe in Haß umändern, und daß sie nachts auf Tieren reiten, sollen aus der Pfarrei ausgewiesen werden.« (Daxelmüller, S. 111). Zauberei stand also unter Strafe, doch verglichen mit der Zeit der Hexenverfolgung 500 Jahre später erscheinen die Strafen milde. Noch verstand man die Hexerei nicht als Verschwörung einer Sekte, sondern als einzelnes Delikt, das meist zudem noch gar nicht funktionierte. Erst die Ketzerverfolgung des 13. Jh. schuf die Voraussetzungen für die Verschwörungstheorien der frühen Neuzeit.

Nach: Daxelmüller, Zauberpraktiken, S. 111ff.; Hain, Burchard von Worms und der Volksglaube seiner Zeit.

## Abraham von Worms und die »wahre Praktik der göttlichen Magie«

1725 erschien in Köln erstmals das »Buch der wahren Praktik in der uralten göttlichen Magie« des »Juden Abraham von Worms«. Wiederentdeckt wurde es dann Ende des 19. Jh. von dem englischen Okkultisten MacGregor-Mathers, der es seinem dubiosen Kollegen Aleister Crowley (1875–1947) zur Verfügung stellte. Dieser probierte das darin angegebene Ritual zur Beschwörung eines Schutzengels 1899 aus, was offenbar mißglückte. Interessant sind aber weniger die Fragen, ob Abraham von Worms um 1400 wirklich gelebt hat, z. B. als Jakob Molin (Maharil) und ob die Rituale funktionieren, sondern der kulturgeschichtliche Hintergund dieses Buches. Im 18. Jh. wurden sehr viele magische Schriften erstmals gedruckt, und oft erhielten die Bücher klangvolle Namen und Rückverweisungen auf alte Traditionen.

*Die romanische Synagoge von Worms, ursprünglich 11. Jh.*

Da lag auch die jüdische Tradition nah, die ja durch ihre Mystik die spätantike Gnosis und durch die Kabbala die Renaissance stark beeinflußt hat. Der Text des Buches gibt hier keine endgültige Klarheit, greift aber auch auf ältere Traditionen magischer Weltanschauung zurück und zeugt auch von guter Kenntnis der jüdischen Traditionen. Er beginnt mit dem Bericht, wie Abraham von Worms auf seiner Reise nach Ägypten seinen Lehrer Abramelin kennenlernt, der ihn in die Geheimnisse der göttlichen Magie einweiht. Schon dabei ist bemerkenswert, daß der Autor einmal darauf hinweist, wieviele Scharlatane, Wichtigtuer und Betrüger sich in diesem Metier tummeln, und zum andern immer wieder betont, daß die Rituale nicht aus Eitelkeit, sondern zum Lobe Gottes durchgeführt werden müßten. Das ist eine klare Abgrenzung zur dämonischen oder schwarzen Magie, ganz gleich ob zum Schutz vor Zensur und Verfolgung oder als Warnung für machthungrige Adepten.

Schließlich wird ein Ritual zur Beschwörung guter und böser Geister im einzelnen erläutert. Man wird beim Lesen an die Fragen erinnert, die Kaiser Maximilian 1508 dem Abt Johannes Trithemius gestellt hat. Er wollte wissen, wieso die Hexen und Zauberer den bösen Geistern befehlen könnten, die Frommen aber nicht den guten Geistern. Das Abraham-Buch beschäftigt sich also mit einer zentralen Frage des Renaissance-Humanismus um 1500. Nach der Beschreibung des Rituals und der dazugehörigen Vorbereitungen werden die Hierarchien der Geister vorgestellt. Außerdem enthält das Buch noch eine ganze Reihe magischer Quadrate und Rezepte zu Bereichen wie Krankheit, Gegenzauber, Liebeszauber, Geburtshilfe, Wetterzauber, sich unsichtbar machen oder zur Beeinflussung von Amtspersonen. Einige Bespiele:

*Für die Pest*

Nimm ein Stück von einer Lammshaut, im Monat Nisam geschlachtet, weiß und ohne Tadel das Tier. Mit seinem Blut und einem Ysop-Stiel schreib dies Wort darauf: »Phase«. Berauch es mit dem Rauchwerk und trage es über deinem Herzen.

*Ein gewisses Mittel für alle Gefährlichkeiten im Kriege*

Faste sieben Tage dann nimm rein Wachs, Gold oder Silber, grab drauf die Worte, berauchs sieben Tage vor Sonnenaufgang, trags am Hals offen oder versteckt und zweifle nicht an der Güte des Herrn, denn sein Wort ist unfehlbar. Die Worte: »Gott ist mein Heil, ich bin sicher und fürchte mich nicht, denn Adonai, mein Gott, ist meine Stärke, mein Trost und mein Heil.«

*Daß der Mann sein Weib liebe*

Vor Sonnenaufgang nehme die Frau ein neues Rauchfaß, drauf lege sie sieben frisch entzündete Kohlen, stells unter einen Apfelbaum, der Frucht hat, streu Rauchwerk drauf, gehe zu fließend Wasser und wasche Angesicht und Hände. Schreibe mit golden, silbern oder kupfernen Stiel auf rein Wachs, werfs auf die Kohlen. Wenns abgeraucht, breche sie den schönsten Apfel ab, der etwa am meisten beräuchert wurde, und gebe dem Mann zu essen. Die Worte: »Wie ein Apfelbaum unter den wilden Bäumen, so ist mein Freund unter den Jünglingen.« N.B. ist es nicht Apfelzeit, so tu dasselbe mit Blumen oder Blüten von Äpfeln und gibs dem Mann zu riechen.

Nach: Buch Abramelin, hrsg. von Georg Dehn; Daxelmüller, Zauberpraktiken, S. 267.

## Die Königin von Saba im Haus zur Sonne

Im Jahre 1696 ist in Amsterdam eine Sammlung von 25 jiddischen Volkserzählungen aus der jüdischen Gemeinde Worms unter dem Titel »Das Buch der Wunder« erschienen. Das von Eliezer Libermann herausgegebene Buch erlebte bis 1777 fünf Auflagen. Aufgezeichnet hat die Geschichten der Wormser Kirchendiener Juspa Schammes (1604–1678), der im Jahre 1623 von Fulda an den Rhein kam, um bei dem bekannten Kabbalisten Elye zu studieren. Eine der Geschichten erzählt von der Königin von Saba. Diese mythische Gestalt der arabischen und jüdischen Sagenwelt (siehe König Salomo), der ungeheure Reichtümer nachgesagt wurden und deren Heimat heute im Jemen geortet wird, verbindet sich in der jüdischen Sagen- und Märchentradition mit der kabbalistischen Dämonenfigur der Lilith, welche Männer verführen und Kinder erwürgen kann. Feenfiguren, welche den Menschenmann verlassen, wenn er ein vorher vereinbartes Tabu bricht, gibt es in Märchenerzählungen auf der ganzen Welt. Die älteste Variante der europäisch-jüdischen Tradition dieses Motivs stammt aus einem italienischen Manuskript der ersten Hälfte des 16. Jh.:

Das »Haus zur Sonne«, ein Steinhaus nahe der Wormser Synagoge, hieß einst »Zur Teufelshand«. Damals lebte darin ein armer Gastwirt mit seiner Familie. Eines Tages ging er traurig in seinen Vorratsraum und begann wegen seiner Armut bitterlich zu weinen. Da kam die Königin von Saba zu ihm. Niemals in seinem Leben hatte er eine schönere Frau gesehen. Ihr Haar schimmerte wie reines Gold. Sie sagte: »Wenn du jeden Tag beim Glockenschlag zwölf mit mir schläfst, will ich dich zu einem reichen Mann machen.« Der Mann willigte ein in den Pakt. Und ab da kam die Königin jeden Tag um die Mittagszeit. Sie hatte zwei Mädchen dabei, die eine Schale aus Gold trugen. Darin befand sich ihr Haar. Und wenn sie sich zu dem Mann legte, wurde die Schale auf den Boden vor das Bett gestellt. Die Mädchen verschwanden, bis die Zeit um war. Dann holten sie ihre Herrin wieder ab. Die Königin von Saba verbot dem Mann, über die Geschehnisse zu reden; andernfalls werde sie ihn töten. So ging er nun jeden Tag um die Mittagszeit in seinen Vorratsraum, schlief mit dem Dämon und wurde dafür fürstlich mit Silber und Gold belohnt. Er konnte sich und seiner Familie feine Kleider kaufen. Seiner Frau schenkte er wertvolle Ringe, die sie an den Feiertagen öffentlich zeigen konnte. Doch die Frau wurde neugierig und fragte den Mann, woher er all den Reichtum plötzlich habe, wenn er doch nicht handle. Der Mann wurde wütend und antwortete: »Was tut das zur Sache! Hauptsache, ich habe das Gold.« Aber die Frau blieb neugierig und fragte ihn weiter, was er denn jeden Mittag so lange im Vorratsraum mache. Der Mann antwortete, er halte dort sein

Mittagsschläfchen, an das er sich gewöhnt habe. Die Frau glaubte ihm nicht, und eines Tage nahm sie den Schlüssel zum Vorratsraum beiseite, folgte ihrem Mann und öffnete leise die Tür. Da sah sie ihn mit der Königin von Saba im Bett liegen. Sie schloß die Tür wieder ebenso leise. Aber der Dämon hatte sie doch bemerkt und sagte zu dem Mann: »Du mußt sterben, denn du hast unser Geheimnis verraten«. Der Mann schwor Stein und Bein, daß er nichts verraten habe, und die Königin von Saba verschonte ihn daraufhin. Aber sie sprach: »Du wirst mich nie mehr wiedersehen. Und dein Reichtum wird wieder verschwinden, daß du ärmer bist wie zuvor. Die beiden Kinder, die ich von dir habe, werde ich töten. In drei Tagen wirst du sie in einem Sarg auf dem Rhein finden.« Der Mann ging am dritten Tag danach zur Rheinbrücke und sah den Sarg wie angegeben. Und in kurzer Zeit wurde er wieder ein armer Mann. Deswegen soll man sich nicht durch Geld verführen lassen.

Nach: Strauß, Das Buch der Wunder, S. 122–124.

## Zell
Landkreis Cochem-Zell

### He staiht ferme wie'n Celler

Eine Sage über die Standhaftigkeit und den Mut der Zeller erzählt von der Moselgeschichte im frühen 16. Jahrhundert und erklärt gleichzeitig das Sprichwort »He staiht ferme, wie'n Celler us dem Hamm«.

Erst im 14. Jh. wurde Zell durch den Zuzug von Rittern und Herren zu einer bedeutenden Stadt. Die Kurfürsten von Trier ließen Schanzen, Mauern und Türme anlegen und gewährten den Bürgern städtische Freiheiten. Als Franz von Sickingen 1522 seinen »Pfaffenkrieg« gegen den Trierer Erzbischof begann, schickten die Zeller dem Kurfürsten fünfzig Bewaffnete. Diese Schar soll sich eines Tages bei einem Ausfall zu weit vorgewagt haben und sah sich so plötzlich durch eine zehnfache Übermacht eingekesselt. Aber die Zeller wehrten sich entschlossen, bis Hilfe kam und sie befreit wurden. Davon leitete sich dann ihr Ruf von Standhaftigkeit und Mut ab.

Nach: Schlundt, Sagen aus Rheinland-Pfalz, S. 157/158.

# Zweibrücken

## Die Stadt der Rosen und der Pferde

Die ehemalige Residenz der Herzöge von Pfalz-Zweibrücken wirbt mit den 60.000 Rosen in »Europas Rosengarten« und ihrer Pferdezucht (Landgestüt/Trakehnergestüt). Diese Traditionen schlagen sich auch in verschiedenen Festen nieder. Zwei Sagen passen zu diesem Kozept:

## Die Gräfin auf der Rosentreppe

Die fromme Gräfin Emma besuchte oft die Häuser der Armen, um Hungrigen und Kranken zu helfen. Das aber sah ihr Mann nicht gern. Er meinte, für eine vornehme Frau sei es unschicklich, die Winkel des Elends aufzusuchen. So half die Gräfin heimlich und immer dann, wenn ihr Mann auf der Jagd war. Einmal schlich sie sich wieder aus dem Haus, als ihr der Graf auf der Schloßtreppe begegnete. Er ahnte, was sie vor hatte und fragte, was sie im Korb habe. Die Ertappte sagte in ihrer Not, ohne zu bedenken, daß es Winter war: »Rosen!« Der Graf sah seine Ahnung bewiesen und schaute in den Korb. Aber da dufteten ihm wirklich Rosen entgegen. Er nahm es erstaunt als Fingerzeig des Schicksals und stand von da an seiner Frau bei ihren Wohltätigkeiten zur Seite. Die Treppe, auf der die Begegnung geschah, ist nicht mehr zu sehen, aber die Stelle wird heute noch vom Volk Rosentreppe genannt.

## Vom Ursprung des Reiterbrunnens

Als Zweibrücken 1635 im Dreißigjährigen Krieg belagert wurde, verfolgten die kaiserlichen Truppen einmal einen Zweibrückischen Reiter, der bei einem Ausfall von seinen Kameraden abgeschnitten worden war. Um sich zu retten, sprengte der Fliehende durch das sumpfige Wiesental zwischen Kirrberg und der Karlslust. Als die Feinde immer näher kamen, erblickte er auf einmal in der Ferne mehrere weiße Gestalten, welche ihm winkten. Er hoffte auf Rettung und lenkte sein Pferd in diese Richtung. Das aber führte ihn geradewegs in den Sumpf, wo er samt seinem Pferd augenblicklich versank. An dieser Stelle befindet sich noch heute eine mit Schilf bewachsene, brunnenähnliche Vertiefung, die Reiterbrunnen genannt wird.

Nach: Schlundt, Sagen aus Rheinland-Pfalz, S. 80–82.

# Literatur


Anhäuser, Uwe, Sagenhafter Hunsrück, Briedel, 1994

Antimodernismus und Reform, Hrsg. Edeltraud Klueting, Darmstadt, 1991

Baader, Gerhard/Keil, Gundolf, Medizin im mittelalterlichen Abendland, Darmstadt, 1982

Bahn, Peter, Deutschkatholiken und Freireligiöse, Mainz 1991

Bauer, Wolfgang/Dümotz, Irmtraud/Golowin, Sergius/Röttgen, Herbert, Bildlexikon der Symbole, München, 1980

Beitl, Richard, Wörterbuch der deutschen Volskkunde, Stuttgart, 1974

Bieberstein, Johannes Rogalla von, Die These von der Verschwörung, Flensburg, 1992

Binsfeld, Wolfgang, Ein neues Epona-Heiligtum in Trier?, in: Funde und Ausgrabungen Nr. 18, Trier, 1986

Borst, Arno, Die Katharer, Freiburg, 1991

Bosinksi, Gerhard, Eiszeitjäger im Neuwieder Becken, Koblenz, 1992

ders., Der Neandertaler, Gelsenkirchen, 1993

ders., Miesenheim I, Die Zeit des Homo erectus, Andernach, 1988

Botheroyd, Silvia und Paul F., Lexikon der keltischen Mythologie, München, 1992

Braem. Harald, Die magische Welt der Schamanen und Höhlenmaler, Köln, 1994

Brednich, Rolf Wilhelm, Die Spinne in der Yucca-Palme, Sagenhafte Geschichten von heute, München, 1993

ders., Das Huhn mit dem Gipsbein, München, 1993

Brentano, Clemens, Rheinmärchen, Frankfurt, 1988

ders., Gedichte, Frankfurt, 1968

Breuer, Dieter/Breuer, Jürgen, Mit spaeher rede, Politische Geschichte im Nibelungenlied, München, 1995

Buch Abramelin, hrsg. Georg Dehn, Saarbrücken, 1995

Carl, Viktor, Pfälzer Sagen, Landau, 1976

Charpentier, Louis, Macht und Geheimnis der Templer, Olten, 1986

Cooper, J.C., Illustriertes Lexikon der traditionellen Symbole, Wiesbaden, o.J.

Crosby, Alfred W., Die Früchte des weißen Mannes, Darmstadt, 1991

Dannheimer, Hermann/Gebhard, Rupert, Das keltische Jahrtausend, Ausstellungskataog, Mainz, 1993

Das Nibelungenlied, Hrsg. Helmut Brackert, Frankfurt, 1988

Daxelmüller, Christoph, Zauberpraktiken, Zürich, 1993

Dehio, Georg, Handbuch der deutschen Kunstdenkmäler, Rheinland-Pfalz/Saarland, München, 1984

Demurger, Alain, Die Templer, München, 1991
Der Westerwald, Führer zu archäologischen Denkmälern in Deutschland, Stuttgart, 1993
Des Knaben Wunderhorn, Hrsg. Achim von Arnim und Clemens Brentano, 1974
Die großen Geheimbünde, Wiesbaden, 1979
Die Kelten in Mitteleuropa, Ausstellungskatalog, Salzburg, 1980
Die Nibelungen, Hrsg. Joachim Heinzle und Anneliese Waldschmidt, Frankfurt, 1991
Die Römer in Rheinland-Pfalz, Hrsg. Heinz Cüppers, Stuttgart, 1990
Diener, G.Walter/Born, Willy, Hunsrücker Volkskunde, Frankfurt, 1984
Doctor Fausti Wehklag, Hrsg. Helmut Wiemken, Bremen, 1980
Dotzauer, Winfried, Der historische Raum des Bundeslandes Rheinland-Pfalz, Frankfurt, 1992
dtv-Atlas zur Weltgeschichte, Bd.1/2, München, 1969
Duerr, Hans Peter, Sedna oder Die Liebe zum Leben, Frankfurt, 1990
Eco, Umberto, Kunst und Schönheit im Mittelalter, München, 1993
Engels, H.Josef, Die Viereckschanze, Wiesbaden, 1976
Ewig, Eugen, Die Merowinger und das Frankenreich, Stuttgart, 1988
Favret-Saada, Die Wörter, der Zauber, der Tod – der Hexenglaube im Hainland von Westfrankreich, Frankfurt, 1981
Febvre, Lucien, Der Rhein und seine Geschichte, Frankfurt/New York, 1994
Fischer, Heinz, Rheinland-Pfalz/Saarland, Geographische Landeskunde, Darmstadt, 1989
Fischer, Helmut, Sagen des Westerwaldes, Montabaur, 1987
Fischer-Homberg, Esther, Geschichte der Medizin, Berlin/Heidelberg/New York, 1975
Flasch, Kurt, Das philosophische Denken im Mittelalter, Stuttgart, 1986
Flensburger Hefte, Sonderheft 12, Schwarze und weiße Magie, Flensburg, 1993
ders., Heft 13, Hexen, New Age, Okkultismus, Flensburg, 1988
Freund, René, Braune Magie?, Okkultismus, New Age und Nationalsozialismus, Wien, 1995
Führkötter, Adelgundis, Hildegard von Bingen, in: Bingen, S. 217–234, Mainz, 1989
Gallé, Volker, Freireligiös und/oder völkisch, in: Heimatkalender 1984, Alzey 1984, S. 127/128
ders., Geistererscheinungen im Kreis Alzey-Worms, Mainz, 1978
Gedichte der Romantik, Stuttgart 1984
Germanische und keltische Mythologie, Lexikon, Freiburg, 1990
Geschichte des Landes Rheinland-Pfalz, Territorien-Ploetz, Hrsg. von Franz-Josef Heyen, Freiburg/Würzburg, 1981
Gessmann, G.W., Die Pflanze im Zauberglauben, Repr., Den Haag, o.J.

Gidal, Nachum T., Die Juden in Deutschland, Gütersloh, 1988
Ginzburg, Carlo, Hexensabbat, Frankfurt, 1993
Golther, Wolfgang, Handbuch der germanischen Mythologie, Repr., Stuttgart, o.J.
Göschel, Albrecht, Die Ungleichzeitigkeit in der Kultur, Stuttgart, 1991
Göll, Hermann, Illustrierte Geschichte der Mythologie, Eltville, 1991
Göttner-Abendroth, Heide, Das Matriarchat I, Stuttgart, 1988
Gose, Erich, Der Tempelbezirk des Lenus Mars in Trier, Berlin, 1955
Graichen, Gisela, Das Kultplatzbuch, Hamburg, 1988
Gegor von Tours, Historiarum Libri Decem, Darmstadt, 1990
Ginthum, Paul, Pfälzer Sagen und Balladen, Repr., Neustadt, 1984
Grimm, Jacob und Wilhelm, Ein Lesebuch für unsere Zeit, Berlin, 1993
ders., Deutsche Mythologie, Bd. 1–3, Repr., Wiesbaden, 1992
Grünewald, Mathilde, Die Römer in Worms, Stuttgart, 1986
Gsänger, Hans, Irland – Insel des Abel, Freiburg, 1969
ders., Mysteriengeschichte der Menschheit, Freiburg, 1977
Haack, Friedrich Wilhelm, Wotans Wiederkehr, München, 1981
Haas, Rudolf/Probst, Hansjörg, Die Pfalz am Rhein, Mannheim, 1984
Haffner, Alfred, Die westliche Hunsrück-Eifel-Kultur, Berlin, 1976
Handbuch der historischen Stätten Deutschlands, Rheinland-Pfalz/Saarland, Stuttgart, 1988
Handbuch der Städte, Gemeinden und Kreise von Rheinland-Pfalz und Saarland, Heidelberg, 1992
Handwörterbuch des deutschen Aberglaubens, Bd. 1–10, Repr., Berlin, 1987
Hermand, Jost, Grüne Utopien in Deutschland, Frankfurt, 1991
ders., Der alte Traum vom neuen Reich, Frankfurt, 1988
Hesse, Werner, Hier Wittelsbach Hier Pfalz, Landau, 1989
Heusler, Andreas, Nibelungensage und Nibelungenlied, Darmstadt, 1991
Hexen und Hexenverfolgung im deutschen Südwesten, Ausstellungskatalog I und II, Karlsruhe, 1994
Hexen und Hexenprozesse, Hrsg. Wolfgang Behringer, München, 1988
Hexenwelten, Hrsg. Richard van Dülmen, Frankfurt, 1987
Heyen, Franz-Josef, Geschichte des Landes Rheinland-Pfalz, Freiburg, 1981
Hoffmann, Kaye, Tanz Trance Transformation, München, 1984
Hoffmann, Wilhelm, Rheinhessische Volkskunde, Repr., Frankfurt, 1980
Hundert Meisterwerke keltischer Kunst, Ausstellungskatalog, Trier, 1992
Hübner, Paul, Der Rhein, München, 1982
Jaffé, Aniela, Geistererscheinungen und Vorzeichen, Zürich, 1958
Jeismann, Michael, Das Vaterland der Feinde, Stuttgart, 1992
Jockhövel, Hermann, die Vorgeschichte Hessens, Stuttgart, 1990
ders., Bronzezeit in Deutschland, Stuttgart, 1994
Joachim, Hans-Eckart, Die Hunsrück-Eifel-Kultur am Mittelrhein, Köln, 1968

Jung, C.G., Psychologie und Alchemie, Olten, 1975
Keltisches Bewußtsein, Hrsg. Thomas Lehner, München, 1985
King, Francis X., Hexen und Dämonen, Hamburg, 1988
Kirchhoff, Jochen, Nietzsche, Hitler und die Deutschen, Berlin, 1990
Klibansky, Raymond/Panofsky, Erwin/Saxl, Fritz, Saturn und Melancholie, Frankfurt, 1992
Knilli, Friedrich/Münchow, Ursula, Frühes deutsches Arbeitertheater, München, 1970
Koepf, Hans, Mithras oder Christus, Sigmaringen, 1987
Ksica, Miroslav/Ksicova, Eva und Olga, Frauenidole der Eiszeit und Nacheiszeit, Bottrop, o.J.
Kuckenburg, Martin, Siedlungen der Vorgeschichte in Deutschland, Köln, 1993
Labouvie, Eva, Zauberei und Hexenwerk, Frankfurt, 1991
Lanczkowski, Johanna, Kleines Lexikon des Mönchtums, Stuttgart, 1993
Laukhard, Friedrich Christian, Leben und Schicksale, Leipzig 1989
Leland, Charles G., Aradia, Die Lehre der Hexen, München, 1979
Liederschmitt, Walter, Kelten, Trier, 1994
Lützler, Paul Michael, Europa, Analysen und Visionen der Romantiker, Frankfurt, 1982
Maier, Bernhard, Lexikon der keltischen Religion und Kultur, Stuttgart, 1994
Matronen und verwandte Gottheiten, Beihefte der Bonner Jahrbücher Bd. 44, Köln, 1987
Merkelbach, Reinhold, Mithras, Weinheim, 1994
Moravia, Sergio, Beobachtende Vernunft, Frankfurt, 1989
Moser, Dietz-Rüdiger, Glaube im Abseits, Darmstadt, 1992
Mythos Rhein, Ausstellungskatalog I und II, Hrsg. Richard W. Gassen und Bernhard Holeczek, Ludwigshafen, 1992
Müller, Irmgard, Die pflanzlichen Heilmittel bei Hildegard von Bingen, Salzburg, 1982
Müller, Wilhelm, Rheinhessisches Heimatbuch, Bd. 1/2, Friedberg, 1921
Münkler, Herfried/Storch, Wolfgang, Siegfrieden, Berlin 1988
Nationalsozialismus und Modernisierung, Hrsg. Michael Prinz und Rainer Zitelmann, Darmstadt 1991
Neumann, Eva Gertrud, Rheinisches Beginen- und Begardenwesen, Meisenheim, 1960
Oesau, A./Merz, H.G., Naturdenkmale in Rheinland-Pfalz, Hannover, 1988
Oesterwind, Bernd C./Schäfer, Klaus, Die Kelten am Mittelrhein und in der Pellenz, Nickenich, 1992
Petzoldt, Leander, Dämonenfurcht und Gottvertrauen, Darmstadt, 1989
ders., Magie und Religion, Darmstadt, 1978
Pies, Eike, 101 alte und neue Geheimrezepte, Briedel, 1993

Poliakov, Leon, Der arische Mythos, Hamburg, 1993
ders., Geschichte des Antisemitismus, Bd I–VI, Worms, 1987
Prinz, Friedrich, Frühes Mönchtum im Frankenreich, Darmstadt, 1988
Pronay, Alexander von, Mithras und die geheimen Kulte der Römer, Freiburg, 1989
Rätsch, Christian, Lexikon der Zauberpflanzen, Wiesbaden, 1988
Ranke-Graves, Robert von, Die weiße Göttin, Reinbek, 1985
Reuter, Fritz, Warmaisa, 1000 Jahre Juden in Worms, Worms, 1984
Rheinlands Wunderhorn, Sagen, Geschichten und Legenden, Bd. 6,8,9,10, Repr., Atzbach, o.J.
Ritter-Schaumburg, Sigfrid ohne Tarnkappe, München, 1990
Röth, Diether und Kahn, Walter (Hrsg.), Märchen und Märchenforschung in Europa, Frankfurt, 1993
Rüdiger, Wilhelm, Die gotische Kathedrale, Köln, 1979
Rummel, Walter, Bauern, Herren und Hexen, Göttingen, 1991
Sauder, Gerhard/Weiß, Christoph, Carl Friedrich Bahrdt, St.Ingbert, 1992
Schlundt, Rainer, Sagen aus Rheinland-Pfalz, München, 1991
Schnurbein, Stefanie von, Göttertrost in Wendezeiten, München, 1993
Scholem, Gershom, Zur Kabbala und ihrer Symbolik, Frankfurt, 1973
Schwedt, Herbert und Elke, Bräuche zwischen Saar und Sieg, Mainz, 1989
Sedlmayr, Hans, Die Entstehung der Kathedrale, Freiburg, 1993
Simrock, Karl, Rheinsagen, Bonn, o.J.
Sprenger, Jakob/Institoris, Heinrich, Der Hexenhammer, München, 1982
Steinitz, Wolfgang, Deutsche Volkslieder demokratischen Charakters, Berlin, 1978
Strauß, Jutta, Eliezer Libermann – Mayse nisim (Das Buch der Wunder), Computerausdruck, Hilary Term, 1989
Street, Martin, Jäger und Schamanen, Mainz, 1989
Tegtmeier, Ralph, Magie und Sternenzauber, Köln, 1995
Troßbach, Werner, Der Schatten der Aufklärung, Fulda, 1991
Tümmers, Horst Johannes, Der Rhein, München, 1994
Uhlig, Helmut, Die Große Göttin lebt, Bergisch Gladbach, 1992
van Dülmen, Richard, Kultur und Alltag in der frühen Neuzeit, Religion, Magie, Aufklärung, München, 1994
Vater Martin von Cochem, Cochem, 1984
Vogt, Joseph, Der Niedergang Roms, Zürich, 1965
Vom Einfluss der Gestirne, Faksimile, Luzern, o.J.
Vor-Zeiten, Geschichte in Rheinland-Pfalz, Bd. 1-4, Mainz, 1986-88
Wachsmuth, Guenther, Werdegang der Menschheit, Dornach, 1973
Wackwitz, Peter, Gab es ein Burgunderreich in Worms, Bd. 1/2, Worms, 1963
Weber, Hartwig, Kinderhexenprozesse, Frankfurt, 1991

Weisgerber, Gerd, Das Pilgerheiligtum des Apollo und der Sirona von Hochscheid im Hunsrück, Bonn, 1975
Weißmann, Karlheinz, Schwarze Fahnen, Runenzeichen, Düsseldorf, 1991
ders., Druiden, Goden, Weise Frauen, Freiburg, 1991
Werner, Helmut, Lexikon der Esoterik, Wiesbaden, 1991
Wirth, Hermann, Die heilige Urschrift der Menschheit, Bd. I–IV, Frauenberg, 1979
Wind, Edgar, Heidnische Mysterien in der Renaissance, Frankfurt, 1987
Wolf, Friedrich, Das Heldenepos des Alten Bundes, Neuwied, 1993
Wolf, Hans-Jürgen, Hexenwahn, Bindlach, 1994
Wolf, Siegmund A., Jiddisches Wörterbuch, Hamburg, 1993
Wosien, Maria-Gabriele, Sakraler Tanz, München, 1988

# Bildnachweis

## Schwarzweiß-Abbildungen

Angermüller, Heinz, Worms, S.320
Anhäuser, Uwe, *Sagenhafter Hunsrück*, S. 129, 212
Bauer, Wolfgang u. Dümotz, Irmtraud (Hg.), *Bildlexikon der Symbole*, S. 12, 152
Bosinski, Gerhard, *Eiszeitjäger im Neuwieder Becken*, S. 17, 15, 18, 21, 22, 23
de Breffny, Brian (Hg.), *The Irish World*, S. 33
Cooper, J.C., *Illustriertes Lexikon der traditionellen Symbole*, S. 62
Cüppers, Heinz (Hg.), *Die Römer in Rheinland-Pfalz*, S. 154, 173, 177, 181, 203, 272, 302
Dannheimer, Hermann u. Gebhard, Rupert (Hg.), *Das keltische Jahrtausend*, S. 40
Demurger, Alain, *Die Templer*, S. 200
*Vom Einfluß der Gestirne*, S. 242
Gallé, Volker, *Rheinhessen*, S. 27
Garsen, Richard W. u. Holoczek, Bernhard (Hg.), *Mythos Rhein*, S. 13
*Die großen Geheimbünde*, S. 78
*Hexen*, Katalog zur Ausstellung, S. 70
*Ingelheim, Geschichte und Gegenwart*, S. 53, 140, 205
Jockenhövel, Albrecht u. Kubach, Wolf (Hg.), *Bronzezeit in Deutschland*, S. 29
*Katalog Georg-Forster-Ausstellung*, S. 81
*Des Knaben Wunderhorn*, S. 10
Kuckenburg, Martin, *Siedlungen der Vorgeschichte in Deutschland*, S. 25, 34
Lengyel, Lancelot, *Das geheime Wissen der Kelten*, S. 13
Maier, Bernhard, *Lexikon der keltischen Religion und Kultur*, S. 36, 41, 145, 301
Münkler, Herfried u. Storch, Wolfgang (Hg.), *Siegfrieden, Politik mit einem deutschen Mythos*, S. 58
Rheinisches Landesmuseum Trier (Hg.), *Hundert Meisterwerke keltischer Kunst*, S. 35
Römisch-Germanisches Zentralmuseum Mainz (Hg.), *Führer zu vor- und frühgeschichtlichen Denkmälern*, S. 251
Schlundt, Rainer, *Sagen aus Rheinland-Pfalz*, S. 117, 150, 160, 164, 217, 223, 273, 284
Stroback, *Deutsche Volkslieder* I, S. 186
*Vater Martin von Cochem*, S. 156
Weisgerber, Gerd, *Das Pilgerheiligtum des Apollo und der Sirona von Hochscheid im Hunsrück*, S.197

*Westerwaldsagen*, S. 260
Wiemken, Helmut (Hg.), *Doctor Fausti Wehklag*, S. 291
Wirth, Herman, *Die heilige Urschrift der Menschheit*, S. 87

## Farb-Abbildungen

Baranenko, Klaus, Worms, S. 104
Fremdenverkehrsamt Bingen, S. 98
Damm, Fridmar, Köln, S. 101
Jeiter, Michael, Morschenich, S. 97, 99, 100, 102, 103, 233, 237, 238, 239, 240
Klaus, Peter, Radevormwald, S. 236 (u.)
Roth, Hermann-Josef, Köln, S. 235, 236 (o.)

# »Unsittliches« aus Hessen

Uwe Henkhaus

## Das Treibhaus der Unsittlichkeit

Lieder, Bilder und Geschichte(n) aus der hessischen Spinnstube

Jeder kennt das Sprichwort »Spinnen am Morgen, bringt Kummer und Sorgen, spinnen am Abend, erfrischend und labend«. Uwe Henkhaus macht nachvollziehbar, warum das abendliche Spinnen so beliebt war – allerdings nicht bei den Behörden und anderen Sittenwächtern, denen die Spinnstuben »Treibhäuser der Unsittlichkeit« waren.

Die Spinnstube diente nicht nur dem Broterwerb, sie erfüllte für die dörfliche Gesellschaft viele andere Funktionen: Sie war Nachrichtenbörse und kritisches Forum sowie Ort für jugendliche Sexualkultur und für feuchtfröhliche Ausgelassenheit.

Das bunte Bild dieser Geselligkeit veranschaulichen auch zahlreiche Abbildungen und mehr als 50 von Henkhaus zusammengestellte Spinnstubenlieder: Volklslieder, erotische Lieder, Scherz- und Spottlieder sowie Schlager.

Das Buch gibt Zeugnis von einer sehr lebendigen dörflichen Kultur, die zumindest in den Spinnstuben verstanden hat, Arbeit und Leben miteinander zu versöhnen.

ISBN 3-89616-097-4, Hitzeroth Buchverlag, Marburg

# Fachwerkvielfalt in Hessen

Jürgen Weishaupt

## Fachwerkbuntes Hessen

Jürgen Weishaupt stellt in Wort und Bild die schönsten, historisch bedeutendsten und außergewöhnlichsten Fachwerkbauten und -ensembles im »Fachwerkland Hessen« vor, wo mehr als in anderen Landschaften diese Bauweise das Bild der Städte und Dörfer prägt. Seine detailgenauen baugeschichtlichen und kunsthistorischen Beschreibungen bereichert der Autor um zahlreiche interessante, oft amüsante Geschichten über die Bauwerke und deren Bewohner. So breitet sich vor dem Leser und Betrachter ein buntes Panorama einer einzigartigen deutschen Baulandschaft aus.

ISBN 3-89616-110-5, Hitzeroth Buchverlag, Marburg